社区矫正系列教材

社区矫正
信息化技术应用与维护

SHEQUJIAOZHENG

XINXIHUA JISHU YINGYONG YU WEIHU

徐海　刘伟　裴晓英◎编著

中国政法大学出版社

2023·北京

图书在版编目（ＣＩＰ）数据

社区矫正信息化技术应用与维护/徐海，刘伟，裴晓英编著.—北京：中国政法大学出版社，2023.7

ISBN 978-7-5764-0991-8

Ⅰ.①社…　Ⅱ.①徐…②刘…③裴…　Ⅲ.①社区－监督改造－信息化－研究－中国　Ⅳ.①D926.7-39

中国版本图书馆CIP数据核字(2023)第128618号

出　版　者　中国政法大学出版社

地　　　址　北京市海淀区西土城路 25 号

邮　　　箱　fadapress@163.com

网　　　址　http://www.cuplpress.com (网络实名：中国政法大学出版社)

电　　　话　010-58908435(第一编辑部) 58908334(邮购部)

承　　　印　保定市中画美凯印刷有限公司

开　　　本　720mm×960mm　1/16

印　　　张　26

字　　　数　386 千字

版　　　次　2023 年 7 月第 1 版

印　　　次　2023 年 7 月第 1 次印刷

印　　　数　1~3000 册

定　　　价　76.00 元

进入新时代以来，我国社区矫正工作取得了举世瞩目的成绩，到 2019 年底，全国累计接收社区矫正对象 478 万人，解除 411 万人，每年列管 120 多万人，每年新接收 50 余万人，在册 70 多万人，重新犯罪率一直保持在 0.2% 的较低水平。社区矫正工作不仅取得了良好的法律效果和社会效果——为维护社会和谐稳定，推进平安中国、法治中国建设，促进司法文明进步发挥了重要作用，而且走上了科学立法、严格执法、公正司法的轨道。2019 年 12 月 28 日第十三届全国人民代表大会常务委员会第十五次会议通过了《中华人民共和国社区矫正法》（以下简称《社区矫正法》），国家主席习近平签署第四十号主席令公布，《社区矫正法》正式出台，自 2020 年 7 月 1 日起施行。

《社区矫正法》是我国第一部全面规范社区矫正工作的法律，标志着社区矫正工作进入了新的发展阶段。在完善中国特色社会主义刑事执行制度，推进国家治理体系和治理能力现代化方面发挥着重要作用。

《社区矫正法》的出台，充分体现了罪犯矫正综合治理的方针，在中国乃至全人类刑事执行法治史上具有里程碑式，甚至是划时代的意义。《社区矫正法》开启了我国社区矫正工作法治化的新时代，进一步确立了社区矫正制度的法律地位和基本框架，对于推动社区矫正工作的法治化、制度化、规范化具有十分重要的意义。

然而，"徒法不足以自行"，必须把《社区矫正法》贯彻、落实到司法行政工作实践中，才能充分发挥其法律保障的作用，才能促进社会治理工作迈上新的台阶。

为更好地贯彻、落实《社区矫正法》的实施，使社区矫正工作尽快走向专业化、职业化的发展道路，必须培养具有专业知识的人才。为此，河北司法警官职业学院联合河北省司法厅社区矫正管理局、河北省法学会社区矫正研究会、中央司法警官学院、湖南司法警官职业学院、安徽警官职业学院、新疆政法学院、河北省邯郸市司法局、河北省邯郸市磁县司法局、河北省邯郸市复兴区司法局、河北省邯郸市复兴区人民检察院、河北省邯郸市邯山区司法局、河北省沧州市东光县司法局、河北省沧州市沧县司法局、河北省保定市涞源县司法局等单位的专家、学者和实务工作者，共同编写了社区矫正系列教材：《社区矫正基础理论》《社区矫正监管执法实务》《社区矫正对象教育矫正》《社区矫正对象心理矫治》《社区矫正文书制作》《社区矫正信息化技术应用与维护》。该系列教材也是社区矫正专业的核心课程教材。

该系列教材以习近平新时代中国特色社会主义思想和习近平法治思想为指导，贯彻落实二十大报告精神，始终以"立德树人"为根本任务，对接社区矫正专业教学标准和《社区矫正法》《中华人民共和国社区矫正法实施办法》，采取校行（企）双元合作开发的模式，在撰写之前进行了大量的调研、论证工作，注重教材的实用性、可操作性，并为我国社区矫正工作培养高素质复合型法律人才而服务。

该系列教材既可作为学历教育的教材使用，又可作为基层社区矫正工作人员培训的教材使用，还可作为自学辅导用书。

该系列教材在编写过程中得到了实务部门和中国政法大学出版社的大力支持和帮助，对于他们提出的宝贵的意见和建议，在此诚挚地表示感谢！

在教材编写过程中，由于时间仓促和编者水平有限，难免出现各种疏漏和不足，敬请各位同仁批评指正。

系列教材总主编：吴贵玉、李明宝

系列教材执行总主编：吴艳华

编审委员会成员：

吴贵玉（河北司法警官职业学院党委副书记、院长；河北省法学会社区矫正研究会会长）

王淑光（河北省司法厅社区矫正管理局局长）

李明宝（河北司法警官职业学院党委委员、教务处处长、教授）

次江华、李曼（河北省司法厅社区矫正管理局副局长）

吴艳华（河北司法警官职业学院科研处副处长、二级教授）

张凯（中央司法警官学院矫正教育系副主任、副教授、博士）

王敬（河北司法警官职业学院刑事执行系综合实训科副科长、副教授）

焦晓强（河北司法警官职业学院教务处教务秘书、讲师）

刘倍贝（河北司法警官职业学院科研处科研管理科副科长、讲师）

刘燕（河北司法警官职业学院刑事执行系刑事执行教研室副主任、讲师）

董媛（河北司法警官职业学院刑事执行系教学秘书、讲师）

张淼（河北司法警官职业学院刑事执行系讲师）

编　者

2023 年 5 月 30 日

2003年7月，北京、上海等六省（市）率先开展社区矫正试点工作。历经近二十年的发展，社区矫正制度已在我国全面推广并逐步走向成熟。2020年7月1日《中华人民共和国社区矫正法》正式施行，标志着我国社区矫正制度迈入法治化的新时代。与此同时，随着信息技术的高速发展，尤其是大数据、云计算、物联网技术的不断进步，社区矫正可以在工作中利用现代信息技术对各类信息数据进行传输、处理和分析，以数字化信息管理系统为基础对社区矫正对象进行监督管理、教育矫正、社会适应性帮扶，通过建设安全稳定的社区矫正网络、开发功能齐全的社区矫正管理系统、使用智能化的社区矫正终端设备、打造科学化的社区矫正大数据平台等方式实现社区矫正工作信息化、现代化。

一、本书的特色

本书为校企（行）双元合作开发，通俗易懂，具有较强的实用性和可操作性。对于非计算机专业的学生，想要全面系统地掌握计算机软件、硬件知识、数据库知识以及了解大数据、云计算、物联网等知识，并不是一件容易的事情，目前市面上这样的书籍比较少，有些内容比较专业，而且繁杂、难懂，不容易被理解。本书主要从实用的角度来对知识进行讲解，理论内容偏少，侧重实践，多用比较通俗易懂的案例来讲解知识点，即使是计算机的初学者，也能看懂里面的内容；本书在实训案例的选择上，主要选择一些实务中常见的案例，以增强实用性和实践性。本书适合社区矫正专业的学生学习使用，也适合目前正从事社区矫正工作的人员以及相关人员学习使用。

二、如何使用本书

本书以"数字法治、智慧司法"开篇，分别介绍了社区矫正信息化的重要意义、社区矫正信息化建设、社区矫正信息安全、大数据、云计算以及物联网技术在社区矫正中的应用，最后以河北省社区矫正管理系统以及新疆生产建设兵团社区矫正管理系统为案例进行讲解。主要模块内容如下：

模块一介绍了"智慧司法"与社区矫正信息化建设的相关政策与法律规定，全国司法"一朵云""两平台""三入口"的新一代信息化体系架构，以及司法建设的六大类业务系统和"数字法治、智慧司法"的国家战略，同时，还介绍了计算机硬件以及操作系统的相关知识。这里重点对国产化的重要意义以及国产化发展的情况进行了介绍。最后通过两个实训介绍如何安装 Windows 10 操作系统以及国产操作系统 UOS，来提高学习者的操作能力。

模块二介绍了社区矫正信息化相关的网络知识、网络设备、服务器，以及社区矫正信息化涉及的主要软件技术。这一部分从网络的发展、网络的参考模型、网络的布线、网络设备以及服务器等方面进行介绍，内容比较丰富。主要介绍一些专业知识以及设备的功能和分类，并没有深入地进行探讨，目的是让初学者能够识别这些设备，了解其在网络中的主要作用。另外，这个模块也介绍了软件开发的相关知识，主要是让读者了解软件开发以及运行模式，为后面模块六打下一定的基础。最后，选择网线的制作、Windows 个人防火墙的配置，以及家庭无线路由器的配置作为实训任务，在学习理论的基础上进行实操，增加对内容的理解，并运用到实训案例中。

模块三从国家安全观的角度介绍了社区矫正的信息安全，这一部分非常重要。随着网络技术的发展，网络安全问题也日趋凸显。习总书记在全国网络安全和信息化工作会议上指出"没有网络安全就没有国家安全"。这一部分首先介绍了网络安全的相关法律，然后从实践的角度介绍如何增强本地计算机的安全性，之后从网络攻击与防御两个方面介绍了网络安全面临的主要问题，最后以信息等级安全保护收尾。了解这些，有利于更加深入地了解信息安全的相关知识。这一部分内容也体现了国家对网络安全的重视程度，这部分实训主要与网络安全相关。

模块四、模块五主要介绍了大数据、云计算、物联网在社区矫正中的作用，此部分的讲解通俗易懂，同时这部分还介绍了大数据、云计算与物联网在社区矫正中的具体应用。由于笔者这方面经验有限，这部分的介绍可能不太全面。

模块六介绍了社区矫正信息系统的应用，主要是针对参加社区矫正的工作人员如何使用社区矫正系统进行讲解，使其深入了解社区矫正的相关流程以及相关软件的操作规范。

三、致谢

本书的编写工作是在吴艳华教授的指导下完成的，吴教授在本书的编写全过程中给予我们全面指导，并且提出了很多可行的宝贵意见。另外，感谢河北省司法厅社区矫正管理局、河北省社区矫正研究会、邯郸市司法局、邯郸市邯山区司法局等给予的大力支持，让我们能够深入地了解社区矫正监督管理系统的运行与使用，使本书在编写过程中能够对接社区矫正的实践工作，增加本书的实用性和可操作性，从而培养社区矫正岗位所需要的职业核心能力。

四、意见与反馈

尽管我们已经尽了最大努力，书中难免会有不妥之处，欢迎各界专家、读者朋友们提出宝贵意见，我们将不胜感激。如您在阅读本书时发现问题，可以通过电子邮件联系我们，电子邮箱：2560640292@qq.com。

编　者

2023 年 6 月 31 日

"智慧司法" 与社区矫正信息化建设

项目一 "数字法治、智慧司法"的国家战略

学习目标

知识目标：明确"数字法治、智慧司法"的国家战略；了解全国司法的"一朵云""两平台""三入口"的新一代信息化体系架构；了解司法建设的六大类业务系统和三大支撑体系。

能力目标：具备深入理解"数字法治、智慧司法"含义的能力。

素质目标：培养开展社区矫正工作的现代信息化素养。

知识树

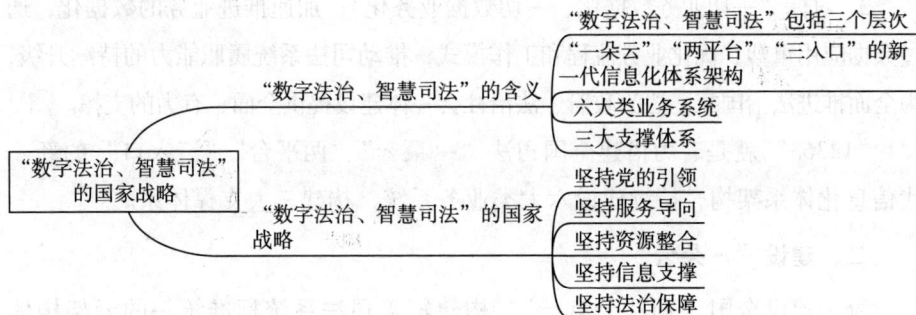

"数字法治、智慧司法"的国家战略
- "数字法治、智慧司法"的含义
  - "数字法治、智慧司法"包括三个层次
  - "一朵云""两平台""三入口"的新一代信息化体系架构
  - 六大类业务系统
  - 三大支撑体系
- "数字法治、智慧司法"的国家战略
  - 坚持党的引领
  - 坚持服务导向
  - 坚持资源整合
  - 坚持信息支撑
  - 坚持法治保障

任务1 "数字法治、智慧司法"的含义

为深入贯彻落实习近平总书记网络强国战略思想和全国网络安全和信息化工作会议精神，全面落实《国家网络强国战略纲要》《国家信息化发展战略纲要》，2018年，司法部决定运用云计算、大数据和人工智能等新技术开展"数字法治、智慧司法"信息化体系建设，以信息化引领和带动司法事业发展，提升推进全面依法治国战略的能力和水平。到2019年底，初步建成"数字法治、智慧司法"信息化体系，形成"大平台共享、大系统共治、大数据慧治"的信息化新格局。党的二十大报告指出，到2035年，我国要实现高水平科技自立自强，进入创新型国家前列；建成现代化经济体系，形成新发展格局，基本实现新型工业化、信息化、城镇化、农业现代化，要"健全共建共治共享的社会治理制度，提升社会治理效能。在社会基层坚持和发展新时代'枫桥经验'，完善正确处理新形势下人民内部矛盾机制，加强和改进人民信访工作，畅通和规范群众诉求表达、利益协调、权益保障通道，完善网格化管理、精细化服务、信息化支撑的基层治理平台"。

一、"数字法治、智慧司法"包括三个层次

1. 以"互联网＋"战略为统领，建设"司法公有云"，搭建互联网与政务外网应用互为补充、涉密网络独立运行的网络架构。

2. 推动技术融合、业务融合、数据融合，打通信息壁垒，建设全系统统筹利用、统一接入的数据资源平台与共享服务平台，实现司法系统的业务全面协同和资源融合共享。

3. 对标"一切业务数据化、一切数据业务化"，加速推进业务的数据化，通过数据应用重塑、优化业务流程和工作模式，推动司法系统履职能力的持续升级，为全面推进法治国家、法治政府、法治社会一体建设提供全面、有力的支撑。

"12363"就是着力搭建全国司法"一朵云""两平台""三入口"的新一代信息化体系架构，持续建设六大类业务系统，构建三大支撑体系。

二、建设"一朵云"

统一建设全国"司法公有云"，构建覆盖司法系统标准统一的云架构体

系，为"数字法治、智慧司法"提供基础保障。

1. 全面实现部、省、市、县、乡五级网络互联互通，解决司法系统未实现基础网络全覆盖的问题。

2. 为各类业务应用创新提供各类云资源和云服务支撑。

3. 提供地理信息、实人认证、全文检索、舆情采集、移动终端、智能语音、智能客服、数据可视化分析等一系列开发智能的应用支撑和服务。

4. 建立数据交换与服务调用接口，实现业务应用协同与数据资源共享。

5. 构建整体安全防护体系和运行维护体系，保障系统和数据安全、稳定、可靠运行。

三、建设"两平台"

1. 司法数据资源平台。通过统一汇聚、融合、加工、分析云上业务应用的数据，形成数据资源平台，构建"大数据中心"。

2. 司法共享服务平台。打造一个开放的、服务于司法系统的"一站式共享服务平台"。

四、建设"三入口"

1. 建设司法统一地图服务入口。为方便人民群众和全系统工作人员查找"人地案（事）物组织"等信息，基于统一的在线互联网地图，建设对外服务公众、对内服务办公的中国"法治地图"。

2. 完善全国统一公共法律服务入口。整合中国法律服务网和各省级法律服务网功能，建立面向公众的统一公共法律服务入口，完善法律服务的内容和运营体系。

3. 建设司法统一移动办公入口。为增强办公的便捷性，建设覆盖全系统的移动协同办公入口。

五、持续建设六大类业务系统

1. 全面依法治国业务系统。作用：汇聚、整合中央、地方在立法、执法、司法、守法、普法等方面和在行政立法、行政执法、刑事执行与应急指挥、公共法律服务、综合保障与政务管理等方面业务系统的数据。利用人工智能技术，深入开展数据挖掘与分析，辅助全面依法治国重大问题研究、中长期规划制定、重大决策部署督察等全局性业务工作的开展。

2. 行政立法业务系统。作用：建设完善行政立法规划计划制定、法律法规起草审查、条约审查、法规规章备案审查、法律法规编纂清理、法规译审等系统，助力形成完整、统一、权威的中国特色社会主义法律体系。

3. 行政执法协调监督业务系统。作用：进一步加强行政执法信息系统建设，梳理行政许可、行政处罚、行政强制等方面的行政执法主体及其行政权力清单。推进全国行政复议和行政应诉信息系统建设应用，实现行政复议全流程线上办理，形成全国行政复议和应诉案件库，强化行政复议监督职能。

4. 刑事执行与应急指挥业务系统。作用：持续推进刑事执行信息系统建设和数据整合。运用物联感知、视频智能分析、生物识别等多种技术和设备装备，对监狱服刑人员、戒毒人员、社区矫正对象、刑满释放人员等特殊人群进行依法监管，实现整个刑事执行活动全方位、全过程信息化管理。

5. 公共法律服务业务系统。作用：依托中国法律服务网整体联动的服务网络，解决服务资源不均、服务领域狭窄、服务内容单一的问题，提升法律服务、普法与依法治理、人民参与和促进法治建设的效率和质量，更好地满足新时代人民群众获取法律服务的新需求。

6. 综合保障与政务管理业务系统。作用：促进政务办公模式向云端化、移动化变革。建设信息资源目录管理系统，完善资源开放共享目录，全面推进司法系统与国家政府部门之间的数据共享。

六、构建司法系统三大支撑体系

1. 构建标准规范支撑体系。

2. 构建网络安全支撑体系。

3. 构建运维服务支撑体系。

认真学习贯彻党的十九届四中全会精神，深入贯彻落实习近平总书记关于网络强国的重要思想和全面依法治国新理念、新思想、新战略，充分发挥科技信息化对法治中国建设的支撑和驱动作用，助推国家治理体系和治理能力现代化。"数字法治、智慧司法"便是重要一环，它能进一步加快推进司法行政信息化，为新时代全面依法治国、推动司法行政事业大发展提供有力的信息化支撑和保障。

任务2 "数字法治、智慧司法"的国家战略

司法行政系统要充分发挥职能作用，认真学习和贯彻党的十九届四中全会精神，深入贯彻落实习近平总书记关于网络强国的重要思想和全面依法治国新理念、新思想、新战略，充分发挥科技信息化对法治中国建设的支撑和驱动作用，助推国家治理体系和治理能力现代化。

信息技术创新日新月异，数字化、网络化、智能化是信息技术的主要特征。党中央、国务院高度重视信息化工作，中央网络安全和信息化委员会印发《"十四五"国家信息化规划》（以下简称《规划》），对我国"十四五"时期信息化发展作出部署安排。《规划》提出要运用现代信息技术为"中国之治"引入新范式、创造新工具、构建新模式。利用大数据、人工智能、物联网等信息化手段支持社会治理进行科学决策、精准施策，是适应社会治理新形势、构建社会治理新格局、推进社会治理现代化的重要内容和必然要求。

《规划》要求，到2025年，基本形成党建引领、服务导向、资源整合、信息支撑、法治保障的数字社会治理格局。"十四五"是全面建设社会主义现代化国家新征程的第一个五年，是开局之年，我们要深切领会《规划》的含义，抓住信息化创新引领高质量发展的重要机遇。党的二十大报告中更是指出，中国式现代化的本质要求是：坚持中国共产党领导，坚持中国特色社会主义，实现高质量发展，发展全过程人民民主，丰富人民精神世界，实现全体人民共同富裕，促进人与自然和谐共生，推动构建人类命运共同体，创造人类文明新形态。这要求我们：

1. 坚持党建引领。信息化是一项复杂的系统工程，越是复杂就越要抓住其关键所在。创新和提升司法行政系统数字化程度，是数字化社会治理的一个重要环节，其最根本的是坚持和加强党的全面领导。坚持党建引领，就是要充分发挥我们的政治优势，并将其转化为工作优势。

2. 坚持服务导向。习近平总书记强调，加强和创新社会治理，关键在体制创新，核心是人。因此，数字社会治理建设要以为人民服务为导向，坚持人民群众在社会治理中的主体地位，发挥人民群众的主体作用。司法系统的信息化要根据《规划》的要求，真正让人民群众成为"社会治理的最广参与

者、最大受益者、最终评判者"。

3. 坚持资源整合。数字社会治理不是"空中楼阁",必须要有坚实的资源保障。除传统的资金、技术和人员资源外,还包括数据资源。碎片化的资源无法有效支持多方主体的共同参与。《规划》要求推动基层数据资源整合共享,推动基层政府与垂直部门的数据共享融合,促进部门数据根据需要向基层开放使用。将包括数据在内的各类资源集中整合、有效配置,可以充分发挥"集中力量办大事"的制度优势。

4. 坚持信息支撑。《规划》提出,要提升基于数据的国家治理效能。数字社会治理必须建立"用数据说话、用数据决策、用数据管理和用数据创新"的理念,实现大数据与社会治理的深度融合。大数据在数字社会治理中的核心价值主要体现在通过对数据的挖掘来研判社会问题、预测社会需求,从而实现社会治理决策的科学化和服务的精细化。

5. 坚持法治保障。法治是社会治理的基石。技术创新既包含机遇,也充满着风险。要推动技术向"善"发展,充分发挥技术的积极作用,弱化其消极作用,关键是坚持科技应用与法治建设相结合,用依法行政带动依法治理,在法治轨道上推动社会治理的数字化创新。

司法部在 2021 年底,印发了《全国公共法律服务体系建设规划(2021－2025 年)》,是根据《"十四五"司法行政事业发展规划》制定的。《全国公共法律服务体系建设规划(2021－2025 年)》设立的"2035 年远景目标"是:到2035 年,基本形成与法治国家、法治政府、法治社会基本建成目标相适应的现代公共法律服务体系。公共法律服务网络全面覆盖,服务机制更加健全,服务供给优质高效,服务保障坚实有力,基本公共法律服务均衡发展基本实现,人民群众共享公共法律服务成果基本实现。公共法律服务实体平台、热线平台、网络平台全面覆盖,融合发展有力有效,服务能力水平满足人民群众日常需求。普法工作针对性和实效性显著增强,全体公民特别是青少年法治意识和法治素养不断提升。律师、公证、司法鉴定、仲裁、调解、基层法律服务等法律服务业健康快速发展,服务能力水平、服务质量和公信力显著提高。法律服务工作者队伍思想政治建设不断加强,业务能力不断提高,在全面依法治国中充分发挥作用。

拓展 学习

"十四五"规划《纲要》〔1〕之建设数字中国

以习近平同志为核心的党中央高度重视数字经济发展，明确提出数字中国战略。习近平总书记强调指出，加快数字中国建设，就是要适应我国发展新的历史方位，全面贯彻新发展理念，以信息化培育新动能，用新动能推动新发展，以新发展创造新辉煌。《纲要》提出"加快数字化发展，建设数字中国"，深刻阐明了加快数字经济发展对于把握数字时代机遇，建设数字中国的关键作用。党的二十大报告中指出"坚持把发展经济的着力点放在实体经济上，推进新型工业化，加快建设制造强国、质量强国、航天强国、交通强国、网络强国、数字中国"。

一、我国数字经济发展的总体情况

"十三五"时期，我国数字经济发展取得了举世瞩目的成就，总规模稳居全球第二位，彰显出强劲的发展韧性和潜力。数字技术创新应用进一步向更大范围、更高层次和更深程度拓展，新业态新、模式不断涌现，源源不断迸发出强大的发展活力。加快实现二十大报告指明的目标"推进教育数字化，建设全民终身学习的学习型社会、学习型大国"。

1. 带动基础设施建设全面提速。我国数字基础设施建设突飞猛进。固定宽带家庭普及率由 2015 年底的 52.6% 提升到 91.5%，移动宽带用户普及率由 2015 年底的 57.4% 提升到 96% 以上。我国已经建成全球最大的光纤网络，覆盖所有城市、乡镇及 98% 以上的行政村。4G 基站规模占全球一半以上，5G 商用全球领先，基站超过 70 万个，占全球比重近 70%。北斗三号全球卫星导航系统开通，全球范围定位精度优于 10 米。超大型数据中心全球占比达 10% 以上，布局持续优化。

2. 牵引产业创新实力稳步增强。我国数字技术创新能力显著提升，专利申请数量迅猛增长，产业实力稳步增强，电子信息制造业增加值保持年增长 9% 以上，软件业务收入保持年增长 13% 以上。2020 年，信息传输、软件和信息技术服务业同比增速达 16.9%。高技术制造业、装备制造业增加值同比增长 7.1%、

---

〔1〕《中华人民共和国国民经济和社会发展第十四个五年规划和 2035 远景目标纲要》。

6.6%。工业机器人、集成电路、微型计算机设备等产品产量同比增长 19.1%、16.2%、12.7%。人工智能、大数据、区块链等战略性技术产业发展和配套产业链不断优化。

3. 助力经济结构持续优化调整。我国数字经济规模迈上新台阶，对 GDP 增长贡献率连续 6 年保持在 50% 以上。产业数字化水平不断提升，一、二、三产业数字化转型步伐加快，越来越多的企业加速"上云"，产业数字化增加值规模年均增长率超过 20%。农业生产领域的物联网、大数据、人工智能应用比例超过 8%。工业领域有一定影响力的互联网平台超过 80 个，连接了 40 万家企业，连接工业设备已达 6000 万台（套），工业应用程序超过 25 万个。数字技术驱动商业、金融、物流与服务业变革，移动支付交易额累计达到近 600 万亿元。全国网上零售额年均增长率超过 20%。

4. 支撑社会服务发展普惠均衡。"互联网 + 社会服务"持续推进，扩大了社会服务的半径，极大地方便了群众的生活。在线教育、智慧医疗等快速推广普及。截至 2020 年底，我国线上教育、远程医疗用户规模已分别占所有网民的 34.6%、21.7%。全国中小学互联网接入率达 99.7%。网约车、共享单车等新业态已成为广大群众日常出行中的重要组成。虚拟养老院、虚拟健身房等新模式蓬勃兴起。特别是新冠肺炎疫情防控常态化条件下，"防疫健康码"成为出行标配，全国各地博物馆"云旅游""云看展"项目超过 2000 项。

5. 推动政务服务水平显著提高。电子政务发展指数国际排名提升至第 45 位，在线服务指数国际排名跃升至第 9 位，政务服务网上可办率已超过 90%。"互联网 + 政务服务"向纵深推进，国家数据共享交换平台体系基本建成，全国一体化在线政务服务平台已经上线运行，初步实现了 62 个部门和 32 个地方的网络通、数据通、业务通，有力支撑各级政府部门数据共享和业务协同。各地依托政务服务平台，大力推广普及"最多跑一次""一次不用跑""不见面审批"等便民模式，更好地解决企业和群众办事难、办事慢、办事繁问题。

二、我国数字化发展面临的形势

当今世界正经历百年未有之大变局，新一轮科技革命和产业变革深入发展，全球经济越来越呈现数字化特征。加快数字化发展，建设数字中国，是顺应数字时代发展趋势、构筑国家竞争新优势的战略选择，应准确把握数字化发展的机遇和挑战。

1. 数据作为新要素深刻影响人类生产生活方式。人类社会正在进入以数字化生产力为主要标志的全新历史阶段。随着智能终端、传感器等设备广泛部署应用，大量数据资源被有效采集、挖掘和利用，渗透到人类社会活动的全过程、全领域。数据要素正在驱动劳动力、资本、土地、技术、管理等要素高效利用，驱动实体经济生产主体、生产对象、生产工具和生产方式深刻变革调整。随着经济社会各领域数字化进程的持续加快，数据要素将对经济运行效率和全要素生产率跃升发挥更大作用，注入新的强劲动能。

2. 数字经济成为各国经济转型升级的战略抉择。当今世界，能否抓住数字化变革的"时间窗口"，成为决定国家竞争力的关键。世界各国都把数字化作为经济发展重点，纷纷通过制定政策、设立机构、加大投入等，加快布局大数据、人工智能等领域，抢抓发展机遇。特别是面对新冠肺炎疫情常态化趋势，数字化已经成为关乎生存发展的"必选项"，为各国摆脱经济困境发挥越来越重要的作用。同时，全球化的大潮势不可挡，数字全球化呼唤构建新的全球数字治理体系，各主要国家积极参与 WTO、G20、OECD 等框架下的数字议程，推动国内规则国际化，全球数字治理规则进入到了重构关键期。

3. 传统行业转型升级对数字化的需求日益迫切。我国经济已由高速增长阶段转向高质量发展阶段。数字技术有效牵引生产和服务体系智能化升级，促进产业链、价值链延伸拓展，融合发展、产业转型已经成为大势所趋。许多传统行业低端产能过剩与高端产品有效供给不足等矛盾仍然突出，需要进一步发挥信息技术优势，带动生产制造、供应链管理等实体经济重要领域转型升级，全面优化生产、流通、消费、进出口等各个环节，促进加快构建以国内大循环为主体、国内国际双循环相互促进的新发展格局。

4. 消费升级趋势为数字经济发展提供广阔市场空间。我国拥有全球最大规模的单体数字市场，网民规模相当于全球网民的 1/5，已近 10 亿，蕴藏巨大的数字化消费需求。网络零售额连续 8 年保持全球第一，消费新业态、新模式持续涌现。"十四五"期间，在全面建成小康社会的基础上，中等收入群体规模进一步增加，广大群众对美好生活的向往更加强烈。居民消费的提挡升级，将给数字经济发展提供广阔的市场空间，成为数字化发展的重要牵引。高质量的数字化发展将引领创造新需求。更大的消费潜力通过数字化发展被进一步释放。

与此同时，我们也要看到，我国数字经济发展还面临着一些风险和挑战。核心技术受制于人的局面尚未有效改观，适应新产业、新业态、新模式发展的数字治理亟待完善，数字经济与实体经济融合有待深化，网络安全风险挑战还需防范。

三、"十四五"时期建设数字中国的工作重点

二十大报告指出，中国式现代化的本质要求是：坚持中国共产党领导，坚持中国特色社会主义，实现高质量发展，发展全过程人民民主，丰富人民精神世界，实现全体人民共同富裕，促进人与自然和谐共生，推动构建人类命运共同体，创造人类文明新形态。这是我们的总体目标。而《纲要》则指明了努力的方向。"十四五"期间要迎接数字时代，激活数据要素潜能，推进网络强国建设，加快建设数字经济、数字社会、数字政府，以数字化转型整体驱动生产方式、生活方式和治理方式变革。重点强化以下四方面工作：

1. 打造数字经济新优势。一是加强关键数字技术创新应用。加快推进高端芯片、操作系统、人工智能关键算法、传感器、通用处理器等领域研发突破和迭代应用。加快布局量子计算、量子通信等前沿技术，支持数字技术开源社区等创新联合体发展，完善相关配套政策。二是加快推动数字产业化。培育壮大新兴数字产业，提升通信设备、核心电子元器件、关键软件等产业水平。构建基于5G的应用场景和产业生态，在智能交通、智慧物流等重点领域组织试点示范。三是推进产业数字化转型。实施"上云用数赋智"行动，推动数据赋能全产业链协同转型。在重点行业和区域建设国际水准的工业互联网平台和数字化转型促进中心。深入推进服务业数字化转型，培育众包设计、智慧物流、新零售等新增长点。加快发展智慧农业，推进农业生产经营和管理服务数字化改造。

2. 加快数字社会建设新步伐。一是提供智慧便捷的公共服务。推进学校、医院、养老院等公共服务机构资源数字化，加大资源开放共享服务力度。积极发展在线课堂、互联网医院、智慧图书馆等。鼓励社会力量参与"互联网＋公共服务"，创新提供服务模式和产品。二是建设智慧城市和数字乡村。分级分类推进新型智慧城市建设，将物联网感知设施、通信系统等纳入公共基础设施统一规划建设，推进市政公共设施智能化改造，推进城市数据大脑建设。

构建面向农业农村的综合信息服务体系。三是构筑美好数字生活新图景。推进智慧社区建设，发展线上线下融合的社区生活服务、社区治理等。加强全民数字技能教育和培训，普及提升公民数字素养。

3. 提升数字政府服务新水平。一是加强公共数据开放共享。建立健全国家公共数据资源体系，健全数据资源目录和责任清单制度，推进数据跨部门、跨层级、跨地区汇聚融合和深度利用。扩大公共数据有序开放，开展政府数据授权运营试点。二是推动政务信息化共建共用。加大政务信息化建设统筹力度，健全政务信息化项目清单，持续深化政务信息系统整合。完善国家电子政务网络，加强政务信息化建设快速迭代，增强政务信息系统快速部署能力和弹性扩展能力。三是提高数字化政务服务效能。全面推进政府运行方式、业务流程和服务模式数字化、智能化。深化"互联网＋政务服务"，加快构建数字技术辅助决策机制，强化数字技术在公共卫生、自然灾害、事故灾难、社会安全等突发公共事件应对中的运用。

4. 营造数字化发展新生态。一是建立健全数据要素市场规则。加快建立数据资源产权、交易流通、跨境传输和安全保护等基础制度和标准规范，培育规范的数据交易平台和市场主体。加快推进数据安全、个人信息保护等领域基础性立法，强化数据资源全生命周期安全保护，推动数据跨境安全有序流动。二是营造规范有序的政策环境。构建与数字经济发展相适应的政策法规体系。健全共享经济、平台经济和新个体经济管理规范，依法依规加强监管。完善垄断认定法律规范，打击垄断和不正当竞争行为。探索建立针对新业态的监管框架。健全数字经济统计监测体系。三是加强网络安全防护。健全国家网络安全法律法规和制度标准，建立健全关键信息基础设施保护体系，加强网络安全风险评估和审查。强化跨领域网络安全信息共享和工作协同，加强网络安全宣传教育和人才培养。四是推动构建网络空间命运共同体。推进网络空间国际交流与合作，推动以联合国为主渠道、以联合国宪章为基础原则制定数字和网络空间国际规则。推动建立多边、民主、透明的全球互联网治理体系，建立更加公平合理的互联网重要基础资源分配机制。积极参与国际规则和数字技术标准制定，构建保护数据要素、处置网络安全事件、打击网络犯罪的国际协调合作机制。推进网络文化交流互鉴。

思考与练习

1. "数字法治、智慧司法"的含义?

2. "12363"是着力搭建全国司法"一朵云""两平台""三入口"的新一代信息化体系架构,持续建设六大类业务系统、构建三大支撑体系分别指的是什么?

项目二　社区矫正信息化终端

学习目标

知识目标:掌握计算机的基本结构,熟悉计算机的主要硬件;了解 ARM 架构的授权模式;熟悉操作系统常见知识,熟悉国产硬件以及软件发展情况。

能力目标:具备安装 Windows 10 以及 UOS 操作系统的能力,能够解决办公中出现的一些软硬件问题。

素质目标:培养深入思考、善于总结、认真负责、耐心细致的工匠精神。

知识树

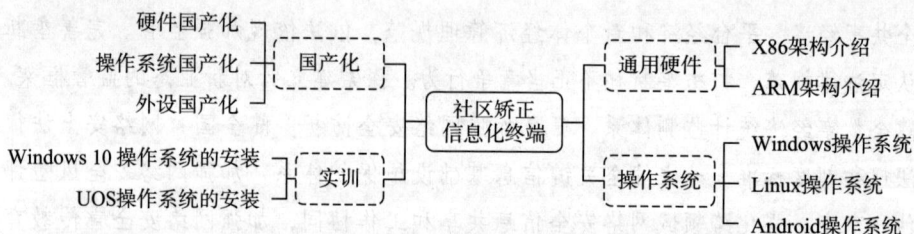

任务1　计算机组成

一、冯·诺依曼结构

现代计算机都采用存储程序结构,存储程序结构又称冯·诺依曼结构,它是 1945 年匈牙利籍数学家冯·诺依曼受宾夕法尼亚大学研制的 ENIAC 计算机结构的启发提出的，是世界上第一个完整的计算机体系结构。

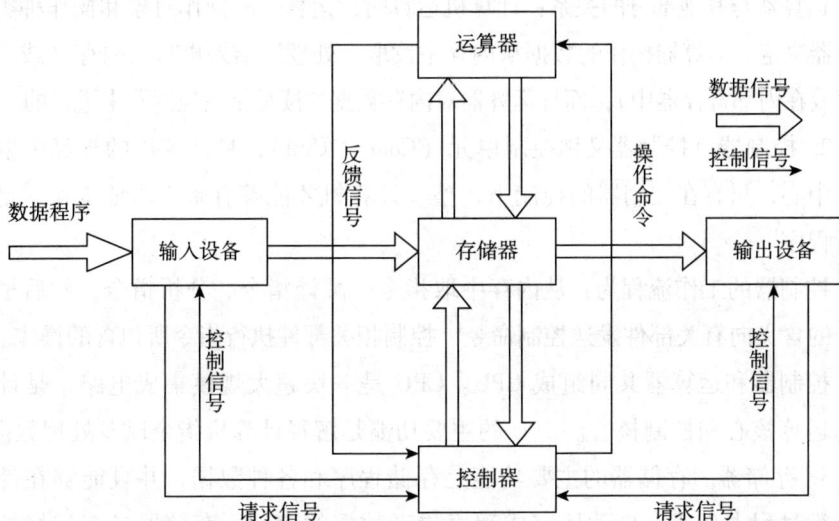

图1-1 计算机组成

冯·诺依曼结构的主要特点是：①计算机由存储器、运算器、控制器、输入设备和输出设备五部分组成，其中，运算器和控制器位于中央处理器（Central Processing Unit，简称 CPU）内部。②存储器是按地址访问的线性编址的一维结构，每个单元的位数固定。③采用存储程序方式，即指令和数据不加区别混合存储在同一个存储器中。[1]④控制器通过执行指令发出控制信号控制计算机的操作。指令在存储器中按其执行顺序存放，由指令计数器指明要执行的指令所在的单元地址。指令计数器一般按顺序递增，但执行顺序可按运算结果或当时的外界条件而改变。⑤以运算器为中心，输入输出设备与存储器之间的数据传送都经过运算器。

二、冯·诺依曼确定了"计算机结构"中的五大部件

1. 运算器。首先，计算机要有运算处理数据的能力，所以需要一个处理单元来完成各种算数运算和逻辑运算，这就是算术逻辑单元（Arithmetic Logic Unit，ALU）。ALU 的主要功能就是在控制信号的作用下，完成加、减、乘、

––––––––––––––––––

〔1〕 参见刘伟：《计算机组装防护理论与实务》，东北大学出版社 2017 年版，第 7~8 页。

除等算术运算以及与、或、非、异或等逻辑运算以及移位、补位等运算。

运算器与其他部分的关系：计算机运算时，运算器的操作对象和操作种类由控制器决定。运算器操作的数据从内存中读取，处理的结果再写入内存（或者暂时存放在内部寄存器中），而且运算器对内存数据的读写是由控制器来进行的。

2. 控制器。控制器又称控制单元（Control Unit），是计算机的神经中枢和指挥中心，只有在控制器的控制下，整个计算机才能够有条不紊地工作、自动执行程序。

控制器的工作流程为：从内存中取指令、翻译指令、分析指令，然后根据指令的含义向有关部件发送控制命令，控制相关部件执行指令所包含的操作。

控制器和运算器共同组成 CPU。CPU 是一块超大规模集成电路，是计算机的运算核心和控制核心。CPU 的主要功能是解释计算机指令以及处理数据。

3. 存储器。存储器的主要功能是存储程序和各种数据，并且能够在计算机运行过程中高速、自动地完成程序或者数据的存储。存储器是有记忆的设备，而且采用两种稳定状态的物理器件来记录存储信息，所以计算机中的程序和数据都要转换为二进制代码才可以存储和操作。

4. 输入设备和输出设备。实际上我们操作计算机都是与输入输出设备在打交道。鼠标键盘是输入设备，显示器是输出设备。手机触摸屏既是输入设备又是输出设备。所有的计算机程序都可以抽象为输入设备读取信息，通过 CPU 来执行存储在存储器中的程序，结果通过输出设备反馈给用户。

任务 2　计算机中的主要硬件

一、CPU

1. CPU 介绍。CPU，学名为"中央处理器"，英文名为"Central Processing Unit"，它里面有三部分：运算器、控制器和寄存器。运算器主要进行算术运算和逻辑运算，控制器主要是负责对指令译码，并且发出为完成每条指令所要执行的各个操作的控制信号。寄存器用来保存指令执行过程中临时存放的寄存器操作数和中间（或最终）的操作结果。

当前桌面市场 CPU 的厂商主要有两个：Intel 和 AMD，而服务器市场则主要为 Intel 垄断。Intel 公司成立于 1968 年，由罗伯特·诺伊斯、戈登·摩尔和安迪·格鲁夫创建于美国硅谷。经过近四十年的发展，Intel 公司在芯片创新、技术开发、产品与平台等领域奠定了全球领先的地位，并始终引领着相关行业的技术产品创新及产业与市场的发展，其总部位于美国加州。

AMD 创办于 1969 年，当时公司的规模很小，甚至总部就设在一位创始人 John Carey 家里的起居室中。但是从 1969 年到 2013 年，AMD 一直在不断地发展，2012 年已经成为一家年收入高达 24 亿美元的跨国公司。

2. CPU 性能指标。

（1）主频。主频也叫时钟频率，单位是 MHz（或 GHz），用来表示 CPU 的运算、处理数据的速度。CPU 的主频＝外频×倍频系数。很多人认为，主频就决定着 CPU 的运行速度，这不仅是个片面的认识，而且对于服务器来讲，这个认识也出现了偏差。至今，没有一条确定的公式能够说明主频和实际的运算速度之间的数值关系，即使是两大处理器厂家 Intel 和 AMD，在这点上也存在着很大的争议。从 Intel 的产品的发展趋势可以看出，Intel 很注重加强自身主频的发展。

（2）外频。外频是 CPU 的基准频率，单位是 MHz。CPU 的外频决定着整块主板的运行速度。通俗地说，在台式机中，所说的超频，都是超 CPU 的外频。目前的绝大部分电脑系统中外频与主板前端总线不是同步速度的，而外频与前端总线（FSB）频率又很容易被混为一谈，下面介绍前端总线（FSB）以及两者的区别。

前端总线（FSB）频率（即总线频率）直接影响 CPU 与内存直接数据交换速度。有一条公式可以计算，即数据带宽＝（总线频率×数据位宽）/8，数据传输最大带宽取决于所有同时传输的数据的宽度和传输频率。比如，现在支持 64 位的至强 Nocona，前端总线（FSB）是 800MHz，按照公式，它的数据传输最大带宽是 6.4GB/s。

外频与前端总线（FSB）频率的区别为：前端总线的速度指的是数据传输的速度，外频是 CPU 与主板之间同步运行的速度。也就是说，100MHz 外频特指数字脉冲信号在每秒钟震荡 1 亿次；而 100MHz 前端总线指的是每秒钟 CPU 可接受的数据传输量是 100MHz×64bit/8/Byte＝800MB/s。

（3）CPU 的位和字长。位：在数字电路和电脑技术中采用二进制，代码只有"0"和"1"。其中，无论是"0"或是"1"，在 CPU 中都是一"位"。

字长：电脑技术中对 CPU 在单位时间内（同一时间）能一次处理的二进制数的位数叫字长。所以，能处理字长为 8 位数据的 CPU 通常就叫 8 位的 CPU。同理 32 位的 CPU 就能在单位时间内处理字长为 32 位的二进制数据。

（4）倍频系数，倍频系数是指 CPU 主频与外频之间的相对比例关系。在相同的外频下，倍频越高 CPU 的频率也越高。但实际上，在相同外频的前提下，高倍频的 CPU 本身意义并不大。这是因为 CPU 与系统之间数据传输速度是有限的，一味追求高倍频而得到高主频的 CPU 就会出现明显的"瓶颈"效应——CPU 从系统中得到数据的极限速度不能够满足 CPU 运算的速度。

3. 主流厂商 CPU 产品介绍。

图 1－2　Intel Core i7

（1）Intel 系列 CPU 介绍。CPU 数字后面字母带 K，代表能超频，如 i7－11700K。如果你目前不超频，购买时尽量不要买带 K 的 CPU。

CPU 数字后面带字母 F，代表 CPU 没有集成核显，如 i7－11700F。装机时就需要购买独立显卡，否则电脑没有视频信号输出。

CPU 数字后面没有任何字母，如 i7－11700，代表这个 CPU 有核显，不能超频。CPU 数字后面带 KF，表示这个 CPU 是能超频不带核显，如 i7－11700KF。

CPU 前两位就是代数，11700 是 11 代，10700 是 10 代，但 9700 和 8700 不是 97 代和 87 代，而分别是 9 代和 8 代。

买电脑看配置单，不要看到是 i7、i5 就认为是高配电脑，一定要问清楚是第几代。

图 1 – 3　AMD Ryzen

（2）AMD 系列 CPU 介绍。AMD（美国超微半导体）早期产品线复杂，直到 2017 年推出了全新的 Zen 架构后，锐龙 CPU 也占据了主流市场。锐龙处理器也有着不同的系列：Ryzen（锐龙）：最常见的桌面级 CPU，也是我们主要介绍的 CPU 系列。Ryzen Pro（锐龙 Pro）：加强安全商业级，主要面向商业用户，如一些品牌机和笔记本。Ryzen Threadripper（锐龙线程撕裂者）：针对发烧级，主要面向如视频剪辑、工作站这种对多核心、多线程有需求的用户。EPYC（霄龙）：服务器 CPU。

锐龙处理器同样针对不同用途有着等级的划分，也就是我们上面看到的 R3（低端）、R5（中端）、R7（高端）、R9（旗舰），类似于酷睿的 i3、i5、i7、i9。

在产品系列等级（R3、R5、R7、R9）之后的第一个数字一般是指锐龙系列的代数，例如，R9 3900X 就是第三代 CPU、R7 2700E 就是第二代 CPU，R5 1400 和 R3 3200G 则一个是一代、一个是三代。

二、主板

1. 主板介绍。主板，又叫主机板（mainboard）、系统板（systemboard）、母板（motherboard）。主板安装在机箱内，是微机最基本最重要的部件之一。主板一般为矩形电路板，上面安装了组成计算机的主要电路系统，一般有 CPU 芯片、BIOS 芯片、I/O 控制芯片、键盘和面板控制开关接口、指示灯插接件、扩充插槽、主板及插卡的直流电源供电接插件等元件。主板是承载机箱内所有硬件的平台，它决定了主机的稳定性。但如果搭配了杂牌的主板，那么做工质量、稳定性方面都无法保障。

2. 主板的结构介绍。主板上集成了各种电子元件、插槽和接口等，为CPU、内存和各种功能卡，如声卡、网卡等提供了安装插槽，为各种多媒体和通信设备提供了接口。下图为主板的结构图。

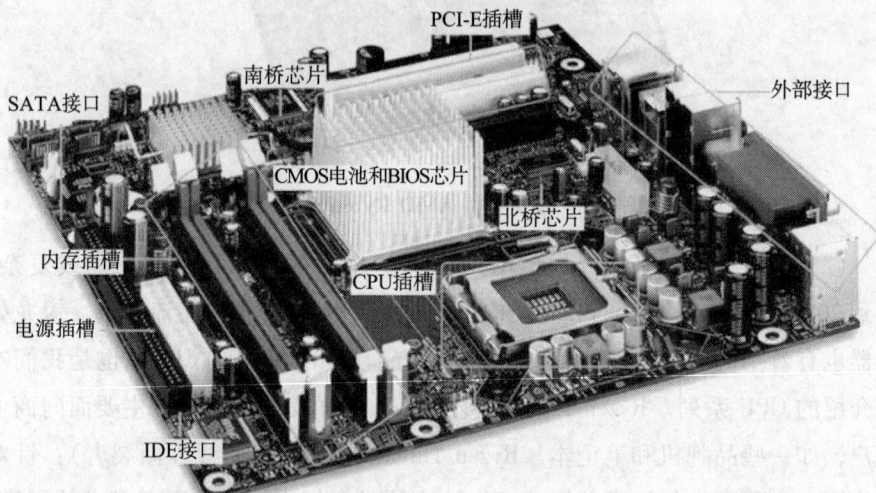

图1-4　主板

北桥芯片：北桥芯片是主板芯片组中最重要的一块芯片。电脑中的CPU、内存和显卡都是由北桥芯片控制，因此北桥芯片的优劣在一定程度上决定了主板的性能。由于北桥芯片处理的数据较多，为降低其工作时散发出的热量，一般情况下还会在其上方安装散热片。

南桥芯片：南桥芯片是主板的第二大芯片（第一大芯片是北桥芯片）。南桥芯片控制了输入输出设备和外部设备，如USB设备、IDE设备、SATA设备、音频控制器、键盘控制器、实时时钟控制器和高级电源管理等设备。

SATA接口：SATA（Serial ATA）硬盘接口又叫串行ATA接口，是电脑硬盘和光驱的主要数据接口。SATA以连续串行的方式传输数据，减少了接口的针脚数目，提高了传输效率。和 IDE 接口相比，SATA 接口的传输速度更快，还支持"热插拔"技术。

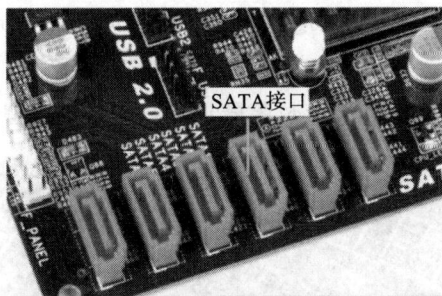

图 1 – 5 SATA 接口

CPU 插槽：CPU 插槽是用于安装和固定 CPU 的专用插槽。主板支持的 CPU 不同，CPU 的插槽也有所不同，主要表现在 CPU 背面各电子元件的布局及插槽结构的不同。为防止将 CPU 插错，在 CPU 插槽的一角有一个缺口，将 CPU 上有缺口的一角对应放置即可。

图 1 – 6 CPU 插槽

内存插槽：内存插槽是用来固定内存条的插槽。一个主板采用的内存插槽类型和数量决定了该主板支持的内存种类和容量。

电源插槽：电源插槽是指提供主板电能供应的插槽，通过它可将电源的供电插座连接到主板上。在 ATX 主板上，电源插座的形状为长方形两排 20 针或 24 针插口。

PCI-E 插槽：PCI-E 插槽是用于连接需要大带宽需求的设备的一个插槽，主要用来连接显卡、高级网卡及声卡等设备。PCI-E 插槽根据其传输速度的不同，可分为 1X、4X、8X 和 16X。其中，1X 模式可为高级网卡和声卡提供 255 MB/s 的传输速度，16X 模式可为插槽中的显卡提供 5GB/s 的传输速度。

BIOS 芯片：BIOS（Basic Input/Output System）芯片是固定在电脑中只读存储器上的一组程序。在 BIOS 芯片中保存着系统自检、基本输入输出程序、CPU 参数、内存参数和芯片组参数等最基本、最重要的信息。

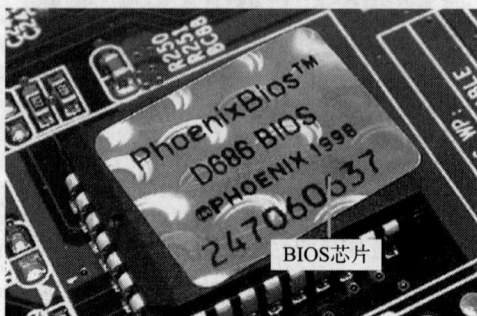

图 1-7 BIOS 芯片

CMOS 电池：CMOS 电池通过为 BIOS 芯片供电来存储 BIOS 信息，电脑关机时，BIOS 芯片由 CMOS 电池供电。如果 CMOS 电池没有电，BIOS 芯片中的信息就会丢失，需重新设置 BIOS 后电脑才能正常运行。

图 1-8 CMOS 电池

主板外部接口：电脑的外部接口是用于连接相应外部设备和传输线缆的桥梁，不同接口的用途不同，并且其数据的传输速率和方式也不同。下面将对常见的几种外部接口的作用和输入输出情况进行介绍。

图 1 – 9　外部接口

PS/2 接口：主要用于连接键盘和鼠标，蓝色为键盘接口，绿色为鼠标接口。

USB 接口：连接外部装置的一个串口汇流排接口，通过 USB 接口几乎可以连接所有的电脑外部设备。

网络接口：主板上的网络接口也就是 RJ45 接口，也叫水晶头接口，主要用来连接网线。

视频接口：目前比较主流的视频接口主要分为两大类，比较传统的模拟信号接口 VGA，以及比较新的数字信号接口 DVI、HDMI、DP 等，其中大多都有不同的变种。例如，常见的 DVI 接口就分为 DVI-D 及 DVI-I，其中 DVI-D 型只能输出数字信号，而 DVI-I 既可以输出数字信号还能输出模拟信号。

音频接口：主板中的音频接口通常只有两个最常用，即绿色的音频输出接口和红色的耳机接口。

3. 主板品牌介绍。主板的一线品牌有华硕（ASUS）、微星（MSI）与技嘉（GIGABYTE），这三个品牌的共同特点就是它们具有极强的研发力，产品不断地推陈出新，具有一条完整合理的品牌线，能够紧抓市场的需求。其中，华硕可以说是全世界第一大主板制造商，也是主板行业中的无冕之王。华硕的高端主板性能出色，配置十分扎实，其中低端品牌也是稳扎稳打，华硕每年生产销售的主板可达到 4000 万张。微星则是在大学生中比较流行的主板品牌。技嘉主板的做工都会让人感到十分惊艳，超频方面也十分出众，甚至有一段时间能够超越华硕。

升技（ABIT）、磐正（EPOX）则是市场上公认的两个准一线品牌。由于华硕等一线品牌专注于 Intel 平台的主板，这些准一线品牌就开始在 AMD 平台的市场上崭露头角，但其实这两个品牌的主板产品也毫不逊色。升技把超频当作其首要任务，在用料与做工上都十分认真，国内外有不少 DIY 玩家偏爱升技主板。磐正与升技略有类似，不过它的产品配件更完备，价格也相对较亲民。

三、内存

1. 内存介绍。内存也被称为内储存器，其作用是用于暂时存放处理器中的运算数据，以及与硬盘等外部储存器交换的数据。内存是外界与处理器进行沟通的桥梁。

2. 内存的参数。

（1）容量。容量就是内存有多大的空间，可以放多少个 G 的数据，理论上来说当然是越大越好。现在市场上内存容量一般为 4G、8G、16G 的单条，如果装机用户想要更大的内存，可以通过购买多条同品牌同型号的内存进行组建。一般常见主板都是 2 根、4 根内存插槽，一些高端主板会有更多内存插槽支持。现在主流主板最高能够支持 64G 内存，而一些高端主板，甚至能够支持 128G 超大内存，但这需要 64 位的处理器配合 64 位操作系统才行。

（2）频率。频率就是内存工作的速度，是以 100Mhz 或者 133.333 33MHz 为基本单位的倍数。例如，2400MHz 就等于 100 基频乘以 24 倍频或者等于 133.3333 基频乘以 18 倍频。为什么非得是 100MHz？因为在一般情况下这就是 CPU 的外频，也就是所有其他设备的工作频率的基频（当然也可以调节），而 133MHz 就是由很多原因造成的。这时，主板 BIOS 处会有一个叫 Ratio 的设置，可以设置成 100:100 或者 100:133，目的就是调节基频。

（3）带宽与位宽。内存的频率反映内存的工作速度，但我们都知道，内存是要和 CPU 交换数据的，而在这个过程里，就有一个限制参数——带宽，它有一个计算公式：带宽 = 位宽×频率/8。那么问题来了，位宽又是什么？

位宽就是一个时钟周期（比如说 1s）内所能传送数据的位数，带宽则是在固定的时间内可传输的数据数量。举个例子：你可以把位宽理解为道路的宽度，假设 64 位是双车道，那 128 位就是四车道，车道越宽，瞬间通过的车辆就能越多；那带宽，就是指在这一时间段内通过的所有车辆之和，而频率就是车辆的通行速度。

（4）接口。接口是内存能不能用的最主要参数，要和主板匹配才行。这就需要看主板支持的是什么类型的插槽。当然，如果硬件全部新购，可以不考虑这个问题，但如果升级旧电脑，就一定要注意了。

（5）时序。时序是一个很高级、也很重要的参数。内存时序是描述同步动态随机存取存储器（SDRAM）性能的四个参数：CL、TRCD、TRP 和 TRAS，单位为时钟周期。它可以影响内存读写的延迟时间。

3. 内存的品牌介绍。

（1）金士顿 Kingston。自 1987 年起，金士顿就以提供品质出众的内存产品而驰名。由于了解内存对计算效率的重要性，因此应当采取必要措施以确保内存产品的可靠性。

品质卓越：金士顿确保所有组件的优秀品质，而且所有模组在每个生产阶段都经过测试。

稳定性：金士顿成立于1987年，目前已经发展成为业内比较大的独立内存模组制造商。

可靠性：金士顿致力于使用比较高品质的组件并进行100%全面测试，这使金士顿内存成为市场上比较可靠的产品。

专业性：金士顿参与从晶圆切片、组合集成电路、组装模组到测试成品的整个 DRAM 制造流程。

（2）威刚 ADATA。身为全球领导品牌厂商，威刚深知专业与创新才能创造产品竞争优势，因此，威刚的产品从工业设计、原料采购、生产制程与质量检验，皆通过威刚专业人员比较严密的执行与检验；且威刚以不断创新精神，努力开发差异化的优质产品，每年皆得到国际知名大奖的肯定。

（3）宇瞻 Apacer。Apacer 是知名的创新型内存模组品牌，提供广泛用于数码媒体应用以及数码数据阅读与分享的内存模组产品。Apacer 深谙数字数据存储与复制的重要性，因此，Apacer 不断地在开发和优化数字存储解决方案。

（4）海盗船 Corsair。Corsair 公司属全球比较大的内存供应商之一，是全球比较受尊敬的超频内存制造商、多家世界知名电脑厂商 OEM 合作伙伴。Corsair 是设计高性能内存比较有经验的内存制造商，其深知每一个细节的重要性，严谨地记录长度的控制内存、阻抗控制、时钟记录设计、不断电源及高敏度的镀金针脚等。

四、外部存储设备——硬盘

1. 硬盘介绍。硬盘是计算机的主要外部存储设备。计算机中的存储设备种类非常多，常见的主要有光盘、硬盘、U 盘等，甚至还有网络存储设备 SAN、NAS 等，不过使用最多的还是硬盘。

如果从存储数据的介质上来区分，硬盘可分为机械硬盘（Hard Disk Drive，HDD）和固态硬盘（Solid State Disk，SSD）。机械硬盘采用磁性碟片来存储数据，而固态硬盘通过闪存颗粒来存储数据。

2. 硬盘的结构。

（1）机械硬盘。一般说来，无论哪种硬盘，都是由盘片、磁头、盘片主轴、控制电机、磁头控制器、数据转换器、接口、缓存等几个部分组成。

图 1-10　机械硬盘结构

所有的盘片都固定在一个旋转轴上，这个轴即盘片主轴。而所有盘片之间是绝对平行的，在每个盘片的存储面上都有一个磁头，磁头与盘片之间的距离比头发丝的直径还小。所有的磁头连在一个磁头控制器上，由磁头控制器负责各个磁头的运动。磁头可沿盘片的半径方向运动（实际是斜切向运动），每个磁头同一时刻也必须是同轴的，即从正上方向下看，所有磁头任何时候都是重叠的（不过目前已经有多磁头独立技术，可不受此限制）。而盘片以每分钟数千转到上万转的速度在高速旋转，这样磁头就能对盘片上的指定位置进行数据的读写操作。由于硬盘是高精密设备，尘埃是其大敌，所以必须完全密封。

（2）固态硬盘。固态硬盘和传统的机械硬盘最大的区别就是不再采用盘片进行数据存储，而采用存储芯片进行数据存储。固态硬盘的存储芯片主要分为两种：一种是采用闪存作为存储介质；另一种是采用 DRAM 作为存储介质。目前使用较多的主要是采用闪存作为存储介质的固态硬盘，如图所示。

图 1-11　SSD

固态硬盘和机械硬盘相比，主要有以下一些特点，如表 1-1 所示：

表 1-1　固态硬盘和机械硬盘对比

对比项目	固态硬盘	机械硬盘
容量	较小	大
读/写速度	极快	一般
写入次数	5000～100 000 次	没有限制
工作噪声	极低	有
工作温度	极低	较高

对比项目	固态硬盘	机械硬盘
防震	很好	怕震动
重量	低	高
价格	高	低

大家可以发现，固态硬盘因为丢弃了机械硬盘的物理结构，所以相比机械硬盘具有了低能耗、无噪声、抗震动、低散热、体积小和速度快的优势；不过价格相比机械硬盘更高，而且使用寿命有限。

3. 硬盘的品牌。

（1）机械硬盘：SEAGATE 希捷、WD 西部数据、HITACHI 日立。机械硬盘容量通常为 1T、2T、3T、4T 或者以上。一般基本都是选用 1T、2T 机械硬盘。

台式机上的机械硬盘现在都是 SATA3 接口，尺寸为 3.5 英寸。2.5 英寸 SATA3 接口的硬盘在台式电脑和笔记本上都是通用的。

（2）固态硬盘：SAMSUNG 三星、Intel 英特尔。在与机械硬盘相比同价位的情况下，机械硬盘的容量要比固态硬盘大得多。因此，如果是在存储量较大的情况下，必须搭配机械硬盘作为辅盘来做存储。

固态硬盘容量通常为 120G、128G，还有 200G、240G、250G、256G、512G、1T 以上等。不过现在基本都是选用 120G、128G、240G、250G、256G 容量为主，因为大容量的固态硬盘价格通常较高。不过经过科技的不断发展，在未来，大容量的固态硬盘会越来越主流，也会越来越便宜。

任务3　操作系统介绍

当前电脑的操作系统有 Windows、Linux 以及苹果 MacOS，移动设备的操作系统则以 Android 和苹果 iOS 为主。由于苹果公司操作系统具有封闭性，本文对此不再探讨。

另外，服务器系统与普通用户操作系统也存在区别。

服务器操作系统包含服务器端专用的功能和管理工具，对稳定性和安全性有严格的要求，同时还支持特殊的硬件。普通用户系统没有专业的功能，而是加入了面向个人用户媒体管理和功能。

在性能的稳定性上，服务器要比个人用户操作系统高得多。

在文件管理或网络应用上，服务器能更好地发挥性能。

在图形及娱乐上，个人用户操作系统要比服务器有着更好的性能。

服务器操作系统的安全性及可协调性要比个人用户操作系统高。

下面介绍一下 Windows 的发展。

一、Windows 的发展史

自 20 世纪 90 年代以来，我们所使用的电脑设备已经经历了许多巨大变化，与其配合使用的电脑操作系统也同样如此。其中，微软的王牌操作系统 Windows 或许是我们最为熟悉的一款产品。

在 Windows 上，许多用户第一次打开网页，写下人生第一封电子邮件，也初次体验了 PC 游戏的快感。它也是全球企业的基石，助力众多的初创公司蓬勃发展。

从 1985 年 11 月 20 日微软发布 Windows 1.0 到 2021 年 6 月 24 日亮相的 Windows 11，在近 36 年的时间里，Windows 成功地让 PC 从冷冰冰的科研设备变成功能强大且创新的生产力工具，惠及全球 10 亿多人。这背后基于 Windows 始终紧跟并助推 PC 行业的发展步伐，促成了很多重要的软硬件技术的普及，引领 PC 行业的共同进步。

1. Windows 1.0 ~ Windows 98：奠定 PC 的"可用性"。微软在 1985 年推出 Windows 1.0，通过实现直观的用户图形界面和鼠标操作，开启了 PC 全面普及的新时代，成为 PC 发展史上的重要里程碑。不仅如此，许多至今仍影响着业界的技术和标准也正是在这一时期诞生。例如，能执行多个程序的多任务机制，能提升内存性能的虚拟内存技术，以及一直延续至今的 USB 通用接口标准。

（1）1985 年：Windows 1.0。Windows 1.0 是微软第一次对个人电脑操作平台进行用户图形界面的尝试，也是微软所发布的第一个 Windows 操作系统版本。事实上，微软原本计划将该产品称为"界面管理器"（Interface Manager），但最终还是因为其软件的显示形式而将其命名为"Windows"（窗口）。

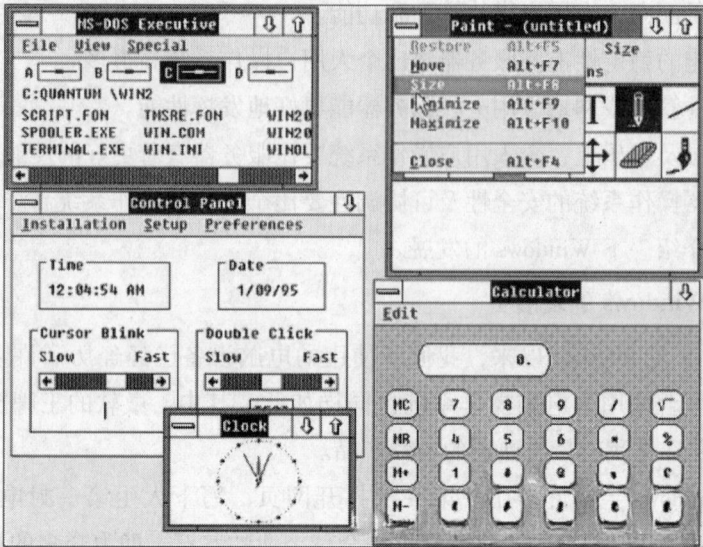

图 1 – 12 Windows 1.0

在 Windows 95 上，微软首次带来经典的开始菜单设计。而随着 Windows 98 进一步完善网页浏览器以及其对多媒体外设的支持，PC 行业也首次迎来了"多媒体时代"的到来。

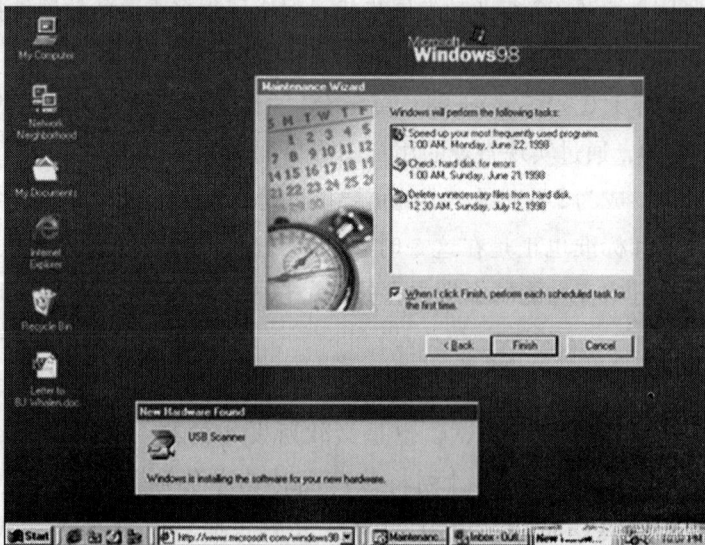

图 1 – 13 Windows 98

（2）1998 年：Windows 98。Windows 98 是在互联网迎来巨大发展时期微软所推出的桌面操作系统，该公司将 Windows 98 称为"首款真正针对消费者所推出的软件系统"，即插即用、桌面快速启动栏和自动播放 CD 都是这一系统的独有功能。

2. Windows XP ~ Windows 7：计算机显示技术由此跃升。在 Window 9X 之后，微软推出了大家所熟知的 Windows XP。作为第一款使用 Windows NT 内核的家庭版操作系统，Windows XP 的用户体验相比以往大幅提升，也再次降低了 PC 的使用门槛。同一时期，电子竞技快速普及。不仅如此，第一代四核处理器、现代化的多显卡互联技术，以及早期的多 CPU 家用电脑平台也诞生于 Windows XP 时代。Windows XP 对于 PC 整体性能的提升扮演了重要角色。

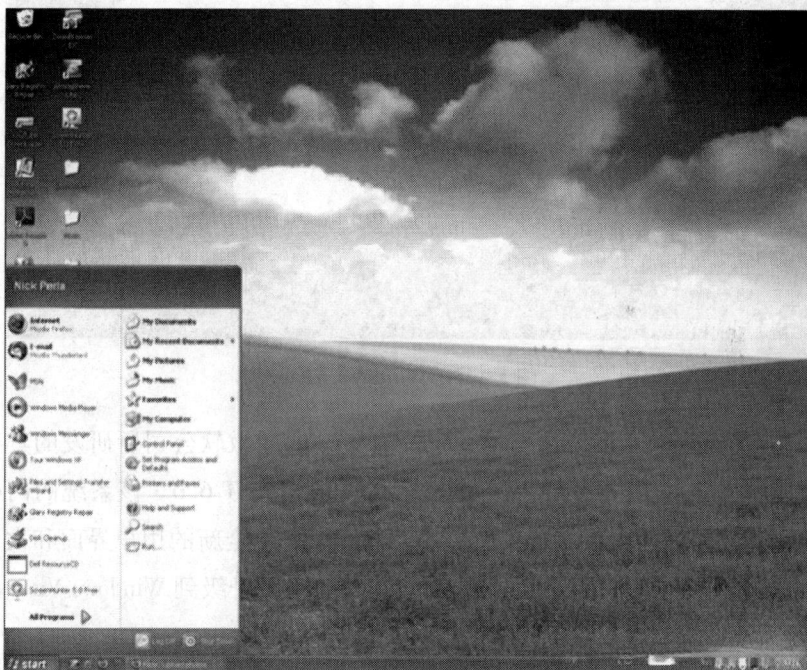

图 1 - 14　Windows XP

（1）2001 年：Windows XP。Windows XP 一经推出就因为其用户界面的设计美感而饱受好评，《纽约时报》的知名科技专栏作者大卫·普格（David

Pogue）甚至在当时的一篇评论文章中写道："同其前作相比，你所听到的有关 Windows XP 的批评声音显然会更少。"即便拿到现在来看，使用内置 Windows XP 的操作系统也依旧为用户提供了流畅的使用体验。

图 1-15　Windows Vista

（2）2006 年：Windows Vista。Windows Vista 是微软公司所研发的具有创新历史意义的一个版本，其内核版本号为 Windows NT 6.0。该系统的内核相对于 Windows XP 的内核变化巨大，并为我们带来了全新的用户界面和大量新功能。但是，由于用户很难找到从 Windows XP 系统升级到 Windows Vista 的充分理由，该系统一直受到了外界的广泛批评。

创新的脚步从未停止，Windows Vista 成为第一款 64 位家用 Windows 操作系统，其搭载的 DirectX 10 API 引领了 GPU 统一渲染架构的变革。而随后推出的 Windows 7 则凭借高效成熟的界面设计、先进的 DirectX 11 图形技术，成为 PC 发展历程的又一座丰碑。

图 1 - 16　Windows 7

（3）2009 年：Windows 7。当 Windows 7 在 2009 年问世的时候，该操作系统就受到了外界的一致好评。美国科技媒体 CNET 甚至表示："这（Windows 7）才是 Windows Vista 应有的样子！"直到目前，Windows 7 依旧在企业和消费者群体中得到广泛使用。

3. Windows 8 ~ Windows 11：超便携与创意时代来临。

图 1 - 17　Windows 8

（1）2012 年：Windows 8/Windows 8.1。Windows 8 是由微软公司于 2012 年 10 月 26 日正式推出的具有革命性变化的操作系统，该系统独特的 Metro 开始界面和触控式交互系统旨在让人们的日常电脑操作更加简单和快捷，并为人们提供高效易行的工作环境。同时，这也是一款适用于平板电脑操作方式的操作系统。然而，由于 Windows 8 的用户界面过于复杂，且缺少"开始菜单"，该系统在推出后还是得到了外界不少的批评。

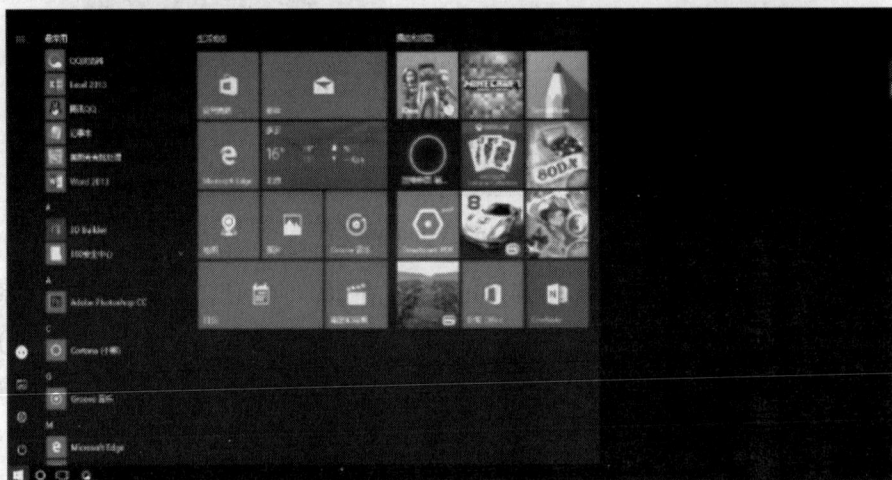

图 1−18   Windows 10

（2）2015 年：Windows 10。2015 年 1 月 21 日，微软在华盛顿发布新一代 Windows 系统，并表示向运行 Windows7、Windows 8.1 以及 Windows Phone 8.1 的所有设备提供，用户可以在 Windows 10 发布后的第一年享受免费升级服务。2 月 13 日，微软正式开启 Windows 10 手机预览版更新推送计划。3 月 18 日，微软中国官网正式推出了 Windows 10 中文介绍页面。4 月 22 日，微软推出了 Windows Hello 和微软 Passport 用户认证系统。4 月 29 日，微软宣布 Windows 10 将采用同一个应用商店，即可展示给 Windows 10 覆盖的所有设备使用，同时支持 Android 和 iOS 程序。7 月 29 日，微软发布 Windows 10 正式版。

（3）2021 年：Windows 11。Windows 11 是由微软公司（Microsoft）开发的操作系统，应用于计算机和平板电脑等设备。Windows 11 于 2021 年 6 月 24 日发布，2021 年 10 月 5 日发行。

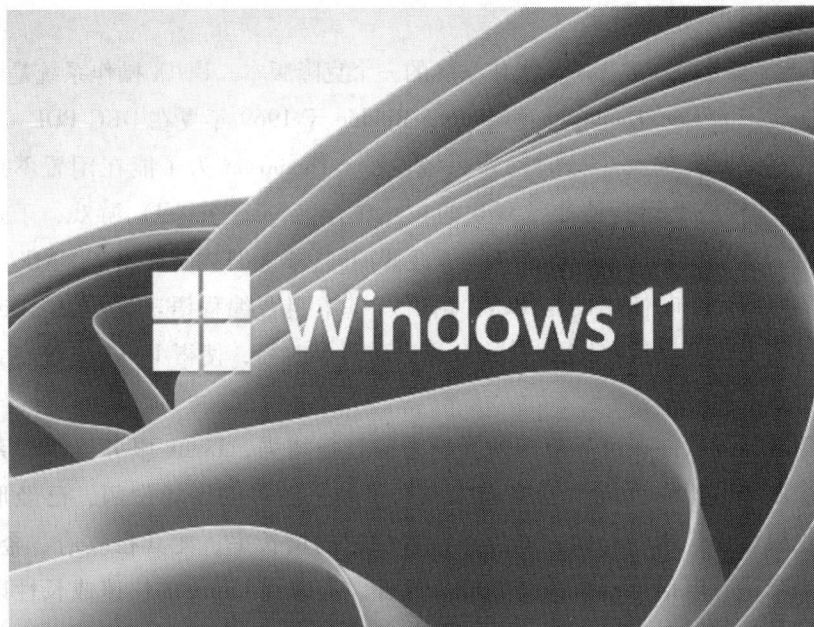

图1－19　Windows 11

这一次，Windows 11 不仅仅带来全新现代化的半透明界面设计，而且在窗口管理和社交沟通等功能方面也得到显著增强，为即将到来的 PC 新技术做好准备。Windows 11 搭载的 DirectX 12 Ultimate 图形技术、原生支持光追显卡，以及 HDR 显示器和可变刷新率，能更加充分地利用计算资源、提高游戏帧率。此外，Windows 11 还引入了 Xbox Series X∣S 上备受好评的 Direct Storage（直通存储）和 Auto HDR 功能。当用户配合大容量 NVMe SSD 使用时，Windows 11 可以实现无加载时间的游戏体验。而搭配高端 HDR 显示器时，Windows 11 则能够自动优化老游戏的色彩效果，给人焕然一新的视觉享受。

Windows 11 还充分考虑到 PC 的安全性，通过 TPM2.0 模块实现硬件隔离与全盘加密，有效抵御黑客和勒索软件的威胁。而强化的语音输入和触控设计，则进一步增强了用户工作、学习、创作的效率。不仅如此，通过与主流硬件厂商的深度合作，Windows 11 将能够在 PC 上运行 Android 应用程序，为用户带来更多的乐趣。

二、Linux 的发展史

Linux 操作系统是 UNIX 操作系统的一个克隆版本。UNIX 操作系统是美国贝尔实验室的 Ken Thompson 和 Dennis Ritchie 于 1969 年夏在 DEC PDP－7 小型计算机上开发的一个分时操作系统。Ken Thompson 为了能在闲置不用的 PDP－7 计算机上运行他非常喜欢的星际旅行（Space travel）游戏，于是在 1969 年夏天他夫人回家乡加利福尼亚渡假期间，1 个月内开发出了 UNIX 操作系统的原型。当时使用的是 BCPL 语言（基本组合编程语言），后经 Dennis Ritchie 于 1972 年用移植性很强的 C 语言进行了改写，使得 UNIX 系统在大专院校得到了推广。

随着开源软件在世界范围内影响力的日益增强，Linux 服务器操作系统在整个服务器操作系统市场格局中占据了越来越多的市场份额，已经形成了大规模市场应用的局面，并且保持着快速的增长率，尤其在政府、金融、农业、交通、电信等国家关键领域。此外，考虑到 Linux 的快速成长性以及国家相关政策的扶持力度，Linux 服务器产品一定能够冲击更大的服务器市场。

据权威部门统计，目前 Linux 在服务器领域已经占据 75% 的市场份额，同时，Linux 在服务器市场的迅速崛起，已经引起全球 IT 产业的高度关注，并以强劲的势头成为服务器操作系统领域中的中坚力量。

近年来，特别在国内市场，Linux 桌面操作系统的发展趋势非常迅猛。国内如中标麒麟 Linux、红旗 Linux、深度 Linux 等系统软件厂商推出的 Linux 桌面操作系统目前已经在政府、企业、OEM 等领域得到了广泛应用。另外，SUSE、Ubuntu 也相继推出了基于 Linux 的桌面系统，特别是 Ubuntu Linux，已经积累了大量社区用户。但是，从系统的整体功能、性能上来看，Linux 桌面系统与 Windows 系列相比还有一定的差距，主要表现在系统易用性、系统管理、软硬件兼容性、软件的丰富程度等方面。

Linux 的低成本、强大的定制功能以及良好的移植性能，使得 Linux 在嵌入式系统方面也得到广泛应用。目前，Linux 已广泛应用于手机、平板电脑、路由器、电视和电子游戏机等领域。在移动设备上广泛使用的 Android 操作系统就是创建在 Linux 内核之上的。如今，Android 已经成为全球最流行的智能手机操作系统。据 2015 年权威部门最新统计，Android 操作系统的全球市场份额已达 84.6%。

此外，思科在网络防火墙和路由器也使用了定制的 Linux，阿里云也开发了一套基于 Linux 的操作系统"YunOS"，可用于智能手机、平板电脑和网络电视；常见的数字视频录像机、舞台灯光控制系统等都在逐渐采用定制版本的 Linux 来实现，而这一切均归功于 Linux 与开源的力量。

互联网产业的迅猛发展，促使云计算、大数据产业的形成并快速发展，云计算、大数据作为一个基于开源软件的平台，Linux 占据了核心优势；据 Linux 基金会的研究，86% 的企业已经使用 Linux 操作系统进行云计算、大数据平台的构建。目前，Linux 已开始取代 Unix 成为最受青睐的云计算、大数据平台操作系统。

三、Android 发展

2003 年 10 月，Andy Rubin、Rich Miner、Nick Sears、Chris White 在美国加利福尼亚州 Palo Alto 成立了 Android 科技公司（Android Inc.）。早期的研究方向是为数码相机开发先进的操作系统，但后来发现相机市场规模不大，加上智能手机的快速发展趋势，于是 Android 成为一款面向智能手机的操作系统。

2005 年 7 月，谷歌收购了 Android 公司，使其成为谷歌旗下的一部分。后来，谷歌透露收购 Android 的目的是试图阻止微软在移动操作系统市场复制桌面市场的成功。

2007 年 11 月，谷歌宣布成立一个全球性的联盟组织——开放手持设备联盟（Open Handset Alliance）。该组织由手机制造商（HTC、摩托罗拉、Samsung 等）、电信运营商（中国移动、Sprint、T-Mobile）、芯片制造商（英伟达、高通、德州仪器等）等 34 家企业共同组成，目的是共同研发面向移动设备的综合性的开放平台，同时发布了基于 Linux 内核的 Android 操作系统，Android 采用 Apache Licence 2.0 协议开源。

2008 年 9 月，第一款运行 Android 系统的商用智能手机 HTC Dream（HTC G1）正式发布。

图1-20 HTC Dream

根据 Statcounter 的数据，截至 2021 年 4 月在全球移动操作系统中，谷歌 Android 占比高达 72.2%，苹果 iOS 占比 26.99%，其余移动操作系统占比之和低于 1%。

在包含桌面操作系统在内的全球操作系统占比中，Android 以 40.66% 位列第一位，Windows 位列第二，占比 31.97%。

根据 Statcounter 2021 年 4 月的数据，Android 已发布版本中各版本使用用户的占比为：Android 11 市场占比 12.38%，Android 10 占比 38.67%，Android 9 占比 18.04%，Android 8 占比 13.53%，Android 7 占比 6.82%，Android 6 占比 5.01%。

任务4 硬件与软件的国产化

以华为、中兴为主的中国高新技术企业受到了美国的技术封锁，芯片、基础软件和中间件基本被美国企业所垄断，"缺芯少魂"成了中国信息产业发展的一大难题，引起了全国和国际社会的广泛关注。这场中美科技的博弈加快了中国数字化新基建的进程，为实现技术"自主可控"的战略目标打下坚实基础，进一步推动了国产化替代和信创产业的发展。党的十八大以来，习近平总书记高度重视关键核心技术创新攻关。2018 年 7 月 13 日在中央财经委员会第二次会议上的讲话中指出："关键核心技术是国之重器，对推动我国经济高质量发展、保障国家安全都具有十分重要的意义，必须切实提高我国关键核心技术创新能力，把科技发展主动权牢牢掌握在自己手里，为我国发展提供有力科技保障。"2021 年 10 月 18 日在十九届中央政治局第三十四次集体学习时的讲话中，习近平总书记再次强调："加强关键核心技术攻关。要牵住数字关键核心技术自主创新这个'牛鼻子'，发挥我国社会主义制度优势、新型举国体制优势、超大规模市场优势，提高数字技术基础研发能力，打好关键核心技术攻坚战，尽快实现高水平自立自强，把发展数字经济自主权牢牢掌握在自己手中。"

当前，为了推动中国数字经济持续发展，国家正在加快信息技术应用创新产业发展。在党政军等关键领域构建自主可控、安全可靠的信息系统，对于推动国产处理器、操作系统、办公软件的应用部署起到了积极作用。

随着信创业务的不断突破与落地，新型办公模式衍生出终端统一防护、简化运维管理、保障数据安全等新型需求，云桌面替换传统 PC 逐步成为新的办公发展趋势。如何保障业务系统的平滑迁移，实现信创终端设备的高效运维，同时助力用户快速适应新的办公环境成为信创建设急需考虑的问题。

一、硬件国产化

1. 国产 CPU 发展现状。CPU 是计算机的大脑和心脏，是国家大宗战略产品，也是一个复杂系统。计算机主要由三部分构成：CPU、内存、外部设备（存储、显示器、输入输出等）。CPU 负责指挥外部设备和内存进行协同的工作，处在指挥和控制地位，是核心之所在。CPU 也是国家大宗战略产品，尤其是进入信息化、智能化时代后，它就和工业化阶段中的钢铁一样，是整个产业的基础，应用面广，支撑作用强，是国家战略安全、产业安全的重要保障。它同其他芯片器件不同，它不但强调逻辑控制，还要有强劲的计算速度，技术实现难度非常之高，这也导致全球能够独立研发高性能 CPU 的国家少之又少。

从"十一五"开始，国家通过核高基重大科技专项对国产 CPU 重点企业进行了扶持。"十二五"以来，国家通过集成电路产业优惠政策、产业基金等措施扶持国产 CPU 产业，在国内培育出了一批国产 CPU 设计单位和研究机构，CPU 产业发展走向正轨。其中，传统的设计机构如龙芯、飞腾、申威、海思、紫光展锐等竞争力正在提升，君正、兆芯、海光等新秀也在快速成长，科研机构包括中科院计算所、北大众志、国防科大、江南计算所、北京大学、浙江大学等都在积极参与，形成了百花齐放的局面。

2. 部分国产 CPU 厂商具备完全自主发展能力，但多数仍依托国际合作。CPU 发展到今天，其内部架构和逻辑关系已经变得错综复杂，设计企业如果从头开始进入，成功难度很大。国内虽有部分完全自主架构产品，如北大众志完全自主开发的指令集产品 UniCore，苏州国芯、杭州中天、浙江大学共同设计的国产嵌入式 CPU——C-Core 等，但是我们也看到，其缺点十分明显，包括缺乏操作系统等基础软硬件支持、开发工具少（编译器、调试器等）、应用程序开发困难、移植难度大等，所以一直以来在产业化上受到较大制约。目前，活跃在市场上的国产 CPU 绝大多数都是采用同国外合作的方式制造出来，主要途径包括购买指令集授权、技术合作等。

目前，全球 CPU 指令集架构有两类：复杂指令集（X86）和精简指令集（以 ARM、MIPS、POWER 等为代表）。复杂指令集和精简指令集架构在国内均有授权或者技术合作上。X86 授权的有兆芯、海光，兆芯是通过威盛获得的 X86 授权，海光则是中科曙光和 AMD 合作的产物。精简指令集授权的有龙芯（MIPS）、飞腾（兼容 ARM V8 架构）、申威（Alpha）、海思（ARM）等。可以看到，ARM 架构在国内市场上的影响力较大。

3. 国产 CPU 生态短板逐步补齐。从拿到授权到设计出产品，需要大量的资金、人员投入，以及国家产业政策的持续支持。在 2006 年启动的"核高基"专项，以及后续大基金持续支持下，无论是大 CPU（高性能计算、服务器），还是中 CPU（桌面级）以及小 CPU（移动和嵌入式）都取得了较大进展。已有的产品通过不断的优化升级，实现了从"可用"到"好用"的转变；一些量大面广的领域，也实现了"零"的突破。从整体上看，国产 CPU 芯片同国际差距扩大的态势逐步在逆转。

在高性能计算方面，国内天津飞腾、海光、申威等处理器产品已经在E级（每秒百亿亿次）超算原型机上得到应用，申威的处理器、加速器均实现了完全国产化。

在服务器芯片方面，飞腾、龙芯、海光、华为海思均有新品发布，其中，飞腾2000+/64核产品性能已经与Intel主流E5部分产品性能相当。

在桌面处理器方面，飞腾、龙芯、兆芯等均有产品推出，且近年来产品性能提升明显。飞腾传统的桌面产品是FT1500/4A，工作主频在1.5GHz~2.0GHz之间，最大功耗15W，主频相当于奔腾4的早期产品，但同主流酷睿处理器差距较大，民用市场竞争力相对较弱。2019年9月，公司推出了FT2000+/4A桌面处理器产品，工作主频为2.6GHz~3.0GHz，16nm工艺，主频指标已经与Intel酷睿i5部分产品的性能相当，明显好于国内其他桌面产品。

国内移动CPU设计能力快速成长，已经处于全球领先地位。相比传统的PC和服务器市场，我国移动芯片同国际差距已并不明显。2019年9月，华为海思发布麒麟990和麒麟990 5G产品，这两款芯片使用台积电二代的7nm工艺制造，整体性能较前一代产品——麒麟980提升10%左右。

处理器产品除了自身技术因素外，更多依托的是生态。所谓生态，就是产业链条上的企业形成的一种紧密的分工协作关系，类似于准同盟。

生态的作用在CPU市场上表现得十分突出。在传统PC市场上，Intel和微软构成的"Wintel"体系一直牢不可破，Intel引领着CPU的发展并领导着一批PC硬件和制造企业为其适配，而微软及合作伙伴在操作系统和应用软件方面同X86芯片进行紧密协作。一般而言，微软新操作系统在发布之后，会拉动一波新的PC更换，进而带动新CPU的需求。循环往复，微软和Intel等软硬件厂商都在其中受益。

（1）Wintel体系生态构成。在移动市场上同样存在类似的生态，ARM和Android的组合（业内称AA体系或者ARM-Android体系）同样具备强大的影响力。ARM占据了全球95%的移动芯片授权市场，而Android在移动操作系统市场上的份额也高达85%。在中低档服务器市场上，基本上是X86的天下，ARM正在以挑战者的角色进入。

图 1 - 21　Wintel 生态系统

（2）ARM-Android 生态系统构成。在典型的 CPU 生态结构中，一般需要一个或者两个核心企业引领整个行业发展。但是在国内，各处理器设计企业在指令集选择上，山头林立，各自为战，都没能做大，对生态的领导能力较弱。

一方面，芯片和操作系统厂商联合打造的生态"雏形"已经显现。参考 Wintel 和 ARM-Android 模式，中国电子开始加强对"PK 体系"的建设。目前，该体系已经推进到 2.0 版本。P、K 分别是天津飞腾（Phytium）和银河麒麟（Kylin）的英文名称首字母，银河麒麟是我国重要的自主操作系统研发厂商，长期与飞腾芯片进行优化适配。另一方面，国家也在加快推动基于国产 CPU 的整机品牌在党政军、重点行业的应用，通过应用带动生态建设。目前，相关项目推动顺利，服务器、笔记本、台式机、移动及嵌入式终端、外设企业多数都在参与国产 CPU 的适配工作，基于国产 CPU 的操作系统、通用软件及应用软件的开发推广工作都在有序进行，国产化软硬件平台体系建设正逐步完善。

总体而言，CPU 被称为"工业粮草"，是国家电子信息技术水平的体现。

图1-22　ARM-Android 生态系统

虽然中国信息产业近些年一直飞速发展，但一直没有走出"缺芯"的局面。十几年来，芯片进口远超石油成为中国最大宗进口产品，特别是其中市场化程度最高的 CPU，基本全部依靠进口。但是，在国际供应链断裂和信息安全风险加剧的大背景下，国产 CPU 逐步实现了"从无到有""可用到好用"的转变，"造不如买"的国际产业链逻辑已被打破。

二、操作系统国产化

国产操作系统主要是指通用操作系统，包括桌面与服务器操作系统，不包括 IoT 操作系统、嵌入式操作系统与超算系统。

我们经常从网上看到安可操作系统，这其实是对安全、可控的自主操作系统的统称。一般来说，入围安可产品是需要相关部分认证的。目前，安可操作系统包括麒麟 OS、深度 DeepinOS 及统信 UOS、中兴新支点 NewStart。

国产的操作系统均是以 Linux 为基础二次开发的操作系统，为了用户使用方便，界面大部分类似于 Windows。2014 年 4 月 8 日起，美国微软公司停止对 Windows XP SP3 操作系统提供服务支持，这引起了社会和用户的广泛关注以及对信息安全的担忧。而 2020 年对 Windows 7 服务支持的终止再一次推动了国产操作系统的发展。

1986 年的 863 计划重大攻关科研项目，目标是打破国外操作系统的垄断，研发一套中国自主知识产权的服务器操作系统。2010 年和中标普华 Linux 合并为中标麒麟。2010 年 12 月 16 日，两大国产操作系统——民用的"中标 Linux"操作系统和解放军研制的"银河麒麟"操作系统在上海正式宣布合并，双方今后将共同以"中标麒麟"的新品牌统一出现在市场上，并将开发军民两用的操作系统。

2014 年 12 月，天津麒麟信息技术有限公司成立，成为滨海新区人民政府与国防科技大学、中国电子集团的共同支持下成立的从事自主可控操作系统研发和产业化推广的基础软件企业，也是中国电子集团布局安全可控信息产业的核心企业之一。2020 年 2 月 18 日，中国电子旗下中国软件发布公告：中国软件子公司天津麒麟换股收购子公司中标软件事项，按照协议约定，天津麒麟更名为麒麟软件有限公司。

另外，麒麟软件有限公司主导与 CCN 开源创新联合实验室（CSIP、Canonical、NUDT）合作开发了开源项目优麒麟（Ubuntu Kylin）。作为 Ubuntu 的官方衍生版本，它专注于研发"友好易用，简单轻松"的桌面环境，成为 Linux 开源桌面操作系统的新领航。

深度 DeepinOS 是武汉深之度科技有限公司在 Debian 基础上开发的 Linux 操作系统，其前身是 Hiweed Linux 操作系统，于 2004 年 2 月 28 日开始对外发行，可以安装在个人计算机和服务器中。它已经成为中国第一个具备国际影响力的 Linux 发行版本。截至 2019 年 7 月 25 日，深度操作系统支持 33 种语言，用户遍布除了南极洲的其他六大洲。2020 年 1 月 14 日，统信软件宣布国产操作系统 UOS 正式发布。UOS 实际上就是以武汉深之度科技有限公司的 Deepin 系统为基础开发的，UOS 与 Deepin 的关系就像是 Fedora 和 Redhat RHEL 那样。Deepin 是社区版，而 UOS 只用于商业用途。

三、外设国产化

打印机作为常用的信息设备之一，已成为各级党政机关、涉密单位不可或缺的办公工具。在给我们工作带来便利的同时,由打印所产生的信息泄露等信息安全问题也日趋严峻。

为什么会产生信息泄露呢?这还要从打印机的原理说起。

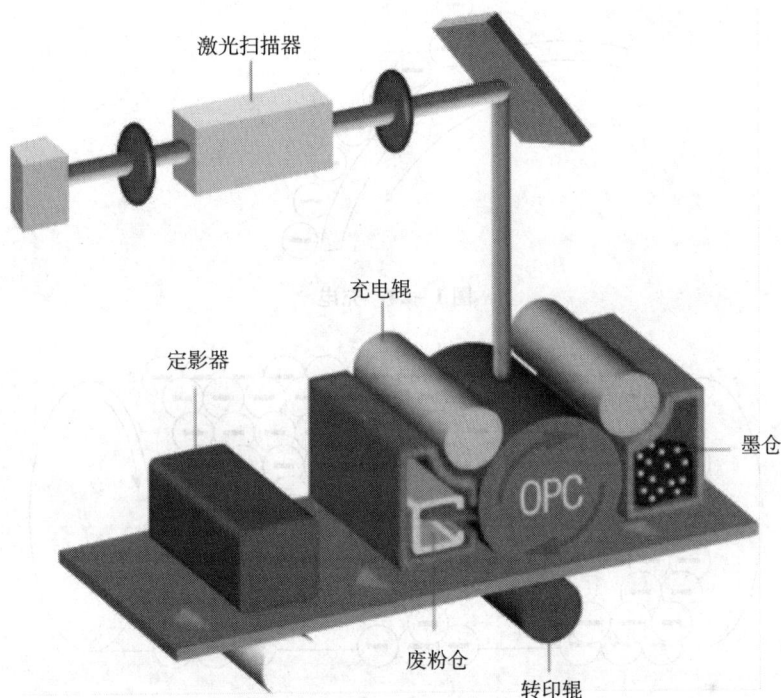

图 1-23　激光打印机的工作原理示意图

1. 概述。上面这张图就是激光打印机的工作原理示意图。打印机的主要的部件包括硒鼓、充电辊、激光器、墨仓、转印辊、定影器、废粉仓等。几乎所有的工作都是围绕最中间的硒鼓展开的。激光打印机是精密复杂的设备,但是其基本原理并不复杂,主要经过充电、曝光、显影、转印、定影、清洁阶段。

2. 充电。给充电辊加上高电压,当硒鼓滚过充电辊后,硒鼓就带上了均匀的负电荷。这些负电荷能够吸引墨粉。

3. 曝光。曝光的过程非常重要,图像形成的关键步骤就是在这里。曝光的过程其实就是将图像空白部分的电子消除掉。这样在硒鼓上带电部分其实已经形成了需要的图像。

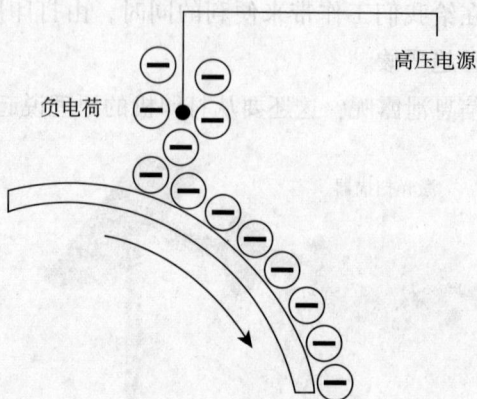

图1-24 充电

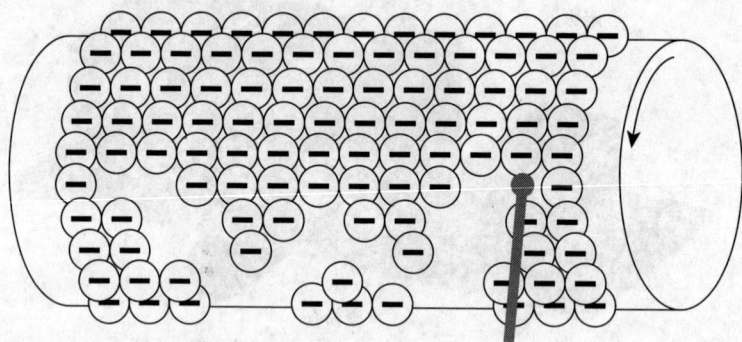

图1-25 曝光

在消除多余电子的过程中，用到了激光器，这也是激光打印机名称的由来。

4. 显影。显影就是当带电的硒鼓继续往前旋转，经过墨仓的时候，墨仓中的墨粉会吸附在硒鼓上，在硒鼓上形成图像。

5. 转印。当带着墨粉的硒鼓继续往前旋转，转到转印辊的位置，这时中间夹着需要打印的纸张，因为转印辊带着大量的正电，这时，硒鼓上的墨粉就被吸到了纸张上，在纸张上就形成了需要的图像。

6. 定影。这时，纸张上已经有了墨粉形成的图像了，但这时的图像还不稳定，很容易掉。

纸张随着送纸辊往前走，到了定影器部分。定影器的名字看着高大上，其原理就是一个加热器。通过这个加热器，就可以让墨粉固化在纸上了。

7. 清洁。经过前面的步骤，纸张上的图像已经打印完成，但是硒鼓继续往前转，还需要经过清洁步骤，以便进行下一循环的工作。清洁工作包括两步：一是将多余非废粉刮入废粉箱，二是将硒鼓上的剩余电荷清除。

通过激光打印机的原理，我们可以看出：

硒鼓泄密风险：感光鼓表面静电残留泄密。打印机每打印完一份文件，其感光鼓表面会存在一定的静电残留，这些残留电荷的分布状态与打印图像是一一对应的。因此，通过对静电分布状态进行识别，能够对打印内容进行复现。如果不及时清理，就可以被二次打印，从而导致信息泄露。

在硒鼓内植入芯片：为了统计打印页数和碳粉使用情况，打印机厂商通常会在硒鼓中内置低压电路和芯片模组，这就为窃密者提供了在硒鼓上安装存储芯片或无线通信模块的条件。通过这些装置，重要信息可能就被悄无声息地非法存储和发送了。

内存数据泄密：通常，打印机在接收到计算机的打印任务后，首先会将待打印数据暂时存储在内存中。当打印作业完成后，若打印机内存中的打印数据未被时清理，就很容易被非法读取和复现。

永久性存储器泄密：由于内存价格高昂，一些廉价打印机配备的内存相对较小。为克服内存不足的问题，厂商会在打印机中安装存储卡或硬盘等永久性存储器。打印机工作时，首先将待打印数据存入永久性存储器，打印时再读入内存。由于永久性存储器断电后数据不清零，且方便拆卸和携带，打印机中若配备此类部件，就很容易导致打印数据被非法窃取。

软硬件安全性不可控：当前，国内打印机市场仍然被国外品牌主导，国产打印机品牌虽然有所发展，但核心部件仍然依靠进口，缺乏自主知识产权。由于打印机结构复杂，设计精密，很容易在其内部安装非法部件或植入恶意代码，且此类隐患难以被察觉。因此，国外打印机软件和硬件的安全性和可靠性不可控。

国家已经将信息安全提高到了国家安全的高度，上面我们简述了 CPU 国产化、操作系统国产化，那么打印机国产化也势在必行。目前，国产打印机主要有高德品创、立思辰、奔图等。

北京高德品创科技有限公司是联想专门成立、独立运营的全内资企业，凭借着联想的研发团队，其硬件产品均已完成在统一操作系统 UOS 上的适配。

奔图激光打印机由珠海赛纳打印科技股份有限公司研发成功。该公司生产了中国第一台自主核心技术激光打印机。与其他品牌相比，资料较少，无从比较。

任务 5 （实训一）安装 Windows10 操作系统

Windows 10 是微软公司研发的跨平台操作系统，应用于计算机和平板电脑等设备，于 2015 年 7 月 29 日发行。

Windows 10 在易用性和安全性方面有了极大的提升，除了针对云服务、智能移动设备、自然人机交互等新技术进行融合外，还对固态硬盘、生物识别、高分辨率屏幕等硬件进行了优化完善与支持。

截至 2022 年 4 月 12 日，Windows 10 正式版已更新至 19044. 1645 版本，预览版已更新至 21390 版本。

点击 https:∥www. microsoft. com/zh-cn/software-download/windows1，打开微软下载 Windows 10 系统的页面。

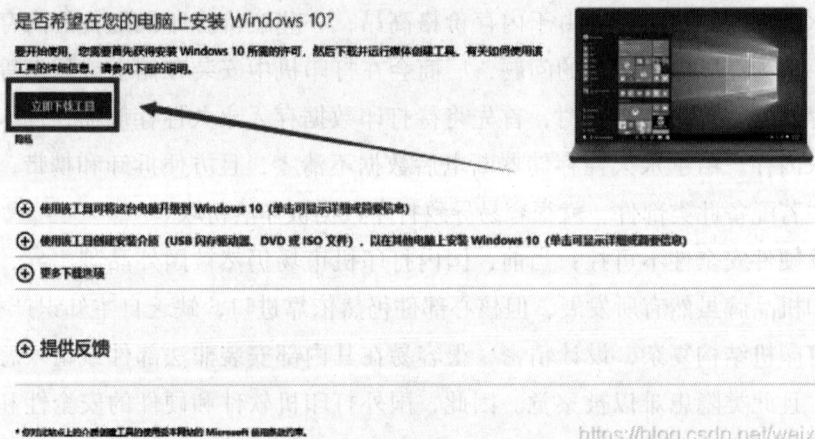

图 1 – 26 Windows 10 下载页面

选择【立即下载工具】，然后选择【运行】，运行 MediaCreationTool1803. exe 会出现如下界面：

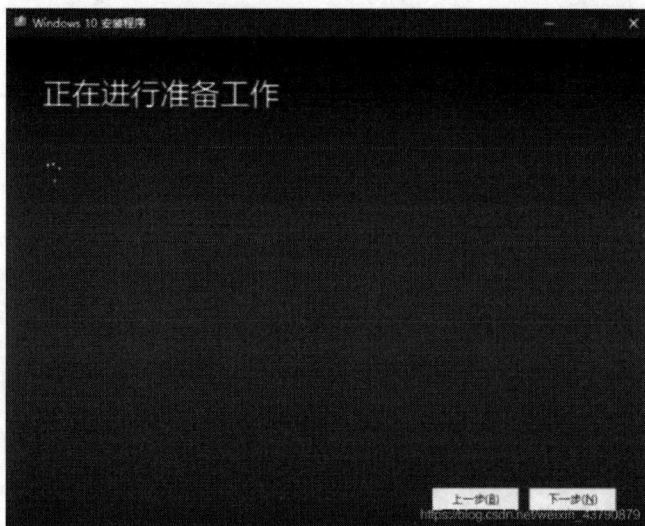

图 1-27　Windows 10 准备工作

稍等一小会，弹出来的界面点击【接受】。

选择【为另一台电脑创建安装介质】，然后选择【下一步】。

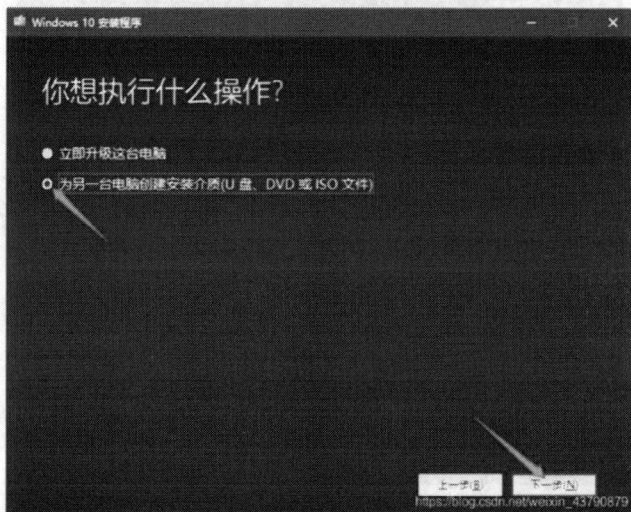

图 1-28　安装方式

选择对应的 Windows 版本，然后点击【下一步】。

如果机器预装的是 Windows 10 家庭中文版，则选择家庭中文版；如果预装的是专业版，则选择 Windows 10。

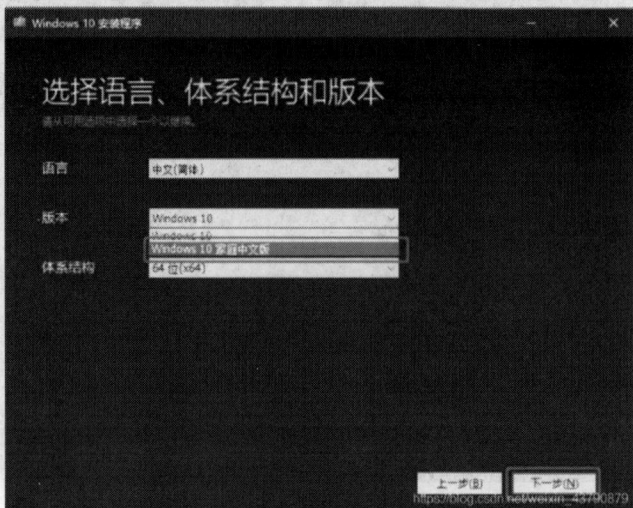

图 1-29　选择语音、版本等

选择 U 盘，然后选择【下一步】，耐心等待即可。

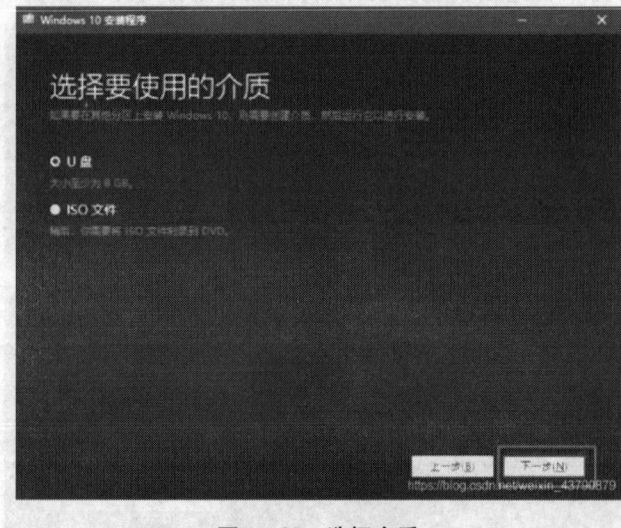

图 1-30　选择介质

点击【下一步】，提示你的 U 盘已准备就绪，U 盘制作完成。

制作好 U 盘之后，在关机状态下把 U 盘插在需要安装系统的电脑上（台式机或一体机需要插在后置的 USB 接口，笔记本建议插在黑色的 USB2.0 接口）。

按下电源键并在开机过程中不停敲击 F12 键或者 Fn + F12 键调出引导菜单。

选择【Boot Menu】并敲击回车键，并在启动菜单中选择带有【USB】的选项，并敲击回车。

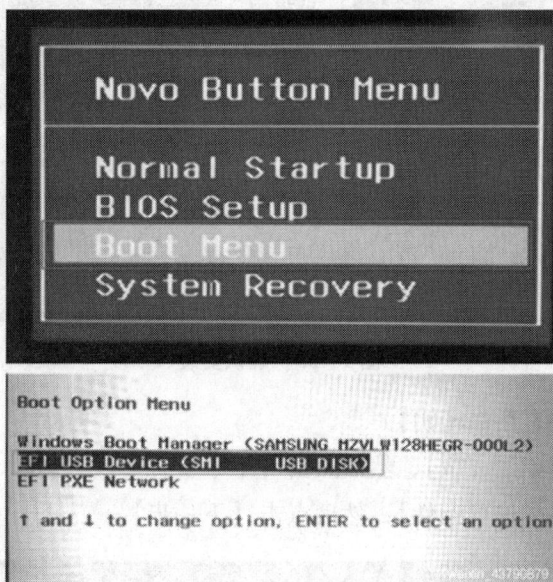

图 1 – 31 Boot Menu

此处默认不用修改，直接点击【下一步】。

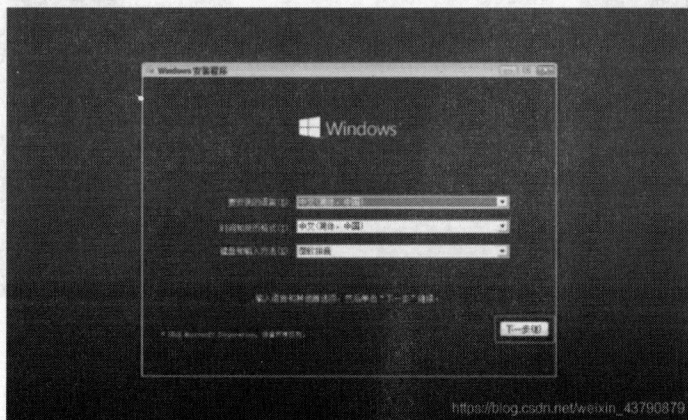

图 1 – 32 安装选项

点击【现在安装】。

图 1－33　确认安装

点击【我没有产品密钥】。

选择【家庭单语言版】，然后点击【下一步】。

勾选【我接受许可条件】，然后点击【下一步】。

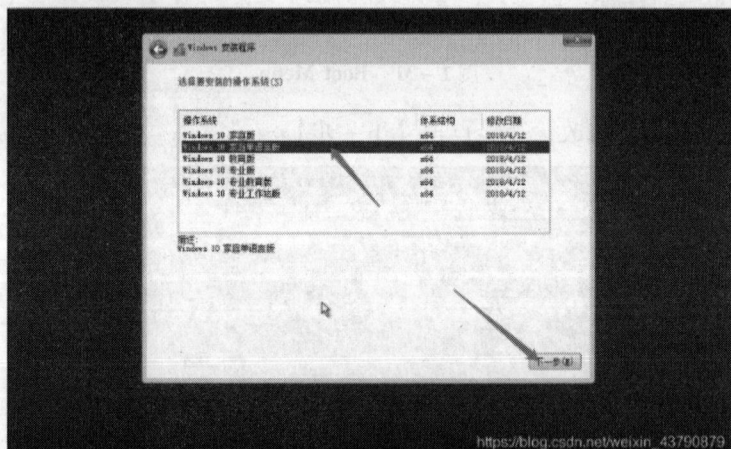

图 1－34　版本选择

点击【自定义】。这里要注意选择主分区，分配一个 100G 左右大小的分区，选中此分区点击下一步。就是把系统装在此分区，或者删除需要安装系统的磁盘（删除之后会变成未分配），直接点击【下一步】。安装好之后自己再去分区，不会分区的人可以自行百度。

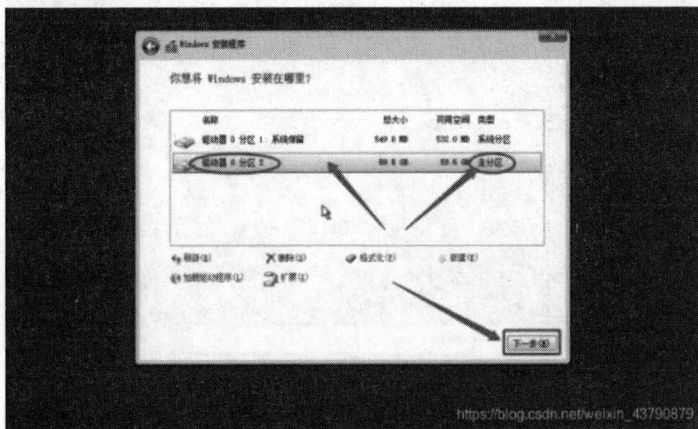

图1-35 选择系统分区

点击【下一步】，这个时候系统会自动安装，耐心等待即可。

很关键的一步是，当进度条走完也就意味着安装成功，这个时候需要把U盘拔掉。不然电脑重启时依旧是U盘启动，这个时候它还会提示安装系统的步骤。请谨记这一点。

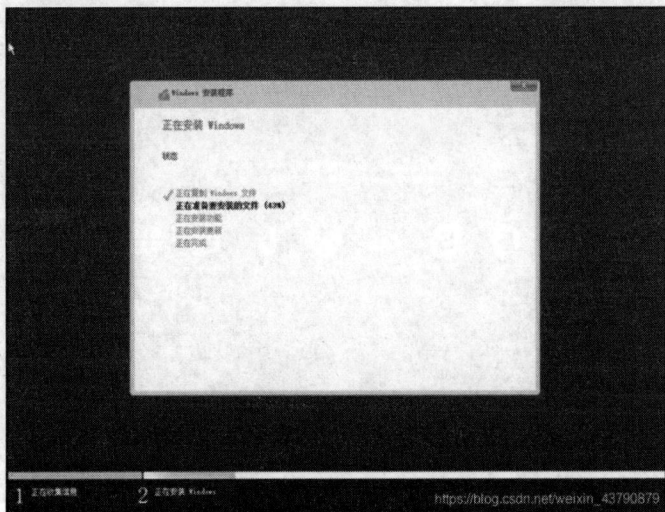

图1-36 释放文件

下面就等待重启，接下来的步骤按照个人喜好或者可以按图操作。

登陆 Microsoft 账户或者选择脱机账户。

图 1-37　系统账户

选择【脱机账户】后，这里选择【否】。

图 1-38　提示登录微软账户

输入本地账户名并点击下一步。根据自己的喜好输一个名字，自由选择输入密码，如不想设置可以直接下一步。接下来就到了大家非常熟悉的界面。

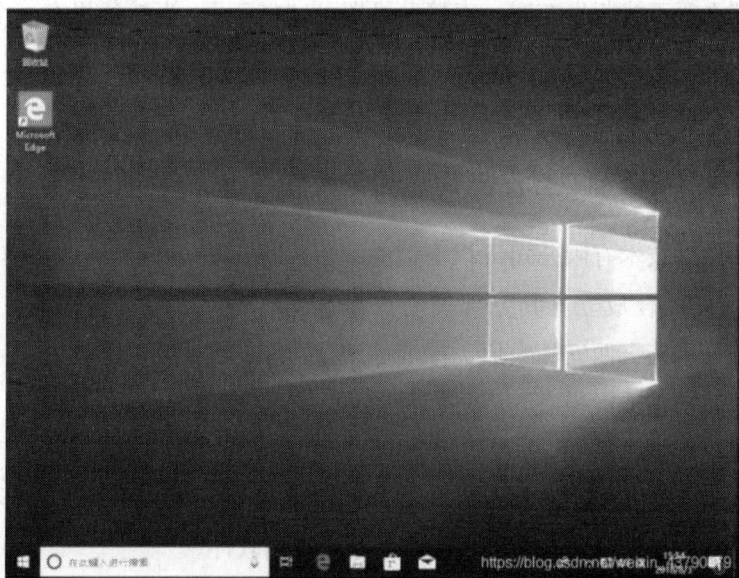

图 1 – 39 桌面

如果系统没有自动激活，打开【设置】–【更新和安全】–【激活】，然后点击疑难解答，根据提示升级系统即可。

安装 Windows 10 前需要注意以下事项：

1. Windows 10 对电脑配置要求高吗？

答：不高。Windows 10 对于电脑硬件的要求并不高，甚至和几年前的 Windows 8 一模一样。从微软公布的 Windows 10 硬件规程来看，CPU（1GHz 或以上或 SoC）、内存（1GB 32 – bit 或 2GB 64 – bit）、硬盘（16GB 32 – bit 或 20GB 64 – bit）、显卡（DX9 或更高以及 WDDM 1.0 驱动程序）、显示分辨率（1024x600），即可运行 Windows 10。换句话说，即便是 10 年前的老爷机，对付这款全新操作系统也是没有问题的。

2. Windows 10 到底有多少个版本？

答：7 个。Windows 10 总共会推出 7 个不同的版本，分别是家庭版、移动版、专业版、企业版、教育版、移动企业版、物联网核心版。

3. 测试版 Windows 10 可以升级到正式版么？

答：可以。目前从微软官方反馈过来的消息是，如果用户现在安装了预览版，那么等正式版发布时，直接升级即可"转正"。当然这里有一个前提，那就是用户必须注册并加入 Windows Insiders 计划中来。换句话说，"自动转正"只对 Windows Insiders 用户有效。

任务6　（实训二）安装 UOS 操作系统

统信软件技术有限公司（以下简称统信软件）由国内领先的操作系统厂家于2019年联合成立。其总部设立在北京，同时在武汉、上海、广州、南京、成都、重庆、西安、太原、深圳等地设立了地方技术支持机构、研发中心和通用软硬件适配中心。

统信桌面操作系统[1]个人版以桌面应用场景为主，支持主流国产芯片平台的笔记本、台式机、一体机和工作站，系统包含原创专属的桌面环境、多款自研应用，以及众多来自开源社区的原生应用软件。

到官方网址下载 UOS 的原版镜像文件。此处下载的文件名为【uos－20－desktop-amd64】。

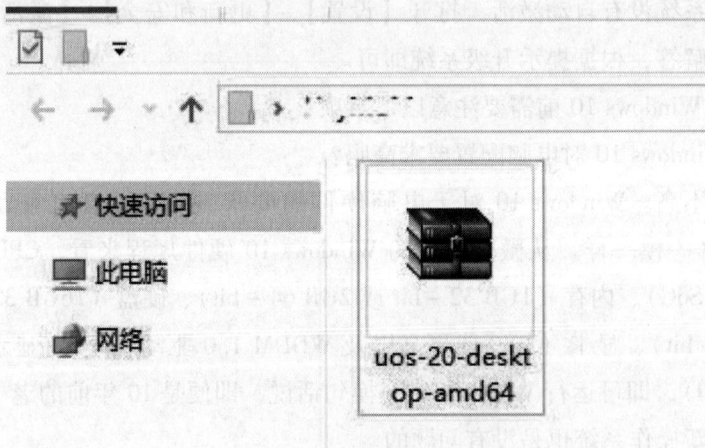

图1－40　UOS 镜像文件

---

〔1〕　参见"国产统一操作系统 UOS 怎么安装？UOS 操作系统安装步骤"，载 https：//www. jb51. net/os/other/734095. html，访问时间：2020 年 7 月 7 日。

将下载的文件拖拽至 Hash 校验软件里进行校验。如果不一致的话，需要重新下载。

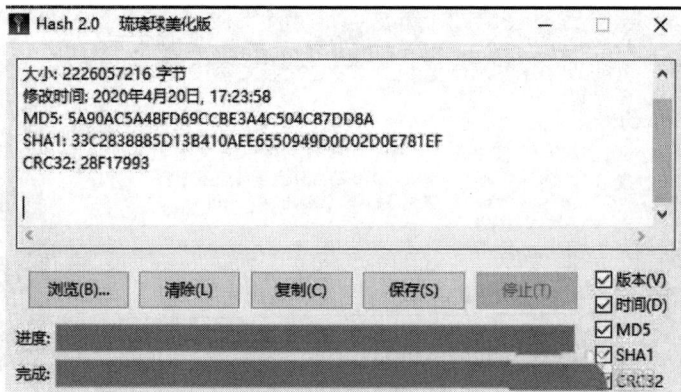

图 1-41 Hash 计算

插上 U 盘，点击打开 Rufus 软件界面。在创建一个启动盘的后面选择 ISO 镜像，点击其右侧的光盘图标选择加载路径。然后，点击【开始】进行系统盘制作。

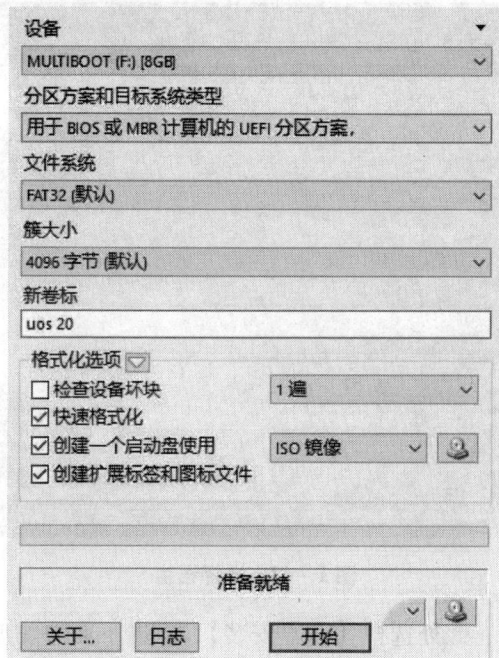

图 1-42 制作系统安装 U 盘

打开要安装 UOS 系统的 PC，选择 U 盘启动（此处的电脑是敲击 F12 进入 Boot Menu 的）。

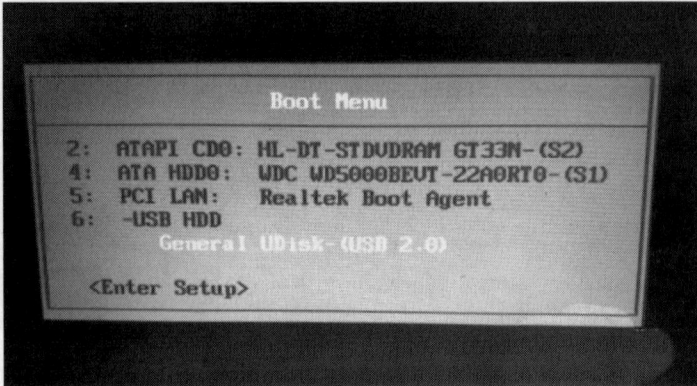

图 1-43　进入 Boot Menu

接着，进入 UOS 的 boot 目录，默认是【Install UOS 20 desktop】。

进入安装界面，选择要安装的语言，勾选下面的协议，点击【下一步】。

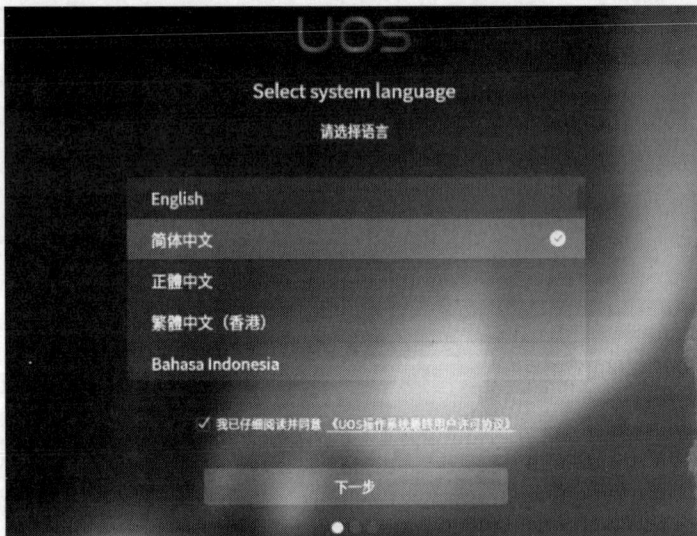

图 1-44　选择语言

选择安装位置，此处选择【全盘安装】，点击下面的硬盘图标。如果需要全盘加密的话，勾选加密选项。然后，点击【开始安装】。

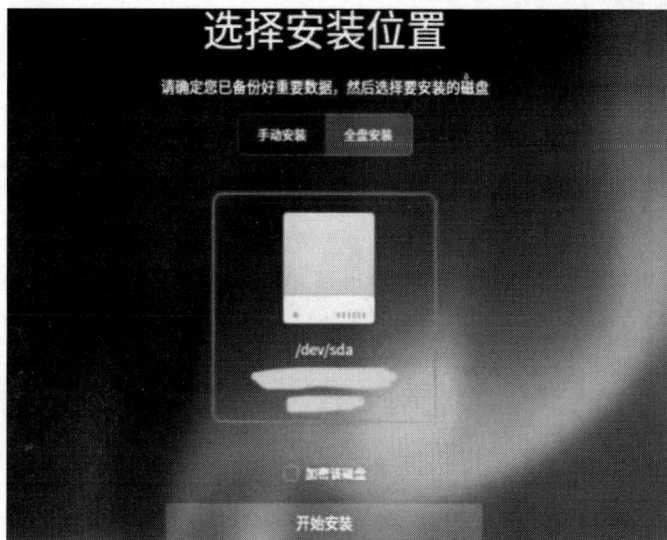

图 1－45 选择安装位置

系统将被写入硬盘，如果需要修改的话，点击【返回】进行相关的操作。确认无误的话，点击【继续】，等待进度条达到 100%。

图 1－46 安装进行中

系统重启的过程中拔掉 U 盘，选择系统的时区，默认即可。

创建用户名及密码。输入用户名，自动生成计算机名，输入密码，再次

57

输入密码确认。然后，点击【下一步】。

图 1 - 47　创建用户

系统进行优化配置，等待其操作的完成。

输入密码进入系统桌面。至此，UOS 就安装完成了。

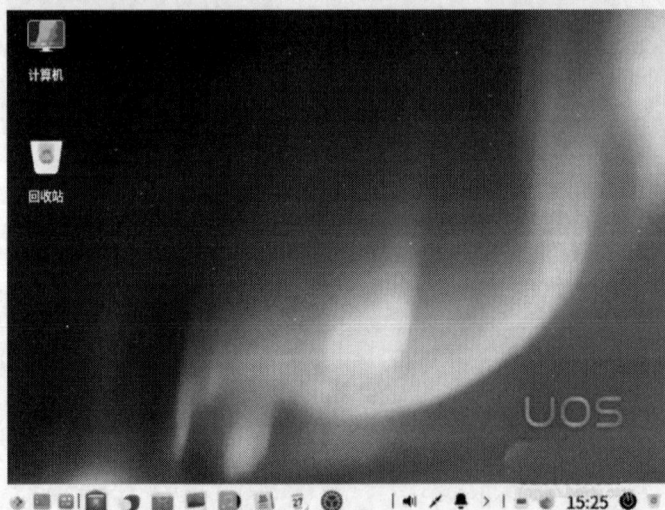

图 1 - 48　UOS 桌面

拓展 学习1

ARM 架构

ARM 架构，也称作进阶精简指令集机器（Advanced RISC Machine，更早称作：Acorn RISC Machine），是一个 32 位精简指令集（RISC）处理器架构，其广泛地使用在许多嵌入式系统设计中。由于节能的特点，ARM 处理器非常适用于行动通讯领域，这符合其主要设计目标为低耗电的特性。

目前，ARM 家族占了所有 32 位嵌入式处理器 75% 的比例，使它成为占全世界最多数的 32 位架构之一。ARM 处理器可以在很多消费性电子产品上看到，从可携式装置（PDA、移动电话、多媒体播放器、掌上型电子游戏、计算机）到电脑外设（硬盘、桌上型路由器），甚至在导弹的弹载计算机等军用设施中都有它的存在。在此，还有一些基于 ARM 设计的派生产品，重要产品还包括 Marvell 的 XScale 架构和德州仪器的 OMAP 系列。

目前，ARM 有三种授权模式，具体情况如下：

第一种是处理器授权。在这种模式中，ARM 设计好 CPU 或者 GPU，然后将其授权给对方，对方按照 ARM 设计的图纸进行生产即可。这种模式自由发挥的空间不大，被授权方只能进行模块、核心和缓存部分的调整，然后自己选择工艺和代工厂进行即可。

第二种是处理器优化包和物理 IP 包授权。在这种模式中，ARM 提供了一系列的处理器设计方案，对方根据自己的需要，选取合适的设计方案进行生产即可。这种模式的自由度更低，因为处理器类型、代工厂和工艺都是 ARM 制定的。

第三种是架构和指令集授权。这种模式的自由度最大，适合那些技术强劲的公司，比较典型的就是苹果公司。他们购买相关指令集后，自己去设计芯片，此外高通、华为也是购买的架构和指令集。

收费方面，主要是前期授权费和版税。前期授权费是一次性交付，版税是按照卖出的芯片数量和售价收费，一般是售价的 1%~2%。当然这个是可以谈的。除了上面两种收费，还有软件工具和技术支持方面的费用，不过这部分的收入占比不高，大头还是前面两种费用，二者分别占到 ARM 总收入的 33% 和 50%。

ARM 架构和 X86 架构有什么区别呢？[1]这两种架构，最大的区别就是运行的指令集不一样。

CPU 是负责运算的，但是它需要在什么时候运算，具体做哪些运算，要听系统指令。系统程序发出的各种指令在被执行前，需要翻译成 CPU 能听懂的语言。这个翻译官，就是指令集（英文缩写 ISA）。常见的指令集有两种，一种是复杂指令集（CISC），X86 就属于复杂指令集；另一种是精简指令集（RISC），家族成员有 ARM、RISC-V、MIPS 等。

图 1-49　指令集

从硬件角度来看，CISC 是不等长指令集，它必须对不等长指令进行分割，因此，在执行单一指令的时候需要进行较多的处理工作。而 RISC 是等长精简指令集，CPU 在执行指令的时候速度较快且性能稳定。

从软件角度来看，我们所熟识的 DOS、Windows 操作系统运行在 CISC 上，它拥有大量的应用程序。全世界有 65% 以上的软件厂商都是为基于 CISC 体系结构的 PC 及其兼容机服务的，赫赫有名的 Microsoft 就是其中的一家。而 RISC 在此方面却显得有些势单力薄。虽然在 RISC 上也可运行 DOS、Windows，但是需要一个翻译过程，所以运行速度要慢许多。

1. 性能。X86 结构的电脑在性能方面无论如何都要比 ARM 结构的系统要快得多、强得多。X86 的 CPU 随便就是 1G 以上、双核、四核，通常使用 45nm（甚至更高级）制程的工艺进行生产；而 ARM 的 CPU 通常是几百兆，最近才出现 1G 左右的 CPU，制程通常使用不到 65nm 制程的工艺。可以说在性能和生产工艺方面，ARM 根本不是 X86 结构系统的对手。

---

〔1〕　参见"目前 ARM 有 3 种授权模式"，载 https://view. inews. qq. com/a/20211024A047WJ00? refer＝wx_hot，访问时间：2021 年 10 月 24 日。

但 ARM 的优势不在于性能强大而在于效率，ARM 采用 RISC 流水线指令集，在完成综合性工作方面根本就处于劣势，而在一些任务相对固定的应用场合，其优势就能发挥得淋漓尽致。

2. 扩展能力。X86 结构的电脑采用"桥"的方式与扩展设备（如硬盘、内存等）进行连接，而且 X86 结构的电脑出现了近 30 年，其配套扩展的设备种类多、价格比较便宜，所以 X86 结构的电脑能很容易进行性能扩展，如增加内存、硬盘等。

ARM 结构的电脑是通过专用的数据接口使 CPU 与数据存储设备进行连接，所以 ARM 的存储、内存等性能扩展难以进行（一般在产品设计时已经定好其内存及数据存储的容量）。因此，采用 ARM 结构的系统，一般不考虑扩展，基本奉行"够用就好"的原则。

3. 操作系统的兼容性。X86 系统由微软及 Intel 构建的 Wintel 联盟一统天下，垄断了个人电脑操作系统近 30 年，形成巨大的用户群，也深深固化了众多用户的使用习惯。同时，X86 系统在硬件和软件开发方面已经形成统一的标准，几乎所有的 X86 硬件平台都可以直接使用微软的视窗系统及现在流行的几乎所有工具软件，所以 X86 系统在兼容性方面具有无可比拟的优势。

ARM 系统几乎都采用 Linux 的操作系统，而且几乎所有的硬件系统都要单独构建自己的系统，与其他系统不能兼容，这也导致其应用软件不能方便移植，这一点一直严重制约了 ARM 系统的发展和应用。Google 开发了开放式的 Android 系统后，统一了 ARM 结构电脑的操作系统，使新推出的基于 ARM 结构的电脑系统有了统一的、开放式的、免费的操作系统，为 ARM 的发展提供了强大的支持和动力。

4. 软件开发的方便性及可使用工具的多样性。X86 结构的系统推出已经近30 年，在此期间，X86 电脑经过飞速发展的黄金时期，用户的应用、软件配套、软件开发工具的配套及兼容等工作，已经到达非常成熟甚至可以说是完美的境界。所以，使用 X86 电脑系统不仅有大量的第三方软件可供选择，也有大量的软件编程工具可以帮助人们完成其所希望完成的工作。

因为硬件性能的制约、操作系统的精简、系统兼容等问题的制约，ARM 结构的电脑系统不可能像 X86 电脑系统那样有众多的编程工具和第三方软件可供选择及使用，ARM 的编程语言大多采用 C 和 JAVA。

对这一点的比较，更直接的结论是：基于 X86 结构电脑系统平台开发软件比 ARM 结构系统更容易、更简单、实际成本也更低，同时更容易找到第三方软件（免去自己开发的时间和成本），而且软件移植更容易。

以上对比分析给了我们的一个很清晰的感觉：ARM 和 X86 结构的电脑根本就无法对比，ARM 根本就不是 X86 电脑的对手。是的，如果只考虑上述几个方面的要素，ARM 确实无法与 X86 电脑竞争，甚至连比较的资格都没有。但是近两年，ARM 的产品终端应用特别是手持终端应用飞速发展（如智能手机、平板电脑等），其销售数量已经远远超出 X86 结构的电脑销售数量，可见，ARM 具有 X86 结构电脑不可比拟的优势。该优势就是功耗。

5. 功耗。X86 电脑因考虑要适应各种应用的需求，其发展思路是"性能 + 速度"。20 多年来，X86 电脑的速度从原来 8088 的以 M 为单位发展到现在的以 G 为单位，而且还是几核，其速度和性能已经提升了千倍、万倍。技术进步使 X86 电脑成为大众生活中不可缺少的一部分。但是，X86 电脑发展的方向和模式，使其功耗一直居高不下，一台电脑随便就是几百瓦。即使是号称低功耗节能的手提电脑或上网本，也有十几、二十多瓦的功耗，这与 ARM 结构的电脑就无法相比。

> **拓展 学习2**

计算机常见问题的检测与维修

一、计算机硬件故障

计算机硬件故障类型大致可以分为两种："硬件故障"与"非硬件故障"。"硬件故障"的代表有主板、内存、显示卡，还有一些外部设备出现故障，这属于物理故障，主要是由于操作不当、硬件使用时间太长、硬件厂商制造的元件性能太差、板卡之间相互兼容性问题等原因造成的。还有就是机器通电状态下插拔插板卡以及数据线，数据线插入时用力不当或插错、插反而造成对接口（PCI 接口、AGP 接口、PCIE 接口）、数据线（硬盘数据线、软驱数据线、光驱数据线、USB 接口线、面板连接线）、芯片（南桥芯片、北桥芯片、IO 芯片、电源管理芯片等）等的损害。除此之外，静电会造成主板上的各种芯片被击坏，芯片与其他器件质量不良（过压、过热）也会导致损坏。"非硬件故障"是指计算机主机部件和外设没有坏，而是由于外界环境、硬件安装、分区错误、驱动程序错误安装、参数设置错误、病毒入侵或木马破坏等原因造成的故障。

1. 硬件接触不良，设备无法开机。硬件接触不良常见的有内存与主板插槽之间、显卡与主板上的接口接触不良。还有就是电源线，电源线分为外部电源线接口和内部电源接口，内部电源接口又包含主板电源接口、硬盘电源接口、软驱电源接口、光驱电源接口等。数据线故障包括硬盘数据线、软驱数据、光驱数据线、音频线等的连接故障。其中，出现频率最多的就是各种接口板卡、内存与主板接触不良的现象。解决的方法就是更换另一个插槽位置或换一块板卡，这样基本上就可以排除故障了。

内存是电脑中最容易出现故障的配件产品之一，如果在按下机箱电源后机箱喇叭反复报警或是电脑不能通过自检，大部分情况下故障源于内存。主要表征就是无法正常开机、电脑显示器黑屏，其主要原因是内存条与主板内存插槽接触不良造成，只要用橡皮擦来回擦拭其金手指部位即可解决问题。还有就是内存损坏或者主板内存槽有问题也会造成此类故障，但是以笔者多年经验来看，第一种情况占据90%以上。

这里需要注意，若有多条内存，可以将其全部拔下，先插单条看看计算机的反应。如果内存插拔过了，还是不行，建议进一步测试内存，即找其他电脑上没有问题的内存插到不开机的电脑上，看看电脑的反应，如果仍不开机则怀疑主板问题。如果有独立显卡的话，还要考虑是否是独立显卡插口接触不良造成的无法开机。替换法在计算机维修中是一种常用的方法。

2. 屏幕无输出。除了电脑无法开机外，屏幕没有输出也是计算机常见的问题之一。它和无法开机有一定区别，主要表现为按下开机按钮后，机箱上的电源灯正常，硬盘灯闪烁，但是显示器没反应。硬盘灯闪烁，说明电脑已经开机，且已经读硬盘，只是电脑没有输出。处理起来分为下面三种情况：

（1）如果显示器的电源指示灯不亮，则查看显示器电源线是否插好。如果电源线没问题，则应查看显示器电源板。

（2）如果显示器电源灯为黄色，应检查显示器菜单是否能显示，显示器和主机的连接线是否完好。

（3）将主机显卡接口接其他显示设备，如投影机、电视或其他显示器，看看是否能输入图像。如果无图像则为显卡问题，如有图像则为显示器信号板问题。

3. 电脑蓝屏或者卡机。主要表现为：电脑在正常使用过程中偶尔出现蓝屏或者卡顿，重启之后正常，或者电脑在每次启动的时候都要进行 chkdisk 操作，修复文件 index。出现这种问题，我们可以从下面几个方面入手：

（1）电脑超频过度引起电脑蓝屏。超频过度是导致蓝屏的一个主要原因。超频过度是由于进行了超载运算，造成内部运算过多，使 CPU 过热，从而导致系统运算错误。如果既想超频，又不想出现蓝屏，只有做好散热措施。换个强力风扇，再加上一些硅胶之类的散热材料会好许多。有时不超频，风扇出现问题也会出现卡机状态，这时候的一个明显特征是短时间内 CPU 使用率达到 100%。

（2）内存条接触不良，或内存损坏导致电脑蓝屏。在实际的工作中，笔者遇见最多的电脑蓝屏现象就是内存条接触不良（主要是由于电脑内部灰尘太多，这种现象老电脑常发生）以及硬盘故障导致的电脑蓝屏。当然，遇到电脑内存条出现故障也会出现电脑蓝屏现象。

多数蓝屏故障都是由于内部灰尘过多或者接触不良导致的，所以解决办法也非常简单，只需要打开电脑机箱，将内存条拔出，清理下插槽以及擦干净内存条金手指后再装回去，一般问题都可以解决。

（3）硬盘出现故障导致电脑蓝屏。硬盘出现问题也经常会导致电脑蓝屏，例如硬盘出现坏道、电脑读取数据错误。因为硬盘和内存一样，承载一些数据的存取操作，如果存取/读取系统文件所在的区域出现坏道，也会造成系统无法正常运行，导致系统崩溃和电脑蓝屏。

检测硬盘坏道情况，如果硬盘出现大量坏道，建议备份数据更换硬盘。如果出现的坏道比较少，建议备份数据，重新格式化分区磁盘，懂电脑硬盘的朋友还可以将坏道硬盘区进行隔离操作。之后再重新安装系统即可解决问题。建议使用"HD Tune Pro"查看硬盘健康状况。

"重映射扇区计数"和"Ultra DMA CRC 错误计数"是最容易出现警告的地方。如图 1-50 所示，已经出现了"Ultra DMA CRC 错误计数"警告，硬盘已经出现了不稳定状况，开机的时候检查磁盘错误，此时必须考虑更换硬盘。当硬盘文件损坏严重的时候，电脑就会出现蓝屏。

如果 HD Tune Pro 软件检查不出问题，则建议使用 Diskgen 来检查硬盘坏道。Diskgen 可以显示磁盘坏道的柱面号，对有坏道不多的磁盘重新分区时，就可以将其划分出去，继续使用一段时间；对于坏道比较多的，建议直接报废。

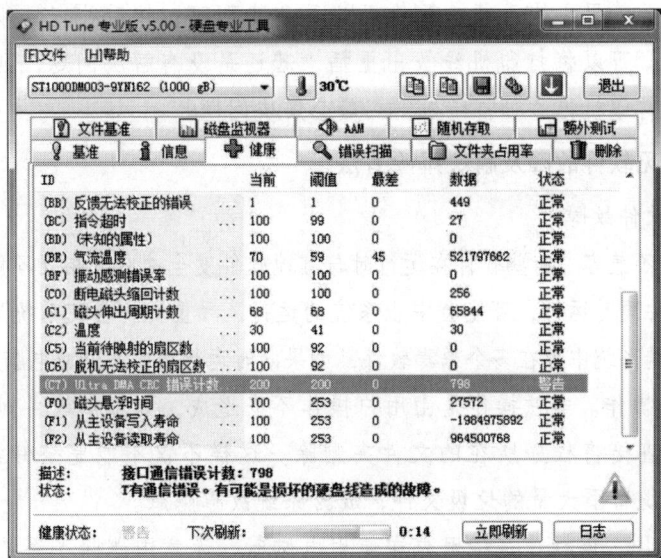

图 1-50 HD Tune 检测

（4）安装的软件存在不兼导致电脑蓝屏。如果电脑开始使用得好好的，某天安装了某软件后不久频繁出现电脑蓝屏故障，这种问题多数是软件不兼容导致的。不过这种电脑软件不兼容的情况一般也很少发生。

4. 打印机无法使用。

（1）打印机电源灯指示正常，无法打印。打印机电源灯指示正常，无法打印，这种情况大多数是驱动程序出现了问题，一般重装驱动即可解决，可用打印机附带光盘或是到打印机公司的官方网站下载驱动程序安装。如果重装驱动程序后还是不能打印，可更换数据线再次测试，或将打印机安装到其他电脑来判断是不是打印机本身出现了故障。

（2）打印效果差。打印机打印淡，打印黑点、黑边、底灰等，这种情况一般是硒鼓引起的故障，可更换硒鼓进行测试。如果更换硒鼓后，还是无法解决故障，可将硒鼓取出，然后用吹风机将打印机内腔清理干净。再用棉花球沾无水酒精，将打印机腔内电极线、金属触点、搓纸轮清理干净。等待30分钟后，再次将硒鼓放进机内打印测试。

（3）打印机脱机。打印机显示为脱机状态时，首先要确定打印机是否处于开机状态，如果没有开机，那么开启打印机即可；然后检查打印机的连接线是否接好，可以将打印机线拔出重插，若还是没有解决问题，则打开控制面板，删除打印机再添加打印机，一般会解决问题。

二、常见软件故障及解决排除方法

（一）软件故障

1. 软件不兼容。有些软件在运行时与其他软件发生冲突，相互不能兼容。如果这两个软件同时运行，可能会中止系统的运行，严重的将会使系统崩溃。比较典型的例子是系统中存在多个杀毒软件，如果同时运行很容易造成电脑死机。

2. 非法操作。非法操作是由用户操作不当造成，如卸载软件时不使用卸载程序，而直接将程序所在的文件夹删除。这样不仅不能完全卸载该程序，而且会给系统留下大量的垃圾文件，成为系统故障隐患。

3. 误操作。误操作是指用户在使用电脑时，无意中删除了系统文件或执行了格式化命令。这样会导致硬盘中重要的数据丢失，甚至不能启动电脑。

4. 病毒的破坏。有的电脑病毒会感染硬盘中的文件，使某程序不能正常运行；有的病毒会破坏系统文件，造成系统不能正常启动；还有的病毒会破坏电脑的硬件，使用户蒙受更大的损失。

（二）解决、排除方法

1. 注意提示。软件发生故障时，系统一般都会给出错误提示。仔细阅读并根据提示来排除故障常常可以事半功倍。

2. 重新安装应用程序。如果在使用应用程序时出错，可将这个程序完全卸载后重新安装，通常情况下，重新安装可解决很多程序出错引起的故障。同样，重新安装驱动程序也可修复电脑部件因驱动程序出错而发生的故障。

3. 利用杀毒软件。一些版本低的程序存在漏洞（特别是操作系统），容易在运行时出错。因此，如果一个程序在运行中频繁出错，可通过升级该程序的版本来解决。

4. 寻找丢失的文件。如果系统提示某个系统文件找不到了，可以从操作系统的安装光盘或其他电脑系统中提取该文件并复制到软件运行目录中。

拓展 **学习3**

IT界三大定律

在IT界，有着统治其许久的三大定律：摩尔定律、安迪－比尔定律、反摩尔定律。它们在不同程度上被业界人士所遵从，一方面它们是业界的动力，促进整个IT界发展速度的稳定和健康；另一方面，它们却是整个IT界的魔鬼，催促着IT行业发展，速度过慢就会被淘汰。

摩尔定律是由Intel创始人之一戈登·摩尔提出来的，其内容为：当价格不变时，集成电路上可容纳的元器件的数目约每隔18～24个月便会增加1倍，性能也将提升1倍。换言之，1美元所能买到的电脑性能，将每隔18～24个月翻1倍以上。这一定律揭示了信息技术进步的速度。

反摩尔定律是根据摩尔定律派生出来的，由Google的前CEO埃里克·施密特提出：如果你反过来看摩尔定律，一个IT公司如果今天和18个月前卖掉同样数量的相同产品，它的营业额就要降一半。

而安迪－比尔定律是对IT产业中软件和硬件升级换代关系的一个概括。原话是"Andy gives, Bill takes away."（安迪提供什么，比尔拿走什么。）安迪指英特尔前CEO安迪·格鲁夫，比尔指微软前CEO比尔·盖茨。这句话的意思是，硬件提高的性能很快被软件消耗掉了。

三大定律对IT行业都有着消极与积极的影响。摩尔定理给所有的计算机消费者带来一个希望：如果我今天嫌计算机太贵买不起，那么我等18个月就可以用一半的价钱来买。要真是这样简单的话，计算机的销售量就上不去了。需要买计算机的人会多等几个月，已经有计算机的人也没有动力更新计算机。其他的IT产品也是如此。反摩尔定律对于所有的IT公司来讲，都是非常可怕的，因为一个IT公司花了同样的劳动，却只得到以前一半的收入。

同样，反摩尔定律逼着所有的硬件设备公司必须赶上摩尔定律所规定的更新速度，而所有的硬件和设备生产厂活得都是非常辛苦的。同时，反摩尔定律促成科技领域质的进步，并为新兴公司提供生存和发展的可能。和所有事物的发展一样，IT 领域的技术进步也有量变和质变两种。为了赶上摩尔定律预测的发展速度，光靠量变是不够的。每一种技术，过不了多少年，量变的潜力就会被挖掘光，这时就必须要有革命性的创造发明诞生。另外，反摩尔定律使得新兴的小公司有可能在发展新技术方面和大公司处在同一个起跑线上，甚至可能取代原有大公司在各自领域中的地位。在通信芯片的设计上，博通和 Marvell 在很大程度上已经取代了原来朗讯的半导体部门，甚至是英特尔公司在相应领域的业务。

另一方面，安迪－比尔定律决定了软件与硬件的依赖关系，硬件发展得越快，就会有相应的软件吃掉硬件的内存与速度，然后软件的发展又会刺激硬件的发展，这两者相互刺激、相互发展，使 IT 行业保持着一个良好的发展趋势，并且使 IT 设备成为一个消耗品，而不是一直没有发展。

思考与练习

1. 什么是冯·诺依曼结构以及冯·诺依曼结构的特点？
2. CPU 的主要品牌有哪些？我国目前 CPU 发展的现状是什么样的？
3. X86 架构与 ARM 架构的主要区别与各自的应用领域有哪些？
4. 国产操作系统目前都有哪些？为什么说软件、硬件国产化非常重要？

模块二

社区矫正信息化建设

项目一　网络的基本知识

学习目标

知识目标：掌握网络的参考模型和网线的制作方法；熟悉双绞线的分类和单模光纤与多模光纤的区别；了解网络的发展历史、无线网络相关概念以及5G技术和VPN相关概念。

能力目标：具备简单网络布线能力，熟练运用网络开展社区矫正工作的能力。

素质目标：培养勇于奉献的劳动精神、精益求精的工匠精神和敢为人先的创新精神。

知识树

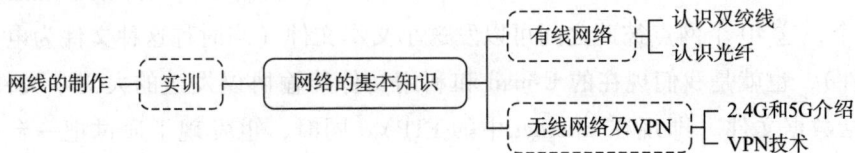

网线的制作 — 实训 — 网络的基本知识

有线网络 — 认识双绞线 / 认识光纤

无线网络及VPN — 2.4G和5G介绍 / VPN技术

任务 1　网络发展的介绍

在互联网先驱阿帕网（ARPANET）诞生五十多年之后，互联网上接入设备的数量已经超过了全球人口总和，流量也已开始以 EB 为计量单位。阿帕网在 1969 年 10 月 29 日发布了第一条消息，为今天的网络世界奠定了基础。

一、阿帕网——互联网的前身

这一时期互联网发展的推动力是美国的冷战思维，作为对苏联 1957 年发射的第一颗人造地球卫星"Sputnik - 1"的直接反应，以及由苏联的卫星技术潜在的军事用途所导致的恐惧，美国国防部组建了高级研究项目局（DARPA）。当时，美国国防部为了保证美国本土防卫力量和海外防御武装在受到苏联第一次核打击以后仍然具有一定的生存和反击能力，认为有必要设计出一种分散的指挥系统：它由一个个分散的指挥点组成，当部分指挥点被摧毁后，其他点仍能正常工作，并且这些点之间能够绕过那些已被摧毁的指挥点而继续保持联系。为了对这一构思进行验证，1969 年，美国国防部委托开发阿帕网，进行互联网的研究。

1969 年 8 月 30 日，加州大学洛杉矶分校建立了第一个阿帕网节点。第二个节点在斯坦福研究所内，于 10 月 1 日建立。10 月 29 日，两台联网计算机之间发送了第一条数据消息。当时，加州大学洛杉矶分校计算机科学教授 Leonard Kleinrock 从学校的主机向位于斯坦福的另一台计算机发送了一条消息。Kleinrock 打算写"login"来启动一个远程分时系统，但系统只传输了两个字母"l"和"o"后就崩溃了。

从 1970 年开始，加入阿帕网的节点数不断增加。当时，阿帕网使用的是 NCP 协议，它允许计算机相互交流。最初的 NCP 协议下的阿帕网上连接了 15 个节点，共 23 台主机。到 1972 年时，阿帕网网上的网点数已经达到 40 个，这 40 个网点彼此之间可以发送小文本文件（当时称这种文件为电子邮件），也就是我们现在的 E-mail 和利用文件传输协议发送的大文本文件，包括数据文件（即现在 Internet 中的 FTP）。同时，也发现了通过把一台电脑模拟成另一台远程电脑的一个终端而使用远程电脑上的资源的方法，这种方法被称为 Telnet。由此可看到，E-mail、FTP 和 Telnet 是 Internet 上较早出现的重要工具，特别是 E-mail 目前仍然是 Internet 上最主要的应用。但在 NCP 协议下，目的地之外的网络和计算机却不分配地址，从而限制了未来增长的机会。

二、TCP/IP 协议的产生

由于最初的通信协议下对于节点以及用户机数量的限制，建立一种能保证计算机之间进行通信的标准规范（即"通信协议"）显得尤为重要。1973 年，美国国防部也开始研究如何实现各种不同网络之间的互联问题。作为 Internet 的早期骨干网，阿帕网的试验奠定了 Internet 存在和发展的基础，阿帕网在技术上的另一个重大贡献是 TCP/IP 协议簇的开发和利用。1972 年，Robert Kahn 来到阿帕网，并提出了开放式网络框架，从而出现了大家熟知的 TCP/IP（传输控制协议/网际协议）。1983 年 1 月 1 日，所有连入阿帕网的主机实现了从 NCP 向 TCP/IP 协议的转换。为了将这些网络连接起来，美国人 Vinton Cerf 提出一个想法：在每个网络内部各自使用自己的通讯协议，在和其他网络通信时使用 TCP/IP 协议。

这个设想最终使 Internet 诞生了，并确立了 TCP/IP 协议在网络互联方面不可动摇的地位，从而推动了互联网的发展。

三、万维网诞生 30 年

1989 年，Tim Berners-Lee 撰写了一篇论文，阐述了他在互联网上以超文本格式发布信息的想法。他对通用连接的设想成就了万维网，这使互联网使用量猛增。1993 年，计算机科学专业的学生 Marc Andreessen 开发出了第一款流行的网络浏览器，即 Mosaic。据"互联网实时统计"网站的数据显示，现在的网站数量已经超过了 17 亿个（其中，活跃网站不到 2 亿个）。2014 年 9 月，网站数据首次突破 10 亿大关。

四、从 IPv4 发展到 IPv6

互联网协议（IP）用于标识互联网上的设备，以便找到它们。IPv4 是第一个主要版本，发明于 20 世纪 70 年代，并于 1981 年向公众推广。20 年前，互联网工程特别工作组（IETF）预测到了 IPv4 地址将会耗尽，并开始着手开发新版本的互联网协议 IPv6。

IPv4 使用的 32 位寻址方案仅支持 43 亿台设备，新的 IPv6 使用的是 128 位寻址方案，可支持约 340 万亿台设备。IPv4 地址供应的不断减少导致互联网数字分配机构（IANA，全球网络地址监管机构）在 2011 年报告中称，他们已经没有新的地址分发给区域互联网登记处（RIR）。2015 年，美国互联网号码注册中心（ARIN）的报告称，其免费的 IPv4 地址池已耗尽。

尽管如此，向 IPv6 过渡的进度依然缓慢。运营商网络和 ISP（互联网服务提供商）是最早开始在其网络上部署 IPv6 的群体之一。根据行业组织 World IPv6 Launch 数据显示，目前美国 T-Mobile 的流量有 94% 是通过 IPv6，Verizon Wireless 的比例为 85%，AT&T Wireless 的比例为 76%。企业在部署方面落后的原因主要是成本、复杂性和资源等方面面临挑战。谷歌称，目前全球的 IPv6 连接率约为 25%，美国的 IPv6 采用率接近 38%。

IP 是互联网协议（Internet Protocol）的简称，根据互联网协议规则产生了 IP 地址，IP 地址是手机、电脑等终端在互联网上的地址，是网络空间终端的唯一身份标识。IPv6 则是互联网协议第 6 版的缩写，是全球公认的下一代互联网商业应用解决方案，是国际标准化组织 IETF 为解决 IPv4 地址枯竭而制定的下一代互联网协议版本，能够提供海量的网络地址资源和广阔的创新空间。

IPv6 相比 IPv4 具有明显优势，对于国家来说，IPv6 规模部署和应用是互联网演进升级的必然趋势，是网络技术创新的重要方向，是网络强国建设的关键支撑，能有效促进提升我国在下一代互联网领域的国际竞争力，提升我国在互联网领域的技术话语权。对于个人来说，IPv6 能给我们带来更快的数据传输速度、更安全的数据传输方式和更好的隐私保护。

2017 年，中央办公厅、国务院办公厅印发《推进互联网协议第六版（IPv6）规模部署行动计划》，加快了我国从网络基础设施和应用基础设施升级 IPv6 的步伐。经过三年多的努力，截至 2021 年 4 月底，我国已获得 IPv6 地址的用户数从 2017 年的 0.74 亿户增长到 15.4 亿户。

虽然我国 IPv6 用户和网络规模已经位居世界前列，IPv6 流量和业务承载能力也得到了大幅提升，但 IPv6 流量占比相比世界领先国家还有较大的差距，还存在商业网站应用 IPv6 浓度较低、家庭终端 IPv6 支持能力不足等问题。未来三年是我国 IPv6 从"通路"走向"通车"的关键阶段，国家有关部门印发《IPv6 流量提升三年专项行动计划（2021－2023 年）专项行动计划》等文件，目的就是引导行业各方协同深化 IPv6 规模部署工作，补齐我国 IPv6 发展的短板弱项，促进 IPv6 流量规模持续提升，加速推进互联网向 IPv6 平滑演进升级。

IPv6 的广泛应用是一项系统的工程，涉及方方面面，总的来说需要网络端（家庭宽带、4G 和 5G 移动网络等）、应用端（各类 APP、各类网站等）、用户终端（家庭路由器、智能手机、智能家电等）三个方面都支持才可以，任何一个节点不支持，我们就无法享受 IPv6 服务。当前，网络端已经基本支持 IPv6，应用端也大部分支持 IPv6，终端方面主要看我们的家庭路由器和个人的手机等电子产品是否支持 IPv6。要想知道家庭路由器和手机是否支持 IPv6，可通过访问厂家的官方网站查看产品详细参数来判断，也可登录"国家 IPv6 发展监测平台"在"发展指标"栏目下选择"终端就绪"通过型号来查看家用路由器、LTE 移动终端（手机）是否支持 IPv6。另外，在购买新手机、家庭路由器、平板电脑、各种智能穿戴设备、各种智能家电时要选择支持 IPv6 的产品。

IPv6 全面普及是大势所趋，代表互联网未来的发展方向，今后 5G、物联网、云计算、无人驾驶等新兴领域都需要 IPv6 作为支撑。随着科技飞速发展，IPv6 最终会取代 IPv4 成为主流，相信通过大家的共同努力，我们将会更快地进入 IPv6 新时代，全方位享受到 IPv6 带来的更高效、更安全的服务。

五、DNS——互联网的电话簿

互联网域名系统（DNS）创建于 1984 年，目的是将复杂的 IP 地址与以 .com、.org、.edu、.gov 和 .mil 等扩展名结尾的易于记忆的名称相匹配。第一批 .com 域名注册于 1985 年，它们是 Symbolics.com、BBN.com、Think.com、MCC.com、DEC.com 和 Northrop.com。1998 年，美国商务部通过创建互联网名称与号码分配机构（ICANN）将域名注册和运营工作进行了私有化。

目前，域名销售不断创下新高。2019 年第一季度结束时，所有顶级域名的域名注册量为 3.518 亿。与此同时，DNS 安全受到的威胁也在增加。DNS 威胁包括 DNS 劫持、隧道、网络钓鱼、缓存中毒和 DDOS 攻击。2019 年，市场研究机构 IDC 报告称，过去一年，全球 82% 的公司都面临着 DNS 攻击，而在美国，DNS 攻击的平均损失超过了 127 万美元。

DNS（Domain Name System，域名系统）是因特网作为域名和 IP 地址相互映射的一个分布式数据库，能够使用户更方便地访问互联网，而不用去记住能够被机器直接读取的 IP 数串。通过主机名，最终得到该主机名对应的 IP 地址的过程叫作域名解析（或主机名解析）。比如在地址栏输入 baidu. com，DNS 会自动将其转为 220.181.38.251。

对 IPv4 的地址来说，根服务器全世界只有 13 台。其中，1 个为主根服务器，放置在美国。其余 12 个均为辅根服务器，9 个放置在美国；2 个在欧洲，位于英国和瑞典；1 个在亚洲，位于日本。美国就曾经停止过伊拉克（.iq）一级域名的解析，致使伊拉克的网民不能访问（.iq）后缀的所有网址。美国也曾经停止向利比亚提供（.ly）一级域名的解析服务，这让利比亚在全球互联网中消失了 3 天。

中国有 10 多亿的网民，有 400 多万网站，有 200 多万个 App，如果 DNS 服务器被关掉，引起的混乱可想而知。大约在 2015 年，中国启动了"雪人计划"，它是基于全新技术架构的 IPv6 根服务器测试和运营实验项目，为的是打破现有的根服务器困局，为下一代互联网提供更多的根服务器解决方案。

到现在为止中国已经有 1 台主根服务器和 3 台辅根服务器，我们再也不怕美国停止中国的域名解析了。所以，我们要争夺国际上 IPv6 的话语权，要从"互联网是国家实力的象征"这个角度去考虑，这个竞争也逐渐白热化。

六、互联网流量正以每年 5ZB 的速度增长

1974 年，互联网上的日流量超过了 300 万个数据包。最初是以 TB 和 PB 为单位进行测算，如今每月的流量就已经以 EB 为单位，即 1018 个字节。根据思科的视频网络指数，2017 年全球 IP 流量达到了每月 122EB，即每年 1.5ZB。

随着流量的增长，连接到互联网的设备也在增加。2022 年，网络设备达

到了 285 亿台，比 2017 年的 180 亿台增长不少。这一数量已经远远超过了全球的人口。

七、智能手机的流量将超过 PC

如今，智能手机的流量正在持续增长，已经超过 PC 的流量。第 51 次《中国互联网络发展状况统计报告》显示，截至 2022 年 12 月，我国网民使用手机上网的比例达 99.8%；使用台式电脑、笔记本电脑、电视和平板电脑上网的比例分别为 34.2%、32.8%、25.9% 和 28.5%。智能手机占总 IP 流量的比例由 2017 年的 18% 增长至 45%。

八、M2M 和物联网将占据主导地位

思科的研究表明，设备和连接的数量在增长方面超过了全球人口增长速度，其中增长最快的类别是机器对机器（M2M）的连接。M2M 属于物联网的一个子集，应用主要包括智能电表、视频监控、医疗保健监控、交通运输、包裹或资产跟踪。物联网是一个由传感器、机器和照相机等智能设备组成的网络，可以自动连接到互联网并共享信息，形成巨大的网络流量，并生成 ZB 级数据用于监控和分析。研究公司 IDC 预测，2025 年联网的物联网设备将达到 416 亿台，并将产生 79.4ZB 的数据。

任务 2　网络的参考模型

在网络发展的早期时代，网络技术的发展变化速度非常快，计算机网络变得越来越复杂，新的协议和应用不断产生，而网络设备大部分都是按厂商自己的标准生产，不能兼容，很难相互间进行通信。为了解决网络之间的兼容性问题，实现网络设备间的相互通讯，国际标准化组织 ISO 于 1984 年提出了开放系统互连参考模型（Open System Interconnection Reference Model，以下简称 OSI 模型）。OSI 模型很快成为计算机网络通信的基础模型。由于种种原因，并没有一种完全忠实于 OSI 模型的协议簇流行开来。相反，源于美国国防部 DARPA（Defense Advanced Research Project Agency，高级研究项目机构）20 世纪 60 年代开发的阿帕网的 TCP/IP 协议得到了广泛应用，成为 Internet 的事实标准。

一、什么是协议

为了使数据可以在网络上从源传递到目的地，网络上所有设备需要"讲"相同的"语言"。描述网络通信中"语言"规范的一组规则就是协议。例如，两个人交谈，必须使用相同的语言，如果你说汉语，他说阿拉伯语，那么就没有办法沟通。

根据数据通信协议的定义，通信协议是指双方实体完成通信或服务所必须遵循的规则和约定。协议定义了数据单元使用的格式，信息单元应该包含的信息与含义、连接方式、信息发送和接收的时序，从而确保网络中的数据顺利地传送到确定的地方。

二、协议分层

数据以电子信号的形式穿越介质到达正确的计算机，然后转换成最初的形式，以便接收者能够阅读。

为了降低网络设计的复杂性，将协议进行了分层设计、协议分层的优势如下：

1. 各层次之间是独立的。某一层并不需要知道它的下一层是如何实现的，而仅仅需要知道该层通过层间的接口所提供的服务。这样，整个问题的复杂程度就下降了。也就是说，上一层的工作如何进行并不影响下一层的工作，这样我们在进行每一层的工作设计时只要保证接口不变，就可以随意调整层内的工作方式。

2. 灵活性好。当任何一层发生变化时，只要层间接口关系保持不变，则这层以上或以下层均不受影响。当某一层出现技术革新或者某一层在工作中出现问题时，不会连累到其他层的工作，排除问题时也只需要考虑这一层单独的问题即可。

3. 结构上可分割开。各层都可以采用最合适的技术来实现。技术的发展往往是不对称的，层次化的划分有效避免了木桶效应，不会因为某一方面技术的不完善而影响整体的工作效率。

4. 易于实现和维护。这种结构使得实现和调试一个庞大又复杂的系统变得易于处理，因为整个的系统已经被分解为若干个相对独立的子系统。进行调试和维护时，可以对每一层进行单独的调试，避免了出现找不到、解决错问题的情况。

5. 能促进标准化工作。每一层的功能及其所提供的服务都已有精确的说明。标准化的好处就是可以随意替换其中的某一层，对于使用和科研来说十分方便。

三、协议的划分

为了使不同计算机厂家生产的计算机能够相互通信，以便在更大的范围内建立计算机网络，国际标准化组织（ISO）在 1978 年提出了 OSI 模型，将计算机网络体系结构的通信协议划分为七层，自下而上依次为：物理层（Physics Layer）、数据链路层（Data Link Layer）、网络层（Network Layer）、传输层（Transport Layer）、会话层（Session Layer）、表示层（Presentation Layer）、应用层（Application Layer）。其中，第四层完成数据传送服务，上面三层面向用户。

除了标准的 OSI 七层协议以外，常见的网络层次划分还有 TCP/IP 四层协议以及 TCP/IP 五层协议，它们之间的对应关系如图 2-1 所示：

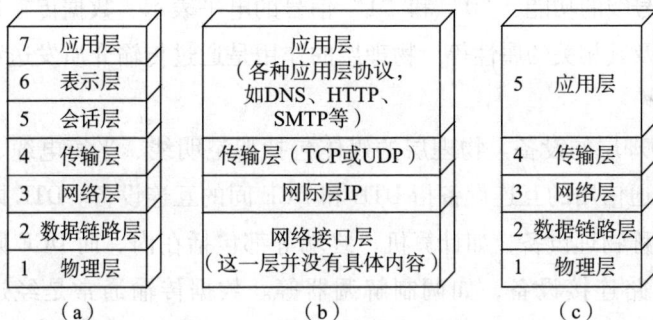

计算机网络体系结构：(a) OSI的七层协议；(b) TCP/IP的四层协议；(c) TCP/IP的五层协议

图 2-1　协议对应

TCP/IP 协议毫无疑问是互联网的基础协议，没有它就根本不可能上网，任何和互联网有关的操作都离不开 TCP/IP 协议。不管是 OSI 七层模型还是 TCP/IP 的四层、五层模型，每一层中都有自己的专属协议，完成自己相应的工作，并与上下层级之间进行沟通。由于 OSI 七层模型为网络的标准层次划分，我们以 OSI 七层模型为例从下向上进行——介绍。

ISO/OSI	TCP/IP							
应用层	应用层	传递对象：报文						
表示层								
会话层		SMTP	FTP	TELNET	DNS	TFTP	RPC	其他
传输层	传输层	传输协议分组			TCP		UDP	
网络层	网际网层（IP层）	IP数据报	IP（ICMP等）					
					ARP	PARP		
数据链路层	网络接口	帧　网络接口协议（链路控制和媒体访问）						
物理层	硬件（物理网络）	以太网	令牌环	X.25网		FDDI	其他网络	

图 2-2　各层协议

1. 物理层——网络的基础。物理层是 TCP/IP 模型的最底层。

（1）功能。物理层为设备之间的数据通信提供传输媒体及互连设备，为数据传输提供可靠的环境，它利用传输介质为数据链路层提供物理连接。为此，该层定义了与物理链路的建立、维护和拆除有关的机械、电气、功能和规程特性，包括信号线的功能、"0"和"1"信号的电平表示、数据传输速率、物理连接器规格及其相关的属性等。物理层的作用是通过传输介质发送和接收二进制比特流。

（2）物理层的设备。物理层的媒体包括架空明线、平衡电缆、光纤、无线信道等。通信用的互连设备指 DTE 和 DCE 间的互连设备。DTE 既是数据终端设备，又称物理设备，如计算机、终端等都包括在内。而 DCE 则是数据通信设备或电路连接设备，如调制解调器等。数据传输通常是经过 DTE——DCE，再经过 DCE——DTE 的路径。互连设备指将 DTE、DCE 连接起来的装置，如各种插头、插座。LAN 中的各种粗、细同轴电缆，T 型接头、插头，接收器，发送器，中继器等都属于物理层的媒体和连接器。

（3）物理层规定的特性。为了传输信号，物理层规定了以下特性：①机械特性：指明通信实体间硬件连接接口的机械特点电气特性；规定了在物理连接上导线的电气连接及有关的电路的特性功能特性；指明物理接口各条信号线的用途（用法）。②规程特性：指明利用接口传输位流的全过程及各项用于传输的事件发生的合法顺序。

2. 数据链路层——以太网。数据链路可以粗略地理解为数据通道。

（1）功能。数据链路层是为网络层提供服务的，解决两个相邻结点之间的通信问题，传送的协议数据单元称为数据帧。链路层负责网卡设备的驱动、帧同步（就是说从网线上检测到什么信号算作新帧的开始）、冲突检测（如果检测到冲突就自动重发）、数据差错校验等工作。

数据帧中包含物理地址（又称 MAC 地址）、控制码、数据及校验码等信息。该层的主要作用是通过校验、确认和反馈重发等手段，将不可靠的物理链路转换成对网络层来说无差错的数据链路。

此外，数据链路层还要协调收发双方的数据传输速率，即进行流量控制，以防止接收方因来不及处理发送方传来的高速数据而导致缓冲器溢出及线路阻塞。

（2）链路层即二层网络，交换机由于运行在第二层（数据链路层），故被称为二层网络设备。

二层交换机一般只识别帧中的源和目的 MAC 地址进行数据传输。根据 MAC 地址寻址，通过栈表选择路由，栈表的建立和维护由交换机自动进行。而路由器属于 OSI 模型第三层即网络层设备，它根据 IP 地址进行寻址，通过路由表的路由协议产生。

3. 网络层。网络层定义了基于 IP 协议的逻辑地址，连接不同的媒介类型，选择数据通过网络的最佳路径。

（1）功能。负责点到点（point-to-point）的传输（这里的"点"指主机或路由器）。网络层是为传输层提供服务的，传送的协议数据单元称为数据包或分组。该层的主要作用是解决如何使数据包通过各结点传送的问题，即通过路径选择算法（路由）将数据包送到目的地。另外，为避免通信子网中出现过多的数据包而造成网络阻塞，需要对流入的数据包数量进行控制（拥塞控制）。当数据包要跨越多个通信子网才能到达目的地时，还要解决网际互连的问题。

（2）网络地址。网络层地址由两部分地址组成，即网络地址和主机地址。网络地址是全局唯一的。

（3）路由器在网络层，所以是第三层设备。Internet 上有大量路由器负责根据 IP 地址选择合适的路径转发数据包，数据包从 Internet 上的源主机到目的主机往往要经过十多个路由器。路由器是工作在第三层的网络设备，同时兼有交换机的功能，可以在不同的链路层接口之间转发数据包。因此，路由器需要对进来的数据包拆掉网络层和链路层两层首部并重新封装。IP 协议不保证传输的可靠性，数据包在传输过程中可能丢失，可靠性可以在上层协议或应用程序中提供支持。

4. 传输层。传输层负责端到端（end-to-end）的传输（这里的"端"指源主机和目的主机）。

功能。传输层的作用是为上层协议提供端到端的可靠和透明的数据传输服务，包括处理差错控制和流量控制等问题。该层向高层屏蔽了下层数据通信的细节，使高层用户看到的只是在两个传输实体间的一条主机到主机的、可由用户控制和设定的、可靠的数据通路。

传输层传送的协议数据单元称为段或报文，主要有传输控制协议 TCP（Transmission Control Protocol）和用户数据报协议 UDP（User Datagram Protocol），它们都是建立在 IP 协议的基础上。传输控制协议 TCP 提供可靠的面向连接服务，用户数据报协议 UDP 提供简单的无连接服务。

5. 会话层。会话层（Session Layer）是 OSI 模型的第五层，是用户应用程序和网络之间的接口，主要任务是：向两个实体的表示层提供建立和使用连接的方法。将不同实体之间的表示层的连接称为会话。因此，会话层的任务就是组织和协调两个会话进程之间的通信，并对数据交换进行管理。用户可以按照半双工、单工和全双工的方式建立会话。

6. 表示层。表示层供多种功能用于应用层数据编码和转化，以确保一个系统应用层发送的信息可以被另一个系统应用层识别。

表示层（Presentation Layer）是 OSI 模型的第六层，它对来自应用层的命令和数据进行解释，对各种语法赋予相应的含义，并按照一定的格式传送给会话层。其主要功能是：处理用户信息的表示问题，如编码、数据格式转换和加密解密等。表示层的具体功能如下：

（1）数据格式处理：协商和建立数据交换的格式，解决各应用程序之间在数据格式表示上的差异。

（2）数据的编码：处理字符集和数字的转换。例如，由于用户程序中的数据类型（整型或实型、有符号或无符号等）、用户标识等都可以有不同的表示方式，因此，设备需要具有在不同字符集或格式之间转换的功能。

（3）压缩和解压缩：为了减少数据的传输量，这一层还负责数据的压缩与恢复。

（4）数据的加密和解密：可以提高网络的安全性。

7. 应用层。OSI 模型的应用层协议包括文件的传输、访问及管理协议（FTAM），以及文件虚拟终端协议（VIP）和公用管理系统信息（CMIP）等。

应用层（Application Layer）是 OSI 模型的最高层，它是计算机用户，以及各种应用程序和网络之间的接口，其功能是直接向用户提供服务，完成用户希望在网络上完成的各种工作。它在其他六层工作的基础上，负责完成网络中应用程序与网络操作系统之间的联系，建立与结束使用者之间的联系，并完成网络用户提出的各种网络服务及应用所需的监督、管理和服务等各种协议。此外，该层还负责协调各个应用程序间的工作。

应用层为用户提供的服务和协议有：文件服务、目录服务、文件传输服务（FTP）、远程登录服务（Telnet）、电子邮件服务（E-mail）、打印服务、安全服务、网络管理服务、数据库服务等。上述的各种网络服务由该层的不同应用协议和程序完成，不同的网络操作系统之间在功能、界面、实现技术、对硬件的支持、安全可靠性以及具有的各种应用程序接口等各个方面的差异是很大的。应用层的主要功能如下：

（1）用户接口：应用层是用户与网络，以及应用程序与网络间的直接接口，使得用户能够与网络进行交互式联系。

（2）实现各种服务：该层具有的各种应用程序可以完成和实现用户请求的各种服务。

任务3　网络布线

有线网络一般是指采用同轴电缆、双绞线和光纤来连接的计算机网络。

双绞线是常见的一种连网方式。它比较经济，安装较为便利，传输率和抗干扰能力一般，传输距离最长 100 米。对于超过 100 米的情况，可以采用光纤连接。

一、认识双绞线

双绞线是由 8 根 4 对相互绝缘的金属导线绞合而成。采用这种方式，不仅可以抵御一部分来自外界的电磁波干扰，也可以降低多对绞线之间的相互干扰。把两根绝缘的导线互相绞在一起，干扰信号作用在这两根相互绞缠在一起的导线上是一致的（这个干扰信号叫作共模信号），在接收信号的差分电路中可以将共模信号消除。

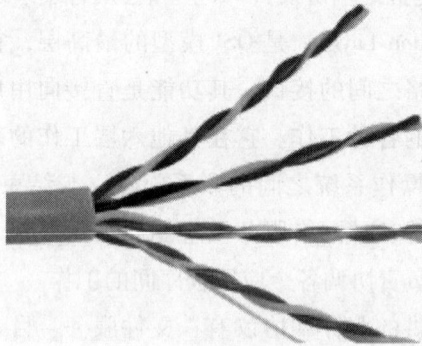

图 2 - 3 双绞线

根据有无屏蔽层，双绞线分为屏蔽双绞线（Shielded Twisted Pair, STP）与非屏蔽双绞线（Unshielded Twisted Pair, UTP）。

屏蔽双绞线在双绞线与外层绝缘封套之间有一个金属屏蔽层。屏蔽双绞线分为 STP 和 FTP（Foil Twisted-Pair），STP 指每条线都有各自的屏蔽层，而FTP 只在整个电缆有屏蔽装置，并且两端都正确接地时才起作用。所以要求整个系统是屏蔽器件，包括电缆、信息点、水晶头和配线架等，同时建筑物需要有良好的接地系统。屏蔽层可减少辐射，防止信息被窃听，也可阻止外部电磁干扰的进入，使屏蔽双绞线比同类的非屏蔽双绞线具有更高的传输速率。但是在实际施工时，很难全部完美接地，从而使屏蔽层本身成为最大的干扰源，导致性能甚至远不如非屏蔽双绞线。所以，除非有特殊需要，通常在综合布线系统中只采用非屏蔽双绞线。

非屏蔽双绞线（Unshielded Twisted Pair，UTP）是一种数据传输线，由4对不同颜色的传输线所组成，广泛用于以太网路和电话线中。非屏蔽双绞线电缆具有以下优点：①无屏蔽外套，直径小，节省所占用的空间，成本低；②重量轻，易弯曲，易安装；③将串扰减至最小或加以消除；④具有阻燃性；⑤具有独立性和灵活性，适用于结构化综合布线。因此，在综合布线系统中，非屏蔽双绞线得到广泛应用。

按照频率和信噪比，双绞线可分为一类线、二类线……七类线。目前，双绞线常用的是超五类线和六类线。超五类线的绝缘外皮有"CAT5e"的字样，超五类线衰减小、串扰少，并且具有更高的衰减与串扰的比值（ACR）和信噪比（SNR）、更小的时延误差。超五类线主要用于千兆位以太网（1000Mbps），但一般实际速度达不到千兆。

六类线的绝缘外皮上有"CAT6"的字样，线中间一般有塑料十字支架，该类电缆的传输频率为1MHz～250MHz。六类布线的传输性能远远高于超五类标准，最适用于传输速率高于1Gbps的应用。六类与超五类的一个重要的不同点在于：改善了在串扰以及回波损耗方面的性能，对于新一代全双工的高速网络应用而言，优良的回波损耗性能是极其重要的。

网线两头要做上RJ-45连接头（俗称水晶头）才能连接设备，而水晶头也有百兆、千兆之分，且千兆水晶头向下兼容，所以，不管网线是不是千兆线，都用千兆水晶头是没错的。

网线在水晶头里的排列是有顺序的，一般分两种：T568A、T568B。而T568A的线序已经很少用了，现在统一为T568B的标准，其线序为：白橙、橙、白绿、蓝、白蓝、绿、白棕、棕。对传输信号来说，它们所起的作用分别是：1、2用于发送，3、6用于接收，4、5、7、8是双向线；对与其相连的双绞线来说，为降低相互干扰，标准要求1、2必须是绞缠的一对线，3、6也必须是绞缠的一对线，4、5相互绞缠，7、8相互绞缠。

RJ45插头

适用范围：

一、直连线互连
网线的两端均按T568B接
1.电　　脑←——→ADSL猫
2.ADSL猫←——→ADSL路由器的WAN口
3.电　　脑←——→ADSL路由器的LAN口
4.电　　脑←——→集线器或交换机

二、交叉互连
网线的一端按T568B接，另一端按T568A接
1.电　　脑←——→电　　脑
2.集 线 器←——→集 线 器
3.交 换 机←——→交 换 机

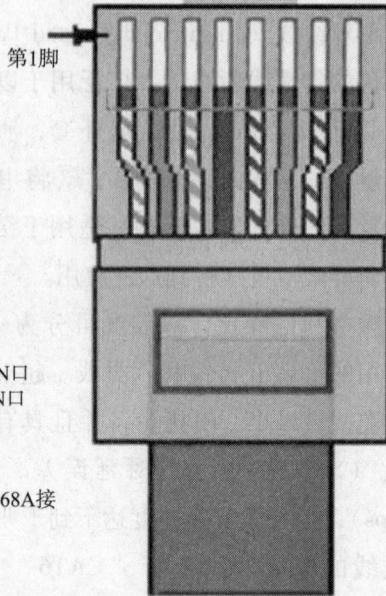

图2-4　水晶头线序

二、认识光纤

因为光在不同物质中的传播速度是不同的，所以光从一种物质射向另一种物质时，在两种物质的交界面处会产生折射和反射。而且，折射光的角度会随入射光的角度变化而变化。当入射光的角度达到或超过某一角度时，折射光会消失，入射光全部被反射回来，这就是光的全反射。不同的物质对相同波长光的折射角度是不同的（即不同的物质有不同的光折射率），相同的物质对不同波长光的折射角度也是不同的。光纤通讯就是基于以上原理而形成的。

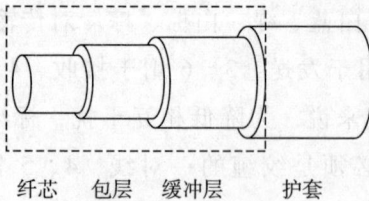

纤芯　　包层　　缓冲层　　护套

图2-5　光纤结构

纤芯：实际上是光线穿过的透明玻璃。

包层：像一面将纤芯上的光线保持在包层内的镜子。

缓冲层：包层外面的保护层（通常为塑料）。

护套：电缆外层可为 PVC、特优型、低烟无卤。

按照国际电工委员会的标准，光纤分为单模光纤和多模光纤。单模光纤只能传一种模式的光，因此，其模间色散很小，适用于远程通讯，但还存在着材料色散和波导色散，这样单模光纤对光源的谱宽和稳定性有较高的要求，即谱宽要窄，稳定性要好。多模光纤是在给定的工作波长上传输多种模式的光纤，按其折射率的分布分为突变型和渐变型。由于多模光纤中传输的模式多达数百个，各个模式的传播常数和群速率不同，使光纤的带宽窄、色散大、损耗大，只适于中短距离和小容量的光纤通信系统。

（一）单模光纤和多模光纤区别

单模光纤和多模光纤基本结构对比。光纤的基本结构一般由外护套、包层、纤芯、光源组成，单模光纤和多模光纤存在以下不同点：

1. 外护套颜色差异。在实际应用中，光纤的外护套颜色可用来快速区分单模光纤和多模光纤。根据 TIA - 598C 标准定义，单模光纤 OS1、OS2 采用黄色外护套，多模光纤 OM1、OM2 采用橙色外护套，OM3、OM4 采用水蓝色外护套（在非军事用途下）。

图 2 - 6　单、多模光纤外护套颜色

2. 纤芯的直径差异。多模光纤和单模光纤在纤芯直径上有明显差异，多模光纤的纤芯直径通常是 $50\mu m$ 或 $62.5\mu m$，单模光纤的纤芯直径是 9mm。鉴于这种区别，单模光纤在较窄的芯径上只能传输波长为 1310nm 或 1550nm 的光信号，但纤芯小带来的好处是：光信号在单模光纤中沿着直线传播，不会发生折射，色散较小，带宽高；多模光纤纤芯宽，它可以在给定的工作波长上传输多种模式，但同时由于多模光纤中传输的模式多达数百个，各个模式的传播常数和群速率不同，使光纤的带宽窄、色散大、损耗大。

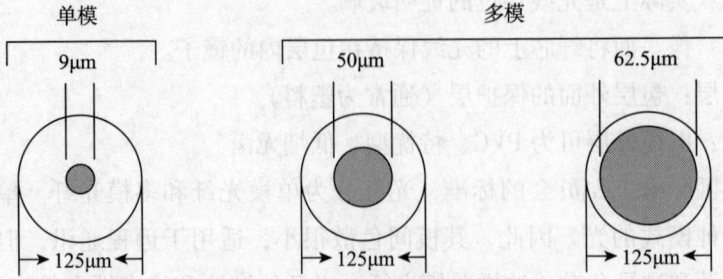

图 2-7 单、多模光纤纤芯直径图

大多数光纤的标准包层直径是 125um，标准外保护层直径是 245um，不区分单模、多模。

3. 光源的差异。光源通常有激光光源和 LED 光源两种。单模光纤采用激光光源，多模光纤采用 LED 光源。

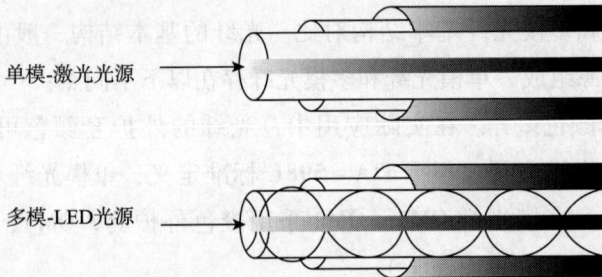

图 2-8 单、多模光纤光源图

（二）单模光纤和多模光纤传输距离对比

众所周知，单模光纤适用于长距离传输，多模光纤适用于短距离传输，下表展示了不同种类的单、多模光纤具体的传输距离。

表 2-1 单、多模光纤传输距离对比

光纤类型	类型	纤径	1Gb 1000 Base SX	1Gb 1000 Base LX	10Gb	40Gb SR4	100Gb SR4
单模	G652/G657	9/125μm	5km ~ 1310nm	5km ~ 1310nm	10km ~ 1310nm	/	/

光纤类型	类型	纤径	1Gb 1000 Base SX	1Gb 1000 Base LX	10Gb	40Gb SR4	100Gb SR4
多模	OM1	62.5/125μm	275m	550m	33m	/	/
	OM2	50/125μm	550m	550m	82m	/	/
	OM3	50/125μm	550m	550m	82m	/	/
	OM4	50/125μm	550m	550m	400m	150m	150m

从图表中可以看出，在 1G 和 10G 速率下，单模光纤的传输距离比多模光纤的传输距离远得多，那么数据中心为什么不全部采用单模光纤呢？这是由于数据中心的建设以短距离传输为主，在短距离传输环境下，多模光纤与单模光纤的性能一致，但成本更低；同时，OM3、OM4 多模光纤能支持更高的速率，在目前高速率网络时代，多模光纤的需求量也不容小觑。

（三）单模光纤和多模光纤的成本对比

上面提到了多模光纤的成本比单模光纤低，这主要是由于设备硬件成本产生的，如光源的成本差异、材质的成本差异。

同样采用多模光纤系统和单模光纤系统的成本差异也类似，多模光纤系统搭建成本比单模系统低。以飞速（FS）的解决方案为例，一套多模传输系统的成本（多模光模块和跳线）在 3300 元~5300 元不等，而一套单模传输系统（单模光模块和跳线）的成本通常会超过 6700 元，价格差在 1000 元以上。

（四）单模光纤和多模光纤常见问答

1. 单模光纤和多模光纤可以混合使用吗？一般情况下不可以。单模光纤与多模光纤的传输模式不一样，如果将两根光纤混合或直接连接在一起，会造成链路损耗，产生线路抖动。不过，通过单、多模转换跳线，可以将单模和多模链路连接起来。

2. 可以在单模光纤上使用多模光模块吗？在多模光纤上使用单模光模块呢？单模光纤上不能使用多模光模块，会产生较大的损耗；在多模光纤上可以使用单模光模块，但是要采用光纤适配器转换光纤类型。例如，通过使用光纤适配器，1000BASE-LX 单模光模块可以在多模光纤上运行。光纤适配器也可用于解决单模光模块和多模光模块之间的连接问题。

3. 单模光纤与多模光纤应该如何选择？在单模光纤和多模光纤的选择上，应根据实际传输距离和成本进行考虑。若传输距离为 300 米～400 米，可采用多模光纤，若传输距离达到数千米，则单模光纤是最佳选择。

任务 4　无线网络

一、无线网络

无线网络（Wireless Network），就是利用无线电波作为信息传输的媒介构成的无线局域网（WLAN）。无线网络与有线网络的用途十分类似，最大的不同在于传输媒介的不同，利用无线电技术取代网线，可以和有线网络互为备份。家里的 WiFi 就属于无线网络。

经常在买无线路由器或者是无线网络设备的时候都会听说 2.4G 和 5G，那么 2.4G 和 5G 指的是什么呢？

1. 2.4GHz 信道划分。现在主流的 2.4GHz 无线 WiFi 网络设备不管是 802.11b/g 还是 802.11b/g/n，一般都支持 13 个信道。他们的中心频率虽然不同，但是因为占据一定的频率范围，所以会有一些相互重叠的情况。如下图所示，2.4GHz 频带的信道划分，实际一共有 14 个信道，但第 14 个信道一般不采用，中国采用的是 2.412GHz～2.472GHz 的 13 个信道。

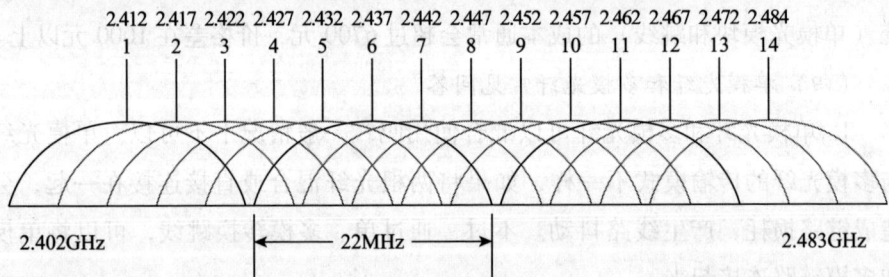

图 2-9　2.4GHz 频带

如上图所示，信道的划分也具有如下几个特点：每个信道的有效宽度是 20MHz；另外，还有 2MHZ 的强制隔离频带，类似于公路上的隔离带；除了上图所示的 1、6、11 三个一组互不干扰的信道外，还有 2、7、12，3、8、13，

4、9、14 三组互不干扰的信道。

2. 5GHz 信道划分。5GHz 频段被分为 24 个 20MHz 宽的信道，且每个信道都为独立信道。这为 5G WiFi 提供了丰富的信道资源。如果将两条或更多的相邻信道绑定为一条信道使用，就像将两股道路合并为一股道路，这显然能够承载更多的信息，从而成倍提高数据传输速率。图 2-10 中的半弧形虚线表示的就是绑定两条信道。在 5GHz 频段绑定两条信道（40MHz）或者四条信道（80MHz）是比较合理的选择。

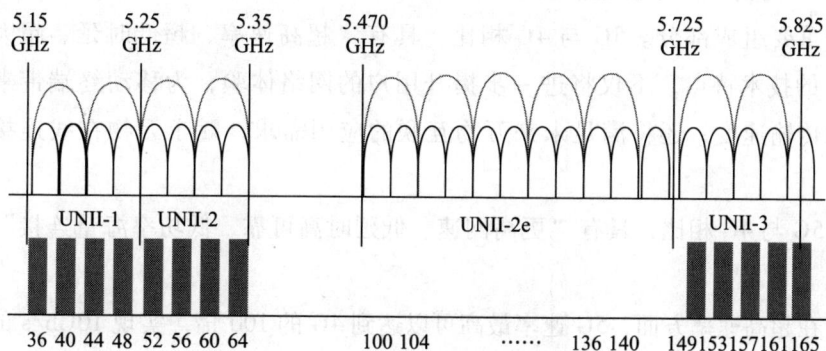

图 2-10 5GHz 频带

3. 无线 2.4G 和 5G 的区别。

（1）属性方面。所谓 5G 无线 WiFi，也可以称为 802.11ac，就是指第五代无线 WiFi 传输技术，并且运行在 5GHz 无线电波频段；2.4G 指的是 802.11n，由于是工作在 2.4GHz 的频段上，所以也被称为 2.4G WiFi。

（2）功能方面。2.4G 频段比较常见，一般手机和无线网卡都支持，虽然穿墙性好，不过易受干扰，传输的带宽比较低；5G 是近年兴起的 WiFi 频段，使用这个频段的设备较少，干扰也少，5G 属于高频信道频段，带宽大，稳定性好，接多个无线设备都不会出现信道拥挤外设掉线的情况，但是其穿墙性较差。

（3）设备方面。双频无线路由器是能够在 2.4G 和 5G 模式下同时工作的，但单频无线路由器只能在 2.4G 模式下工作。

二、运营商的5G网络

运营商的5G说的是第五代移动通信技术。G是Generation的意思，WiFi的5G是5GHz的意思，含义不一样。目前，世界各国都在发展5G通信，颇有"要想富，先修路"的意味。

4G改变生活，5G改变社会。5G可以提供更快的上传和下载速度，覆盖更广，连接也更多、更稳定。

5G是新一代移动通信技术发展的主要方向，是未来新一代信息基础设施的重要组成部分。5G与4G相比，具有"超高速率、超低时延、超大连接"的技术特点，不仅将进一步提升用户的网络体验，为移动终端带来更快的传输速度，还将满足未来万物互联的应用需求，赋予万物在线连接的能力。

5G与4G相比，具有"更高网速、低延时高可靠、低功率海量连接"的特点。

在超高速率方面，5G速率最高可以达到4G的100倍，实现10Gb/s的峰值速率，能够用手机很流畅地看4K、8K高清视频，急速畅玩360度全景VR游戏等。

在超低时延方面，5G的空口时延可以低到1毫秒，仅相当于4G的1/10，远高于人体的应激反应，可以广泛地应用于自动控制领域。

在超大连接方面，5G每平方公里可以有100万的连接数，与4G相比用户容量可以大大增加；除了手机终端的连接之外，还可以广泛地应用于物联网。

在升级后的产业环境下，新的应用、新的产业将产生萌芽。除此之外，制造业、医疗业、智慧城市、智慧体育、新媒体等各个行业，都将被技术推动而进行升级，进而催生出新的应用，甚至新的商业模式。

任务5　（实训三）网线的制作

一、工具

网钳、网线、水晶头、测试仪。

二、制作方法

剥开的网线要控制在3厘米左右，不宜过长或过短，这样方便做水晶头。

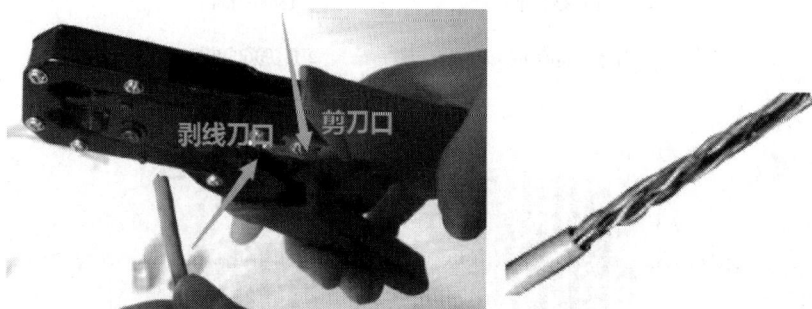

图2-11　网钳剥线

将4对线展开，排成一排，按照从左向右的顺序，以此为白橙、橙、白绿、蓝、白蓝、绿、白棕、棕，然后利用网钳的剪刀口将线剪齐。

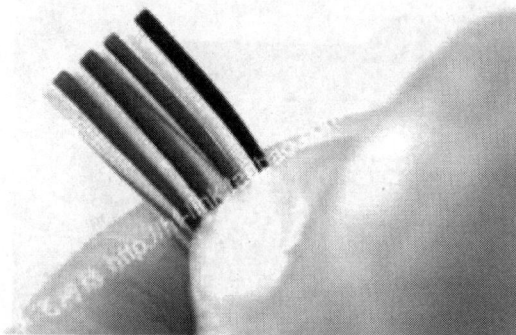

图2-12　剪线

拿线的手指不要动，将线插入水晶头，插入时保持水晶头的平面向上，弹片端向下，并且保证线已经插入水晶头顶部。

将水晶头放入网钳，压线。压线前确保网线在水晶头内没有移动，听到"咔"的一声，说明网线已经做好了。

将制作好的网线用测通仪测试一下，往往因为水晶头没有压好，或者网线间断不齐，或者网线插入水晶头时没插到底，导致网线是不通的。保险起见，还需测试一下。

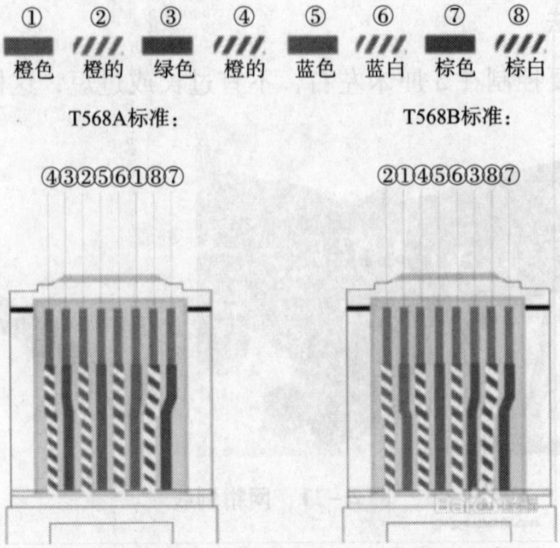

① ② ③ ④ ⑤ ⑥ ⑦ ⑧
橙色　橙的　绿色　橙的　蓝色　蓝白　棕色　棕白

T568A标准：　　　　　　　　　T568B标准：

④③②⑤⑥①⑧⑦　　　　　②①④⑤⑥③⑧⑦

图 2 - 13　线序说明

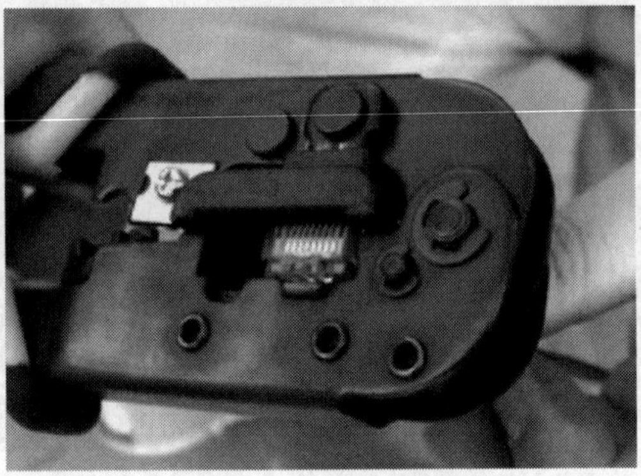

图 2 - 14　压制水晶头

图 2 - 15　测线仪

将网线的两头分别插入测线仪的两个网络接口，开启开关以后，测线仪两边带序号的灯依次闪过，两侧的顺序一致即可。网线如果单纯走网络信号，没有 POE 功能的话，仅仅 1、2、3、6 四根线没问题就能用。

三、寻线仪介绍

随着互联网数据通信量的飞速增长，数据中心或者说机房的作用就越来越重要，机房布线作为其中一个关键环节是管理员们需要耗费大量心力的地方。在实际布线过程中，一定要每根线都打好标签，不然交换机的多根网线就无法分清作用。在平时的使用过程中，养成良好的习惯，每次线路变动，一定要按照规范的布线标准走线。

图 2－16　规范布线

然而，有些机房布线的杂乱却让人瞠目结舌，下面的图片展示了糟糕的机房布线。

图 2－17　不规范布线

这种情况下，如何寻找一根网线已经成为一种艰难的任务。当我们知道了某根网线的大致起始位置的时候，有一种设备可以帮我们完成任务，这就是寻线仪。寻线仪可以迅速高效地从大量的线束线缆中找到所需线缆，是网络线缆、通讯线缆、各种金属线路施工工程和日常维护过程中查找线缆的必备工具。寻线仪由主测试器、接收器两部分组成。

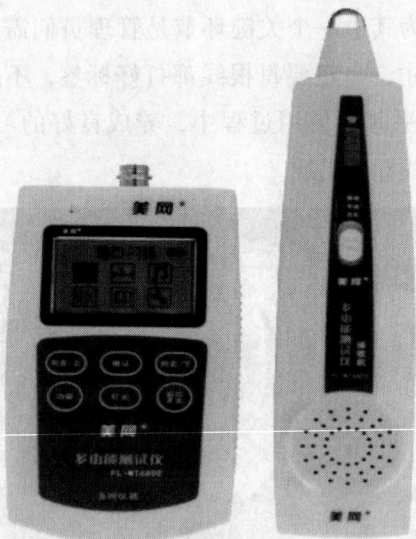

图 2-18　寻线仪

寻线的时候，将需寻线线路的一端接入发射器的端口（可插 RJ45 和 RJ11 端头，或通过鳄鱼嘴夹接无端头的金属线缆上），将发射器调到"寻线"位置，寻线指示 LED 灯亮起。打开接收器的电源开关、电源指示 LED 灯亮起。在待寻线路的另一端，打开接收器的电源开关、电源指示 LED 灯亮起后，用探测金属头侦听众多无端头的线缆或线芯（无需剥线皮、无需接触上、只需靠近即可），接收器会发出"嘟嘟"的声音。声音最大、最清晰的既是要寻找的目标线。在环境噪音较大情况下避免声音影响他人时，可戴上耳机侦听，同时可调节音量大小至最舒适的位置。

寻线仪另外一个重要的功能就是测线长度。有时候某根线不通，而两边水晶头均没有问题，此时不排除网线中间有断的地方，所以测线长度就是一种很好的排除方法。

VPN 技术

一、什么是 VPN

一个技术的出现一般是由某种需求触发的。那么，为什么会出现 VPN 技术呢？VPN 技术解决了什么问题呢？

在没有 VPN 之前，企业的总部和分部之间的互通都是采用运营商的 Internet 进行通信，Internet 中往往是不安全的，通信的内容可能被窃取、修改等，从而造成安全事件。

那么，有没有一种技术既能实现总部和分部间的互通，也能够保证数据传输的安全性呢？

一开始大家想到的是专线，在总部和分部拉条专线，只传输自己的业务，但是，这个专线的费用确不是一般公司能够承受的，而且维护也很困难。

那么，有没有成本也比较低的方案呢？

有，那就是 VPN。VPN 通过在现有的 Internet 网中构建专用的虚拟网络，实现企业总部和分部的通信，解决了互通、安全、成本的问题。

二、VPN 技术介绍

VPN 即虚拟专用网，指通过 VPN 技术在公有网络中构建专用的虚拟网络。

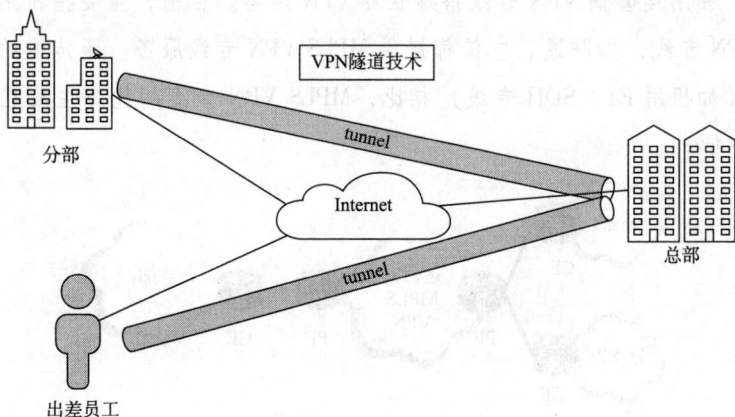

图 2-19　VPN 隧道技术

用户在此虚拟网络中传输流量，从而在 Internet 网络中实现安全、可靠的连接。

1. 专用。VPN 虚拟网络只提供给特定用户使用。允许用户通过公共网络访问组织的专用网络。

2. 虚拟。相对于公有网络而言，VPN 网络是虚拟的，是逻辑意义上的一个专网。

3. VPN 的优势。

（1）安全。在远端用户、驻外机构、合作伙伴、供应商与公司总部之间建立可靠的连接，保证数据传输的安全性。这对于实现电子商务或金融网络与通讯网络的融合特别重要。

（2）成本低。利用公共网络进行信息通讯，企业可以用更低的成本连接远程办事机构、出差人员和业务伙伴。

（3）支持移动业务。支持出差 VPN 用户在任何时间、任何地点的移动接入，能够满足不断增长的移动业务需求。

（4）可扩展性。由于 VPN 为逻辑上的网络，物理网络中增加或修改节点，不影响 VPN 的部署。

三、VPN 分类

1. 根据建设单位不同分类。

（1）租用运营商 VPN 专线搭建企业 VPN 网络。目前，主要指租用运营商 MPLS VPN 专线，如联通、电信都提供 MPLS VPN 专线服务。跟传统的租用传输专线（如租用 E1、SDH 专线）相比，MPLS VPN 专线的优势主要在于线路租用成本低。

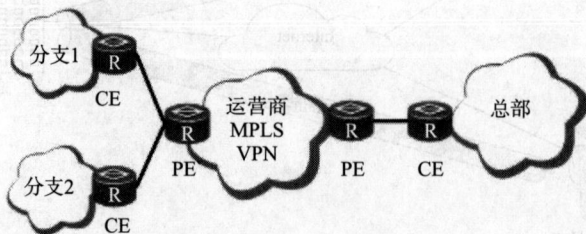

图 2-20　MPLS VPN

（2）用户自建企业 VPN 网络。目前，最常用的技术就是基于 Internet 建立企业 VPN 网络，具体技术包括 GRE、L2TP、IPSec、SSL VPN 等。这种方案中企业只需要支付设备购买费用和上网费用，没有 VPN 专线租用费用；另外，企业在网络控制方面享有更多的主动权，更方便企业进行网络调整。

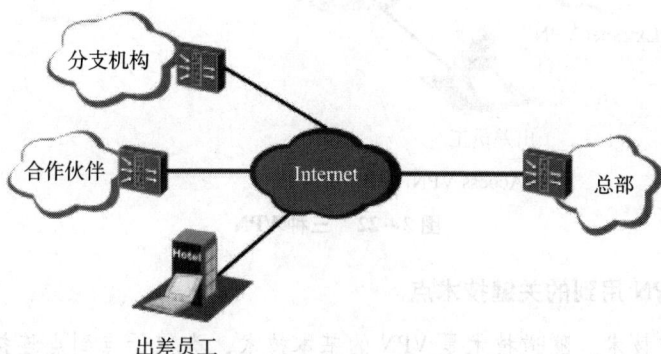

图 2 - 21 自建企业 VPN 网络

2. 根据组网方式不同分类。

（1）远程访问 VPN（Access VPN）。它适合出差员工 VPN 拨号接入的场景。员工可以在任何能够接入公网的地方，通过远程拨号接入企业内网，从而访问内网资源。

（2）局域网到局域网的 VPN（也称为网关到网关的 VPN）。它适用于公司两个异地机构的局域网互连。

3. 根据应用场景不同分类。这主要包括：

（1）Access VPN（接入 VPN）。Access VPN 面向出差员工。允许出差员工跨越公用网络远程接入公司内部网络。

（2）Intranet VPN（内部 VPN）。Intranet VPN 通过公用网络进行企业内部各个网络的互连。

（3）Extranet VPN（扩展 VPN）。Extranet VPN 是指利用 VPN 将企业网延伸至合作伙伴处，使不同企业通过公网来构筑 VPN。Intranet VPN 和 Extranet VPN 的不同点主要在于访问公司总部网络资源的权限有区别。

Intranet VPN

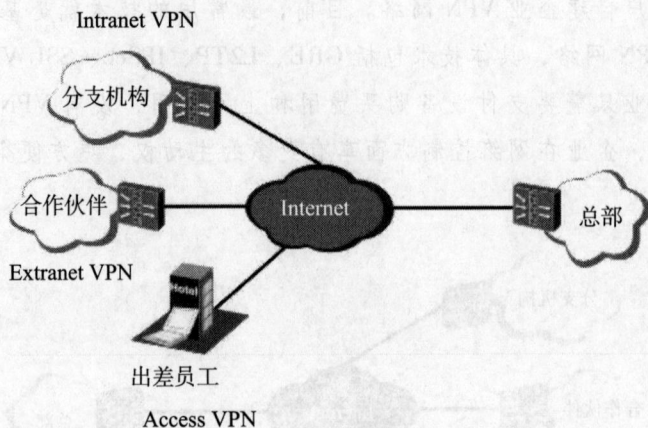

图 2 – 22　三种 VPN

四、VPN 用到的关键技术点

1. 隧道技术。隧道技术是 VPN 的基本技术，类似于点到点连接技术。它的基本过程就是在数据进入源 VPN 网关后，将数据"封装"后通过公网传输到目的 VPN 网关后再对数据"解封装"。"封装/解封装"过程本身就可以为原始报文提供安全防护功能，所以被封装的数据包在互联网上传递时所经过的逻辑路径被称为"隧道"。不同的 VPN 技术封装/解封装的过程完全不同，具体封装过程会在每个协议中详细介绍。

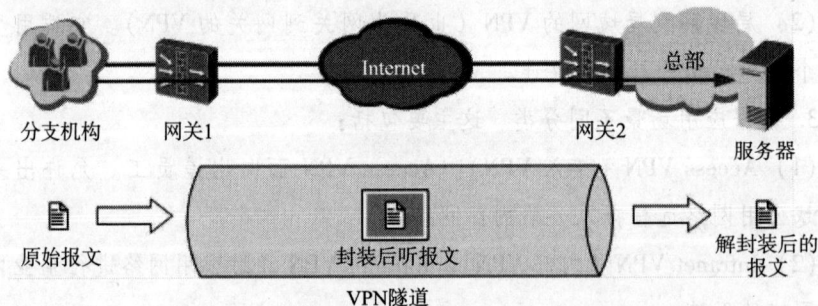

图 2 – 23　隧道技术

2. 身份认证技术。这主要用于移动办公的用户远程接入。通过对用户的身份进行认证，确保接入内部网络的用户是合法用户，而非恶意用户。

不同的 VPN 技术能提供的用户身份认证方法不同：

（1）GRE 不支持身份认证技术。

（2）L2TP 依赖 PPP 提供的认证（如 CHAP、PAP、EAP）。接入用户的用户名和密码本地认证也可以通过 RADIUS 服务器认证。认证通过以后再给用户分配内部的 IP 地址，通过此 IP 地址对用户进行授权和管理。

（3）IPSec 通过 IKEv2 拨号时，支持进行 EAP 认证。接入用户的用户名和密码可以本地认证，也可以通过 RADIUS 服务器认证。认证通过以后再给用户分配内部的 IP 地址，通过此 IP 地址对用户进行授权和管理。另外，IPSec 还支持数据源认证，在下面的数据验证技术里进行说明。

（4）SSL VPN 支持本地认证、证书认证和服务器认证，主要是对服务器进行身份认证，确认 Web 网页的合法性。

3. 加密技术。加密技术就是把能读懂的报文变成无法读懂的报文，也就是把明文变成密文，这样即便有黑客获取了报文也无法知道其真实含义。加密对象有数据报文和协议报文之分，能够实现协议报文和数据报文都加密的协议安全系数更高。

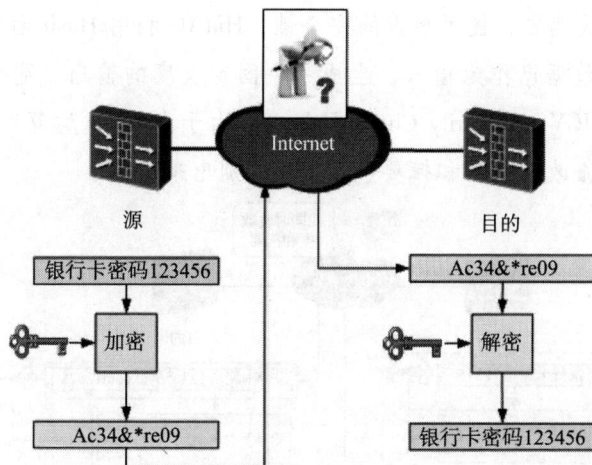

图 2-24 加密技术

（1）GRE 和 L2TP 协议本身不提供加密技术，所以通常结合 IPSec 协议一起使用，并使用 IPSec 的加密技术。

（2）IPSec 支持数据报文和协议报文加密。IPSec 一般采用对称密钥算法加密数据。对称加密算法采用相同的密钥加密和解密数据。

（3）SSL VPN 支持数据报文和协议报文加密。SSL VPN 采用公钥体制进行加密。公钥体制加密跟对称密钥加密的差别在于，加密和解密所用的密钥是不同的密钥。采用公钥进行加密，私钥进行解密，公钥和私钥一一对应。

4. 数据验证技术。数据验证技术就是对收到的报文进行验货，对于伪造的、被篡改的数据进行丢弃。那么验证是如何实现的呢？它采用一种称为"摘要"的技术。"摘要"技术主要采用 Hash 函数将一段长的报文通过函数变换，映射为一段短的报文。在收发两端都对报文进行验证，只有摘要一致的报文才被认可。

（1）GRE 本身只提供简单的校验、验证和关键字验证，但可结合 IPSec 协议一起使用，使用 IPSec 的数据验证技术。

（2）L2TP 本身不提供数据验证技术，但可结合 IPSec 协议一起使用，使用 IPSec 的数据验证技术。

（3）IPSec 支持对数据进行完整性验证和数据源验证。在 IPSec 中验证和加密通常一起使用，对加密后的报文 HMAC（Keyed-Hash Message Authentication Code）生成摘要，提供数据的安全性。HMAC 利用 Hash 函数，以一个对称密钥和一个数据包作为输入，生成一个固定长度的输出，这个输出被称为完整性校验值 ICV（Integrity Check Value）。由于在 Hash 运算时包含了密钥，即使用户同时修改了数据和摘要也可以被识别出来。

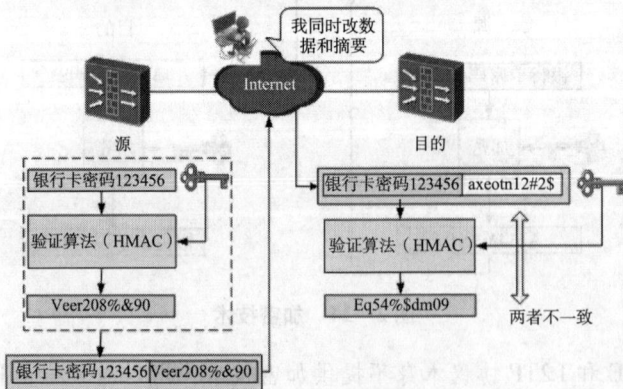

图 2-25　IPSec 验证

（4）SSL VPN 支持对数据进行完整性验证和数据源验证。SSL VPN 采用公钥体制，利用 Hash 算法生成摘要，再用私钥加密摘要，生成数字签名。利用公钥进行解密。利用公钥和私钥一一对应的关系可以对数据源进行认证。

拓展 **学习 2**

星链计划

星链（Starlink）是太空服务公司 SpaceX 计划推出的一项通过近地轨道卫星群，提供覆盖全球的高速互联网接入服务。截至 2022 年 7 月 23 日，星链服务已在 36 个国家和地区使用。

2015 年，SpaceX 首席执行官埃隆·马斯克在西雅图宣布推出一项太空高速互联网计划——星链计划。星链计划中，马斯克最终希望在近地轨道上部署多达 42 000 颗卫星，为全球尤其是偏远地区提供低成本的互联网覆盖。近地轨道，简称 LEO，是指离地面高度比较低的轨道，它并没有严格的定义。一般认为，2000 公里以下的都叫近地轨道。由于离地面比较近、上下方便，所以一般空间站、通信卫星都会采用近地轨道。比如，国际空间站就在距离地面 319.6 公里 ~ 346.9 公里的轨道上运行，而我国的天宫空间站的天和核心舱目前在大约 396 公里的轨道上。

借由远超过传统卫星互联网的性能，以及不受地面基础设施限制的全球网路，星链可以为网络服务不可靠、费用昂贵或完全没有网络的地方提供高速互联网服务。星链计划的宗旨是开发出"全球卫星互联网系统"，并能运用在如火星等环境上，以便在太阳系内部署通信基础建设。

根据 SpaceX 的计划以及美国联邦通信委员会（FCC）的批准，星链计划初期会在 550 公里的近地轨道上部署 1600 颗卫星，在 1110 公里的近地轨道上部署 2814 颗卫星，但是后来 SpaceX 提出了修改申请，将全部卫星都改为在 540 公里 ~ 570 公里的近地轨道运行。对此，FCC 不顾亚马逊及其他 SpaceX 的竞争对手的反对，最终批准了这项计划。

2018 年 2 月 22 日，SpaceX 在美国加州范登堡空军基地成功发射了一枚猎鹰 9 号运载火箭，并将两颗小型实验通信卫星送入轨道，星链计划由此开启。

2019年10月22日，马斯克成功通过星链发送推特，并表示星链已能提供天基互联网服务。星链计划的目标是到2020年为美国北部和加拿大提供服务，到2021年将其服务范围扩大到接近全球。截至2022年1月，星链计划已发射2042颗卫星，其中在轨卫星数量为1495颗。同时，SpaceX还提出了第二代星链计划，该计划将依托星舰发射并构成数量达29 988颗卫星的卫星星座。

2021年8月，SpaceX向FCC提交申请，以获得在汽车、卡车、飞机、船舶等移动载具上部署星链网络的授权。2022年3月，马斯克表示星链支持了移动漫游，用户可以通过汽车点烟器为星链设备供电，并在移动车辆上保持信号。2022年4月25日，夏威夷航空公司宣布自己是首家与星链达成协议的主要航空公司，并预计于2023年为空客A330和A321neo飞机以及未来的波音787-9机队安装星链硬件设备，为顾客提供免费的星链上网服务。

2022年6月30日，FCC批准并授权了SpaceX的这一系列申请。2022年7月，SpaceX开始推广用于海上船舶使用的可为客户提供350 Mbps下行速度的Starlink Maritime服务，同时，星链表示该服务将于2023年第一个季度时覆盖全球的海洋区域。从长远来看，SpaceX打算开发和部署相同版本的卫星通信系统以供火星使用。

星链的发展也带来了巨大的争议：

1. 光污染问题。因担心光污染，天文学界对计划中的大量卫星提出了批评。天文学家称，可见卫星的数量将超过可见星的数量，并且它们在光学和无线电波长上的亮度都会严重影响科学观测。由于星链卫星可以自主改变其轨道，无法安排观测时间来避开它们。国际天文学联合会（IAU）和国家射电天文台（NRAO）发表了正式声明，对此事表示关注。

SpaceX代表和马斯克称，卫星将产生最小的影响。许多专业天文学家对Starlink v0.9卫星首次发射后（从运载火箭上部署后不久）进行了初步观察并提出了异议。马斯克在后来于Twitter上的声明中表示，SpaceX将致力于减少卫星的反照率，并在必要时为天文实验提供按需卫星调整方向。迄今为止，只有一颗星链卫星（编号1130-Darksat）有减少其反照率的实验涂层，但减小的幅度非常微小，g频谱的星等仅减小了0.8等，这对于天文学家来说是远远不够的。

2. 垃圾与碰撞。人们担忧，数千颗轨道上的卫星有变成垃圾的危险。SpaceX 通过降低计划中的卫星轨道，部分缓解了人们的担忧，失效的卫星计划在几年内脱离轨道。尽管马斯克愿意按需调整卫星方向，但从 SpaceX 在计划早期并未移动几乎快与欧洲卫星相撞的卫星来看，碰撞的风险仍不可忽略。

思考与练习

1. 为什么要引入网络参考模型，OSI 模型与 TCP/IP 模型的主要区别是什么？

2. 双绞线中五类线与六类线的主要区别是什么？

3. 单模光纤与多模光纤的主要区别是什么？

4. 无线 2.4G 和 5G 有什么区别？

5. 什么是 VPN 技术？为什么需要引入 VPN 技术？

项目二　网络设备的识别

学习目标

知识目标：了解防火墙的基本分类，了解交换机和路由器在网络中的作用。

能力目标：具备配置 Windows 个人防火墙的能力，可以对家庭无线网络进行配置与安全优化。

素质目标：培养学生热爱网络技术工作的意识，为更好地学习网络知识打下良好的基础。

知识树

任务1　防火墙

防火墙的英文名为"Firewall"，它是一种最重要的网络防护设备。从专业角度讲，防火墙是位于两个（或多个）网络间，实施网络之间访问控制的一组组件集合。防火墙的本义是指古代构筑和使用木质结构房屋的时候，为防止火灾的发生和蔓延，人们将坚固的石块堆砌在房屋周围作为屏障，这种防护构筑物就被称为"防火墙"。而与防火墙一起起作用的就是"门"，如果没有门，各房间的人如何沟通呢？这些房间的人又如何进去呢？当火灾发生时，这些人又如何逃离现场呢？这个门就相当于防火墙的"安全策略"。所以，我们所说的防火墙实际并不是一堵实心墙，而是带有一些小孔的墙。这些小孔就是用来留给那些允许行进的通信来通过，这些小孔中安装了过滤机制，以实现"单向导通性"。

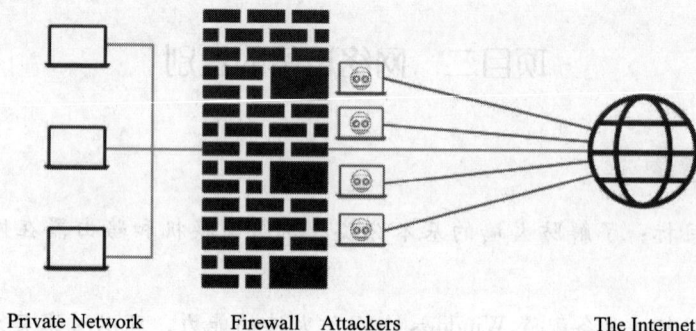

Private Network　　　Firewall　Attackers　　　　　The Internet

图2－26　防火墙功能

我们通常所说的网络防火墙是借鉴了古代真正用于防火的防火墙的喻义，它指的是隔离在本地网络与外界网络之间的一道防御系统。防火墙可以使企业内部局域网（LAN）与 Internet 之间或者与其他外部网络互相隔离、限制网络互访，以保护内部网络。

一、防火墙的类型

（一）按使用类型分类

1. 软件防火墙。软件防火墙可分为个人防火墙和网关防火墙。

（1）个人防火墙。个人防火墙运行在 PC 上，用于监控 PC 和外网的通信信息。

（2）网关防火墙。在网络中的网关上配置防火墙的功能，监控网络中所有终端的通信流量，以便对网络中的流量进行策略控制，这就是网关防火墙。网关防火墙分为两种，一种是在 Windows、Linux 等操作系统上安装并运行防火墙软件的软件网关防火墙，另一种是使用专用设备的硬件网关防火墙。

表 2-2 个人防火墙和网关防火墙区别

区别	个人防火墙	网关防火墙
安装位置	用户的 PC 上	Windows 或 Linux 等服务器上
网络中的位置	终端	网关
安全监控对象	流入终端的流量	经过网关的流量
加密通信	在终端上解密后检查	不能检查
压缩文件检查	解压后检查	对解压方式、解压基本有限制
口令文件检查	输入口令后解压检查	不能检查

2. 硬件防火墙。通过硬件设备发挥作用的防火墙叫作硬件防火墙，它的外形跟路由器相似，接口类型通常有千兆网口、万兆光口。

（二）按技术分类

1. 包过滤防火墙。包过滤防火墙的工作原理：采用这种技术的防火墙产品，通过在网络中的适当位置对数据包进行过滤，根据检查数据流中每个数据包的源地址、目的地址、所有的 TCP 端口号和 TCP 链路状态等要素，然后依据一组预定义的规则，允许合乎逻辑的数据包通过防火墙进入内部网络，而将不合乎逻辑的数据包加以删除。

包过滤防火墙主要的优点是：价格比较低、对用户透明、对网络性能的影响很小、速度快、易于维护。

但它也有一些缺点：包过滤配置起来比较复杂；对 IP 欺骗式攻击比较敏感；没有用户的使用记录，这样就不能从访问记录中发现黑客的攻击记录。而攻击一个单纯的包过滤式的防火墙对黑客来说是比较容易的。

2. 代理服务器防火墙。代理服务器防火墙的工作原理：代理服务器运行在两个网络之间，它对于客户来说像是一台真的服务器一样，而对于外界的服务器来说，它又是一台客户机。当代理服务器接收到用户的请求后，会检查用户请求道站点是否符合公司的要求，如果公司允许用户访问该站点的话，代理服务器会像一个客户一样，去那个站点取回所需信息再转发给客户。

代理服务器防火墙的优点：可以将被保护的网络内部结构屏蔽起来，增强网络的安全性；可用于实施较强的数据流监控、过滤、记录和报告等。

代理服务器防火墙的缺点：使访问速度变慢，因为它不允许用户直接访问网络；应用级网关需要针对每一个特定的 Internet 服务安装相应的代理服务器软件，这会带来兼容性问题。

3. 状态检测防火墙。状态检测防火墙的工作原理：这种防火墙的安全特性较好，它采用了一个在网关上执行网络安全策略的软件引擎，即检测模块。检测模块在不影响网络正常工作的前提下，采用抽取相关数据的方法对网络通信的隔层实施检测，并动态地将检测结果保存起来作为以后指定安全决策的参考。

状态检测防火墙的优点：检测模块支持多种协议和应用程序，并可以很容易地实现应用和服务的扩充；它会检测 RPC 和 UDP 之类的端口信息，而包过滤防火墙和代理服务器防火墙都不支持此类端口；防范攻击较坚固。

状态检测防火墙的缺点：配置非常复杂、会降低网络的速度。

二、下一代防火墙（NGFW）

下一代防火墙不仅具有传统防火墙的功能，也采用了许多附加功能来解决 OSI 模型其他层上的威胁。下一代防火墙特有的功能包括：

深度数据包检测（DPI）：下一代防火墙对数据包执行比传统防火墙更深入的检测。这种深度检查可以查看数据包有效载荷以及数据包正在访问哪个应用程序等内容，还可以允许防火墙强制执行更细粒度的过滤规则。

应用程序感知：启用此功能可使防火墙知道哪些应用程序正在运行以及这些应用程序正在使用哪些端口。这可以防止某些类型的恶意软件突然终止正在运行的进程然后接管其端口。

身份感知：防火墙利用客户机侦测功能或者 AD 安全事件日志，实现用户身份感知。

沙盒：防火墙可以隔离与传入数据包相关的代码片段，并在沙盒环境中执行它们，以确保它们没有恶意行为。在决定是否让数据包进入网络时，这个沙盒测试结果可以作为评判标准。

三、防火墙可防范的威胁

防火墙能够防范的威胁如下：

窃听：通过窃听网络数据获取银行卡号、密码等重要信息。

篡改：恶意修改网站主页、邮件等通信内容。

破坏：通过电脑病毒或 DoS 攻击等破坏系统的正常工作。

冒充：冒充他人发送邮件，对接收方进行钓鱼、诈骗等行为。

信息泄露：泄露电脑或服务器上的重要信息或文档。

攻击跳板：作为病毒或 DoS 攻击的跳板。

垃圾邮件：以营利为目的发送大量邮件。

四、防火墙的功能

防火墙对流经它的网络通信进行扫描，这样能够过滤掉一些攻击。防火墙还可以关闭不使用的端口，而且它还能禁止特定端口的流出通信，封锁特洛伊木马。最后，它可以禁止特殊站点的访问，从而阻拦来自不明入侵者的所有通信。

1. 网络安全的屏障。防火墙（作为阻塞点、控制点）能极大地提高一个内部网络的安全性，并通过过滤不安全的服务而降低网络被攻击的风险。正是由于只有经过精心选择的应用协议才能通过防火墙，所以网络环境变得更安全。例如，防火墙可以通过禁止不安全的 NFS 协议进出受保护网络，以防止外部的攻击者利用这些脆弱的协议来攻击内部网络。防火墙还可以保护网络免受基于路由的攻击。例如，IP 选项中的源路由攻击和 ICMP 重定向中的重定向路径都可以被防火墙拒绝并通知防火墙管理员。

2. 强化网络安全策略。通过以防火墙为中心的安全方案配置，能将所有安全软件（如口令、加密、身份认证、审计等）配置在防火墙上。与将网络安全问题分散到各个主机上相比，防火墙的集中安全管理更经济。例如，在访问网络时，一次一密口令系统和其他的身份认证系统完全可以不必分散在各个主机上，而是全部集中在防火墙上。

3. 监控审计。如果所有的访问都经过防火墙，那么防火墙就能记录下这些访问并作出日志记录，同时也能提供网络使用情况的统计数据。当发生可疑动作时，防火墙能进行适当的报警，并提供网络是否受到监测和攻击的详细信息。另外，收集一个网络的使用和误用情况也是非常重要的。理由是：首先，这样做可以清楚防火墙是否能够抵挡得住攻击者的探测和攻击，并且清楚防火墙的控制是否充足；其次，这样做对网络需求分析和威胁分析等而言也是非常重要的。

4. 防止内部信息的外泄。通过利用防火墙对内部网络的划分，可实现内部网重点网段的隔离，从而限制了局部重点或敏感网络安全问题对全局网络造成的影响。此外，隐私是内部网络非常关心的问题，一个内部网络中不引人注意的细节可能包含了有关安全的线索从而引起外部攻击者的兴趣，甚至因此而暴露了内部网络的某些安全漏洞。使用防火墙就可以隐藏那些容易暴露内部细节的服务，如 Finger、DNS 等。Finger 显示了主机的所有用户的注册名、真名，最后登录时间和使用 shell 类型等，但是 Finger 显示的信息非常容易被攻击者所获悉。

攻击者可以知道一个系统使用的频繁程度，这个系统是否有用户正在连线上网，这个系统是否在被攻击时引起注意，等等。防火墙可以同样阻塞有关内部网络中的 DNS 信息，这样一台主机的域名和 IP 地址就不会被外界所了解。

5. 日志记录与事件通知。进出网络的数据都必须经过防火墙，防火墙通过日志对其进行记录，并且能提供网络使用的详细统计信息。当发生可疑事件时，防火墙还能根据机制进行报警和通知，提供网络是否受到威胁的信息。

任务 2　交换机

交换机（Switch）意为"开关"，是一种用于电（光）信号转发的网络设备，它可以为接入交换机的任意两个网络节点提供独享的电信号通路。最常见的交换机是以太网交换机，其他常见的还有电话语音交换机、光纤交换机等。

如果把网络布线系统比喻为一条条宽阔的道路，那么，网络交换机就像是一座座立交桥，将通往各个方向的道路汇聚、连接在一起，实现彼此之间的互连互通。

一、交换机的工作原理

（一）交换机的作用

1. 连接多个以太网物理段，隔离冲突域；

2. 对以太网帧进行高速而透明的交换转发；

3. 自行学习和维护 MAC 地址信息。

交换机工作在数据链路层，在 OSI 模型中，数据链路层的作用是寻址，这里寻址指的是 MAC 地址，而交换机就是对 MAC 地址进行转发。在每个交换机中都有一张 MAC 地址表，这个表是交换机自动学习获得的，所以总的来说，交换机的作用是寻址和转发。这里需要注意的是，寻址和转发都是 MAC 地址，跟路由器不同，路由器寻址寻的是 IP 地址，而交换机是 MAC 地址。

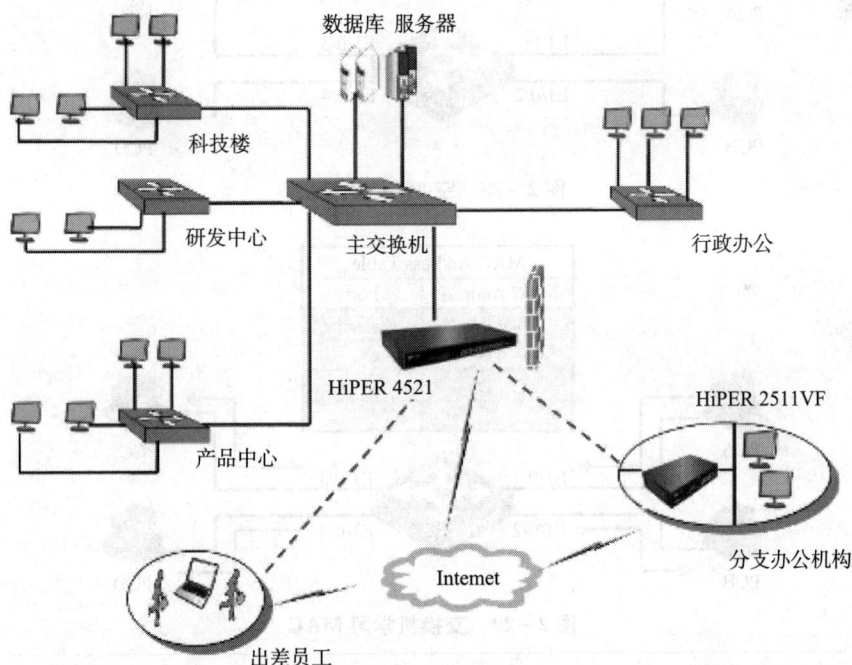

图 2-27 网络拓扑

（二）交换机的特点

1. 主要工作在 OSI 模型的物理层、数据链路层；

2. 提供以太网间的透明桥接和交换；

3. 依据链路层的 MAC 地址，将以太网数据帧在端口间进行转发。

（三）交换机 MAC 地址表转发过程

1. MAC 地址表初始化。交换机刚启动时，MAC 地址表中无表项。图 2-28 中的交换机就是刚刚启动时的 MAC 地址表。可以看出，MAC 地址表中并没有任何的表项，当接入 PC 的时候，交换机开始学习 MAC 地址，参见图 2-29。

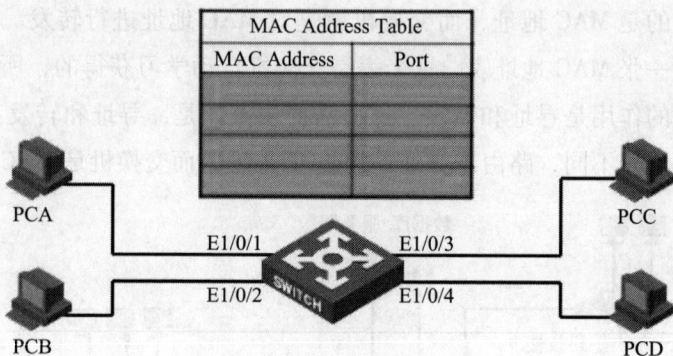

图 2-28　空 MAC 地址表

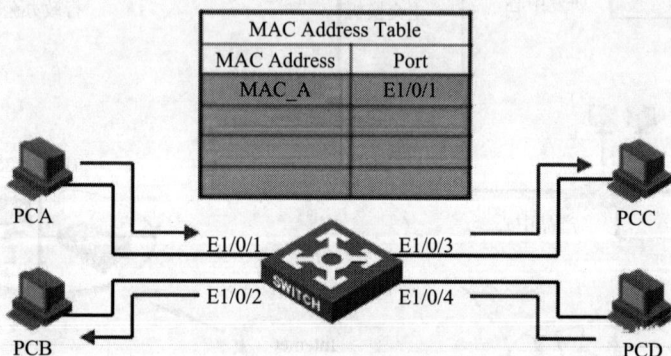

图 2-29　交换机学习 MAC

2. MAC 地址表学习过程：

（1）PCA 发出数据帧。交换机把 PCA 的帧中的源地址 MAC_A 与接收到此帧的端口 E1/0/1 关联起来。交换机把 PCA 的帧从所有其他端口发送出去

（除了接收到帧的端口 E1/0/1）。

（2）PCB、PCC、PCD 发出数据帧，交换机会把接收到的帧中的源地址与相应的端口关联起来。至此，交换机的 MAC 地址表学习完成，开始进行数据的转发。

（四）交换机对数据帧的转发与过滤

1. 单播帧的转发过程如下：PCA 发出目的到 PCD 的单播数据帧。交换机根据帧中的目的地址，从相应的端口 E1/0/4 发送出去。交换机不在其他端口上转发此单播数据帧。

2. 广播、组播和未知单播帧的转发过程如下：交换机会把广播、组播和未知单播帧从所有其他端口发送出去（除了接收到帧的端口）。

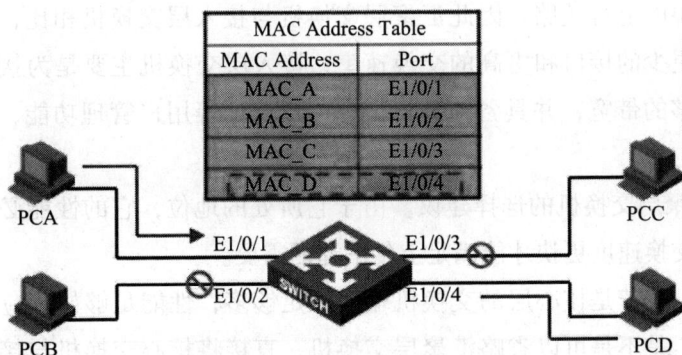

MAC Address Table	
MAC Address	Port
MAC_A	E1/0/1
MAC_B	E1/0/2
MAC_C	E1/0/3
MAC_D	E1/0/4

图 2-30 转发单播帧

二、交换的分类

交换机种类繁多，不同种类的交换机性能各异。我们在选择前就需要知道自己需要的种类，交换机可以从不同的方式进行分类。那么，交换机如何进行分类呢？

交换机有很多叫法，现在常见的是按照网络构成划分成三级，常见的有接入层交换机、汇聚层交换机、核心层交换机，接下来我们重点分析一下这三种类型的交换机该如何选择。

（一）接入层交换机

1. 接入层交换机的特点。接入层交换机主要是解决相邻用户之间的访问需求，我们办公常常用到的共享地址就是接入层交换机的功劳，这使得在同一局域网内的用户可以访问指定路径下的文件，大大方便了日常工作。同时，在一些大型的网络中，接入层交换机还具有用户管理和用户信息收集的功能，如用户认证、识别 IP 等。

2. 接入层交换机选择建议。接入层交换机的需求量是最大的，在终端连接的交换机需要满足多端口低成本的特性，因此主要考虑性价比因素，在功能上要求不是很高。

（二）汇聚交换机

1. 汇聚层交换机的特点。汇聚层交换机从名字上看就知道其是多台接入层交换机的汇聚点，它必须能够处理来自接入层设备的所有通信量，并提供通往核心层的上行链路，因此汇聚层交换机与接入层交换机相比，需要更高的性能、更少的接口和更高的交换速率；接入层交换机主要是为接入层的访问提供足够的带宽，并具备地址认证、用户认证等用户管理功能，以及用户信息收集工作。

2. 汇聚层交换机的选择建议。由于它所处的地位，它的性能必须比接入层更高、交换速度更快才能满足上传下递的需要。

那么，倘若是核心层的交换机端口数足够多，性能足够好，应用环境传输距离近，是不是可以省略汇聚层交换机，直接将核心交换机与接入层交换机连接？

答案是肯定的，就像有些小公司只有经理一人有领导权一样，其他人都是平起平坐。这样的话，可以省去很多中间成本，而且网络线路检查维护起来也更方便。

（三）核心交换机

1. 核心层交换机的特点。核心层交换机需要满足的条件相较上述交换机就更多了，作为骨干传输网络，核心层交换机需要具备高可靠性、高效性、可管理性、低延时性等。

2. 核心层交换机的选择建议。选择核心交换机应重点比较交换机的吞吐量、带宽等因素，选择千兆甚至万兆以上的可管理交换机。因此，主要考虑性价比因素，在功能上要求不是很高。

三、VLAN 技术介绍

(一) VLAN 技术

以太网是一种基于载波侦听多路访问/冲突检测（Carrier Sense Multiple Access/Collision Detection，CSMA/CD）的共享通讯介质的数据网络通讯技术，当主机数目较多时，会导致冲突严重、广播泛滥、性能显著下降甚至使网络不可用等问题。通过交换机实现 LAN 互联虽然可以解决冲突（Collision）严重的问题，但仍然不能隔离广播报文。在这种情况下出现了虚拟局域网（Virtual Local Area Network，VLAN）技术，这种技术可以把一个 LAN 划分成多个逻辑的 VLAN，每个 VLAN 是一个广播域，VLAN 内的主机间通信就和在一个 LAN 内一样，但 VLAN 间则不能直接互通，因此，广播报文会被限制在一个 VLAN 内，如图 2－31 所示。

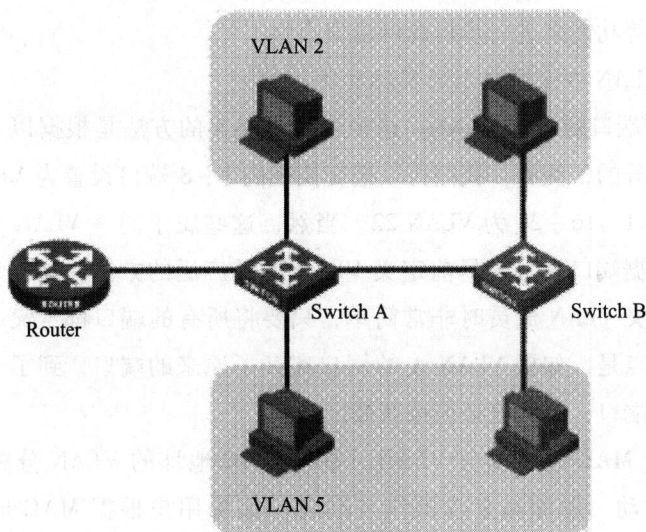

图 2－31　VLAN 示意图

VLAN 的划分不受物理位置的限制。不在同一物理位置范围的主机可以属于同一个 VLAN；一个 VLAN 包含的用户可以连接在同一个交换机上，也可以跨越交换机，甚至可以跨越路由器。

（二）VLAN 的主要功能

1. 广播抑制功能。为了防止大量用户发送消息时形成广播风暴，避免造成整个网络性能下降甚至瘫痪，虚拟网技术将广播域按需要分成更小的、各自独立的 VLAN。这样能够使网络中的广播包在消耗带宽中所占的比例大大降低，从而使网络性能得到显著提高。

2. 动态网络功能。在虚拟环境下，某一个 VLAN 成员与该 VLAN 仅仅是逻辑上的关系，而与地理位置无关。因此，可以很方便地加入或撤除 VLAN，克服了使用传统路由器隔离广播信息的方法所带来的问题。

3. 网络安全功能。根据安全需要，虚拟技术可以将不同层次的用户群划分为不同的 VLAN，对不同用户之间的通信进行限制。虚拟网之间的通信是通过路由技术实现的，它能够使双方不知道彼此具体的 MAC 地址，从而消除通信双方直接连接的可能性，使网络安全性得到很大提高，还可以通过路由技术的包过滤等功能来进一步提高网络安全性。

（三）VLAN 在交换机上的实现方法

1. 基于端口划分的 VLAN。这种划分 VLAN 的方法是根据以太网交换机的端口来划分的，例如，我们可以把交换机的 1~8 端口设置为 VLAN 4，9~15 为 VLAN11，16~24 为 VLAN 22。当然，这些属于同一 VLAN 的端口可以不连续。根据端口划分是目前定义 VLAN 的最广泛的方法。这种划分方法的优点是，定义 VLAN 成员时非常简单，只要将所有的端口都定义一下就可以了。它的缺点是，如果 VLAN A 的用户离开了原来的端口，到了一个新的交换机的某个端口，那么就必须重新被定义。

2. 基于 MAC 地址划分 VLAN。基于 MAC 地址的 VLAN 分配方案确实可使某些移动、添加和更改操作自动化。如果用户根据 MAC 地址被分配到一个 VLAN 或多个 VLAN，他们的计算机可以连接交换网络的任何一个端口，所有通信量均能正确无误地到达目的地。显然，管理员要进行 VLAN 初始分配，但用户移动到不同的物理连接不需要在管理控制台进行人工干预。例如，有很多移动用户的站，他们并非总是连接同一端口，或许因为办公室都是临时性的，采用基于 MAC 地址的 VLAN 可避免很多麻烦。

3. 基于网络层划分 VLAN。这种划分 VLAN 的方法是根据每个主机的网络层地址或协议类型划分的，虽然这种划分方法是根据网络地址，它查看每个数据包的 IP 地址，但由于不是路由，所以没有 RIP、OSPF 等路由协议，而是根据生成树算法进行桥交换。

任务3 路由器

一、什么是路由器

路由器（Router），又称路径器，是一种计算机网络设备，它能将数据通过打包一个个网络传送至目的地（选择数据的传输路径），这个过程称为路由。路由器就是连接两个或多个网络的设备，路由工作在 OSI 模型的第三层——网络层。

路由器是连接 Internet 中各局域网、广域网的设备，它会根据信道的情况自动选择和设定路由，以最佳路径，按前后顺序发送信号。路由器是互联网络的枢纽。目前，路由器已经广泛应用于各行各业，各种不同档次的产品已成为实现各种骨干网内部连接、骨干网间互联和骨干网与互联网互联、互通业务的主力军。

二、路由器的主要特点

路由器具有判断网络地址和选择 IP 路径的功能，它能在多网络互联环境中建立灵活的连接，可用完全不同的数据分组和介质访问方法连接各种子网，路由器只接受源站或其他路由器的信息，属网络层的一种互联设备。它不关心各子网使用的硬件设备，但要求运行与网络层协议相一致的软件。

路由器是互联网的主要结点设备。路由器通过路由决定数据的转发。转发策略又称路由选择（Routing），这也是路由器名称的由来。作为不同网络之间互相连接的枢纽，路由器系统构成了基于 TCP/IP 的国际互联网络 Internet 的主体脉络，也可以说，路由器构成了 Internet 的骨架。路由器的处理速度是网络通信的主要瓶颈之一，它的可靠性和稳定性则直接影响着网络互连的质量。

因此，在园区内网、地区内网，乃至整个 Internet 研究领域中，路由器技术始终处于核心地位，其发展历程和方向成为整个 Internet 研究的一个缩影。在当前我国网络基础建设和信息建设方兴未艾之际，探讨路由器在互联网络中的作用、地位及其发展方向，对于国内的网络技术研究、网络建设，以及明确网络市场上对于路由器和网络互连的各种似是而非的概念，都有重要的意义。

三、路由器的作用功能

1. 连通不同的网络。从过滤网络流量的角度来看，路由器的作用与交换机非常相似，但是与工作在网络物理层，从物理上划分网段的交换机不同，路由器使用专门的软件协议，从逻辑上对整个网络进行划分。例如，一台支持互联网协议的路由器可以把网络划分成多个子网段，只有指向特殊 IP 地址的网络流量才可以通过路由器。对于每一个接收到的数据包，路由器都会重新计算其校验值，并写入新的物理地址。因此，使用路由器转发和过滤数据的速度往往要比只查看数据包物理地址的交换机慢。但是，对于那些结构复杂的网络，使用路由器可以提高网络的整体效率。路由器的另外一个明显优势就是可以自动过滤网络广播。从总体上说，在网络中添加路由器的整个安装过程要比即插即用的交换机复杂很多。

2. 选择信息传送的线路。有的路由器仅支持单一协议，但大部分路由器可以支持多种协议的传输，即多协议路由器。由于每一种协议都有自己的规则，要在一个路由器中完成多种协议的算法，势必会降低路由器的性能。路由器的主要工作就是为经过路由器的每个数据帧寻找一条最佳传输路径，并将该数据有效地传送到目的站点。由此可见，选择最佳路径的策略即路由算法是路由器的关键所在。为了完成这项工作，路由器中保存着各种传输路径的相关数据——路径表（Routing Table），以供路由选择时使用。路径表中保存着子网的标志信息、网上路由器的个数和下一个路由器的名字等内容。路径表可以是由系统管理员固定设置好的，也可以由系统动态修改，可以由路由器自动调整，还可以由主机控制。

静态路由表：由系统管理员事先设置好固定的路径表称为静态（Static）路径表，一般是在系统安装时就根据网络的配置情况预先设定的，它不会随未来网络结构的改变而改变。

动态路由表：动态（Dynamic）路径表是路由器根据网络系统的运行情况而自动调整的路径表。路由器根据路由选择协议（Routing Protocol）提供的功能，自动学习和记忆网络运行情况，在需要时自动计算数据传输的最佳路径。

任务4 （实训四）Windows 7 防火墙的设置

Windows 7 防火墙的常规设置方法还算比较简单，依次打开【计算机】——【控制面板】——【Windows 防火墙】，如图2－32所示：

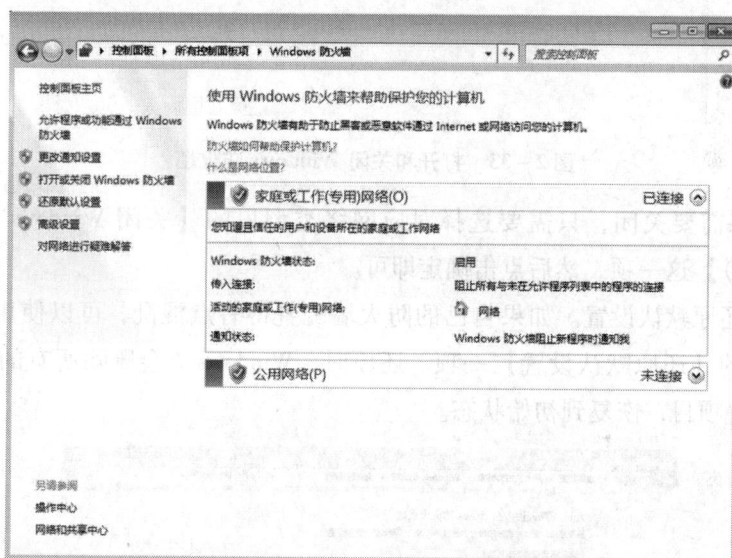

图2－32 Windows 7 防火墙

一、打开和关闭 Windows 防火墙

从图2－33可以看出，私有网络和公用网络的配置是完全分开的，在启用 Windows 防火墙里还有两个选项：①【阻止所有传入连接，包括位于允许程序列表中的程序】。这个选项默认即可，否则可能会影响允许程序列表里的一些程序使用。②【Windows 防火墙阻止新程序时通知我】。这一项是个人日常使用时肯定需要选中的，方便自己随时作出判断响应。

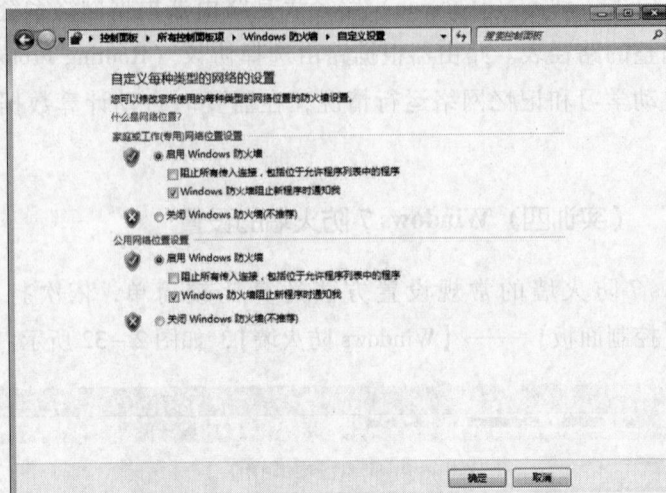

图 2 - 33   打开和关闭 Windows 防火墙

如果需要关闭，只需要选择对应网络类型里的【关闭 Windows 防火墙（不推荐）】这一项，然后点击确定即可。

1. 还原默认设置。如果自己的防火墙配置得有点混乱，可以使用图 2 - 32 左侧的【还原默认设置】一项。还原时，Windows 7 会删除所有的网络防火墙配置项目，恢复到初始状态。

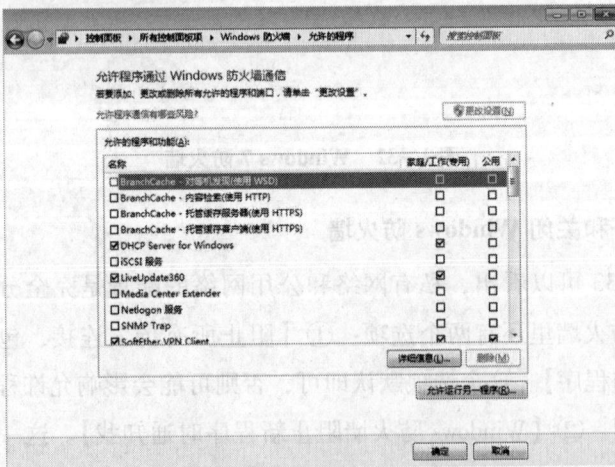

图 2 - 34   允许的程序

2. 允许程序规则配置。大家看到这个配置图会很熟悉，就是设置允许程序列表或基本服务，跟早期的 WindowsXP 很类似，不过还是有些功能变化：

（1）常规配置没有端口配置，所以也不再需要手动指定端口 TCP、UDP 协议了，因为很多用户根本不知道这两项是什么，这些配置都已转到高级配置里，对于普通用户，一般只是使用增加应用程序许可规则。

（2）应用程序许可规则可以区分网络类型，并支持独立配置，互不影响，这对于双网卡的用户就很有作用。

不过，我们在第一次设置时可能需要点一下右侧的更改设置按钮后才可操作（需要管理员权限）。

如果是添加自己的应用程序许可规则，可以通过下面的【允许另一程序】按钮进行添加，方法跟早期防火墙设置类似，点击后如图 2－35：

图 2－35 添加程序

选择将要添加的程序名称（如果列表里没有就点击【浏览】按钮找到该应用程序，再点击【打开】），下面的【网络位置类型】还是"私有网络"和"公用网络"两个选项，我们可以直接回到上一界面再设置修改，添加后如图 2－36：

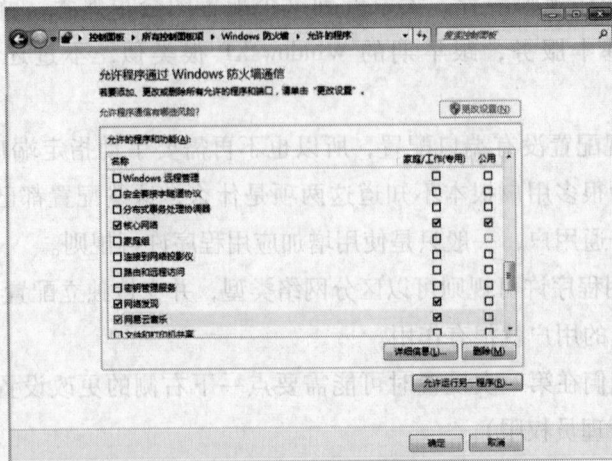

图 2 - 36　允许的程序

添加后如果需要删除（如原程序已经卸载了等），则只需要在图 2 - 36 中点选对应的程序项，再点击下面的【删除】按钮即可。当然，系统的服务项目是无法删除的，只能禁用。

二、高级安全 Windows 防火墙 MMC

依次点击【计算机】——【控制面板】——【Windows 防火墙】，点击控制界面左侧的【高级设置】，即可看到如下界面。几乎所有的防火墙设置都可以在这个高级设置里完成，并且 Windows 7 防火墙的诸多优秀特性也可以在这里展现出来。

1. 导入和导出策略。导入和导出策略是用来通过策略文件（ * . wfw）进行配置保存或共享部署，导出功能既可以作为当前设置的备份，也可以共享给其他计算机进行批量部署。

2. 还原默认策略。还原默认策略将会重置自动安装 Windows 后对 Windows 防火墙所做的所有更改，还原后有可能会导致某些程序停止运行。

3. 诊断/修复。诊断和修复功能是用来诊断和修复 Internet 连接的。

三、防火墙高级设置

1. 如何启用或禁用规则。只需要在需要启用或禁用的规则上，鼠标右键选择启用或禁用规则即可，或点击右侧的操作栏进行规则启用或禁用。

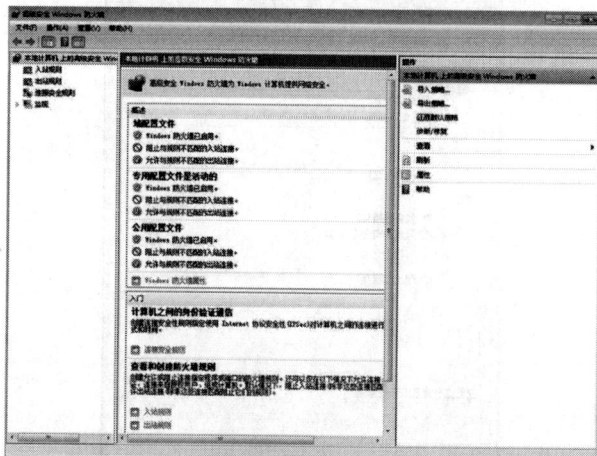

图 2-37　防火墙高级设置

2. 入站规则和出站规则。入站和出站管理方法基本相同，所以把它们放到一起介绍，我们在 Windows 防火墙的【允许程序或功能通过 Windows 防火墙】中每增加或减少一个设置项，都会反映到入站或出站规则中来。这些规则从整体上可以分成两个部分，一是用户规则，例如，我们手动增加的允许程序规则就属于用户规则；二是系统预定义规则，预定义规则大部分都是系统已经预先设置好的，而且很多设置都是不允许修改的。

图 2-38 列出了几个选项卡的具体设置情况，另外，如果遇到不懂的地方，可以随时在界面中查看帮助文件，防火墙的帮助文件非常完善。

（1）常规。该部分包含规则的标识信息，可以启动或禁用规则。名称最好唯一，以方便 netsh 管理。操作部分只有三个选项：允许连接、允许安全连接、阻止连接。如果要使用仅允许安全连接的选项，则 IPSec 设置必须在单独的连接安全规则中定义。

（2）程序和服务。程序部分包含如何匹配来自程序的网络数据包信息，有两个选择：一个是符合指定条件的所有程序（条件就是指其他选项卡设置的条件）；另一个是指定程序，常规增加的规则都是指定程序。用户程序一般都会标示完整的路径，而系统程序则可能只显示 system。

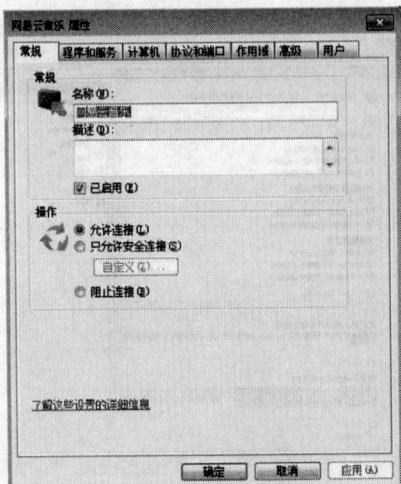

图 2-38　条目属性

任务5　（实训五）家庭无线路由器的配置

一、TP-LINK 路由器的安装与设置

1. 路由器的线路连接。目前，普通家庭用户都已经实现了光纤入户，无论选什么运营商，都是一根光纤进来接到光猫上，然后光猫出来的线接到路由器的 WAN 口上，最后通电。

其他的硬件外设可以从 LAN 口通过有线连接其他设备，如电脑等。当然，其他设备也可以通过无线连接无线路由器。

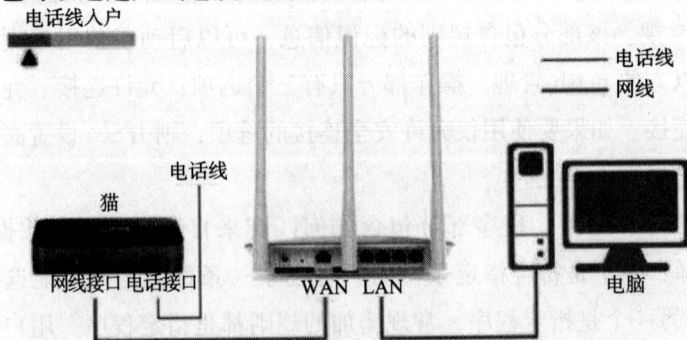

图 2-39　连接示意图

2. 软件设置。可以用电脑或者手机连上路由器进行设置，用电脑时，通过有线或无线连接到路由器后，直接打开浏览器，TP 默认地址是192.168.1.1，然后进入路由器。进入路由器第一步记得修改路由器的管理密码，防止其他人进来。

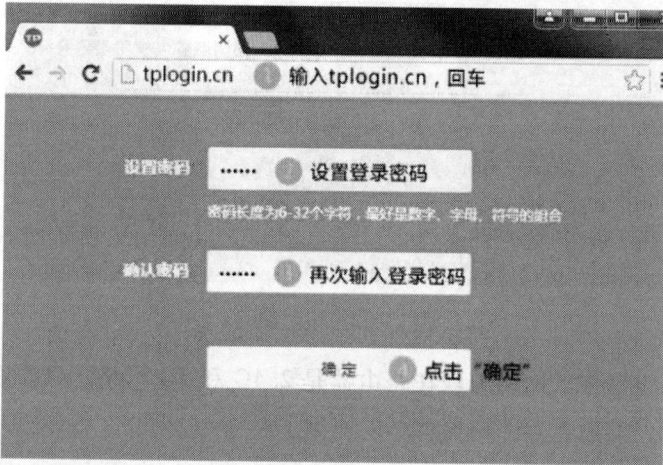

图 2-40　修改密码

现在的路由器都非常智能，自动进入向导模式，不像老机器那样需要手动选择 PPPOE 或者静态 IP 等，就会自动搜索适合的上网模式，你只需要静静等待就可以。

图 2-41　检测上网方式

如果，是拨号的话，在路由器自动选择以后，就可以输入账号、密码了。当然，如果是分配的静态 IP，只需输入 IP 地址即可。

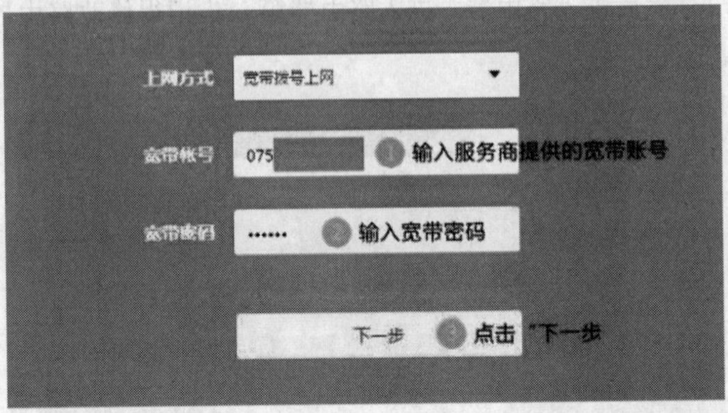

图 2-42　设置账号

最后，设置你的网络。现在路由器是 2.4G 和 5G 网络，只需设置无线的名称和密码，然后重启路由器就可以使用了。

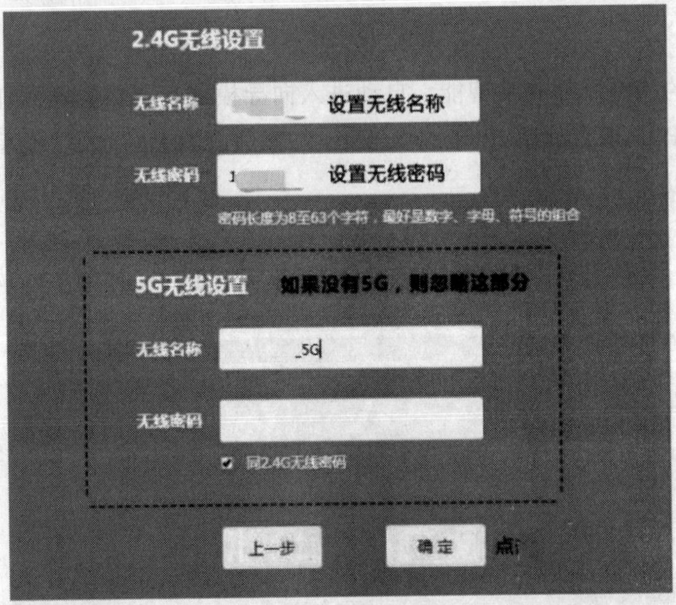

图 2-43　无线设置

二、无线路由器的安全配置

1. 设置安全的管理员密码。设置较为复杂的路由器管理员密码，请勿设置常见的 admin 或 123456 等简单密码。管理员密码好比是打开保险箱的密码，如果这个密码很容易被猜到，将会造成保险箱内重要物件的信息泄露和丢失。因此，为了保障路由器管理界面无线密码以及其他配置信息的安全，请将管理员密码修改为不常见的密码。

2. 设置较高安全性的无线加密。没有加密的无线网络就像是没有上锁的大门，盗窃者可以很轻易地进入。设置较为复杂的无线密码，可以提高无线安全性。建议将无线密码设置为字母、数字和符号的组合密码，且长度最好不少于 12 位。

3. 设置无线接入控制。无线接入控制是无线安全的更高级措施，就如拿到钥匙（无线密码）后，还需要刷指纹或面部扫描才能打开大门。设置无线接入控制后，仅允许特定的终端接入无线网络。这样，非法终端即便输入正确的无线密码，也无法连接上无线网络。

4. 关闭无线信号广播。如果使用无线网络的终端基本固定，且终端均已连接过无线网络，可以关闭无线广播。已连接过信号的无线终端使用无线不受影响，但从未连过该信号的终端搜不到这个无线信号，这在一定程度上提高了无线安全。

5. 规范使用习惯提高安全性。

（1）不使用 WiFi 万能钥匙等蹭网软件。如果您安装了蹭网软件，该软件会将您的无线网络名称及密码上传到蹭网服务器，从而共享给大众，人人都可以通过蹭网软件连接您的无线信号。因此，为了防止无线密码泄露，请慎用蹭网软件。

（2）定期更换无线密码。有时候，我们可能无意间泄露了密码或者被蹭网。为了避免长时间使用同一个无线密码的诸多不安全因素，建议定期更换无线密码，从而更好地保障无线网络的安全。

（3）定期查杀电脑病毒，安全地使用网络。最重要的是有网络安全的意识，定期查杀电脑病毒、谨慎安装防火墙拦截的软件、开启操作系统防火墙等。

拓展 学习

互联网是如何工作的?

在日常生活中,我们在电脑浏览器上的地址栏输入网址并按下回车后,网站的内容就出现在我们的屏幕上了,这到底是怎么一回事呢? 在按下回车的一瞬间,电脑以及它所连接的互联网到底发生了什么?

简单描述这个过程就是:电脑告诉网站的服务器,我们需要网站的哪些东西,然后网站的服务器按照要求,再把数据传送给电脑。

但在这样一个简单的流程中,电脑遇到的第一个问题就是:我应该怎样找到这个网站的服务器呢?

一、DNS 域名解析

通常我们有两种方式识别主机:通过主机名或者 IP 地址。人们喜欢便于记忆的主机名,而路由器则喜欢定长的、有着层次结构的 IP 地址。为了满足这些不同的偏好,我们就需要一种能够进行主机名到 IP 地址转换的目录服务,域名系统作为将域名和 IP 地址相互映射的一个分布式数据库,能够使人更方便地访问互联网。

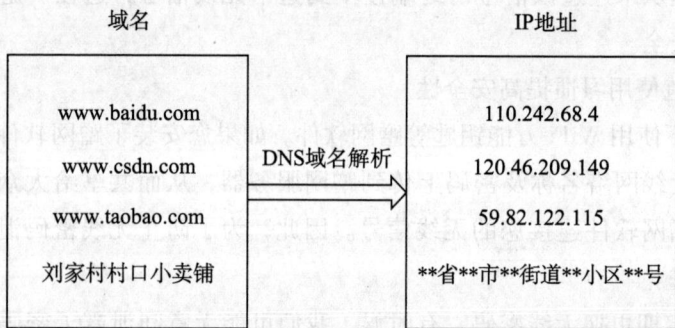

图 2-44　域名与 IP 对应

当我们在浏览器地址栏中输入 www.baidu.com 时,DNS 解析将会完成近10 个步骤。这个过程大体如下:前两个步骤是在本地电脑内完成的,后 8 个步骤涉及真正的域名解析服务器。

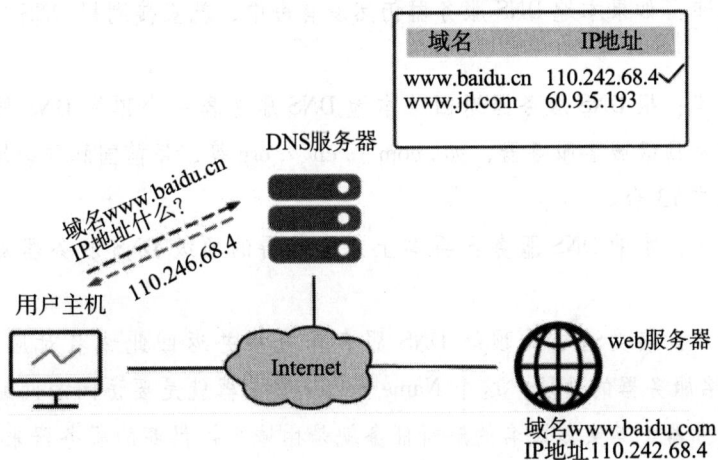

图 2−45 DNS 原理

第一步：本地电脑会检查浏览器缓存中有没有这个域名对应的解析过的IP 地址，如果缓存中有，这个解析过程就结束。浏览器缓存域名也是有限制的，不仅浏览器缓存大小有限制，而且缓存的时间也有限制，通常情况下为几分钟到几小时不等，域名被缓存的时间限制可以通过 TTL 属性来设置。

第二步：如果浏览器缓存中没有数据，浏览器会查找操作系统缓存中是否有这个域名对应的 DNS 解析结果。其实，操作系统也有一个"域名解析"的过程，在 Linux 中可以通过/etc/hosts 文件来设置，而在 Windows 中可以通过配置 C:\\Windows \\System32 \\drivers \\etc \\hosts 文件来设置，用户可以将任何域名解析到任何能够访问的 IP 地址。

第三步：前两个过程无法解析时，就要用到我们网络配置中的"DNS 服务器地址"了。操作系统会把这个域名发送给本地 DNS 服务器。每个完整的内网通常都会配置本地 DNS 服务器。例如，用户是在学校或工作单位接入互联网，那么用户的本地 DNS 服务器肯定在学校或工作单位里面。它们一般都会缓存域名解析结果，当然缓存时间是受到域名的失效时间控制的。大约80% 的域名解析到这里就结束了，后续的 DNS 迭代和递归也是由本地 DNS 服务器负责的。

第四步：如果本地 DNS 服务器仍然没有命中，就直接到根 DNS 服务器请求解析。

第五步：根 DNS 服务器返回给本地 DNS 服务器一个顶级 DNS 服务器地址，即国际顶级域名服务器，如 . com、. cn、. org 等，目前国际顶级域名服务器全球只有 13 台。

第六步：本地 DNS 服务器再向上一步获得的顶级 DNS 服务器发送解析请求。

第七步：接受请求的顶级 DNS 服务器查找并返回此域名对应的 Name Server 域名服务器的地址，这个 Name Server 服务器就是要访问的网站域名提供商的服务器，其实该域名的解析任务就是由域名提供商的服务器来完成的。例如，访问 www. baidu. com，而这个域名是从 A 公司注册获得的，那么 A 公司上的服务器就会有 www. baidu. com 的相关信息。

第八步：Name Server 服务器会查询存储的域名和 IP 的映射关系表，再把查询出来的域名和 IP 地址等信息连同一个 TTL 值返回给本地 DNS 服务器。

第九步：返回该域名对应的 IP 和 TTL 值，本地 DNS 服务器会缓存这个域名和 IP 的对应关系，缓存时间由 TTL 值控制。

第十步：把解析的结果返回给本地电脑，本地电脑根据 TTL 值缓存在本地系统中，域名解析过程结束在实际的 DNS 解析过程中，可能还不止这 10 步。如果 Name Server 有很多级，或者有一个 GTM 来负载均衡控制，这都有可能会影响域名解析过程。

二、IP 数据包传输

有了 IP 地址，我们就可以与网站的服务器建立联系。而和服务器联系的过程，就和我们寄快递一样。

首先，将"我需要你们网站的数据"这句话打包，同时携带上以下信息：源端口、目的端口、源 IP 地址，目标 IP 地址、MAC 地址。通过子网掩码判断目的端口的 IP 地址是否跟源主机在同一网段，如果在的话，由电脑网卡转给路由器，路由器通过网线转给光猫（光猫负责将电脑发出的数字信号转换成适合在光纤中传输的信号），光猫通过橘黄色的光纤转出去，再由其他路由器转下去，直至转发到目的地。而其中的路由器就相当于快递的转运中心，IP 地址则可以帮助我们确定收货地址的位置。如果不在同一网段的话，则通过默认网关转发给路由器，路由器通过路由表确定路径，然后再通过 ARP 地址解析协议解析出下一个设备的 MAC 地址，再进行转发。

Q：主机到目的服务器之间有很多条路径，IP 数据包具体应该怎么走呢？

其实，当网卡把数据给路由器后，路由器会根据数据包中的目的 IP 地址在路由表中选择一条最优的路径，并将数据包转发到下一个路由器，层层往下，路径上最后的路由器负责将数据包送交目的主机。

Q：怎么识别即将对接的路由器呢？

这个时候就需要 MAC 地址登场了（MAC 地址是设备在出厂的时候就拥有的一个独一无二的地址，用来标识路由器）。在数据包发送前，先进行 ARP 请求，告诉路由器，下一站按照这个 MAC 地址去找下一个路由器。下一个路由器同样会根据数据包的 IP 地址选择一条线路。同时，把数据包的 MAC 地址改为下一个路由器的地址，直至数据包被转到网站服务器的网卡上。

Q：但是电脑上运行着很多程序，怎么样才能到达指定的程序呢？

因为不同的进程拥有不同的端口号，我们可以根据端口号来识别不同的进程。例如，网卡告诉服务器的 8880 端口有数据包，最后网站的服务器再根据要求把数据发送到电脑上面，网页就显示到屏幕上了。

三、网站响应速度

为什么有些网站打开的速度不快？其中有物理因素的干扰。离服务器的物理距离越远，信号传输的时间自然也会越长，经过的路由也会越多。查询并转发数据包需要时间，有时还会有丢包的现象产生，导致速度变慢。例如，一个网站的源服务器在上海，且各地区都建立了服务器，那么这些服务器就像分身一样，定时和源服务器同步数据。访问网站的时候，大家都去离自己最近的服务器获取数据。这样既提高了访问速度，又减轻了主服务器的压力，同时还提高了安全性。

思考与练习

1. 防火墙在网络中的位置在哪里？防火墙的主要功能是什么？
2. 路由器和交换机的区别是什么？
3. 设置家庭无线路由器时，需要注意的主要事项有哪些？

项目三　服务器

学习目标

　　知识目标：了解服务器的作用和分类；了解常见的服务器操作系统；熟悉服务器虚拟化技术。

　　能力目标：具备运用服务器虚拟化技术的能力，具备运用新知识、新技术、新规范的能力。

　　素质目标：具有运用现代信息技术开展社区矫正工作的职业素养。

知识树

虚拟化技术介绍　　┌────────┐　　┌───────┐　　┌────────┐　服务器介绍
　　　　　　　　　│虚拟化技术│──│服务器│──│服务器│┤
虚拟化技术的优势　└────────┘　　└───────┘　　└────────┘　服务器操作系统

任务1　服务器

一、服务器介绍

　　网络服务器是用作数据和各种程序的计算机，由网络内的许多用户共享。用户可能将程序和文件保留在他们自己的电脑上。但是，某些文件和程序最好托管在市场众多网络服务器之一上。这使其他用户可以通过网络连接到该服务器来访问它们。

　　这种方法的一个优点是：即使用户丢失了笔记本电脑，最重要的文件已被存储在网络服务器上。因此，一旦用户获得新的网络客户端，就可以立即使用。这些机器也加强了协作。多个用户可以对同一文档进行更改。此外，网络服务器有助于改进文件管理的方式，并提升安全性。

图2-46 服务器

按服务器的机箱结构来划分，可以把服务器划分为"台式服务器""机架式服务器"和"刀片式服务器"三类。

（一）台式服务器

台式服务器也称"塔式服务器"。有的台式服务器采用与普通立式计算机大小相当的机箱，有的采用大容量的机箱，像个硕大的柜子。低档服务器由于功能较弱，整个服务器的内部结构比较简单，所以机箱不大，采用台式机箱结构。

塔式服务器的外形以及结构都跟我们平时使用的立式电脑差不多，由于服务器的主板扩展性较强、插槽也更多，个头比普通主板大一些，因此，塔式服务器的主机机箱也比标准的ATX机箱要大，一般都会预留足够的内部空间以便日后进行硬盘和电源的冗余扩展。塔式服务器的机箱比较大，服务器的配置可以很高，冗余扩展也可以很齐备，所以它的应用范围非常广，应该说，使用率最高的一种服务器就是塔式服务器。

就使用对象或者使用级别来说，常见的入门级和工作组级服务器基本上都采用这一服务器结构类型，不过由于只有一台主机，即使进行升级扩张也有个限度。例如，在一些应用需求较高的企业中，单机服务器无法满足要求时，需要多机协同工作，而塔式服务器个头太大，独立性太强，协同工作在空间占用和系统管理上都不方便。不过，总的来说，这类服务器的功能、性能基本能满足大部分企业用户的要求，而且其成本通常也比较低，因此，这类服务器拥有非常广泛的应用支持。

（二）机架式服务器

作为为互联网设计的服务器，机架式服务器是一种外观按照统一标准设计的服务器，配合机柜统一使用。可以说，机架式服务器是一种优化结构的塔式服务器，它的设计宗旨主要是尽可能地减少服务器空间的占用。

很多专业网络设备都是采用机架式的结构（多为扁平式，类似抽屉），如交换机、路由器、硬件防火墙。机架式服务器的宽度为 19 英寸，高度以 U 为单位（1U＝1.75 英寸＝44.45 毫米），通常有 1U、2U、3U、4U、5U、7U 六种标准的规格。机柜的尺寸也是采用通用的工业标准，通常从 22U 到 42U 不等；机柜内按 U 的高度有可拆卸的滑动拖架，用户可以根据服务器的标高灵活调节高度，以存放服务器、集线器、磁盘阵列柜等网络设备。服务器摆放好后，它的所有 I/O 线全部从机柜的后方引出（机架式服务器的所有接口也在后方），统一安置在机柜的线槽中，一般贴有标号，便于管理。

机架式服务器在空间上比塔式服务器大大缩小，所以这类服务器在扩展性和散热问题上受到一定的限制，其配件也要经过一定的筛选，一般情况下无法实现完整的设备扩张，所以单机性能比较有限，应用范围也比较有限，只能专注于某一方面的应用，如提供远程存储和 Web 服务等。

刀片式服务器是一种高可用高密度（High Availability High Density, HAHD）的低成本服务器平台，是专门为特殊应用行业和高密度计算机环境设计的服务器，（其每一块"刀片"实际上就是一块系统母板，类似于一个个独立的服务器。）在这种模式下，每一个母板运行自己的系统，服务于指定的不同用户群，相互之间没有关联。不过，可以使用系统软件将这些母板集合成一个服务器集群。在集群模式下，所有的母板可以连接起来提供高速的网络环境，也可以共享资源，为相同的用户群服务。刀片式服务器适用于数码媒体、医学、航天、军事、通讯等多个领域。

二、服务器操作系统

服务器操作系统可以实现对计算机硬件与软件的直接控制和管理协调。任何计算机的运行离不开操作系统，服务器也一样。服务器操作系统主要分为四大流派：Windows Server、Netware、Unix、Linux。

1. Windows Server。Windows Server 是微软旗下的服务操作系统。主要版

本有 Windows NT Server 4.0、Windows 2000 Server、Windows Server 2003、Windows Server 2003 R2、Windows Server 2008 、Windows Server 2008 R2、Windows Server 2012。Windows 服务器操作系统应用结合 . NET 开发环境，为微软企业用户提供了良好的应用框架。

2. Netware。Netware 是 Novell 公司推出的网络操作系统。在一些特定行业和事业单位中，Netware 优秀的批处理功能和安全、稳定的系统性能也有很大的生存空间。Netware 常用的版本有 Novell 的 3.11、3.12、4.10、5.0 等中英文版。

3. Unix。Unix 服务器操作系统由 AT&T 公司和 SCO 公司共同推出，主要支持大型的文件系统服务、数据服务等应用。市面上流传的主要有 SCO SVR、BSD Unix、SUN Solaris、IBM-AIX、HP-U、FreeBSD。

4. Linux。Linux 是一种可以免费使用和自由传播的类 UNIX 操作系统。通常情况下，Linux 被打包成供个人计算机和服务器使用的 Linux 发行版。目前流行的发布版包括 Debian（及其衍生版本 Ubuntu、Linux Mint）、Fedora（及其相关版本 Red Hat Enterprise Linux）和 openSUSE 等。

任务 2　虚拟化技术

一、服务器虚拟化技术介绍

服务器虚拟化技术是将系统虚拟化技术应用于服务器上，再将一个服务器虚拟成多个服务器使用。当采用服务器虚拟化技术后，便可以在一台物理服务器上虚拟出若干个虚拟服务器，同时服务器虚拟化也为虚拟服务器提供了虚拟硬件设施，并具有良好的隔离性和安全性。

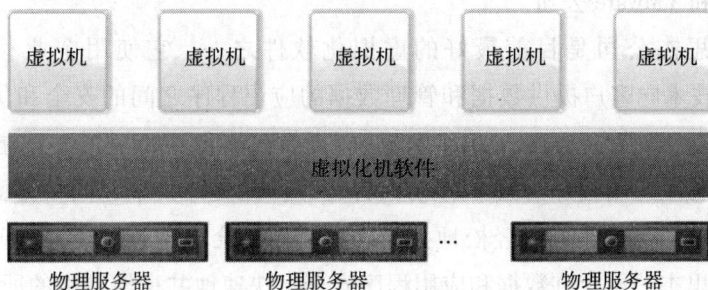

图 2 -47　服务器虚拟化

服务器虚拟化带来了显而易见的优势：

1. 降低运营成本。服务器虚拟化降低了 IT 基础设施的运营成本，令系统管理员摆脱了繁重的管理工作，减少人工干预频率，使管理更加强大、便捷。

2. 提高应用兼容性。服务器虚拟化提供的封装性和隔离性使大量应用独立运行于各种环境中。管理人员不需频繁根据底层环境调整应用，只需构建一个应用版本并将其发布到虚拟化后的不同类型平台即可。

3. 加速应用部署。采用服务器虚拟化技术只需输入激活配置参数、拷贝虚拟机、启动虚拟机、激活虚拟机即可完成部署，大大缩短了部署时间，免除人工干预，降低了部署成本。

4. 提高服务可用性。用户可以方便地备份虚拟机。在进行虚拟机动态迁移后，可以方便地恢复备份，或者在其他物理机上运行备份，这大大提高了服务的可用性。

5. 提升资源利用率。通过服务器虚拟化的整合，提高了 CPU、内存、存储、网络等设备的利用率，同时保证原有服务的可用性，使其安全性及性能不受影响。

6. 动态调度资源。在服务器虚拟化技术中，数据中心从传统的单一服务器变成了统一的资源池。用户可以即时地调整虚拟机资源，同时，数据中心管理程序和数据中心管理员可以根据虚拟机内部资源使用情况灵活分配调整给虚拟机的资源。

二、虚拟化软件介绍

当前技术层面，虚拟化软件做得最好的有两家，分别是美国思杰公司（Citrix）和 VMware 公司。

美国思杰公司是目前最好的虚拟化软件之一。它使用企业移动管理（EMM）技术向客户提供数据和管理数据的应用程序之间的安全和优化的集成。在企业移动管理方面，美国思杰公司提供一整套 EMM 服务，包括网络安全网关、移动应用程序管理和移动内容管理。在文件共享和同步方面，通过美国思杰公司，企业可以轻松地共享文件，而不会出现延迟或冗余问题。另外，美国思杰公司允许数据和应用程序安全、快速地共享给网络的所有用户。对于网络中的许多用户，有必要获得一个安全的虚拟网络。美国思杰公司在全球拥有数百万用户，是一款强大可靠的虚拟化软件。它提供安全的网络和最佳的虚拟化服务。EMM 服务使美国思杰公司成为非常理想的虚拟化软件。

VMware 的软件可以将数据和云中心基础设施通过 VMware 虚拟化，可拥有最好的数据和流量。最棒的是，所有数据都将虚拟地存储在云中，可以随时访问它。VMware 还可以提供安全的网络通道，不必担心不完整的数据位或解密的通信线路。

数字工作区—VMware 提供对网络虚拟环境中任何应用程序或设备的访问。可以远程访问最终用户计算服务，所有这些服务都托管在虚拟化平台上。

国内的虚拟化的发展并不早，真正发展是在 2010 年之后，基本都是基于开源软件 KVM 和 Xen 发展过来的。

KVM，基于内核的虚拟机（Kernel-based Virtual Machine，缩写为 KVM），是一种用于 Linux 内核中的虚拟化基础设施，可以将 Linux 内核转化为一个 Hypervisor。KVM 在 2007 年 2 月被导入 Linux 2.6.20 核心中，以可加载核心模块的方式被移植到 FreeBSD 及 Illumos 上。

KVM 在具备 Intel VT 或 AMD-V 功能的 X86 平台上运行。它也被移植到 S/390、PowerPC 与 IA-64 平台上。在 Linux 内核 3.9 版中，加入了 ARM 架构的支持。

KVM 目前由 Red Hat 等厂商开发，对 CentOS/Fedora/RHEL 等 Red Hat 系发行版支持极佳。

KVM 是开源软件，全称是 Kernel-based Virtual Machine（基于内核的虚拟机），是 X86 架构且硬件支持虚拟化技术（如 Intel VT 或 AMD-V）的 Linux 全虚拟化解决方案。它包含一个为处理器提供底层虚拟化可加载的核心模块 kvm.ko（kvm-intel.ko 或 kvm-AMD.ko）。KVM 还需要一个经过修改的 QEMU 软件（qemu-kvm）作为虚拟机上层控制和界面。

KVM 能在不改变 Linux 或 Windows 镜像的情况下同时运行多个虚拟机，（它的意思是多个虚拟机使用同一镜像）并为每一个虚拟机配置个性化硬件环境（网卡、磁盘、图形适配器……），同时，KVM 还能够使用 KSM 技术帮助宿主服务器节约内存。在主流的 Linux 内核，如 2.6.20 以上的内核均已包含了 KVM 核心。

Xen 项目专注于在一些不同的商业和开源应用中推进虚拟化，包括服务器虚拟化、基础设施即服务（IAAS）、桌面虚拟化、安全应用、嵌入式和硬件设备以及汽车/航空。

Xen 是一个开放源代码虚拟机监视器，由剑桥大学开发。它打算在单个计算机上运行多达 100 个满特征的操作系统。操作系统必须进行显式地修改（"移植"）以在 Xen 上运行（但是提供对用户应用的兼容性）。这使得 Xen 无需特殊硬件支持，就能达到高性能的虚拟化。

Xen 通过一种叫作准虚拟化的技术获得高性能，甚至在某些与传统虚拟技术极度不友好的架构上（X86），Xen 也有上佳的表现。与那些传统上通过软件模拟实现硬件的虚拟机不同，在 Intel VT-X 支持下 3.0 版本之前的 Xen 需要系统的来宾权限，用来和 Xen API 进行连接。到目前为止，这种技术已经可以运用在 NetBSD、GNU/Linux、FreeBSD 和 Plan 9 系统上。在 Brainshare 2005 会议上，Novell 展示了 NetWare 与 Xen 的连通。与 Windows XP 连通的技术曾在 Xen 开发初期进行，但微软的协议未能允许它发布。Sun 微系统公司也正在积极地将 Solaris 移植到 Xen 平台之上。

Xen 虚拟机可以在不停止的情况下，在多个物理主机之间实时迁移。在操作过程中，虚拟机在没有停止工作的情况下内存被反复地复制到目标机器。虚拟机在最终目的地开始执行之前，会有一次 60 秒~300 秒的非常短暂的暂停以执行最终的同步化，给人无缝迁移的感觉。类似的技术被用来暂停一台正在运行的虚拟机到磁盘，并切换到另外一台，第一台虚拟机在以后可以恢复。

拓展 学习

服务器硬盘 RAID 技术解析

自 21 世纪以来，网络日益发达，越来越多的企业开始转型或扩展线上业务。但伴随着线上业务的发展，企业对服务器稳定性的要求也逐渐增高。

对企业用户来说，硬盘数据的损坏和丢失都是莫大的痛苦。另外，在大容量文件传输过程中，漫长的等待期也令人烦恼。为了解决好这些难题，

RAID 技术应运而生。

一、RAID 技术的起源

RAID，英文全称为 Redundant Array of Independent Disks，即独立冗余磁盘阵列。RAID 概念首次出现是在 1988 年，由美国加州大学伯克利分校的 D. A. Patterson 教授等在其论文"A Case of Redundant Array of Inexpensive Disks"中提出。

起初，RAID 的研究目的是通过组合小的廉价磁盘代替大的昂贵磁盘，以降低大批量数据存储的费用，同时，通过冗余信息的方式，使磁盘在失效时仍能进行数据访问，并且适当提升数据传输速度。

二、RAID 的原理

简单来说，RAID 是一种把多块独立的物理硬盘按不同方式组合形成一个硬盘组，以此提供比单个硬盘更高的存储性能和数据冗余的技术。

RAID 的初衷是为大型服务器提供高端的存储功能和冗余的数据安全。在整个系统中，RAID 被看作是由两个或更多磁盘组成的存储空间，通过并发地在多个磁盘上读写数据来提高存储系统的 I/O 性能。RAID 分不同等级，大多数 RAID 等级具有完备的数据校验、纠正措施，以提高系统的容错性，增强系统的可靠性。

RAID 可以在部分磁盘（单块或多块，根据实现而论）损坏的情况下，仍能保证系统不中断地连续运行。在重建故障磁盘数据并转移至新磁盘的过程中，系统可以继续正常运行，但是性能方面会有一定程度上的降低。一些 RAID 在添加或删除磁盘时必须停机，而有些则支持热交换（Hot Swapping），允许不停机下替换磁盘驱动器。这种高端 RAID 主要用于要求高可能性的应用系统，系统不能停机或停机时间尽可能地少。一般来说，RAID 不可作为数据备份的替代方案，它对非磁盘故障等造成的数据丢失无能为力，如病毒、人为破坏、意外删除等情形。此时的数据丢失是相对于操作系统、文件系统、卷管理器或者应用系统来说的。对于 RAID 系统本身，数据都是完好的，没有发生丢失。所以，数据备份、灾备等数据保护措施是非常必要的，与 RAID 相辅相成，保护数据在不同层次的安全性，防止发生数据丢失。

三、RAID 的优势

1. 大容量。这是 RAID 的一个显著优势，它扩大了磁盘的容量，由多个磁盘组成的 RAID 系统具有海量的存储空间。目前单个磁盘的容量就可以达到 1TB 以上，这样 RAID 的存储容量就可以达到 PB 级，对于大多数的存储需求都可以满足。一般来说，RAID 可用容量要小于所有成员磁盘的总容量。不同等级的 RAID 算法需要一定的冗余开销，具体容量开销与采用算法相关。如果已知 RAID 算法和容量，可以计算出 RAID 的可用容量。通常，RAID 容量利用率在 50%～90%。

2. 高性能。RAID 的高性能受益于数据条带化技术。单个磁盘的 I/O 性能受到接口、带宽等计算机技术的限制，性能往往很有限，容易成为系统性能的瓶颈。通过数据条带化，RAID 将数据 I/O 分散到各个成员磁盘上，从而获得比单个磁盘 I/O 性能更强的聚合 I/O 性能。

3. 可靠性。可靠性是 RAID 的另一个重要特征。RAID 采用镜像和数据校验等数据冗余技术。镜像是最为原始的冗余技术，它是把某组磁盘驱动器上的数据完全复制到另一组磁盘驱动器上，保证总有数据副本可用的技术。数据校验技术利用校验冗余信息对数据进行校验和纠错。RAID 冗余技术大幅提升了数据的可靠性，保证了若干磁盘出错时不会导致数据的丢失，不影响系统的连续运行。

4. 可管理性。实际上，RAID 是一种虚拟化技术，它将多个物理磁盘驱动器虚拟成一个大容量的逻辑驱动器。对于外部主机系统来说，RAID 是一个单一的、快速的、可靠的大容量磁盘驱动器。这样，用户就可以在这个虚拟驱动器上来组织和存储应用系统数据。从用户应用的角度看，RAID 可使存储系统简单易用，管理也很便利。由于 RAID 内部完成了大量的存储管理工作，管理员只需要管理单个虚拟驱动器，从而减少大量的管理工作。RAID 可以动态增减磁盘驱动器，可自动进行数据校验和数据重建，这些都可以大大简化管理工作。

四、RAID 的关键技术

1. 镜像。镜像是一种冗余技术，为磁盘提供保护功能，防止磁盘因发生故障而造成数据丢失。对于 RAID 而言，采用镜像将会同时在阵列中产生两个完全相同的数据副本，并分布在两个不同的磁盘驱动器组上。镜像具有提供完整数据的能力，当一个数据副本失效不可用时，外部系统仍可正常访问另一副本，不会对应用系统运行和性能产生影响。而且，镜像不需要额外的计算和校验，它修复故障非常快，直接复制即可。镜像技术可以从多个副本进行并发读取数据，使读 I/O 性能增强，但不能并行写数据，因为写多个副本会导致 I/O 性能的降低。

2. 数据条带。磁盘存储的性能瓶颈在于磁头寻道定位，它是一种慢速机械运动，无法与高速的 CPU 匹配；再者，单个磁盘驱动器性能存在物理极限，I/O 性能非常有限。RAID 由多块磁盘组成，数据条带技术将数据以块的方式分布存储在多个磁盘中，从而可以对数据进行并发处理。这样写入和读取数据就可以在多个磁盘上同时进行，并发产生非常高的聚合 I/O 性能，有效提高了整体 I/O 性能，而且具有良好的线性扩展性。这对大容量数据尤其显著，如果不分块，数据只能按顺序存储在磁盘阵列的磁盘上，需要时再按顺序读取。而通过条带技术，可获得数倍于顺序访问的性能。

数据条带技术的分块大小选择非常关键。条带粒度可以是一个字节至几 KB 大小，分块越小，并行处理能力就越强，数据存取速度就越高，但同时就会增加分块存取的随机性和块寻址时间。实际应用中，要根据数据特征和需求来选择合适的分块大小，在数据存取随机性和并发处理能力之间进行平衡，以争取尽可能高的整体性能。

数据条带是基于提高 I/O 性能而提出的，也就是说，它只关注性能，而对数据可靠性、可用性没有任何改善。实际上，其中任何一个数据条带损坏都会导致整个数据不可用，采用数据条带技术反而增加了数据发生丢失的概念率。

3. 数据校验。镜像具有高安全性、高读性能，但冗余开销太昂贵。数据条带通过并发性来大幅提高 I/O 性能，然而对数据安全性、可靠性未作考虑。数据校验是一种冗余技术，它用校验数据来确保数据的安全、检测数据错误，并在能力允许的前提下进行数据重构。相对于镜像，数据校验大幅缩减了冗余开销，用较小的代价换取了极佳的数据完整性和可靠性。数据条带技术提供高性能，数据校验保证数据安全性，RAID 不同等级往往同时结合使用这两种技术。

采用数据校验时，RAID 要在写入数据的同时进行校验计算，并将得到的校验数据存储在 RAID 成员磁盘中。当其中一部分数据出错时，就可以对剩余数据和校验数据进行反校验计算，重建丢失的数据。校验数据可以集中保存在某个磁盘或分散存储在多个不同磁盘中，甚至校验数据也可以分块，不同RAID 等级实现方式各不相同。校验技术相对于镜像技术的优势在于其节省了大量开销，但由于每次数据读写都要进行大量的校验运算，这对计算机的运算速度要求很高，必须使用硬件 RAID 控制器。在数据重建恢复方面，检验技术比镜像技术复杂得多且慢得多。

五、RAID 的等级划分

下面介绍不同实现方式下的 RAID，一起探索一下各种 RAID 的优点和缺点，在什么场景下使用何种 RAID。正式开始之前，要先穿插介绍一下。RAID实现中，有时需要使用到 Spare（备用硬盘）。Spare 是在 RAID 实现中需要额外添加的硬盘。当组成 RAID 的硬盘都正常工作时，Spare 硬盘是处于空闲状态的，只有当组成 RAID 的硬盘中有损坏时，Spare 硬盘才会自动替换损坏的硬盘位置，加入 RAID 阵列中。

1. RAID 0。

原理：将数据条带化。先由两块及以上的硬盘组成 RAID 0，再将所有组成 RAID 0 的硬盘的可用容量组合在一起，形成计算机上的一个逻辑卷。通俗地讲，就是使用至少两块硬盘来存储数据，但是要存储的数据不是全部存在某一块硬盘上，而是把要存储的数据分成均等的多部分，然后平均分散存储在组成 RAID 0 的磁盘阵列上。

图 2-48 是用四块硬盘组成 RAID 0 的示意图，其中，每块硬盘都被分成ABCD 四个条带，然后把要存储的数据均分成四部分，如果 A1 能存下其中一份，那就直接将四部分分别存入 A1～A4，如果存不下就先存满 A1～A4，剩下的按同样的方式存入 B1～B4，以此类推。

可用容量：组成 RAID 0 所有硬盘容量的总和。

优点：提高读写速度，对硬盘的总容量没有损失。

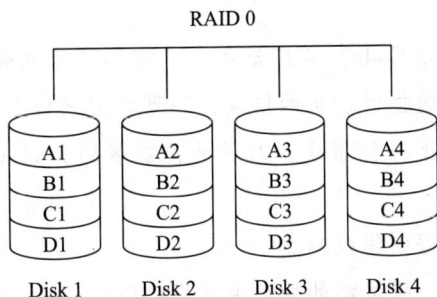

图 2 – 48　**RAID 0 结构示意图**

缺点：一旦阵列中某块硬盘损坏了，所有数据将不可恢复。

应用场景：RAID 0 不应用于任务关键系统；非常适合非关键存储但需高速读取/编写的数据，如在图像修饰或视频编辑站上。

2. RAID 1。

原理：镜像存储。RAID 1 至少需要 2 块硬盘组成，2 块硬盘互为备份，存储的内容完全相同。

图 2 – 49 是 RAID 1 的示意图，左右两边存储的数据是完全相同的。

可用容量：不超过较小的那边硬盘的容量总和。

优点：读取性能翻倍；提供数据冗余，如果其中一块数据丢失，可以通过另一块还原。

缺点：磁盘的利用率低，成本高。

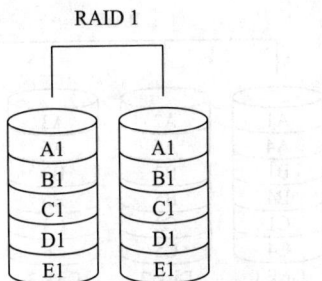

图 2 – 49　**RAID 1 结构示意图**

3. RAID 2（已淘汰）。

原理：RAID 2 本质上是 RAID 0，只是加入了汉明码来做数据的纠错，以

141

此来优化 RAID 0。

汉明码（Hamming Code）是广泛用于内存和磁盘纠错的编码。汉明码不仅可以用来检测转移数据时发生的错误，还可以用来修正错误（要注意的是，汉明码只能发现和修正一位错误，对于两位或者两位以上的错误无法发现和修正）。

优点：加入了数据纠错机制。

缺点：成本增高，需要额外的盘做汉明码纠错。

RAID 2 的应用场景不多，目前已经被淘汰。

4. RAID 3。

原理：RAID 3 使用字节级别的条带化技术，并采用专用的奇偶校验磁盘。RAID 3 阵列能在一个磁盘出现故障的情况下确保数据不丢失。如果一个物理磁盘出现故障，该磁盘上的数据可以重建到更换磁盘上。如果数据尚未重建到更换磁盘上，而此时又有一个磁盘出现故障，那么阵列中的所有数据都将丢失。RAID 3 本质上和 RAID 0 相同，与 RAID 2 相似，是 RAID 0 的优化版本。

图 2-50 是 RAID 3 的实现架构图，图中 Disk 4 就是那块专用的奇偶校验磁盘。

优点：加入了数据纠错机制。

缺点：做奇偶校验会消耗系统性能，容易导致系统出现性能瓶颈。

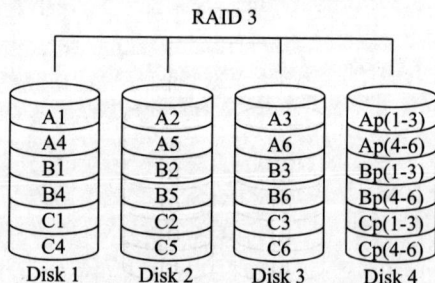

图 2-50　RAID 3 结构示意图

5. RAID 4。

原理：RAID 4 和 RAID 3 一样，唯一的区别是在数据分割上，RAID 3 对数据的访问是按位进行的，RAID 4 是以数据块为单位。

RAID 4 的实现架构图和 RAID 3 一样，这种 RAID 在生产环境中几乎不用了。

6. RAID 5。

原理：RAID 5 综合了 RAID 0 的条带化技术以及阵列数据冗余技术（阵列最少包括 3 个磁盘）。RAID 3 和 RAID 5 之间的区别在于，RAID 3 配置提供的性能更高，但总容量略低。RAID 5 使数据在所有磁盘之间分条，并且每个数据块的奇偶校验块（P）写入到同一条带上。如果一个物理磁盘出现故障，该磁盘上的数据可以重建到更换磁盘上。单个磁盘出现故障时，数据不会丢失，但如果数据尚未重建到更换驱动器上，而此时又有一个磁盘出现故障，那么阵列中的所有数据都将丢失。

图 2-51 是 RAID 5 的实现架构图，其中能够看到，Ap-Dp 奇偶校验是被放到和数据同一条带上的。

优点：读写性能高；有校验机制；空间利用率高。

缺点：组成 RAID 5 的磁盘越多，安全性能越差，越容易丢失数据。连续 2 块硬盘损坏，数据就找不回来了。

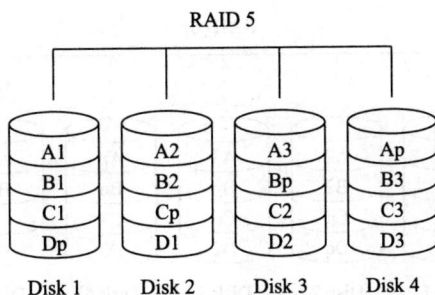

图 2-51　RAID 5 结构示意图

变种（RAID 5 + Spare）：这种变种通过加入空闲的 Spare 盘，在系统将数据重建至备用驱动器时让用户仍可以继续访问数据。它能提供良好的数据安全，但磁盘空间由于热备用磁盘的存在（在其他磁盘出现故障之后才使用）而受到限制。磁盘故障不需要立即处理，因为系统会使用热备用磁盘对自己进行重建。

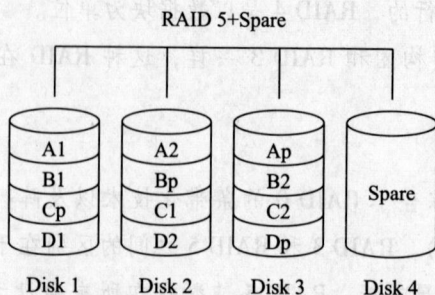

图 2 - 52　RAID 5 + Spare 结构示意图

7. RAID 6。

原理：与 RAID 5 相比，RAID 6 增加了第二个独立的奇偶校验信息块和双重奇偶校验。在 RAID 6 中，数据会在所有磁盘（最少 4 个）间进行分条，并且每个数据块的两个奇偶校验块（如图 2 - 53 中的 p 和 q）被写入到同一条带上。如果一个物理磁盘出现故障，该磁盘上的数据可以重建到更换磁盘上。这种 RAID 模式最多允许两个磁盘出故障而不丢失数据，而且它能更快地重建故障磁盘上的数据。

优点：读取性能好；有奇偶校验机制。

缺点：成本高，写入性能差。

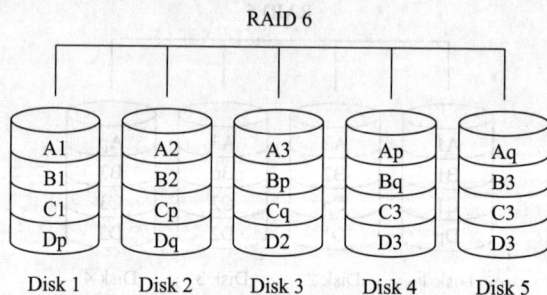

图 2 - 53　RAID 6 结构示意图

8. RAID 01。

原理：RAID 0 + RAID 1，RAID 1 两边都是条带化的 RAID 0 存储数据，然后互为备份，组成镜像存储 RAID 1。

图 2 - 54 是 RAID 01 的架构图，在 RAID 01 阵列中，最多允许 2 个磁盘出现故障而不会丢失数据，但故障磁盘必须属于同一 RAID 0 队列。在图中，

也就是当磁盘 1 和磁盘 2 出现故障时，数据会保存到磁盘 3 和磁盘 4。

优点：有数据备份，出现单点故障时可以恢复数据。

缺点：成本高。

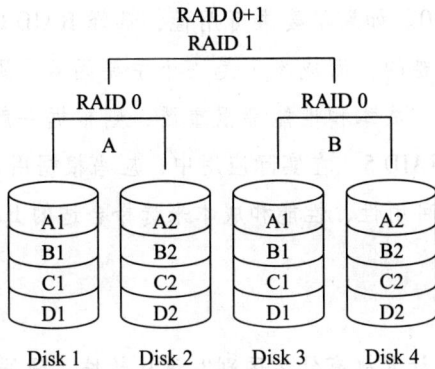

图 2-54 RAID 0+1 结构示意图

9. RAID 10。

原理：RAID 1 + RAID 0，它是合并了其他级别（尤其是 RAID 1 和 RAID 0）特点的另一种 RAID 级别。这是一种"镜像集条带"，意思是数据在两个镜像阵列间分条。"条带化"在阵列之间发生，而"镜像"是在相同的阵列中出现，两种技术的组合加快了重建的速度。RAID 10 阵列包含的磁盘数应为 4 的倍数。

图 2-55 是 RAID 10 的架构图。在 RAID 10 阵列中，每个镜像对中可以有一个磁盘出现故障而不丢失数据。不过，故障磁盘所在阵列的工作磁盘会成为整个阵列中的弱点。如果镜像对中的另一个磁盘也发生故障，则会丢失整个阵列。

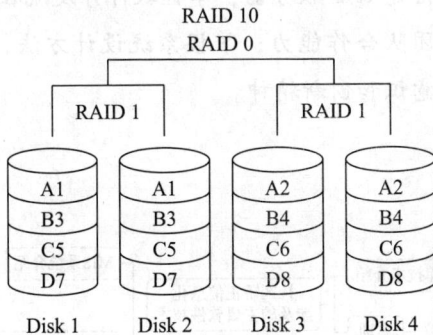

图 2-55 RAID 10 结构示意图

六、RAID 应用选择

RAID 等级的选择主要有三个因素，即数据可用性、I/O 性能和成本。目前，在实际应用中常见的主流 RAID 等级是 RAID 0、RAID 1、RAID 3、RAID 5、RAID 6 和 RAID 10。如果不要求可用性，选择 RAID 0 以获得高性能。如果可用性和性能是重要的，而成本不是一个主要因素，则根据磁盘数量选择 RAID 1。如果可用性、成本和性能都很重要，则根据一般的数据传输和磁盘数量选择 RAID 3 或 RAID 5。在实际应用中，应当根据用户的数据应用特点和具体情况，综合考虑可用性、性能和成本来选择合适的 RAID 等级。

思考与练习

1. 服务器与普通计算机有什么区别？试从软件、硬件两方面来说明。

2. 服务器虚拟化的主要目的是什么？有什么优点？

项目四　社区矫正信息化涉及的主要软件技术

学习目标

知识目标：了解管理信息系统的概念、特征，数据库相关概念，常用的数据库技术以及中国数据库的发展；熟悉 C/S 架构和 B/S 架构的特征以及 C/S 与 B/S 的区别；掌握 Web 服务器配置的基本方法。

能力目标：能够搭建 C/S 服务器，掌握软件开发流程与软件开发模型。

素质目标：具有团队合作能力；掌握系统设计方法，养成严谨的工作态度；具有良好的责任意识和创新精神。

知识树

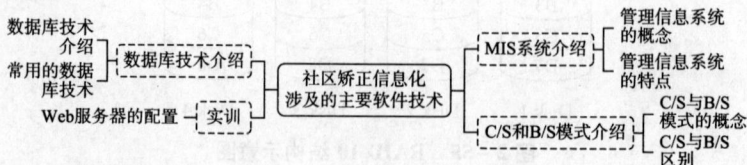

任务1　编程语言

一、计算机语言发展过程

计算机编程语言是程序设计最重要的工具，它是指计算机能够接受和处理的、具有一定语法规则的语言。从计算机诞生，计算机语言经历了机器语言、汇编语言和高级语言几个阶段。在所有的程序设计语言中，只有机器语言编制的源程序能够被计算机直接理解和执行，用其他程序设计语言编写的程序都必须利用语言处理程序"翻译"成计算机所能识别的机器语言程序。

1946年2月14日，世界上第一台计算机 ENAC 诞生，使用的是最原始的穿孔卡片。这种卡片上使用的语言是只有专家才能理解的语言，与人类语言差别极大，这种语言就称为机器语言。机器语言是第一代计算机语言，这种语言本质上是计算机能识别的唯一语言。

计算机语言发展到第二代，出现了汇编语言。汇编语言用助记符代替了操作码，用地址符号或标号代替了地址码。这样，符号代替了机器语言的二进制码。汇编语言也称符号语言，比起机器语言，汇编语言进步很大。

当计算机语言发展到第三代时，就进入了"面向人类"的高级语言。高级语言是一种接近于人们使用语言习惯的程序设计语言，它允许用英文编写计算程序，程序中的符号和算式也与日常用的数学公式差不多。高级语言发展于20世纪50年代到70年代，流行的高级语言已经开始存储在计算机内存里，如 BASIC 语言。如今，计算机语言仍然在不断地发展，种类也相当多，如 FOR-TRAN 语言、COBOL 语言、C 语言、C＋＋、C#、PASCAO、Java 等。

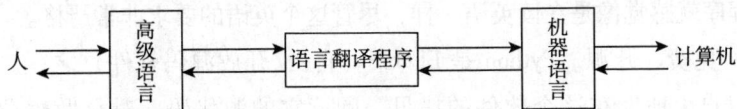

图2－56　人与计算机的交互

二、常见的编程语言介绍

2022年10月，美国电气和电子工程师协会发布了2022年编程语言排名，从热门程度、工作要求和未来增长趋势三个方面评选出了目前最热门的编程语言，也向我们展示了未来程序员需要掌握的技能趋势。

表 2 - 3   2022 年编程语言排名

2022.10	2021.10	编程语言	比例	变化
1	1	Python	17.08%	+5.81%
2	2	C	15.21%	+4.05%
3	3	Java	12.84%	+2.38%
4	4	C++	9.92%	+2.42%
5	5	C#	4.42%	-0.84%
6	6	Visual Basic	3.95%	-1.29%
7	7	JavaScript	2.74%	+0.55%
8	10	Assembly Language	2.39%	+0.33%
9	9	PHP	2.04%	-0.06%
10	8	SQL	1.78%	-0.39%

（一）Python

1. Python 简介。Python 是一个有条理的、强大的面向对象的程序设计语言，类似于 Perl、Ruby、Scheme 或 Java，它被逐渐广泛应用于系统管理任务的处理和 Web 编程。

Python 简洁的语法和对动态输入的支持，再加上其为解释性语言的本质，使得它在大多数平台上的许多领域都是一个理想的脚本语言，特别适用于快速的应用程序开发。

2. Python 特色。

（1）简单易学。Python 是一种代表简单主义思想的语言，阅读一个良好的 Python 程序就感觉像是在读英语一样，尽管这个英语的要求非常严格。

（2）免费、开源。Python 是 FLOSS（自由/开放源码软件）之一。简单地说，可以自由地发布这个软件的拷贝、阅读它的源代码、对它做改动、把它的一部分用于新的自由软件中。

（3）可移植性。基于 Python 开源的本质，Python 已经被移植在许多平台上（经过改动使它能够工作在不同平台上）。

（4）面向对象。Python 非常适合面向对象的编程（OOP），因为它支持通过组合（composition）与继承（inheritance）的方式定义类（class）。

（5）可扩展。如果这需要一段关键代码运行得更快或者希望某些算法不公开，可以把这部分程序用 C 或 C＋＋编写，然后在 Python 程序中使用它们。

（6）可嵌入性。可以把 Python 嵌入 C/C＋＋程序，从而向程序用户提供脚本功能。

（二）Java 语言

1. Java 简介。Java 是 Sun Microsystems 公司于 1995 年 5 月推出的 Java 面向对象程序设计语言和 Java 平台的总称。Java 由 James Gosling 和同事们共同研发，并在 1995 年正式推出。后来，Sun Microsystems 公司被 Oracle（甲骨文）公司收购，Java 也随之成为 Oracle 公司的产品。

Java 分为三个体系：JavaSE（J2SE）（Java2 Platform Standard Edition，java 平台标准版）、JavaEE（J2EE）（Java 2 Platform，Enterprise Edition，java 平台企业版）、JavaME（J2ME）（Java 2 Platform Micro Edition，java 平台微型版）。

2005 年 6 月，JavaOne 大会召开，Sun Microsystems 公司公开 Java SE 6。此时，Java 的各种版本已经更名，取消了各种版本中的数字"2"：J2EE 更名为 Java EE，J2SE 更名为 Java SE，J2ME 更名为 Java ME。

2. 主要特性。

（1）面向对象。Java 是一个面向对象的语言，这使程序设计、编写的难度大大降低，学习和使用起来更加容易。

（2）平台无关。Java 通过内置 JVM，使其可以运行在不同的操作系统和硬件上。

（3）多线程开发。Java 支持多线程开发并提供了完善的并发访问控制，多线程的应用可以提高程序的性能，充分利用硬件资源。

（4）健壮性。Java 提供了完善的内存管理机制，可以通过简单的方式使用内存空间并有效地避免内存溢出。

（5）安全性。Java 内置了安全机制，能够有效地控制应用程序的访问权限，在网络开发环境中，此特性为开发可靠的企业级应用程序提供了保障。

（三）HTML5

HTML5 是互联网的下一代标准，是构建以及呈现互联网内容的一种语言方式，它被认为是互联网的核心技术之一。HTML 产生于 1990 年。1997 年，

HTML4 成为互联网标准，并广泛应用于互联网应用的开发。

HTML5 是互联网中核心语言 HTML 的规范，用户使用任何手段进行网页浏览时看到的内容原本都是 HTML 格式的，在浏览器中通过一些技术处理将其转换成了可识别的信息。HTML5 在 HTML4.01 的基础上进行了一定的改进，虽然技术人员在开发过程中可能不会将这些新技术投入应用，但是对于该种技术的新特性，网站开发技术人员是必须要有所了解的。

（四）PHP

PHP 是互联网架构开发常用语言，PHP 开发了很多互联网框架，如 Zend-framework、CakePHP、ThinkPHP 等。PHP 独特的语法混合了 C 语言、Java、Perl 以及 PHP 自创新的语法，可以比 CGI 或者 Perl 更快速地执行动态网页，而且功能强大，所有的 CGI 的功能 PHP 都能实现。PHP 支持几乎所有流行的数据库以及操作系统，还可以用 C 语言、C++ 进行程序的扩展。

（五）JavaScript

JavaScript 是一种属于网络的脚本语言，被广泛用于互联网应用开发。JavaScript 是一种运行在浏览器中的解释型的编程语言，具有轻松实现跨平台、跨浏览器驱动网页以及与用户交互的功能。JavaScript 开发很多互联网框架，如 Angular.js、Ember.js、Javascript MVC 等。

（六）XML

XML 也称可扩展标记语言，是标准通用标记语言的子集，是一种用于标记电子文件使其具有结构性的标记语言。

XML 可以用来标记数据、定义数据类型，是一种允许用户对自己的标记语言进行定义的源语言。它非常适合万维网传输，并提供统一的方法来描述和交换独立于应用程序或供应商的结构化数据。

（七）CGI

CGI（Common Gateway Interface，CGI）也称公共网关接口，严格意义上来说 CGI 并不算是一种网页编程语言，它是信息服务器主机对外信息服务的标准接口，通过专门编写 CGI 脚本程序（在 CGI 控制下运行的程序，通常称为 CGI 程序），不仅可以生成静态的内容，还可以生成完全无法预见的动态的内容。例如，雅虎、搜狐等搜索引擎提供的强大搜索功能就是利用 CGI 实现的。

任务 2　数据库技术介绍

一、数据库的发展

数据库技术是信息技术领域的核心技术之一，几乎所有的信息系统都需要使用数据库系统来组织、存储、操纵和管理业务数据。数据库领域也是现代计算机学科的重要分支和研究方向。

在数据库诞生之前，数据存储和数据管理已经存在了相当长的时间。当时，数据管理主要是通过表格、卡片等方式进行的，效率低下，需要大量人员参与，极易出错。

20 世纪 50 年代，随着计算机的诞生和发展，计算机开始运用于数据管理领域。与此同时，数据管理技术也迅速发展起来，传统的文件系统难以应对数据增长的挑战，也无法满足多用户共享数据和快速检索数据的需求。

在这样的背景下，20 世纪 60 年代，数据库应运而生。在数据库技术领域，数据库所使用的典型数据模型主要有层次数据模型（Hierarchical Data Model）、网状数据模型（Network Data Model）和关系数据模型（Relational Data Model）。这三种模型是按照它们的数据结构来命名的，它们之间的根本区别就在于数据之间联系的表达方式不同。

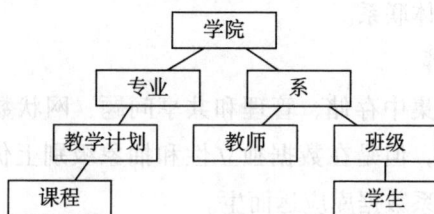

图 2-57　层次数据模型

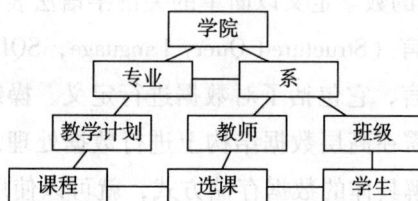

图 2-58　网状数据模型

教师信息表

工号	姓名	职称	学院
2001	李三	教授	经管
2003	张四	讲师	软件
2003	王五	教授	金融

课程信息表

课程号	课程名	课程号	学分
X2001	经济学	64	4
X2002	金融学	48	3
X2003	软件工程	64	4

开课目录表

工号	课程号	开课学期	最多人数
2001	X2001	春季	100
2002	X2002	秋季	120
2003	X2003	秋季	100

图 2-59 关系数据模型

(一) 网状数据库和层次数据库

网状数据库是数据库历史上的第一代产品,它成功地将数据从应用程序中独立出来并进行集中管理。网状数据库基于网状数据模型来建立数据之间的联系,它能反映现实世界中信息的关联,是许多空间对象的自然表达形式。

紧随网状数据库出现的是层次数据库,其数据模型是层次数据模型,即通过树状结构来描述各实体及其之间关系的数据模型。在这种结构中,每一个记录类型都用节点表示,记录类型之间的联系则用节点之间的有向线段来表示。每一个子节点只能有一个父节点,但是每一个父节点可以有多个子节点。这种结构决定了采用层次数据模型作为数据组织方式的层次数据库系统只能处理一对多的实体联系。

(二) 关系数据库

虽然对于数据的集中存储、管理和共享问题,网状数据库和层次数据库已经给出较好的解答,但是在数据独立性和抽象级别上仍有较大的欠缺。为了解决这些问题,关系数据库应运而生。

1974 年,IBM 的 Ray Boyce 和 Don Chamberlin 将 Edgar F. Codd 论述的关系数据库的 12 条准则的数学定义以简单的关键字语法表现出来,里程碑式地提出了结构化查询语言(Structured Query Language,SQL)。SQL 是一种操作关系数据库的标准语言,它包括了对数据进行定义、操纵、查询和控制功能的类型分句。用户只需在高层数据结构上进行数据处理,无需指定数据的存取方法,也不需要了解具体的数据存储方式,就可以使用 SQL 对不同关系数据库进行数据操作。

虽然关系数据库系统的技术很成熟，但随着市场和信息技术的发展，其局限性也逐渐暴露出来，即它能很好地处理所谓的"表格型数据"，却无法处理当前出现的越来越多的复杂类型数据，如文本、图像、视频等。

（三）分布式数据库

在数据库发展早期阶段，使用单机数据库就能满足数据存储和管理的规模，但是随着互联网的不断普及，特别是移动互联网的兴起，数据规模爆炸式增长，单机数据库越来越难以满足用户需求。解决这种问题的一个直观方法就是增加机器的数量，把数据库同时部署在多台机器上，分布式数据库就这样应运而生了。

（四）云数据库

云计算（Cloud Computing）的迅猛发展使得数据库部署和虚拟化在"云端"成为可能。云数据库即是数据库部署和虚拟化在云计算环境下，通过计算机网络提供数据管理服务的数据库。因为云数据库可以共享基础架构，极大地增强了数据库的存储能力，消除了人员、硬件、软件的重复配置。

云数据库将传统的数据库系统配置在"云上"，有专门的云服务提供商进行"云上"数据库系统的管理和部署工作，用户只需要通过付费的方式就能获取数据库服务。不同于传统数据库，云数据库通过计算存储分离、存储在线扩容、计算弹性伸缩来提升数据库的可用性和可靠性。代表性的云数据库是亚马逊的 Aurora，它首先提出的"日志"即是数据库的理念，减少了网络消耗，提升了系统的可用性。

云数据库也能分成关系数据库和非关系数据库。典型的基于关系数据模型的云数据库有亚马逊的 Aurora、微软的 SQL Azure。常见的基于非关系数据模型的云数据库有亚马逊的 DynamoDB，该数据库采用键值存储。

二、中国数据库发展[1]

（一）数据库的意义

数据库最大的意义在于它是整个信息行业的基础设施，可以这么说，没

---

〔1〕 "国产数据库发展商史"，载 https://zhuanlan.zhihu.com/p/281543855，访问时间：2021 年 12 月 13 日。

有数据库就没有整个互联网行业，也就没有所谓的信息化。在未来，随着万物互联的发展，数据库的意义会更加重要。

由此衍生出了为什么要做国产化数据库的问题，其性质就和国产化芯片一样，最贴切的说明就是阿里巴巴公司为什么"去 IOE"（在阿里巴巴的 IT 架构中，去掉 IBM 的小型机、Oracle 数据库、EMC 存储设备，代之以自己在开源软件基础上开发的系统），究其原因，有商业成本的因素，也有技术上传统数据库的瓶颈限制。

（二）中国数据库 40 年的发展

"数据库"起源于 20 世纪 50 年代的美国，于 80 年代正式传入中国。当时的数据库技术大多应用在国防和军工领域，随着时代的变迁和技术的发展才逐渐应用在各行各业，数据库技术深深影响着中国近 40 年来计算机科学和数据管理方式的发展，见证了中国自主技术的蜕变。

1. 诞生于恢复高考之后。1978 年，萨师煊老师在黑板上写下了"数据库"三个字，这意味着数据库理论正式传入中国。彼时的中国刚刚恢复高考，听说过这个名词的人也只是极少数顶尖的计算机科学家。

2. Oracle 公司。1995 年 5 月，邮电部电信总局提出开发和建设"市内电话业务计算机综合管理系统"，即"九七工程"，并于同年 7 月下发了一系列的技术和业务规范，要求全国县以上的邮电局在 1997 年底前实施"九七工程"。

1997 年，Oracle 公司顺利地拿下东三省邮电管理局 5 期工程的大单，而中国的第一代数据库管理员就在"九七工程"中崛起。

1998 年，中国数据库的行业格局已形成：金融行业用 IBM DB2 数据库、Informix 数据库，电信行业则是 Oracle 公司的天下。

2000 年，Oracle 数据库的一个致命缺点开始暴露出来——费用高。不仅 Oracle 公司的软件贵，要维持 Oracle 数据库＋IBM 小型机＋EMC 的开支也相当庞大。除此之外，Oracle 数据库对于管理员的能力要求也非常高。对此，美国的雅虎公司率先开始使用 MySQL 数据库，致使之后一段时期全球有数以千计的服务器都是用 MySQL 数据库。在雅虎的示范效应下，很快中国的互联网公司也开始走自己的数据库之路。

2004 年，随着淘宝、支付宝和阿里巴巴的用户数激增，阿里巴巴最终选择放弃使用 Oracle 数据库，转为使用开源的 MySQL 数据库。

2011 年，MySQL 数据库在国内的互联网公司中逐步开始取代 Oracle 数据库的垄断地位，成为诸多中国互联网企业的首选。

2013 年，棱镜门事件曝光，国产数据库开始逐一出现在公众视野中，达梦、金仓、神通、南大等一批国产数据库得到了广泛关注，但这些数据库多应用于央企、国家财政、军事等专用领域。

2017 年，阿里云公布国内首个自研企业级关系数据库——PolarDB。PolarDB 的研发难度大，在多方面具有重要创新，在云原生分布式数据库领域整体达到了国际领先水平，这预示着中国数据库正在走进世界一流行列。

随着大数据、人工智能、物联网的崛起，未来的数据库形态将越来越丰富，关系型数据库、非关系型数据库、结构数据库、时序数据库等将得到越来越广泛的应用。在不远的将来，以云为基础的云数据库将越来越多地影响人们的生活。

（三）国产数据库的现状[1]

国产数据库的现状用八个字总结就是"充分竞争、百花齐放"，但是相比于国外数据库还是有不小的差距。从 Database of Databases 网站上的统计数据可以看出，虽然基础领域差距小了，但纯原创、完全创新的国产数据库比较少。造成这个状况的原因在于国内数据库竞争环境过于激烈，一切要以市场为导向。要是做了不符合市场的东西出来，成本和代价对于大部分数据库公司都是难以接受的。

1. 国产数据库的发展方向。国产数据库替代 Oracle 数据库和 DB2 数据库成为新的中小企业数据库的选择。国产数据库替代 Oracle 数据库和 DB2 数据库首先是要证明其比 Oracle 数据库更加稳定、可靠；其次，要兼容原有的程序，如存储过程、函数、dblink、触发器、视图等；最后，要具有国产化因素。

2. 成长基础。国产数据库有三个主要来源：①从开源中来。很多云计算厂商的数据库来源于知名的开源数据库 MySQL 和 PostgreSQL，例如，华为的

---

〔1〕 参见"中国数据库 40 年历史：隐秘的江湖与恩怨"，载 https://m. huxiu. com/article/208691. html? f = member_article，访问时间：2017 年 8 月 6 日。

高斯数据库就源于 PostgreSQL。②从公开发表的论文中来。这里的典型例子就是 TiDB，它来源于谷歌公司发表的 Spanner 论文。③收购商业源码 + 自研。例如，南大通用收购了 IBM 的 Informix 数据库源码。

（四）常用的数据库技术

目前，商业化的数据库系统以关系了数据库为主导产品，技术都比较成熟。国际上主导品牌数据库有 Oracle、Sybase、Informix 和 Ingres，这些产品都支持多平台，但支持的程度不一样。下面我们来介绍一下这些软件各自的特点。

1. Oracle。Oracle Database，又名 Oracle RDBMS，简称 Oracle，是 Oracle 公司的一款关系数据库管理系统。目前，Oracle 覆盖了大、中、小型机等几十种机型，Oracle 是世界上使用最广泛的关系数据库系统之一。其主要的特点为：

兼容性：Oracle 采用标注 SQL，并经过美国国家标准技术所（NIST）测试，与 IBM SQL/DS、DB2、Ingres、IDMS/R 等兼容。

可移植性：Oracle 可运行于很宽范围的硬件与操作系统平台上，可以安装在 70 种以上不同的大、中、小型机上；可在 VMS、DOS、Unix、Windows 等多种操作系统下工作。

可联结性：Oracle 能与多种通信网络相连，支持各种协议（TCP/IP、DECnet、LU6.2 等）。

高生产率：Oracle 提供了多种开发工具，能极大地方便用户进一步的开发。

开放性：Oracle 良好的兼容性、可移植性、可连接性和高生产率使其具有良好的开放性。

2. MySQL。MySQL 是一个小型关系型数据库管理系统，它由 MySQL AB 开发、发布和支持。MySQL 是一个快速的、多线程、多用户和健壮的 SQL 数据库服务器。MySQL 服务器支持关键任务、重负载生产系统的使用，也可以嵌入一个大配置（mass-deployed）的软件中去。MySQL 的特点是：①面向集合的操作方式；②开源代码；③高度非过程化；④以一种语法结构提供多种使用方式；⑤语言简洁，易用易学。

3. MS SQL Server。MS SQL Server 数据库是由微软开发的数据库管理系统，是互联网上最流行的用于存储数据的数据库，它已广泛用于电子商务、银行、保险、电力等与数据库有关的行业，其易操作性及友好的操作界面深受广大用户的喜爱。其特点如下：①真正的客户服务器体系结构；②图形化界面，更加直观、简单；③丰富的编程接口工具，为用户进行程序设计提供更多选择余地；④MS SQL Server 和 Windows NT 完成集成，可利用 NT 的愈多功能；⑤具有很好的伸缩性，可跨界运行，从膝上型电脑到大型处理器并可多台使用；⑥对互联网技术的支持，使用户能够容易地将数据库中的数据发布到互联网上。

4. Access。Access 是微软研究发布的一款数据库管理软件，它结合了 Microsoft Jet Database Engine 和图形用户界面两项特点，是 Microsoft Office 的系统程序之一。其特点如下：①存储方式单一，便于用户的操作和管理；②界面友好、易操作，Access 是一个可视化工具，其风格与 Windows 完全一样，用户想要生成对象并应用，只需使用鼠标进行拖放即可，非常直观方便；③集成环境、处理多种数据信息；④支持 ODBC。

（五）国产数据库——达梦数据库

数据库管理系统是达梦公司的核心产品，也是三大基础软件（包括操作系统、数据库、中间件）之一。在我国数据库市场，部分互联网厂商及商业数据库厂商往往选择开源数据库 OEM 或进行二次开发以推出其商业化发行版。达梦公司则坚持自主研发，数据库产品核心源代码均为自主编写。

在政府、军方、高校三十多年来的支持下，达梦数据库取得了巨大的成就，并取得了国内最高安全等级认证。达梦数据库拥有全面的安全防护技术，能够保障客户的数据安全。达梦数据库管理系统简称 DM，它具有如下特点：

1. 通用性。达梦数据库管理系统兼容多种硬件体系，可运行于 X86、X64、SPARC、POWER 等硬件体系之上。达梦数据管理系统在各种平台上的数据存储结构和消息通信结构完全一致，使得达梦数据管理系统的各种组件在不同的硬件平台上具有一致的使用特性。

达梦数据库管理系统产品实现了平台无关性，支持 Windows 系列、各版本 Linux（2.4 及 2.4 以上内核）、Unix、Kylin、AIX、Solaris 等各种主流操作系统。达梦数据库的服务器、接口程序和管理工具均可在 32 位/64 位版本操作系统上使用。

2. 高性能。支持列存储、数据压缩、物化视图等面向联机事务分析场景的优化选项；通过表级行存储、列存储选项技术，在同一产品中提供对联机事务处理和联机分析处理业务场景的支持。

3. 高可用。可配置数据守护系统（主备），自动快速地进行故障恢复，具有强大的容灾处理能力。

4. 跨平台。跨平台支持主流软硬件体系（支持 Windows、Linux、中标麒麟、银河麒麟等操作系统），支持主流标准接口。

5. 高可扩展。支持拓展软件包和多种工具，实现海量数据分析处理、数据共享集群（DSC）和无共享数据库集群（MPP）等扩展功能。

任务 3　MIS 系统介绍

在"大数据"时代的今天，管理信息系统（Management Information System）的应用相当广泛，人们的日常工作、生活都离不开各种不同管理信息系统的应用。

在学习方面，有招生管理信息系统、学籍管理信息系统、选课系统、图书管理系统等。

在生活方面，有银行管理信息系统，水、电等业务管理信息系统，超市销售系统，药店销售系统，淘宝、京东等购物网站等。

在工作方面，财务管理、人力资源管理、企业中的各种管理系统都属于信息系统。

一、管理信息系统的概念

1985 年，管理信息系统的创始人之一，美国明尼苏达大学卡尔森管理学院的著名教授高登·戴维斯（Gordon B. Davis）给出一个较完整的管理信息系统定义："它是一个利用计算机硬件、软件和手工作业，分析、计划、控制和决策的模型，以及数据库的用户——机器系统。它能提供信息，支持企业或组织的运行、管理和决策功能。"这个定义说明了管理信息系统的目标、功能和组成，而且反映了管理信息系统当时已达到的水平。它说明了管理信息系统的目标是在高、中、低三个层次，即在决策层、管理层和运行层上支持管理活动。它不仅强调了要用计算机，而且强调了要用模型和数据库。它反映了当时管理信息系统的水平，即所有管理信息系统均已用上了计算机。

从管理信息系统的定义中，我们已得出了一些管理信息系统的概念，下面我们以图片的形式展现管理信息系统的全貌，见图 2 – 60。

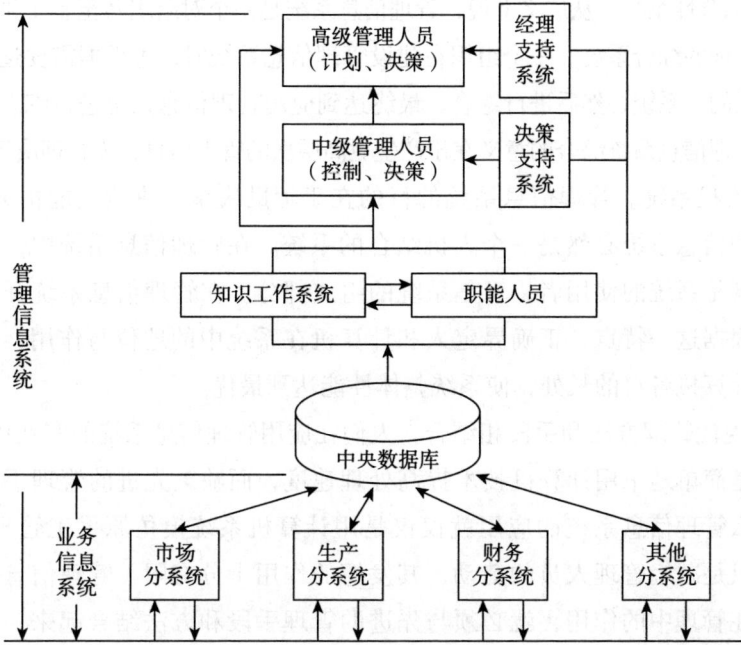

图 2 – 60　管理信息系统

　　由这个图我们可以看出，管理信息系统是一个人机系统，机器包含计算机硬件及软件（软件包括业务信息系统、知识工作系统、决策和经理支持系统），各种办公机械及通信设备；人员包括高层决策人员、中层职能人员和基层业务人员，由这些人和机器组成一个和谐的配合默契的人机系统。所以，有人说管理信息系统是一个技术系统，有人说管理信息系统是个社会系统。根据我们上面所做的分析，管理信息系统主要是个社会系统，然后是一个社会和技术综合的系统。

　　总之，管理信息系统是利用计算机硬、软件资源，网络通信设备以及其办公设备，为实现企业整体目标，对信息进行收集、传输、储存、加工、输出，给各级管理人员提供业务信息和决策信息的人机系统。

二、管理信息系统的特点

　　1. 面向管理决策。管理信息系统是继管理学的思想方法、管理与决策的行为理论之后的一个重要发展，它是一个为管理决策服务的信息系统，它必须能够根据管理的需要，及时提供所需要的信息，帮助决策者作出决策。

2. 综合性系统。从广义上说，管理信息系统是一个对组织乃至整个供需链进行全面管理的综合系统。一个组织在建设管理信息系统时，可根据需要逐步应用个别领域的子系统，然后进行综合，最终达到应用管理信息系统进行综合管理的目标。管理信息系统综合的意义在于产生更高层次的管理信息，为管理决策服务。

3. 人机系统。管理信息系统的目的在于辅助决策，决策只能由人来做，因而管理信息系统必然是一个人机结合的系统。在管理信息系统中，各级管理人员既是系统的使用者，又是系统的组成部分。在管理信息系统开发过程中，要根据这一特点，正确界定人和计算机在系统中的地位与作用，充分发挥人和计算机各自的长处，使系统整体性能达到最优。

4. 现代管理方法和手段相结合。人们在应用管理信息系统的实践中发现，如果只是简单地采用计算机技术提高处理速度，而缺乏先进的管理手段和方法，那么管理信息系统的应用就仅仅是用计算机系统模仿原手工管理系统，充其量只是减轻管理人员的劳动，其发挥的作用十分有限。管理信息系统要发挥其在管理中的作用，就必须与先进的管理手段和方法结合起来，在开发管理信息系统时，融入现代化的管理思想和方法。

5. 多学科交叉。管理信息系统是一门特色鲜明的新学科，其理论体系尚处于发展和完善的过程中。早期的研究者从计算机科学与技术、运筹学、应用数学、控制论、信息论、行为科学等相关学科中抽取相应的理论，构成管理信息系统的理论基础。

三、管理信息系统的基本功能

1. 数据处理功能。数据处理包括数据收集和输入、数据传输、数据存储、数据加工处理和输出。

2. 计划功能。根据现存条件和约束条件，提供各职能部门的计划，如生产计划、财务计划、采购计划等，并按照不同的管理层次提供相应的计划报告。

3. 控制功能。根据各职能部门提供的数据，对计划执行情况进行监督、检查、比较执行与计划的差异、分析差异及产生差异的原因，辅助管理人员及时加以控制。

4. 预测功能。运用现代数学方法、统计方法或模拟方法，根据现有数据预测未来的情况。

5. 辅助决策功能。采用相应的数学模型，从大量数据中推导出有关问题的最优解和满意解，辅助管理人员进行决策，以期合理利用资源，获取较大的经济效益。

任务4 C/S 模式和 B/S 模式介绍

一、C/S 模式与 B/S 模式的介绍

在进行软件开发时，通常会在两种基本架构中进行选择，即 C/S 架构和 B/S 架构。

1. C/S（Client/Server）模式，又称客户/服务器模式，C/S 模式通常采取两层结构，服务器通常采用高性能的电脑、工作站或小型机，并采用大型数据库系统，如 Oracle、SQL Server 等；客户端需要安装专用的客户端软件。以电脑上的 QQ 为例，QQ 就是客户端，存放所有用户信息的地方就是 QQ 的服务器。C/S 模式结构图如图 2－61 所示。

2. B/S（Browser/Server）模式，又称浏览器/服务器模式，是 Web 兴起后的一种网络结构模式，这种模式统一了客户端，将系统功能实现的核心部分集中到服务器上，简化了系统的开发、维护和使用。客户机上只需安装一个浏览器，如 Internet Explorer，并在服务器上安装 SQL Server、Oracle、MYSQL 等数据库，浏览器即可通过 Web Server 同数据库进行数据交互。如图 2－62 所示。

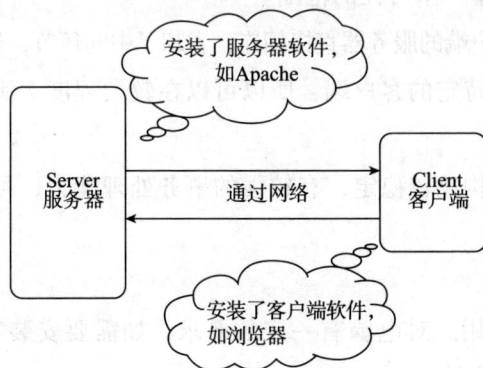

图 2－61 C/S 模式

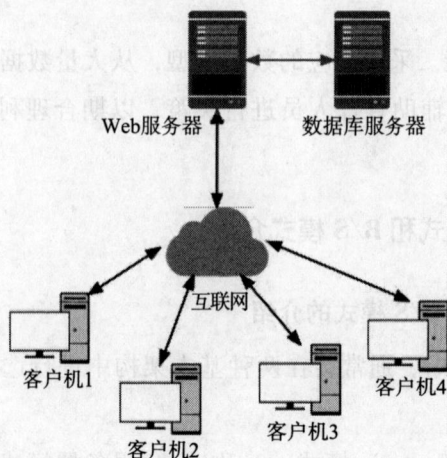

图 2 – 62　B/S 模式

以我们经常访问的百度为例，当我访问百度时，我的电脑就是客户机之一，百度的代码存放的地方就是 Web 服务器，而百度用户的信息及百度的一些基本数据信息就是数据库服务器。

二、C/S 模式与 B/S 模式的特点与区别

（一）C/S 模式的特点

优点：

1. 安全性。由于 C/S 模式有特定的客户端，所以面向的对象比较确定，从而使信息安全处于一个可控的范围。

2. 效率高。客户端的服务器直接相连，省却了中间环节，传输数据比较快。

3. 个性化。有特定的客户端，所以可以在较大程度上满足客户的个性化要求。

4. 稳定性。结构比较稳定，有较强的事务处理能力，可以实现较复杂的业务逻辑。

缺点：

1. 不可重复利用。对电脑有一定的要求，如需要安装特定的操作系统，安装特定的客户端软件。

2. 对客户端数量有限制。因为省却了中间环节，所以当客户端达到一定

量时，会造成服务器的反应变慢，效率变低。

（二）B/S 模式的特点

优点：

1. 范围广。无需安装额名软件，拥有一个浏览器即可访问，因此面向的范围更广。

2. 维护简单。更新浏览器，即可实现所有用户端软件的更新。

3. 共享性强。通过浏览器访问，共享性强。

缺点：

1. 安全性低。由于面向的范围广，所以安全性比较低。

2. 无法满足个性化需求。因为面向的范围广，主要是为了满足大众的需求，所以无法满足个性化的需求。

（三）C/S 模式与 B/S 模式的区别

C/S 模式是建立在局域网的基础上的，而 B/S 模式是建立在广域网的基础上的。C/S 模式与 B/S 的区别主要体现在以下七个方面：

1. 硬件环境不同。C/S 模式一般建立在专用的网络上，处于小范围里的网络环境，局域网之间通过专门服务器提供连接和数据交换服务。B/S 模式建立在广域网之上，所处的环境不必是专门的网络环境，有比 C/S 模式更广的适用范围，一般只要有操作系统和浏览器即可。

2. 考虑的安全对象不同。C/S 模式对服务端、客户端的安全都要考虑。B/S 模式因没有客户端，所以只注重服务端安全。

3. 对程序架构不同。C/S 模式更加注重流程，对权限进行多层次校验，对系统运行速度较少考虑。

B/S 模式对安全以及访问速度的多重考虑是建立在程序需要更加优化的基础之上，因此比 C/S 模式要求更高，B/S 模式的程序架构是呈发展的趋势。

4. 软件重用不同。C/S 模式需要整体性考虑，构件的重用性不如在 B/S 模式要求下的构件的重用性好。B/S 模式的多重结构要求构件相对独立，能够相对较好地重用。

5. 系统维护方式不同。C/S 模式由于具有整体性，必须整体考察，处理系统出现的问题以及进行系统升级相对较难，可能需要再做一个全新的系统。

B/S 模式由构件组成、方便个别构件的更换，能够实现系统的无缝升级，使系统维护开销减到最小，用户自己从网上下载安装就可以完成升级。

6. 与操作系统关系不同。C/S 模式的用户比较固定，并且在固定区域，对安全性的需求高，与操作系统关系紧密。B/S 模式建立在广域网上，面向不同的用户群，地域分散，与操作系统平台关系小。

7. 用户接口不同。C/S 模式多是建立在 Windows 平台上，表现方法有限，对程序员普遍要求较高。B/S 模式建立在浏览器上，通过 Web 服务或其他公共可识别描述语言可跨平台，使用更灵活。

任务 5 （实训六）Web 服务器配置

一、Web 服务器简介

Web 服务器，也称"WWW 服务器"，主要功能是提供网上信息浏览服务。WWW 是互联网的多媒体信息查询工具，是互联网上发展起来的服务，也是发展最快和目前使用最广泛的服务。正是因为有了 WWW，才使得近十几年来互联网迅速繁荣发展，用户数量飞速飙升。

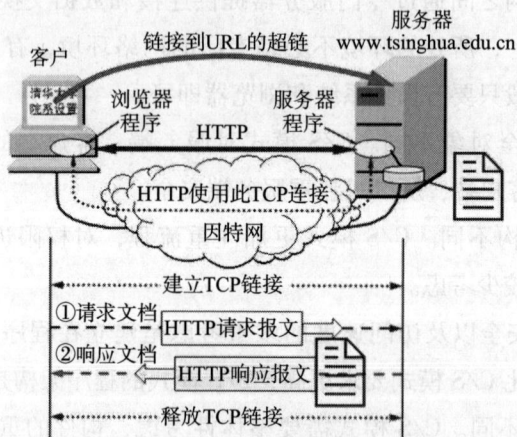

图 2-63　Web 服务器的 TCP 握手

对于"Web 服务器"的多种定义和解读如下：

1. Web 服务器是一种被动程序，只有当在互联网上运行的其他计算机中的浏览器发出请求时，Web 服务器才会响应。

2. Web 服务器是一台在互联网上具有独立 IP 地址的高性能计算机，可以向互联网上的客户机，包括个人台式机电脑、笔记本电脑、平板电脑等提供"WWW、Email 和 FTP"等各种互联网服务。

3. Web 服务器是指驻留于互联网上某种类型计算机的程序。当 Web 浏览器（客户端）连到 Web 服务器上并请求文件时，Web 服务器会处理该请求，并将文件反馈到 Web 浏览器上，附带的信息会告诉 Web 浏览器如何查看该文件。

4. Web 服务器不仅能够存储信息，还能在通过 Web 浏览器向用户提供信息的基础上，运行脚本和程序。

二、Web 服务器的工作原理

Web 服务器的工作原理并不复杂，一般可分成四个步骤：连接过程、请求过程、应答过程以及关闭连接。

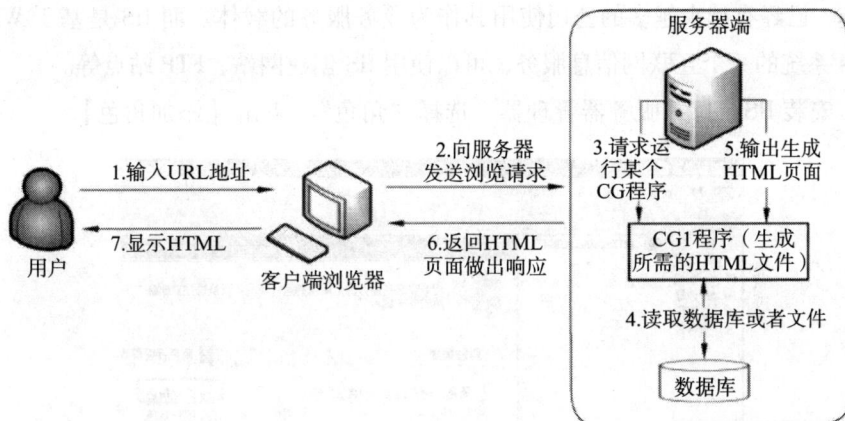

图 2-64　Web 服务器的工作原理

1. 连接过程，就是 Web 服务器和 Web 浏览器之间建立连接的过程。要查看连接过程是否实现，用户可以找到并打开 Socket 这个虚拟文件（一个抽象层，应用程序可以通过它发送或接收数据，可对其进行像对文件一样的"打开、读写和关闭"等操作）。这个文件的建立，意味着"连接过程"这一步骤已经成功完成。

2. 请求过程，就是 Web 的浏览器运用 Socket 这个文件向 Web 的服务器提出各种请求的过程。

3. 应答过程，就是运用"HTTP 协议"把在请求过程中所提出来的请求传输到 Web 的服务器，进而实施任务处理，然后运用"HTTP 协议"把任务处理的结果再传输到 Web 的浏览器，同时在 Web 的浏览器上面展示上述所请求的界面的过程。

4. 关闭连接，就是当上一个步骤——"应答过程"完成以后，Web 服务器和 Web 浏览器之间断开连接的过程。

Web 服务器上述四个步骤环环相扣、紧密相联，逻辑性比较强，可以支持多个进程、多个线程，以及多个进程与多个线程相混合的技术。

三、常见 Web 服务器的配置方法

（一）Windows Server 2008 R2 Web 环境配置下安装 IIS 的方法

Windows Server 2008 R2 是目前主流的服务器系统之一，其使用简单，性能卓越，已经有越来越多的公司使用其作为业务服务的载体。而 IIS 是基于 Windows 系统的一个互联网信息服务，可以使用 IIS 创建网站、FTP 站点等。

安装 IIS：打开服务器管理器，选择"角色"，点击【添加角色】。

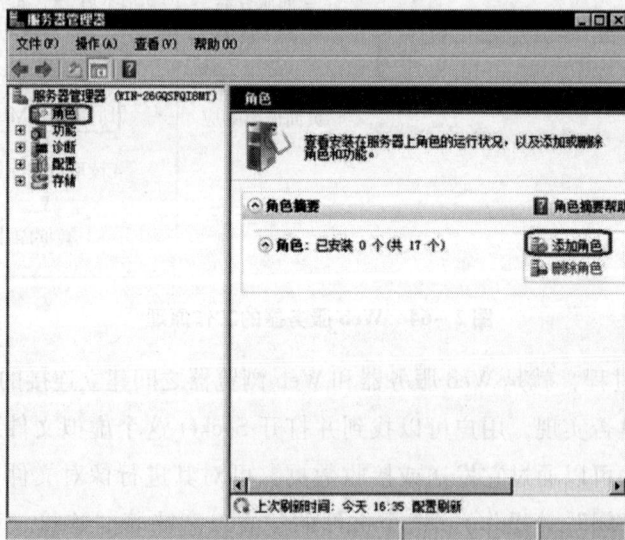

图 2-65　添加角色

选择"Web 服务器（IIS）"。

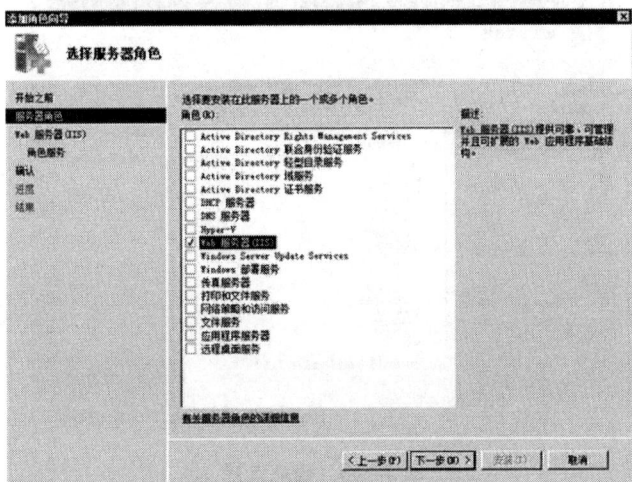

图 2-66 选择要添加的角色

添加"ASP. NET"". NET 扩展性""CGI、ISAPI 扩展""ISAPI 筛选器"，去掉"目录浏览"如果需要用到 ASP 则勾选 ASP，如果需要用 SHTM 则开启在服务器端的包含文件。安装 SQL server 一定要勾选 ASP. NET 及，NET 扩展性。需要运行 PHP 则要安装 CGI。一般建议全选。

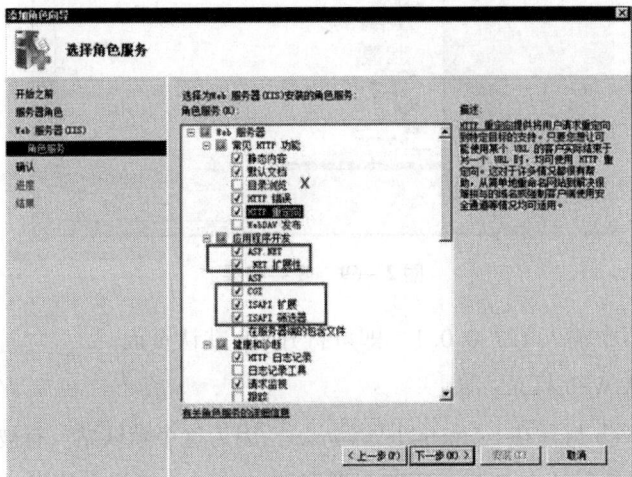

图 2-67 选择角色服务

开始安装。

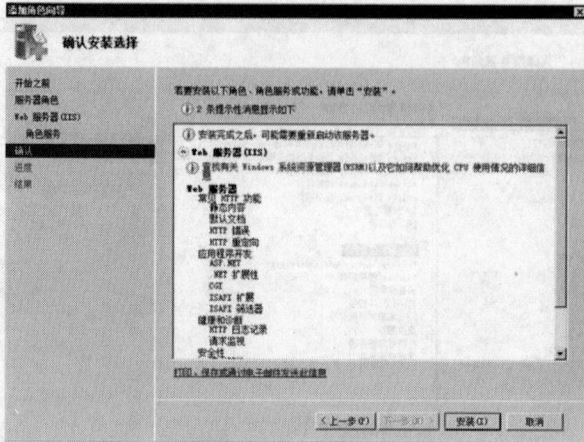

图 2 - 68　确认选择

安装完毕。

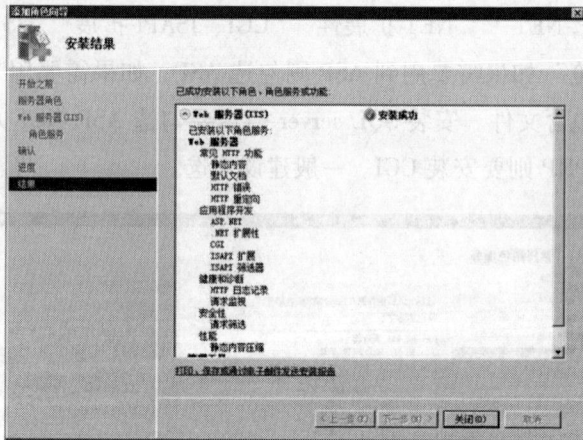

图 2 - 69　安装结果

在浏览器中输入 127.0.0.1，即可打开 IIS 默认页面。

认识默认 Web 目录：

默认的 Web 目录在 c:\inetpub\wwwroot，因为这个默认站点有被泛解析的风险并且它的位置默认在 C 盘，所以在做网站的时候一般不会使用这个目录，并且为了安全起见会把这个目录删除，并在 IIS 管理器把这个站点也删除。

图 2 – 70　IIS 默认页面

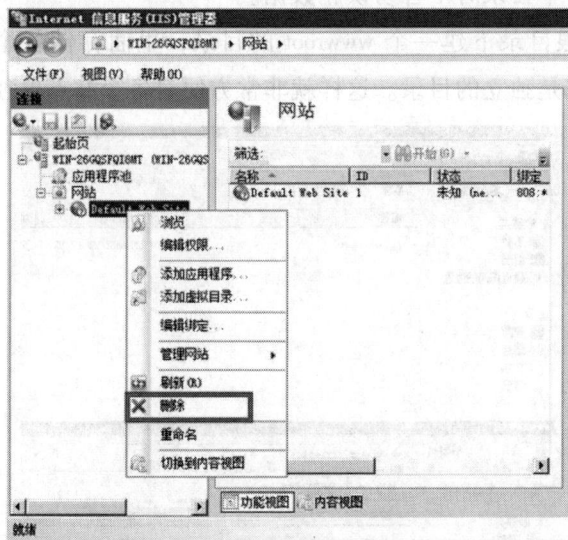

图 2 – 71　删除默认站点

我们会把站点都放到一个专门的数据盘上。例如，我会对磁盘如图 2 – 72
这样分区，每个区都有各自不同的职责，这样方便操作管理。

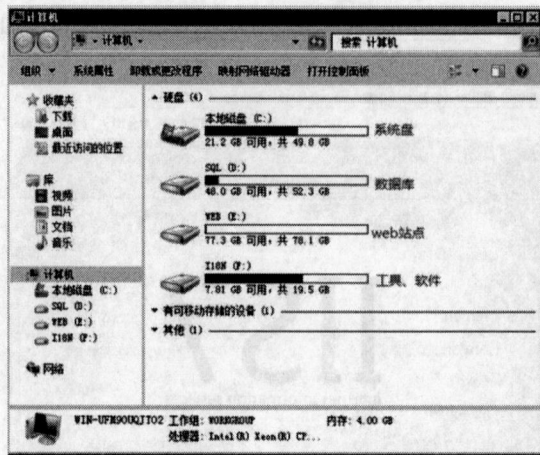

图 2 - 72　服务器分区

SQL 数据库专门存放数据库文件。Web 站点专门存放网站目录程序，工具、软件盘放一些需要用的软件安装包，如 FTP 软件、数据库软件、解压缩软件等。这样，在操作各个目录时不容易误删数据。

在 Web 盘根目录下建一个 wwwroot 的目录，里面存储各个站点的目录，并且每个站点都是独立的目录。这样就非常方便对各个站点单独设置权限了。

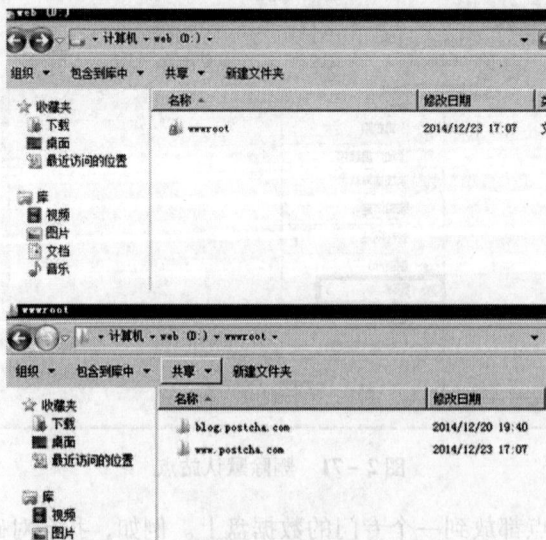

图 2 - 73　站点目录

（二）Tomcat 服务器的安装方法

1. 进入 Tomcat 官网（http：∥tomcat. apache. org∕），选择相应的版本进行下载。

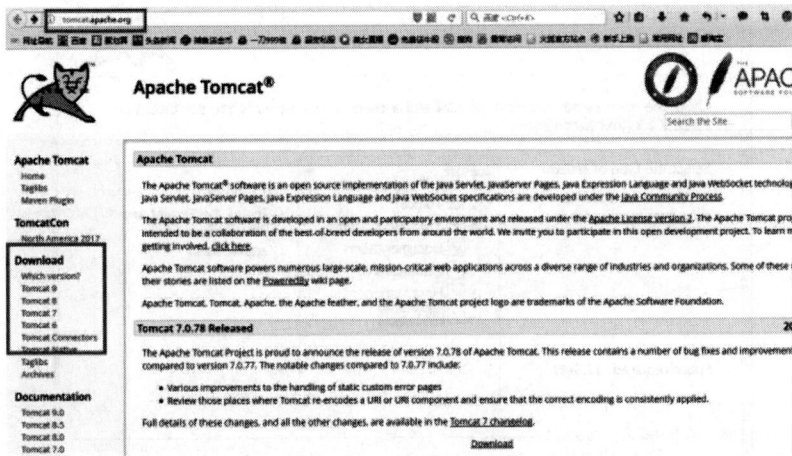

图 2 - 74 Tomcat 官网

2. 选择安装版进行下载。

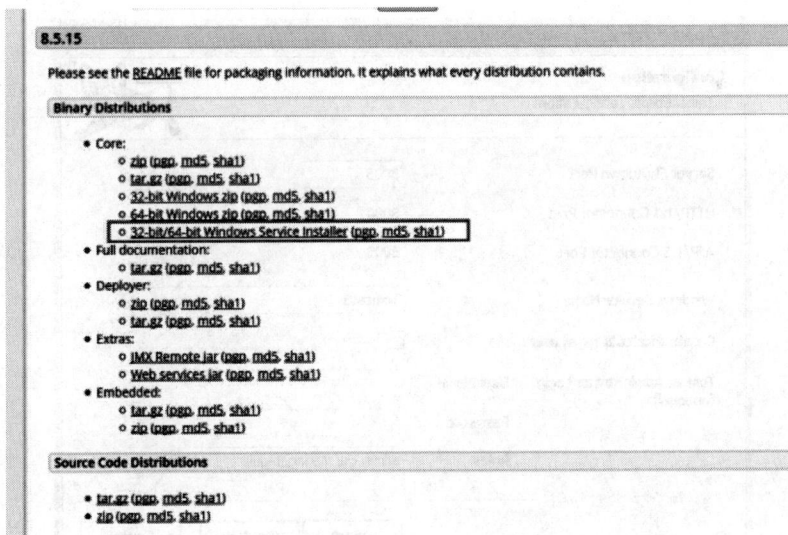

图 2 - 75 选择安装包下载

3. 进行安装。进行端口配置，可以将端口设置为80，这样在浏览器输入时就不需要输入端口号了。另外，还可以设置一个 Tomcat 服务器的用户。

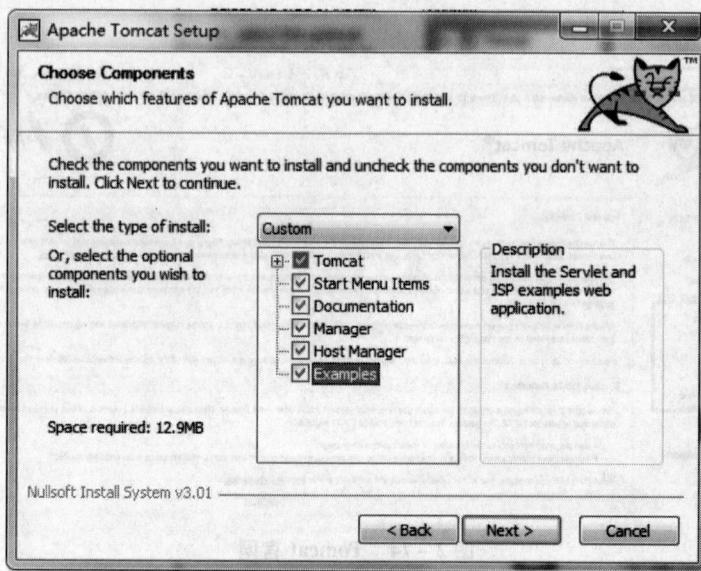

图 2 - 76　Tomcat 安装

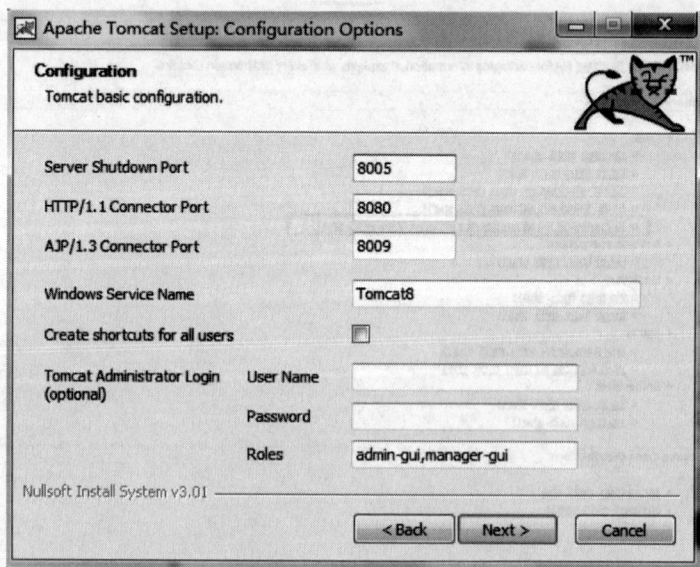

图 2 - 77　端口设置

Tomcat 要求必须配置 Java 环境，需要输入 JVM 的安装路径。Tomcat 可以不安装在 C 盘，并自己选择路径，但必须安装在没有中文名的路径下。

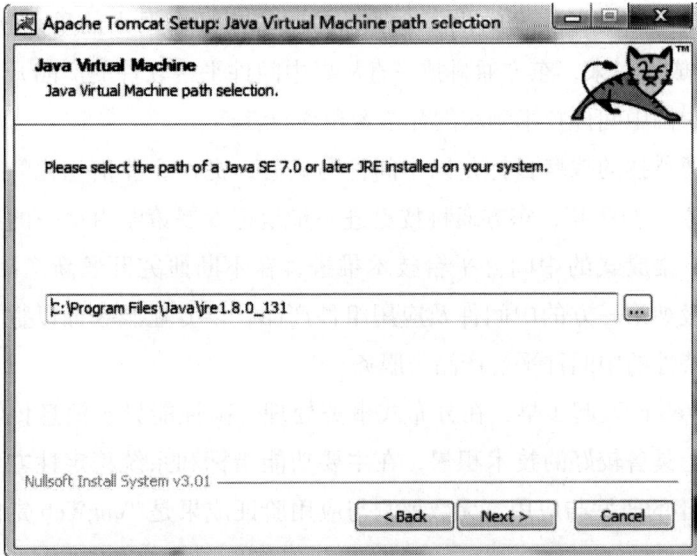

图 2-78 指定 JRE 路径

4. 检验是否安装成功，打开浏览器，输入 http://127.0.0.1:8080 或 http://localhost:8080。

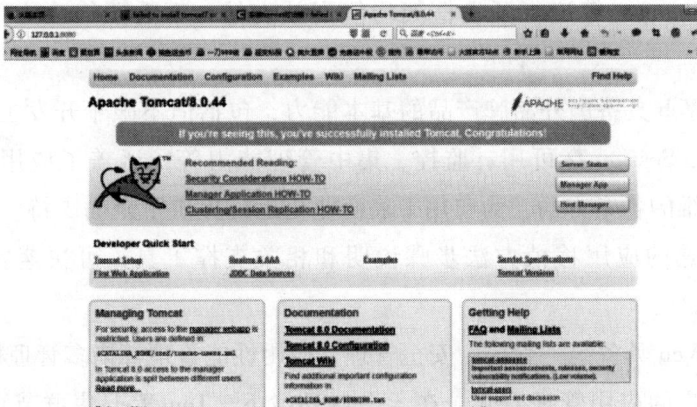

图 2-79 Tomcat 默认站点

四、国产 Web 服务器中间件——TongWeb

东方通科技是中间件平台技术专业厂商，是信息产业部电子发展基金、中关村科技园区引导奖金的投资企业，是国家规划布局内的重点软件企业。自 1992 年成立以来，东方通科技一直从事中间件平台软件的产品开发与市场开拓，是中国中间件技术领域的开拓者和领导者。

东方通科技的战略目标是以中间件为核心，提供企业信息化的基础设施产品与服务。2002 年，东方通科技更进一步地把发展策略由单一的产品形态向整体化、集成式的中间件平台技术推进，在不断研究开发新产品的同时，开放式地吸纳第三方的中间件及应用组件产品，以专业服务加以整合，提供具有行业特性的中间件平台产品与服务。

TongWeb 研发起步早，在分布式事务处理、高性能异步消息传输等核心技术研发上具备较好的技术积累，在主要功能指标和系统稳定性方面成熟度较高。18 年的研发与应用、无数评测与应用验证成果是 TongWeb 走向成熟的见证。

在标准规范方面，TongWeb 是国内通过 JavaEE5、JavaEE6、JavaEE7、JavaEE8 技术标准认证的产品。TongWeb 完全满足国内主流应用的技术需求，在标准支持上实现广泛兼容，支撑规模化应用。此外，TongWeb 对于 Struts2、Spring、Hibernate 等流行开发框架均能高效支持，不需要修改应用的任何代码。

TongWeb 具备国外品牌产品的基本能力，包括但不限于开发工具支持、集群能力、Session 高可用、监控、集中管理能力等，涵盖了应用的开发、部署、运维的各个方面，为应用平稳商业化运行提供了全面支持。TongWeb 提供了成熟的应用移植方法步骤说明和相关支撑工具，可快速实现应用移植。

TongWeb 具备统一管控、安全管理、应用性能管理等诸多管理特性，可以满足用户的应用管理需求。在云平台环境下，TongWeb 集群节点支持智能化自动管理，能够自动、及时、适当地根据应用负荷的变化而动态调整，调整过程不影响业务的连续运行，从而提高资源利用率、节约运营成本。

拓展 **学习1**

软件开发流程

在很多人看来，计算机软件开发主要就是开发人员的工作，只要把想法告诉他们，他们就能把软件开发出来。这种情况是存在的，要么这个软件非常简单，要么开发人员的综合能力非常强。但这种认知也是片面的，开发一个计算机软件不单单是开发人员的工作，甚至有时候开发人员的工作所占用的资源、时间只是整个项目中非常小的一部分。

那开发一个计算机软件的基本流程到底是怎么样的？需要什么人员的参与呢？下面就给大家介绍一下。

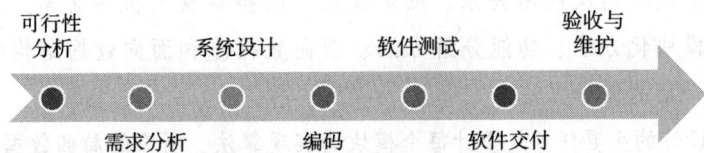

图2-80　软件开发流程

1. 可行性分析。可行性分析是要决定"做还是不做"。显然，"做还是不做"比"如何做"更重要。如果可行性分析不够充分、完整，就有可能得出错误的结论，从而导致资金的浪费、无畏的投入。软件可行性分析最根本的任务是用最少的代价对以后的行动方针提出建议。

一般来说，可行性分析的要素有：①市场可行性分析；②政策可行性分析；③技术可行性分析；④成本—收益分析；⑤SWOT（强项、弱项、机会、威胁）分析。

2. 需求分析。需求分析要解决"做什么，不做什么"的问题。需求分析要求开发人员准确理解用户的需求，进行细致的调查分析，将用户非形式的需求陈述转化为完整的需求定义，再由需求定义转化到相应的形式功能规约（需求规格说明）。

需求分析最难的地方是用户需求本身在不断改变，但同时，需求分析又必须在软件开发启动之前完成。

软件研发的一个很重要的特点就是问题发现得越早，解决的代价就越低。

假定在需求分析阶段发现一个错误，解决它需要用1小时的时间，那么到设计、编程、测试和维护阶段解决，则要花2.5倍、5倍、25倍甚至100倍的时间。

需求分析的核心任务是了解用户以下方面的需求：

功能需求：明确所开发的软件必须具备什么样的功能；

性能需求：明确待开发的软件的技术性能指标；

环境需求：明确软件运行时所需要的软、硬件的要求；

用户界面需求：明确人机交互方式、输入输出数据格式。

3. 系统设计。系统设计分两个阶段：总体设计和详细设计。

总体设计的主要任务是把需求分析得到的结果转换为软件结构和数据结构。设计软件结构的具体任务是：将一个复杂系统按功能进行模块划分、建立模块的层次结构及调用关系、确定模块间的接口及人机界面等。总体设计方法包括模块化方法、功能分解方法、面向数据流和面向数据结构的设计方法、面向对象的设计方法。

详细设计的主要任务是设计每个模块的实现算法、所需的局部数据结构。详细设计的目标有两个：实现模块功能的算法逻辑上要正确、算法描述要简明易懂。

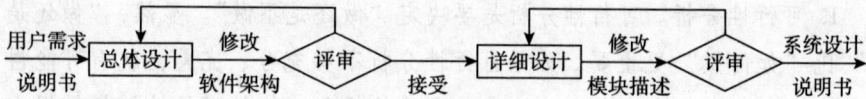

图2-81 详细设计

4. 编码。软件开发流程中每个上一阶段都是下一阶段实施的基础。编程是根据软件设计，将各部分需求通过计算机程序代码来实现运行。编程有统一、规范的程序编写规则，能保证软件程序的易懂性、易维护性。

开发者根据系统设计说明书中对数据结构、算法分析和模块实现等方面的设计要求，开展具体的编写程序工作，发挥各模块的功能，从而实现对目标系统的功能、性能、接口、界面等方面的要求。

5. 软件测试。在软件设计完成之后要进行严密的测试，以发现软件在整个软件设计过程中存在的问题并加以纠正。整个测试分为单元测试、组装测试、系统测试三个阶段。测试方法主要有白盒测试和黑盒测试。

6. 软件交付。在证明软件达到要求后，软件开发者应向用户提交开发的目标安装程序、数据库的数据字典、《用户安装手册》、《用户使用指南》、需求报告、设计报告、测试报告等双方合同约定的产物。

7. 验收与维护。这里是指用户验收。根据用户需求的变化或环境的变化，对应用程序进行全部或部分的修改。

拓展 **学习2**

软件开发模型

软件开发模型[1]规定了软件开发应遵循的步骤，是软件开发的导航图，它能够清晰、直观地表达软件开发的全过程，以及每个阶段要进行的活动和要完成的任务。开发人员在选择开发模型时，要根据软件的特点、开发人员的参与方式选择稳定可靠的开发模型。自有软件开发以来，软件开发模型也从最初的"边做边改"发展出了多个模型。下面以软件开发模型发展历史为顺序，介绍几个典型的开发模型。

一、瀑布模型

瀑布模型是 W. W. 罗伊斯于 1970 年提出的软件开发模型。由模型名称可知，该模型遵循从上至下一次性完成整个软件产品的开发方式。瀑布模型将软件开发过程分为六个阶段：计划→需求分析→软件设计→编码→测试→运行维护，其开发过程如图 2 - 82 所示。

在瀑布模型中，软件开发的各项活动严格按照这条线进行，只有当一个阶段任务完成之后才能开始下一个阶段。软件开发的每一个阶段都要有结果产出，结果经过审核验证之后作为下一个阶段的输入，下个阶段才可以顺利进行。如果结果审核验证不通过，则需要返回修改。

瀑布模型为整个项目划分了清晰的检查点，当一个阶段完成后，只需要把全部精力放置在后面的开发上即可，这样做有利于大型软件开发人员的组织管理及工具的使用与研究，可以提高开发的效率。

---

〔1〕 "软件开发模型有几种？各自有什么特点？"，载 https://www.itcast.cn/news/20201008/1426248390.shtml，访问时间：2020 年 10 月 8 日。

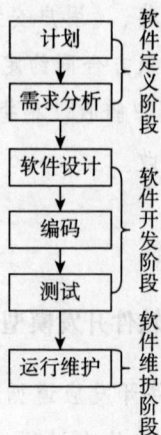

图 2 - 82　瀑布模型

由于瀑布模型是严格按照线性方式进行的，无法适应用户需求变更，用户只能等到最后才能看到开发成果，这增加了开发风险。如果开发人员与客户对需求理解有偏差，等到最后开发完成后，最终成果与客户需求可能会差之千里。

二、快速原型模型

快速原型模型与瀑布模型正好相反，它在最初确定用户需求时快速构造出一个可以运行的软件原型，这个软件原型向用户展示待开发软件的全部或部分功能和性能，客户对该原型进行审核评价，然后给出更具体的需求意见。这样逐步丰富、细化需求，最后开发人员与客户达成最终共识，确定客户的真正需求。确定客户的真正需求之后，再开始真正的软件开发。

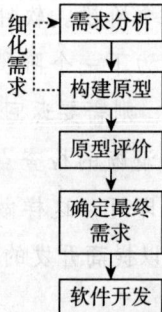

图 2 - 83　快速原型模型

与瀑布模型相比，快速原型模型克服了需求不明确带来的风险，适用于不能预先确定需求的软件项目。快速原型模型的关键在于快速构建软件原型，但准确地设计出软件原型存在一定的难度；此外，这种开发模型也不利于开发人员对产品进行扩展。

三、迭代模型

迭代模型又称增量模型或演化模型，它将一个完整的软件拆分成不同的组件，然后逐个组件地开发测试，每完成一个组件就展现给客户，让客户确认这一部件功能和性能是否达到客户需求，最终确定无误后，再将组件集成到软件体系结构中。整个开发工作被分为一系列短期、简单的小项目，称为一系列迭代，每一个迭代都需要经过需求分析、软件设计、编码、测试的过程。

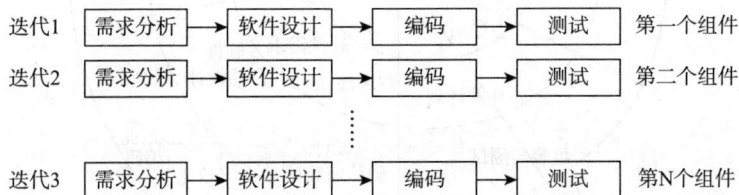

图 2-84　迭代模型

在迭代模型中，第一个迭代（即第一个组件）往往是软件基本需求的核心部分。第一个组件完成之后，经过客户审核评价形成下一个组件的开发计划，包括对核心产品的修改和新功能的发布。这样重复迭代步骤直到实现最终完善的产品。

迭代模型可以很好地适应客户需求的变更，它逐个组件地交付产品，客户可以经常看到产品。如果某个组件没有满足客户需求，那么只需要更改这一个组件即可，降低了软件开发的成本与风险。但是，迭代模型需要将开发完成的组件集成到软件体系结构中，由于这样会有集成失败的风险，所以要求软件必须有开放式的体系结构。

四、螺旋模型

螺旋模型由巴利·玻姆于 1988 年提出，该模型融合了瀑布模型、快速原型模型，它最大的特点是引入了其他模型所忽略的风险分析，即如果项目不能排除重大风险，就停止项目从而减少损失。这种模型比较适合开发复杂的大型软件。

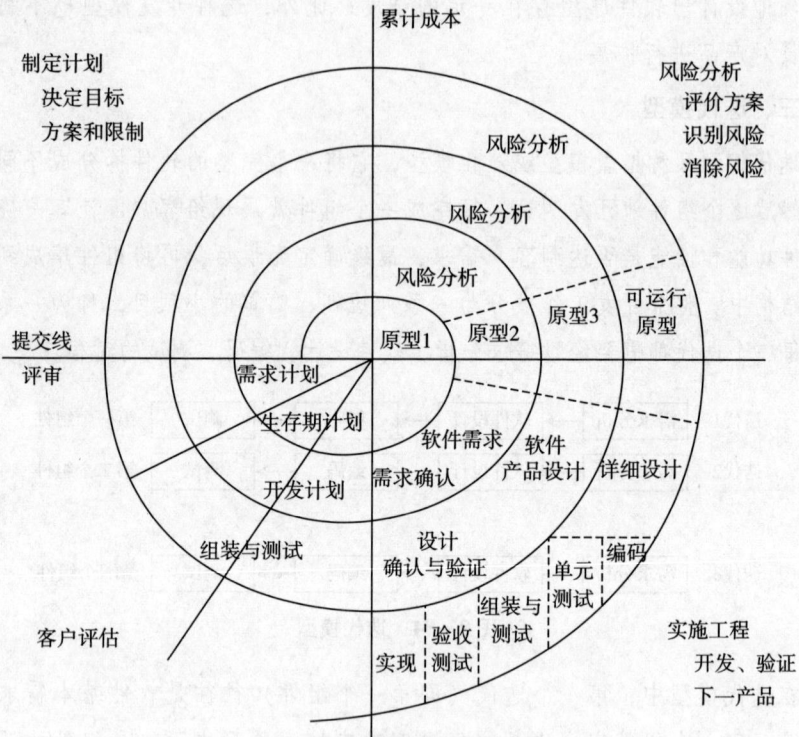

图2-85　螺旋模型

螺旋模型强调了风险分析，这意味着对可选方案和限制条件都进行了评估，更有助于将软件质量作为特殊目标融入产品开发之中。它以小分段构建大型软件，使成本计算变得简单容易，而且客户始终参与每个阶段的开发，保证了项目不偏离正确方向，也保证了项目的可控制性。

五、敏捷模型

敏捷模型以用户的需求进化为核心，采用迭代、循序渐进的方法进行软件开发。在敏捷模型中，软件项目在构建初期被拆分为多个相互联系而又独立运行的子项目，然后迭代完成各个子项目。在开发过程中，各个子项目都要经过开发测试。当客户变更需求时，敏捷模型能够迅速地对某个子项目做出修改，以满足客户的需求。在这个过程中，软件一直处于可使用状态。

思考与练习

1. 常见的数据库有哪些？其中哪些是国产数据库？
2. 一个计算机软件的开发流程是怎么样的？需要什么人员的参与？
3. 信息管理系统的主要特点与功能是什么？
4. 什么是 C/S 模式和 B/S 模式？它们的主要区别是什么？
5. 常见的 Web 服务器软件有哪些？

社区矫正的信息安全

网络空间是一个充满病毒和攻击的空间，威胁无处不在，需要国家、单位和个人从科技自主、网络安全、数据安全等各方面共同努力，才能保障网络空间的信息安全。在国家层面的方针政策上，我们应当做到"两个维护"，同时牢固树立"四个意识"。2018 年 4 月 20 日，在全国网络安全和信息化工作会议上，习总书记要求：各级领导干部特别是高级干部要主动适应信息化要求、强化互联网思维，不断提高对互联网规律的把握能力、对网络舆论的引导能力、对信息化发展的驾驭能力、对网络安全的保障能力。因此，维护社区矫正的信息安全，既要有互联网思维，还要具备以上四种能力。对于一个行业的信息化建设，在系统设计阶段就应该先考虑信息安全是否能达到相应的安全标准。

项目一　网络安全相关法律解读

> **学习目标**

知识目标：熟悉《网络安全法》《个人信息保护法》《数据安全法》相关知识。

能力目标：具备严格执法、规范执法的能力。

素质目标：具有维护国家安全、网络安全的意识。

知识树

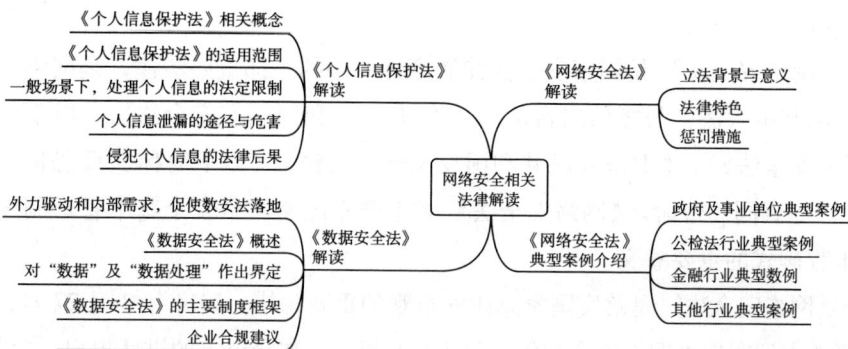

任务 1　《网络安全法》解读

2016 年 11 月 7 日，十二届全国人大常委会经表决高票通过了《中华人民共和国网络安全法》（以下简称《网络安全法》）。作为我国的网络安全基本法，《网络安全法》是"依法治国"在网络安全领域的重要体现，对保障我国网络安全有着重大意义。《网络安全法》共 7 章 79 条，自 2017 年 6 月 1 日起正式施行。

一、立法背景与意义

（一）立法背景

"没有网络安全就没有国家安全。"网络安全已经成为关系国家安全和发展、关系广大人民群众切身利益的重大问题。网络已经深刻地融入了经济社会生活的各个方面，网络安全威胁也随之向经济社会的各个层面渗透，网络安全的重要性随之不断提高。

党的十八大以来，以习近平同志为核心的党中央从总体国家安全观出发，对加强国家网络安全工作作出了重要的部署，对加强网络安全法治建设提出了明确的要求。制定《网络安全法》是适应我们国家网络安全工作新形势、新任务，落实中央决策部署，保障网络安全和发展利益，落实国家总体安全观的重要举措。中国是网络大国，也是面临网络安全威胁最严重的国家之一，迫切需要建立和完善网络安全的法律制度，提高全社会的网络安全意识和网络安全保障水平，使我们的网络更加安全、更加开放、更加便利，也更加充满活力。

在这样的形势下，制定《网络安全法》是维护国家广大人民群众切身利益的必然要求，是维护网络安全的客观需要，是落实国家总体安全观的重要举措。

（二）立法意义

《网络安全法》是国家安全法律制度体系中的一部重要法律，是网络安全领域的基本大法，与之前出台的《中华人民共和国国家安全法》（以下简称《国务安全法》）、《中华人民共和国反恐怖主义法》（以下简称《反恐怖主义法》）等属同一位阶。《网络安全法》对于确立国家网络安全基本管理制度具有里程碑式的重要意义。

《网络安全法》是落实国家总体安全观的重要举措。2014年2月27日，习近平总书记在中央网络安全和信息化领导小组第一次会议上的讲话提出："没有网络安全就没有国家安全，没有信息化就没有现代化。"《网络安全法》是适应我国网络安全工作新形势、新任务，落实中央决策部署，保障网络安全和发展利益的重大举措。《网络安全法》中明确提出了有关国家网络空间安全战略和重要领域安全规划等问题的法律要求，有助于推进与其他国家和非国家行为体就网络安全问题展开有效的战略博弈。《网络安全法》助力网络空间治理，护航"互联网＋"。《网络安全法》的出台将成为新的起点和转折点，标志着公民个人信息保护进入正轨，网络暴力、网络谣言、网络欺诈等"毒瘤"生存的空间将被大大挤压，而"四有"中国好网民也从道德自觉走向法律规范，能够用法律武器维护自己的合法权益，为"互联网＋"的长远发展保驾护航。

二、法律特色

（一）网络安全基本大法

《网络安全法》是我国网络安全领域的基础性法律，是我国第一部网络安全领域的法律，也是我国第一部保障网络安全的基本法。《网络安全法》与现有《国家安全法》《中华人民共和国保密法》《反恐怖主义法》等属同等地位的法律。

（二）三项基本原则

1. 网络空间主权原则。《网络安全法》第1条明确规定要维护我国网络空间主权。网络空间主权是一国国家主权在网络空间中的自然延伸和表现。第2条规定，《网络安全法》适用于我国境内网络以及网络安全的监督管理。

这是我国网络空间主权对内最高管辖权的具体体现。

2. 网络安全与信息化发展并重原则。习近平总书记在网络安全和信息化工作座谈会上指出，安全是发展的前提，发展是安全的保障，安全和发展要同步推进。网络安全和信息化是"一体之两翼、驱动之双轮"，必须统一谋划、统一部署、统一推进、统一实施。《网络安全法》第3条规定，国家坚持网络安全与信息化并重，遵循积极利用、科学发展、依法管理、确保安全的方针；既要推进网络基础设施建设和互联互通，鼓励网络技术创新和应用，又要建立健全网络安全保障体系，提高网络安全保护能力，做到"双轮驱动、两翼齐飞"。

3. 共同治理原则。网络空间安全仅仅依靠政府是无法实现的，需要政府、企业、社会组织、技术社群和公民等网络利益相关者的共同参与。《网络安全法》坚持共同治理原则，要求采取措施鼓励全社会共同参与，政府部门、网络建设者、网络运营者、网络服务提供者、网络行业相关组织、高等院校、职业学校、社会公众等应根据各自的角色参与网络安全治理工作。

（三）六大显著特征

1. 明确了网络空间主权的原则。没有网络安全就没有国家安全，没有网络主权就没有网络空间安全。网络主权原则根植于《联合国宪章》和国家法理的基本准则。网络空间主权主要表现为三方面：一是对内的最高权，各国有权自主选择网络发展道路、网络管理模式、互联网公共政策；二是对外的独立权，各国有平等参与国际网络空间治理的权利；三是不得危害国家的网络安全，不搞网络霸权，不干涉他国内政，不从事、纵容或支持威胁他国国家安全的网络活动。

2. 明确了网络产品和服务提供者的安全义务。《网络安全法》第22条明确规定，网络产品、服务应当符合相关国家标准的强制性要求。网络产品、服务的提供者不得设置恶意程序；发现其网络产品、服务存在安全缺陷、漏洞等风险时，应当立即采取补救措施，按照规定及时告知用户并向有关主管部门报告。网络产品、服务的提供者应当为其产品、服务持续提供安全维护；在规定或者当事人约定的期限内，不得终止提供安全维护。网络产品、服务具有收集用户信息功能的，其提供者应当向用户明示并取得同意；涉及用户个人信息的，还应当遵守该法和有关法律、行政法规关于个人信息保护的规定。

3. 明确了网络运营者的安全义务。《网络安全法》将原来散见于各种法规、规章中的规定上升到法律层面，对网络运营者等主体的法律义务和责任作了全面规定，确定了相关法定机构对网络安全的保护和监督职责，明确了网络运营者应履行的安全义务，平衡了国家、企业和公民等多元主体的网络权利与义务，协调政府管制和社会共治的网络治理关系，形成了以法律为根本治理基础的网络治理模式。

4. 进一步完善了个人信息保护规则。《网络安全法》明确网络运营者在收集个人信息时必须合法、正当、必要，应当与个人订立合同；个人信息一旦泄露、损坏、丢失，必须告知和报告，同时，个人具有对其信息的删除权和更正权（个人行使删除权的两种情形：①网络运营者违反法律法规收集、使用其个人信息，②约定的合同期限已满）。《网络安全法》首次给予个人信息交易一定的合法空间。

5. 建立了关键信息基础设施安全保护制度。以立法的形式将国家主权范围内的关键信息基础设施列为国家重要基础性战略资源加以保护，已经成为各主权国家网络空间安全法治建设的核心内容和基本实践。《网络安全法》首次将关键信息基础设施安全保护制度以立法形式进行保护。

6. 确立了关键信息基础设施重要数据跨境传输的规则。数据本地化存储隶属于数据主权的概念，通常是指主权国家通过制定法律或规则限制本国数据向境外流动。任何本国或者外国公司在采集和存储与个人信息和关键领域相关数据时，必须使用主权国家境内的服务器。《网络安全法》第37条标志着中国正式开始基于网络主权原则对数据跨境传输进行法律限制。

（四）网络安全保障制度

为了更好地履行《网络安全法》，运营者需要建立对应制度，分别是网络安全等级保护制度，网络产品和服务采购制度，网络产品和服务的强制性准入制度，网络安全产品和关键设备的强制性认证和检测制度，网络安全风险评估制度，用户实名制度，网络安全监测预警和信息通报制度，网络安全事件应急预案制度，开展网络安全认证、监测、风险评估制度，关键信息基础设施运行安全保护制度，用户信息保护制度，合法侦查犯罪协助制度，关键信息基础设施重要数据境内留存制度，网络安全信息管理制度，网络信息安全投诉、举报制度。

（五）网络安全等级保护制度

《网络安全法》第21条规定，国家实行网络安全等级保护制度。经过二十多年的发展，国家确定实施网络安全等级保护制度从国家制度上升为国家法律。同时，第31条第1款规定，对可能严重危害国家安全、国计民生、公共利益的关键信息基础设施，在网络安全等级保护制度的基础上，实行重点保护。网络运营者要从定级备案、安全建设、等级测评、安全整改、监督检查等角度，严格落实网络安全等级保护制度。

（六）关键信息基础设施运行安全保护制度

《网络安全法》第31条第1款规定："国家对公共通信和信息服务、能源、交通、水利、金融、公共服务、电子政务等重要行业和领域，以及其他一旦遭到破坏、丧失功能或者数据泄露，可能严重危害国家安全、国计民生、公共利益的关键信息基础设施，在网络安全等级保护制度的基础上，实行重点保护。关键信息基础设施的具体范围和安全保护办法由国务院制定。"这是我国首次在法律层面提出关键信息基础设施的概念和重点保护范围。

为了强化对关键信息基础设施安全保护的责任，《网络安全法》从国家主体和关键信息基础设施运营者两大层面，分别明确了对关键信息基础设施安全保护的法律义务和责任。在国家层面，《网络安全法》第32条规定："按照国务院规定的职责分工，负责关键信息基础设施安全保护工作的部门分别编制并组织实施本行业、本领域的关键信息基础设施安全规划，指导和监督关键信息基础设施运行安全保护工作。"在关键信息基础设施运营者方面，《网络安全法》第34条专门设定了关键信息基础设施的运营者应当履行的四大安全保护义务：一是设置专门安全管理机构和安全管理负责人；二是定期对从业人员进行网络安全教育、技术培训和技能考核；三是对重要系统和数据库进行容灾备份；四是制定网络安全事件应急预案，并定期进行演练。另外，第34条还设定了一项兜底性条款，即"法律、行政法规规定的其他义务"。

（七）网络安全风险评估制度

《网络安全法》第38条规定，关键信息基础设施的运营者应当自行或者委托网络安全服务机构对其网络的安全性和可能存在的风险每年至少进行一次检测评估，并将检测评估情况和改进措施报送相关负责关键信息基础设施安全保护工作的部门。同时，《网络安全法》第 21 条第 1 款规定，国家实行网络安全等符合级保护制度。运营者应定时开展网络安全等级保护测评工作，这样既符合风险评估制度，同时又符合网络安全等级保护制度。

（八）用户实名制度

《网络安全法》立法确立了网络实名制在我国的实施，第 24 条第 1 款规定，网络运营者为用户办理网络接入、域名注册服务，办理固定电话、移动电话等入网手续，或者为用户提供信息发布、即时通讯等服务，在与用户签订协议或者确认提供服务时，应当要求用户提供真实身份信息。用户不提供真实身份信息的，网络运营者不得为其提供相关服务。

在此之前，我国已经有相关的法律法规对实名制进行规定。2016 年 1 月 1 日实施的《反恐怖主义法》规定，电信、互联网、金融、住宿、长途客运、机动车租赁等业务经营者、服务提供者，应当对客户身份进行查验。对身份不明或者拒绝身份查验的，不得提供服务。2015 年的《互联网用户账号名称管理规定》规定，互联网信息服务提供者应当按照"后台实名、前台自愿"的原则，要求互联网信息服务使用者通过真实身份信息认证后注册账号。2016 年的《移动互联网应用程序信息服务管理规定》要求，移动互联网应用程序提供者按照"后台实名、前台自愿"的原则，对注册用户进行基于移动电话号码等真实身份信息认证。

（九）网络安全事件应急预案制度

《网络安全法》第 25 条规定，网络运营者应当制定网络安全事件应急预案，及时处置系统漏洞、计算机病毒、网络攻击、网络侵入等安全风险；在发生危害网络安全的事件时，立即启动应急预案，采取相应的补救措施，并按照规定向有关主管部门报告。网络运营者应当结合发生的安全事件和面临的安全风险，制定覆盖所有网络安全场景、符合自身组织架构的网络安全应急预案，并在预案中明确内部及业务部门的应急响应责任、准备措施以及应对突发事件的配合机制，同时对相关人员开展应急预案培训并组织演练。

（十）网络安全监测预警和信息通报制度

《网络安全法》第 51 条规定，国家建立网络安全监测预警和信息通报制度。国家网信部门应当统筹协调有关部门加强网络安全信息收集、分析和通报工作，按照规定统一发布网络安全监测预警信息。这是从国家层面要建立安全态势感知与信息通报制度，说明将来会出台国家层面的"网络安全监测预警和信息通报制度"。习近平总书记在2016年4月19日网络安全和信息化工作座谈会上讲到，"全天候全方位感知网络安全态势。知己知彼，才能百战不殆"，同时指出，"感知网络安全态势是最基本、最基础的工作。要全面加强网络安全检查，摸清家底，认清风险，找出漏洞，通报结果，督促整改。要建立统一高效的网络安全风险报告机制、情报共享机制、研判处置机制，准确把握网络安全风险发生的规律、动向、趋势。要建立政府和企业网络安全信息共享机制，把企业掌握的大量网络安全信息用起来，龙头企业要带头参加这个机制"。

《网络安全法》第52条规定，负责关键信息基础设施安全保护工作的部门，应当建立健全本行业、本领域的网络安全监测预警和信息通报制度，并按照规定报送网络安全监测预警信息。这条主要从行业层面讲安全态势感知与信息通报制度，行业主管部门要在国家指导下出台行业层面的"网络安全监测预警和信息通报制度"。

（十一）用户信息保护制度

《网络安全法》第40条规定，网络运营者应当对其收集的用户信息严格保密，并建立健全用户信息保护制度。同时，第22条第3款规定，网络产品、服务具有收集用户信息功能的，其提供者应当向用户明示并取得同意；涉及用户个人信息的，还应当遵守本法和有关法律、行政法规关于个人信息保护的规定。

《网络安全法》对保护个人信息有了明确规定，如第42条第1款规定，"网络运营者不得泄露、篡改、毁损其收集的个人信息"；第44条规定，"任何个人和组织不得窃取或者以其他非法方式获取个人信息，不得非法出售或者非法向他人提供个人信息"；等等。

（十二）关键信息基础设施重要数据境内留存制度

《网络安全法》第37条规定，关键信息基础设施的运营者在中华人民共和国境内运营中收集和产生的个人信息和重要数据应当在境内存储。因业务需要，确需向境外提供的，应当按照国家网信部门会同国务院有关部门制定的办法进行安全评估；法律、行政法规另有规定的，依照其规定。

《网络安全法》第37条是与数据主权有关的规定。数据主权也被称为数据本地化存储，指主权国家通过制定法律或规则限制本国数据向境外流动。任何本国或者外国公司在采集和存储与个人信息和关键领域相关数据时，必须使用主权国家境内的服务器。据国际电信联盟（ITU）的统计，2015 年全球通过互联网传输的跨境数据量超过 1 ZB（1 万亿 GB），如果没有数据主权的保护和跨境流动的法律机制，将可能直接影响个人的隐私和自由，乃至一个国家的经济运行，危及国家安全。俄罗斯、澳大利亚等国通过立法的形式对数据的流动进行动态调整和控制。欧盟规定，如果需要将雇员的个人数据转移到欧盟以外的其他国家，采集这些数据时，雇员必须得到通知，否则不能将其数据转移出境。

三、惩罚措施

《网络安全法》规定了详尽的法律责任，大致规定了 14 种惩罚手段，分别是约谈、断网、改正、警告、罚款、暂停相关业务、停业整顿、关闭网站、吊销相关业务许可证、吊销营业执照、拘留、职业禁入、民事责任、刑事责任。

（一）约谈

《网络安全法》第 56 条明确规定，省级以上人民政府有关部门在履行网络安全监督管理职责中，发现网络存在较大安全风险或者发生安全事件的，可以按照规定的权限和程序对该网络运营者的法定代表人或者主要负责人进行约谈。

（二）断网

《网络安全法》第 58 条明确规定，因维护国家安全和社会公共秩序，处置重大突发社会安全事件的需要，经国务院决定或者批准，可以在特定区域对网络通信采取限制等临时措施。"在特定区域对网络通信采取限制等临时措施"被业界很多人解读为断网。

（三）拘留

《网络安全法》第 63 条第 1 款明确规定，对从事危害网络安全的活动，或者提供专门用于从事危害网络安全活动的程序、工具，或者为他人从事危害网络安全的活动提供技术支持、广告推广、支付结算等帮助，设立用于实施违法犯罪活动的网站、通讯群组，或者利用网络发布涉及实施违法犯罪活动的信息，尚不构成犯罪的，由公安机关没收违法所得，依据情节严重情况，可处 5 日以下或者 5 日以上 15 日以下拘留。

（四）罚款

如果被罚款对象是运营者，范围为最低 1 万元，最高 100 万元。如果被罚款对象是个人，范围最低 5000 元，最高 10 万元。为了打击违法犯罪，《网络安全法》同时规定了可视情节对运营者处违法所得或采购金额的 1 倍以上 10 倍以下罚款，这大大提高了犯罪成本。执行罚款的部门主要由运营者的主管部门、公安部门组成。

（五）职业禁入

《网络安全法》要求关键信息基础设施的运营者设置专门的安全管理机构和安全管理负责人，并对该负责人和关键岗位的人员进行安全背景审查。受到治安管理处罚的人员，5 年内不得从事网络安全管理和网络运营关键岗位的工作；受到刑事处罚的人员，终身不得从事网络安全管理和网络运营关键岗位的工作。

任务 2　《网络安全法》典型案例介绍

每一起重大的网络安全事故的发生，都与政企机构的网络安全建设运维管理疏失密切相关，安全责任意识淡薄、保落实不到位，或是机构存在内鬼，从而导致信息泄露、网页被篡改、传播违法信息等后果。

作为网络安全执法部门，公安机关每年会查处和通报大量网络安全信息事故。通过整理、分析和研究网络安全行政执法案例，可以帮助各行业政企机构更好地对照查找自身问题，找到自己在安全建设运维管理中的疏失，进而促进自身实战化安全运营能力的提升。

奇安信行业安全研究中心联合"安全内参"，针对 2019 年 1 月至 2020 年 5 月，媒体公开披露的与政企机构相关的各行业 1000 余起网络安全行政执法案例进行整理和分析，下面筛选出典型网络安全行政执法案件进行重点分析。

一、政府及事业单位典型案例

从公安机关披露的涉及政府及事业单位的网络安全行政执法案例信息来看，绝大多数违法违规案例是由建设运维管理疏失引发的。其最主要的表现为两方面：一是公职人员监守自盗，非法获取公民信息造成信息泄露；二是机构官网被篡改成赌博色情等违法内容。此类案件被报道后，往往对政府及事业单位的声誉、公民满意度产生很多的负面影响。因此，针对公职人员的网络安全意识培训是必不可少的。

1. 某机关党建网页面跳转赌博网站被查。

案件回顾：	**违法/犯罪主体**	政企机构
2019 年，某党政机关开设的党建网未落实网络安全管理制度和技术保护措施，导致遭黑客攻击入侵，网站页面跳转为赌博网站，致使党建网无法正常运行访问而被迫关闭。警方在对黑客攻击入侵行为开展立案调查的同时，依法对该单位未履行网络安全保护义务的情况开展查处。2019 年 4 月，警方依据《网络安全法》第 21 条、第 59 条的规定，对该单位予以警告，并责令其限期整改，落实网络安全等级保护制度。	**违法/犯罪性质**	建设运维管理疏失
	所属行业	政府及事业单位
	影响范围	政企机构利益、公众利益
	关键词	网页篡改、赌博、等保
	触犯法条	《网络安全法》第 21 条、第 59 条
法律链接：	**机构责任**	不履行安全保护义务
国家实行网络安全等级保护制度，网络运营者应当按照网络安全等级保护制度的要求，采取监测、记录网络运行状态、网络安全事件的技术措施，并按照规定留存相关的网络日志不少于 6 个月，保障网络免受干扰、破坏或者未经授权的访问，防止网络数据泄露或者被窃取、篡改。		

2. 某公职人员泄露公民信息非法获利被查。

案件回顾：	**违法/犯罪主体**	内部人员
2019 年，某地查处一公职人员泄露公民信息案。经查，张某原本就职于某政府机构，2017 年 4 月以来，为谋取非法利益，利用职务便利在大数据分析平台上查询并下载了大量企业登记的公民个人信息，包括企业名称、法人代表姓名、电话号码等，后通过 QQ 聊天寻找买家，并将信息发送给客户牟利。经公安机关鉴定，其提取、下载公民个人信息 5 万余条，获取非法利益 23 万余元。	**违法/犯罪性质**	建设运维管理疏失
	所属行业	政府及事业单位
	影响范围	公众利益
	关键词	公职人员、内鬼、非法出售个人信息
	触犯法条	《网络安全法》第 64 条、《刑法》第 253 条之一
法律链接：	**机构责任**	公开资料未明确
公民个人信息不容侵犯，违反国家有关规定，向他人出售或者提供公民个人信息，情节严重的，处 3 年以下有期徒刑或者拘役，并处或者单处罚金。将在履行职责或者提供服务过程中获得的公民个人信息，出售或者提供给他人的，依照前期规定从重处罚。		

3. 某市级单位数据泄露被查。

违法/犯罪主体	政企机构
违法/犯罪性质	建设运维管理疏失
所属行业	政府及事业单位
影响范围	公众利益
关键词	新生儿信息、泄露、不符合国家标准
触犯法条	《网络安全法》第21条、第59条
机构责任	不履行安全保护义务

案件回顾：

2019 年，警方在侦办一起非法买卖新生儿个人信息案件时发现，部分新生儿个人信息系从某妇幼健康管理平台泄露。经查，该平台运营单位安全管理和技术防护措施缺失。2019 年 7 月，当地警方依据《网络安全法》第 21 条、第 59 条的规定，对该单位予以警告，责令限期整改，落实网络安全等级保护制度。

法律链接：

国家实行网络安全等级保护制度，网络运营者应当按照网络安全等级保护制度的要求，采取监测、记录网络运行状态、网络安全事件的技术措施，并按照规定留存相关的网络日志不少于 6 个月，保障网络免受干扰、破坏或者未经授权的访问，防止网络数据泄露或者被窃取、篡改。

二、公检法行业典型案例

从公安机关披露的涉及公检法行业的网络安全行政执法案例信息来看，建设运维管理疏失是公检法行业面临的重要网络安全问题。主要表现为：机构存在内鬼，利用职位便利或以其他非法方式获取公民个人信息，然后向他人非法提供或出售，转卖信息从中获得利益。

1. 某刑警大队法医、辅警出售个人信息被判刑。

违法/犯罪主体	内部人员
违法/犯罪性质	建设运维管理疏失
所属行业	公、检、法
影响范围	政企机构利益、公众利益
关键词	刑警大队、内鬼、内部查询、非法买卖信息
触犯法条	《网络安全法》第 45 条
机构责任	公开资料未明确

案件回顾：

某市刑警大队法医庞某、交警大队辅警黄某某，非法查询公民个人信息并出售给他人，经该市中级人民法院公开审理后，依法作出二审判决：将庞某改判为有期徒刑 4 年；将黄某某改判为有期徒刑 3 年 6 个月。

法律链接：

依法负有网络安全监督管理职责的部门及其工作人员，必须对在履行职责中知悉的个人信息、隐私和商业秘密严格保密，不得泄露、出售或者非法向他人提供。

2. 某派出所警长因违规查询公民犯罪记录获刑。

案件回顾:

2019 年 2 月，某地一派出所警长从公安系统内部网络查询公民个人犯罪记录 5 万余条，将这些信息出卖给一家公司，共获利 32.8 万余元。经两级法院审理，聂某因受贿罪被判处有期徒刑 4 年，罚金 30 万元；辅警郭某因协助聂某实施犯罪，获刑 1 年 6 个月，罚金 10 万元；以单位行贿罪判处董某有期徒刑 2 年，罚金 50 万元。

法律链接:

网络运营者，网络产品或者服务的提供者侵害个人信息依法得到保护的权利的，由有关主管部门责令改正，可以根据情节单处或者并处警告、没收违法所得、处违法所得 1 倍以上 10 倍以下罚款，情节严重的，可以责令暂停相关业务、停业整顿，关闭网站、吊销相关业务许可证或者吊销营业执照。

违法/犯罪主体	内部人员
违法/犯罪性质	建设运维管理疏失
所属行业	公、检、法
影响范围	公众利益
关键词	内鬼、内部查询、行贿、非法买卖个人信息
触犯法条	《网络安全法》第 64 条、《刑法》第 253 条之一
机构责任	公开资料未明确

3. 民警盗取个人信息获利 181 万元被判刑。

案件回顾:

2019 年，投资失败的民警肖某在苦寻投资之道时发现了"商机"——盗取公民信息出售。肖某使用自己的警务通号码并盗用了几名同事的数字证书，通过登录公安"云搜索"平台和"分布式查询"平台，将查询到的公民户籍信息或行踪轨迹信息出售给买方。按行踪 300 元/条，住宿信息 100 元/条等价格在不到 2 年时间里，获利 180 余万元。衡东法院一审判决肖某犯侵犯公民个人信息罪，判处有期徒刑 4 年 6 个月，并处罚金 182 万元。

违法/犯罪主体	内部人员
违法/犯罪性质	建设运维管理疏失
所属行业	公、检、法
影响范围	公众利益
关键词	内鬼，非法盗取并出售个人信息
触犯法条	《网络安全法》第 45 条、《刑法》第 253 条之一
机构责任	公开资料未明确

续表

法律链接：
违反国家有关规定，向他人出售或者提供公民个人信息，情节严重的，处 3 年以下有期徒刑或者拘役，并处或者单处罚金；情节特别严重的，处 3 年以上 7 年以下有期徒刑，并处罚金。违反国家有关规定，将在履行职责或者提供服务过程中获得的公民个人信息，出售或者提供给他人的，依照前款的规定从重处罚。

4. 辅警因出售户籍、车辆驾驶人信息被判刑。

案件回顾：
2019 年 4 月，辅警陈某某通过微信出售户籍信息、全国车辆驾驶人信息等。陈某某因犯侵犯公民个人信息罪，被法院判处有期徒刑 6 个月，并处罚金 2 万元。

法律链接：
依法负有网络安全监督管理职责的部门及其工作人员，必须对在履行职责中知悉的个人信息、隐私和商业秘密严格保密，不得泄露、出售或者非法向他人提供。

违法/犯罪主体	内部人员
违法/犯罪性质	建设运维管理疏失
所属行业	公、检、法
影响范围	政企机构利益、公众利益
关键词	内鬼、内部查询、非法出售个人信息
触犯法条	《网络安全法》第 45 条
机构责任	公开资料未明确

三、金融行业典型案例

从公安机关披露的涉及金融行业的网络安全行政执法案例信息来看，金融行业机构犯罪、建设运维管理疏失以及外部黑客攻击的情况都比较常见。主要表现为：机构自身超限采集；黑客通过实施攻击或内部人员直接窃取用户数据后进行信息倒卖；利用机构、平台实施诈骗等。这都会导致金融机构的敏感信息泄露。

1. 某金融团队买卖个人信息 500 余万条被起诉。

案件回顾:	

案件回顾:

某金融团队,通过一款名为"号码魔方"的软件,来破解用户信息,侵犯公民个人信息。经过调查,该金融团队成立以来,买卖公民个人信息 500 多万条,涉案金额 200 多万元。陈某某等 21 名犯罪嫌疑人,因涉嫌侵犯公民个人信息罪已移送当地人民检察院审查起诉。

法律链接:

根据《网络安全法》关于保护公民个人信息的相关规定,超限采集注册用户短信等隐私数据多达 246 万余条的行为,应认定为"非法获取公民个人的通信内容五十条"以上的情形,属于"情节严重",适用《中华人民共和国刑法》第 253 条之一之规定,涉嫌侵犯公民个人信息罪。

违法/犯罪主体	政企机构
违法/犯罪性质	机构犯罪
所属行业	金融
影响范围	公众利益
关键词	买卖公民信息
触犯法条	《中华人民共和国刑法》第 253 条之一
机构责任	机构犯罪

2. 某网贷 APP 非法超限采集公民个人信息被刑拘。

案件回顾:

2019 年 9 月初,某网络公司涉嫌利用贷款类手机 App 软件非法超限采集公民个人信息,公安部门随即展开调查。经初步调查,办案民警发现该 App 非法采集通讯录、通话记录、短信等信息。公安机关抓获犯罪团伙成员 22 名,在该公司服务器内查获被非法采集用户的短信息 246 万余条,同时收缴计算机、网络存储服务器、手机等作案工具 52 件。目前,6 名主要犯罪嫌疑人已被依法刑事拘留。

法律链接:

根据《最高人民法院、最高人民检察院关于办理侵犯公民个人信息刑事案件适用法律若干问题的解释》第 5 条,超限采集注册用户短信等隐私数据多达 246 万余条的行为,应认定为"非法获取公民个人的通信内容五十条"以上的情形,属于"情节严重",适用《中华人民共和国刑法》第 253 条之一之规定,涉嫌侵犯公民个人信息罪。

违法/犯罪主体	政企机构
违法/犯罪性质	机构犯罪
所属行业	金融
影响范围	公众利益
关键词	贷款、App、非法收集使用个人信息
触犯法条	《中华人民共和国刑法》第 253 条之一
机构责任	侵犯公民个人信息

四、其他行业典型案例

1. 某大型运营商子公司超 2 亿用户信息泄露被查。

案件回顾：
某大型运营商全资子公司员工从数据库获取不同行业、地区的手机号码信息提供给其胞弟陈某，后陈某以人民币 0.01 元/条至 0.2 元/条不等的价格在网络上出售，获利金额累计人民币 2000 万余元，涉及公民个人信息 2 亿余条。经法院审理，以侵犯公民个人信息罪，分别判处两位主要人员有期徒刑 4 年 6 个月，4 年 3 个月，并处罚金 10 万元。

法律链接：
任何个人和组织不得窃取或者以其他非法方式获取个人信息，不得非法出售或者非法向他人提供个人信息。依法负有网络安全监督管理职责的部门及其工作人员，必须对在履行职责中知悉的个人信息、隐私和商业秘密严格保密，不得泄露、出售或者非法向他人提供。

违法/犯罪主体	内部人员
违法/犯罪性质	建设运维管理疏失
所属行业	运营商
影响范围	政企机构利益、公众利益
关键词	非法出售或向他人提供个人信息
触犯法条	《网络安全法》第 44 条、第 45 条
机构责任	公开资料未明确

2. 某医疗科技公司收集用户隐私被处罚。

案件回顾：
2019 年 11 月，接公安部通报线索，一款求医问药类 App 应用疑似存在侵害个人信息的行为。经查，某医疗科技公司运营的该款 App，在安装过程中和首次使用时未明示用户隐私协议。警方依据《网络安全法》第 41 条、第 64 条规定，对该公司予以警告，对直接负责的主管人员罚款 1 万元，责令限期整改。

法律链接：
网络运营者收集、使用个人信息，应当遵循合法、正当、必要的原则，公开收集、使用规则，明示收集、使用信息的目的、方式和范围，并经被收集者同意。网络运营者不得收集与其提供的服务无关的个人信息，不得违反法律、行政法规的规定和双方的约定收集、使用个人信息，并应当依照法律、行政法规的规定和与用户的约定，处理其保存的个人信息。

违法/犯罪主体	政企机构
违法/犯罪性质	建设运维管理疏失
所属行业	医疗卫生、互联网
影响范围	公众利益
关键词	医疗、App、未明示用户隐私权益
触犯法条	《网络安全法》第 41 条、第 64 条
机构责任	不履行安全保护义务

3. 某教育培训中心收集信息骚扰推销被罚。

违法/犯罪主体	政企机构
违法/犯罪性质	机构犯罪
所属行业	教育培训
影响范围	公众利益
关键词	骚扰推销、电话营销
触犯法条	《网络安全法》第44条、第64条
机构责任	机构犯罪

案件回顾：

某地警方接群众举报，对本地某教育培训机构中心存在骚扰推销的行为开展突击检查。现场查获记录学生及家长个人信息的纸质材料80余页，后经鉴定，共计3025条公民个人信息。经传唤该培训中心法人孟某某及现场正在电话营销的工作人员，查清其非法获取多所学校学生姓名及家长电话用以推销课程的违法事实。2019年2月，警方依据《网络安全法》第44条、第64条规定，对该教育培训中心罚款6万元。

法律链接：

窃取或者以其他非法方式获取、非法出售或者非法向他人提供个人信息，尚不构成犯罪的，由公安机关没收违法所得，并处违法所得1倍以上10倍以下罚款，没有违法所得的，处100万元以下罚款。

任务3 《个人信息保护法》解读

2021年8月20日，广受中外关注的《中华人民共和国个人信息保护法》（以下简称《个人信息保护法》）由十三届全国人大常委会第三十次会议正式通过，于2021年11月1日起施行。这既标志着翻开了我国个人信息立法保护的历史新篇章，也是全球个人信息法治发展的重大里程碑。党的二十大报告指出，要"健全网络综合治理体系，推动形成良好网络生态""加强个人信息保护"，为个人信息保护工作提供了基本遵循，指明了正确方向。加强数据保护是践行以人民为中心的发展思想、依法管网治网、构建清朗网络空间、推动数字经济高质量发展的必然要求。加强公民个人信息保护，是人民群众新时代美好生活需要的重要内容，也是推进社会治理现代化建设、推进法治政府建设的重要举措。要在二十大精神的指引下，坚决落实《个人信息保护法》无比重要。

一、《个人信息保护法》相关概念

（一）个人信息的定义

何谓"个人信息"？我国《个人信息保护法》第4条第1款给出了如下定

义："个人信息是以电子或者其他方式记录的与已识别或者可识别的自然人有关的各种信息，不包括匿名化处理后的信息。"

（二）个人信息与相关概念的区分

1. 个人信息与隐私。具体来说，隐私重在隐匿，而个人信息重在识别；隐私具有当事人不愿公开的主观因素，而个人信息不涉及当事人的主观因素，只关注客观上是否能识别特定自然人。

"隐私"的定义可以参见《中华人民共和国民法典》（以下简称《民法典》）第1032条第2款之规定："隐私是自然人的私人生活安宁和不愿为他人知晓的私密空间、私密活动、私密信息。""私人"与"不愿为他人知晓"是《民法典》关于"隐私"定义的核心字眼。

《民法典》在第1034条第2款中对"个人信息"进行了如下界定："个人信息是以电子或者其他方式记录的能够单独或者与其他信息结合识别特定自然人的各种信息，包括自然人的姓名、出生日期、身份证件号码、生物识别信息、住址、电话号码、电子邮箱、健康信息、行踪信息等。"

《民法典》第1034条第3款还将"个人信息"进一步划分为私密信息和非私密信息："个人信息中的私密信息，适用有关隐私权的规定；没有规定的，适用有关个人信息保护的规定。"

2. 个人信息与敏感个人信息。个人信息和敏感个人信息呈包含关系，敏感个人信息首先是个人信息。

敏感个人信息与个人信息划分的标准是信息的敏感度，强调的是对信息主体造成不良影响的可能性，因此立法对敏感个人信息的保护标准更为严格，保护程度更高。

具体来说，《个人信息保护法》第28条将敏感个人信息定义为：一旦泄露或者非法使用，容易导致自然人的人格尊严受到侵害或者人身、财产安全受到危害的个人信息，包括生物识别、宗教信仰、特定身份、医疗健康、金融账户、行踪轨迹等信息，以及不满14周岁未成年人的个人信息。

3. 去标识化与匿名化。《个人信息保护法》第73条第3项第4项分别对"去标识化"与"匿名化"进行了定义，"去标识化，是指个人信息经过处理，使其在不借助额外信息的情况下无法识别特定自然人的过程"；"匿名化，是指个人信息经过处理无法识别特定自然人且不能复原的过程"。

由此可见，去标识化后的信息在一定条件下仍可以识别到特定自然人，即去标识化后的信息仍可进行复原。而匿名化后的信息在任何情况下都无法识别到特定自然人，且无法复原。

二、《个人信息保护法》的适用范围

《个人信息保护法》第3条规定，在中华人民共和国境内处理自然人个人信息的活动，适用本法。在中华人民共和国境外处理中华人民共和国境内自然人个人信息的活动，有下列情形之一的，也适用本法：①以向境内自然人提供产品或者服务为目的；②分析、评估境内自然人的行为；③法律、行政法规规定的其他情形。

三、一般场景下处理个人信息的法定限制

（一）目的正当性与处理必要性

《个人信息保护法》与《民法典》《网络安全法》一脉相承，保持和延续了个人信息处理的原则和规定。"最小影响、最小范围、最短时间"规则是《个人信息保护法》必要原则与诚信原则的具体化。而《个人信息保护法》要求个人信息处理者处理个人信息必须具有明确、合理的目的，否则不能进行处理活动，也充分体现了《个人信息保护法》中的合法、正当原则。

《个人信息保护法》在第5条中明确了个人信息处理者需要遵循的处理原则：合法、正当、必要和诚信，个人信息处理者不得通过误导、欺诈、胁迫等方式处理个人信息。在该原则的指引下，《个人信息保护法》又进一步细化，明确了个人信息处理者在进行个人信息处理活动时需要遵守的、与处理目的相对应的"最小影响、最小范围、最短时间"规则，具体可参见《个人信息保护法》第6条与第19条之规定。

（二）"告知—同意"原则与例外情形

"告知—同意"原则，是指信息处理者在收集个人信息前，应当对信息主体就有关个人信息处理有关事宜进行充分告知，在征得信息主体明确同意后方能进行收集的原则。这也是《个人信息保护法》中最为核心的处理规则。

近年来，随着《网络安全法》《民法典》等相关法律法规的出台，"告知

—同意"原则已成为我国个人信息处理活动的合法性基础。其中，《网络安全法》更是将个人信息主体的"同意"视为个人信息处理的唯一合法性基础，这一规定虽然体现了对个人信息主体权利的尊重和保障，但是忽略了实务中大量存在的订立或履行合同所必需、履行法定职责或法定义务、维护公共利益等多种个人信息处理场景。

《民法典》虽规定了同意的例外情形，但也仅限于处理自然人自行公开或其他已公开信息的情形以及维护公共利益或者自然人合法权益的情形。

（三）自动化决策

科技是把双刃剑，《个人信息保护法》在吸纳《中华人民共和国电子商务法》和《信息安全技术个人信息安全规范（征求意见稿）》关于定向推送和个性化展示的规定基础上，对"自动化决策"作出专门限制，增加了"禁止大数据杀熟"条款，明确规定"自动化决策，应当保证透明度和结果公平、公正，不得对个人在交易价格等交易条件上实行不合理的差别待遇"，丰富了对歧视性定价、算法歧视问题的规制路径。

《个人信息保护法》第24条第2款中还明确规定，"通过自动化决策方式向个人进行信息推送、商业营销，应当同时提供不针对其个人特征的选项，或者向个人提供便捷的拒绝方式"。《个人信息保护法》在赋予个人主体拒绝权的基础上要求个人信息处理者提供"便捷"的拒绝方式，为用户提供退出或关闭个性化展示模式的选项，对信息处理者有较强的制约，进一步加重了信息处理者的责任。

（四）撤回同意

撤回同意，实质为个人信息主体意思表示的撤销，即个人信息主体基于"告知—同意"原则，取消自己已经作出的"同意"的意思表示。个人信息主体行使撤回同意权利的时间不应仅局限于信息的收集阶段，因为在同意收集个人信息的初始阶段，个人信息主体往往很难理解、判断作出该同意将面临何种后果。

根据《个人信息保护法》规定可知，个人信息主体撤回同意的权利可以在个人信息的收集、使用、保存、共享等全生命周期内行使，而个人信息主体一旦行使权利，即包含了对个人信息使用全过程中的处分。

四、个人信息泄露的途径与危害

（一）个人信息泄露的途径

1. 无良企业的主动出售。无良企业主动出售个人信息是我们生活中最常见的一种泄露方式。他们通过收集个人信息然后出售给广告、推销甚至诈骗人员来获取利益。一个比较典型的例子就是如果你在某个网贷平台申请过贷款，接下来就会有无数的网贷推销和诈骗犯给你发短信或者打电话问你需不需要资金。

2. 大公司、大平台的内部人员泄露。这种泄露分为两种情况：一种是因为内部人员安全意识不足或者工作疏忽误操作导致用户信息外泄；还有一种是内部员工为了利益主动将用户的数据卖给他人。银行、快递、工商、电信、服务、电商等行业是内部人员泄露个人信息的重灾区。

3. 黑客的入侵拖库、撞库泄露。所谓拖库，就是黑客入侵网站拿到权限后导出网站的数据库。撞库就是利用获取的数据库的账号密码测试其他网站，因为很多人喜欢用同样的密码，所以撞库也能获取不少的账号数据。比如天涯社区 4000 万用户数据的泄露，163 邮箱几千万账户的泄露，几年前的徐某玉事件等，都是黑客入侵了网站窃取了数据库，然后卖给了推销、诈骗人员。

4. 大数据和网络爬虫。现在的手机 App 安装的时候都要获取各种权限。例如，在购物网站浏览过一样东西之后，当访问网页的时候会有浏览过的那样东西的广告，这就是利用大数据实现的。关于网络爬虫，很多 App 的 API 接口代码不严谨，造成了别人可以恶意爬取或者越权爬取数据从而导致数据泄露。

（二）个人信息泄露的危害

1. 垃圾短信。现在我们每天收到垃圾短信的数量远比前几年要多得多，很大一部分原因便是我们的个人信息已经泄露了。我们平常在填写个人信息的时候一定要多注意一下，否则很容易泄露自己的个人隐私信息。

2. 骚扰电话。你是否会接到莫名其妙的电话？是否经常接到卖保险的电话？当然还有办理信用卡的、装修等之类的骚扰电话。我们根本没有这些需求，他们又是怎样知道我们的电话的呢？实际上，这表明这些泄露的信息可能已经被倒手多次了。

3. 垃圾邮件。好多人的私人邮箱每天都被垃圾邮件给填满了，导致正常的邮件不能被及时看到，给他们的工作带来很大的困扰。

4. 信用卡被透支。个人信息泄露之后，可能会被用来办理身份证，然后恶意透支信用卡，这会造成你的信用低下，对将来的银行贷款、房贷等造成不可预估的影响。所以自己的各种证件不要借给别人使用。

5. 惹上官司。信息泄露之后，如果不法分子利用你的身份信息从事了违法犯罪行为，尽管你对此毫不知情，却可能被公安机关传唤调查。

6. 不法分子诈骗。不法分子获取个人信息后，可能会利用你的信息去向你身边的亲人和朋友进行诈骗。这种方式利用了亲人、朋友对你的关心，身边的人一不小心便有可能被骗。

7. 账户被钓鱼网站盗取。各种虚假网址充斥着各种钓鱼木马，有时不法分子甚至利用银行短信来进行诈骗，当你点击他们发的网址，按照要求填写完信息之后，个人账户便有可能会被盗取了。

（三）侵犯个人信息的法律后果

根据《民法典》《个人信息保护法》等法律、规范性文件的规定，自然人个人信息依法受到保护，个人对个人信息的处理享有知情权，决定权，查阅、复制权，更正、补充权，删除权，解释说明权等权利。在我们遇到侵害个人信息的纠纷时，首先应根据具体场景核查确认是否侵害了个人信息以及侵害的个人信息属于何种分类，再确认侵犯了个人信息中的具体何种权利。现实中，常见的侵害个人信息权益的行为如下：查询、复制个人信息受阻；错误标注个人信息而不予更正或删除；个人信息泄露；利用个人信息自动化决策产生算法歧视；篡改个人信息；对外非法提供个人信息。在日常生活中，侵害知情权、决定权，非法对外提供个人信息的侵权行为非常常见。

任务 4 《数据安全法》解读

2021 年 6 月 10 日，十三届全国人大常委会第二十九次会议通过了《中华人民共和国数据安全法》（以下简称《数据安全法》）。这部法律是数据领域的基础性法律，也是国家安全领域的一部重要法律，将于 2021 年 9 月 1 日起施行。

数字化改革推动我国生产模式的变革，随着经济数字化、政府数字化、企业数字化的建设，数据已经成为我国政府和企业最核心的资产。随着合资企业、跨境贸易、多厂商全球合作的模式变迁，数据开始在企业与企业之间、政府与企业之间以及国与国之间流转、融合、使用直至泄露。

根据报道，2020 年全球数据泄露的平均损失成本为 1145 万美元，2019 年数据泄露事件达到 7098 起，涉及 151 亿条数据记录，比 2018 年增幅 284%，数据泄漏事件影响大、损失重。

有专家表示，对数据的掌控、利用以及保护能力已成为衡量国家之间竞争力的核心要素。

一、外力驱动和内部需求，促使数安法落地

（一）外力驱动

2018 年 3 月 23 日，时任美国总统特朗普正式签署了《澄清域外合法使用数据法》，法案要求对危害美国国家安全的犯罪、严重刑事犯罪等重大案件，无论服务提供者的通信、记录或其他信息是否存储在美国境内，都要求服务商根据该法案进行调取并提供相关证据。

2018 年 5 月 25 日，欧盟《一般数据保护条例》（GDPR）正式实施。《一般数据保护案例》要求不论数据控制者、处理者及其处理行为在欧盟境内还是境外，只要处理的是欧盟境内居民的数据，均适用此法案，对数据实施长臂管理。

目前，全球已有近 100 个国家和地区制定了数据安全保护的法律，数据安全保护专项立法已成为国际惯例。

（二）内部需求

当前全球经济传统经济增长缓慢，尤其是 2020 年全球"新冠肺炎疫情"给经济带来了沉重的打击，迫切需要通过新的经济增长点拉动内需、增加就业，而数字经济正是切入点和发动机，国家将发展数字经济提升到国家战略高度是水到渠成。

近年来，数字经济增速也证明了数字经济发展空间的巨大，中国信息通信研究院发布的《中国数字经济发展白皮书》显示，我国数字经济的总体规模已从 2005 年的 2.62 万亿元增长至 2019 年的 35.84 万亿元；数字经济总体规模占 GDP 的比重也从 2005 年的 14.2% 提升至 2019 年的 36.2%。

可见，数字经济已成为我国国民经济增长要素的重要一员。

二、《数据安全法》概述

《数据安全法》一共分为 7 章 55 条，主要包括：总则、数据安全与发展、数据安全制度、数据安全保护义务、政务数据安全与开放、法律责任、附则。

第二章"数据安全与发展"，对于数据安全与发展的关系、大数据战略、数据基础设施建设、数据创新应用、数字经济发展规划、公共服务智能化、数据开发利用的商业创新、数据安全产业体系建设、数据安全标准体系建设、数据安全检测评估与认证服务的发展、数据交易管理制度建设、培育数据交易市场等宏观制度建设的方向作出了规定。

第三章、第四章、第五章则从具体的法律技术性条款出发，对于数据安全制度、数据安全保护义务、政务数据安全与开放进行了规定。

第六章则再次强调核心敏感数据保护，以及加大对数据安全违法行为的打击力度。

本书主要基于上述几个章节进行归纳和解读。在产品数据纠纷、大数据杀熟、消费者隐私泄露、小程序信息收集等全渠道数据合规等问题日渐频发的当下，通过立法对于数据处理进行全面规范，具有积极的社会价值。

三、对"数据"及"数据处理"作出界定

（一）信息记载形式的全覆盖

对于什么是"数据"，理论与实务间一直没有明确的定义。《数据安全法》对"数据"采取了全面的界定。该法第 3 条规定："本法所称数据，是指任何以电子或者其他方式对信息的记录。"也就是说，除了《网络安全法》所界定的"网络数据"外，还将"其他方式对信息的记录"纳入了数据范畴。

按照这一界定，纸质的档案信息以及其他书面形式对信息所作的记录也属于数据。将电子及其他记录信息的形式统一纳入《数据安全法》的规制，具有非常重要的现实意义。一方面，随着数据分析技术的发展，数据记载形式之间的打通成本大幅度降低，这意味着并非只有电子化记录的信息可以用于大数据分析，其他形式的信息也可以低成本转化为电子形态，并进行大数据分析，因此，将数据仅仅界定为"电子化"或"网络数据"，不能充分覆盖数据的外延。另一方面，其他方式记载的信息同样具有个人信息保护价值、经济价值、社会及国家安全价值，将其统一纳入《数据安全法》的规制，有利于法律执行的统一性，也符合数字化时代的信息安全要求。

（二）数据全生命周期的覆盖

《数据安全法》对于"数据处理"的界定，包括数据的收集、存储、使用、加工、传输、提供、公开等，形成了对数据全生命周期的覆盖。

虽然《数据安全法》对于上述全生命周期的规则并未全面展开，但可以预料的是，后续立法及《个人信息保护法》等相关立法将会对数据全生命周期的处理规则作出进一步的规定与完善。

四、《数据安全法》的主要制度框架

（一）数据分级分类与重要数据保护制度

1. 数据分级分类。《数据安全法》中明确规定，由国家建立数据分类分级保护制度，根据数据在经济社会发展中的重要程度，以及一旦遭到篡改、破坏、泄露或者非法获取、非法利用，对国家安全、公共利益或者个人、组织合法权益造成的危害程度，对数据实行分类分级保护。

2. 重要数据保护。《数据安全法》规定，国家数据安全工作协调机制统筹协调有关部门制定重要数据目录，加强对重要数据的保护。将关系国家安全、国民经济命脉、重要民生、重大公共利益等数据列入国家核心数据，实行更加严格的管理制度。

同时，《数据安全法》将数据分类分级保护制度与重要数据目录直接对应，并要求各地区、各部门按照数据分类分级保护制度，确定本地区、本部门以及相关行业、领域的重要数据具体目录，更具参考性和实操性，深化加强对重要数据的保护。

（二）数据安全审查制度

《数据安全法》第24条规定了数据安全审查制度，国家建立数据安全审查制度，对影响或者可能影响国家安全的数据处理活动进行国家安全审查。其中既包括线上的数据活动，也包括线下的数据活动。

当前，并未对数据处理活动主体作出限制，这也意味着，企业或其他社会主体在从事数据处理活动时，应首先进行国家安全判断。当然，《数据安全法》对于审查的程序并未作进一步规定，有待相关细则加以具体确定。

（三）重要数据风险评估制度

1. 基本规则。《数据安全法》第 30 条第 1 款规定："重要数据的处理者应当按照规定对其数据处理活动定期开展风险评估，并向有关主管部门报送风险评估报告。"也就是说，无论重要数据处于收集、存储、使用、加工、传输、提供、公开等各个处理环节的哪个环节，只要其数据处理活动可能涉及重要数据，都需要进行定期的风险评估，并将评估报告报送给主管部门。

2. 评估对象。风险评估报告应当包括处理的重要数据的种类、数量，开展数据处理活动的情况，面临的数据安全风险及其应对措施等。这意味着，企业内部的重要数据风险评估将成为一种常态化的合规要求，企业应建立自身的重要数据"风险全景图"。

3. 报送对象。《数据安全法》第 21 条第 3 款规定，各地区、各部门应当按照数据分类分级保护制度，确定本地区、本部门以及相关行业、领域的重要数据具体目录，对列入目录的数据进行重点保护。第 22 条规定，国家数据安全工作协调机制统筹协调有关部门加强数据安全风险信息的获取、分析、研判、预警工作。

当前来看，评估报告应报送给相关重要数据目录的制定部门。当然，对于报送对象和审核流程，最终仍需相关规则进一步明确与细化。

（四）数据出境管理制度

《数据安全法》确立了重要数据出境评估制度，该法第 31 条规定："关键信息基础设施的运营者在中华人民共和国境内运营中收集和产生的重要数据的出境安全管理，适用《中华人民共和国网络安全法》的规定；其他数据处理者在中华人民共和国境内运营中收集和产生的重要数据的出境安全管理办法，由国家网信部门会同国务院有关部门制定。"

与此前出台的数据出境相关规定相比，《数据安全法》更针对网络运营者的重要数据出境。

（五）数据出口管制措施

《数据安全法》第 25 条规定了数据出口管制制度。该制度不仅针对重要数据，而且可以针对任何数据类型。该条规定："国家对与维护国家安全和利益、履行国际义务相关的属于管制物项的数据依法实施出口管制。"也就是说，只要按照出口管制的规则判定该数据属于管制物项，均可实施出口管制。

（六）司法执法活动涉及的数据出境管理制度

《数据安全法》第36条规定："中华人民共和国主管机关根据有关法律和中华人民共和国缔结或者参加的国际条约、协定，或者按照平等互惠原则，处理外国司法或者执法机构关于提供数据的请求。非经中华人民共和国主管机关批准，境内的组织、个人不得向外国司法或者执法机构提供存储于中华人民共和国境内的数据。"

这一规定涉及两个方面：其一，向境外司法与执法机构提供境内存储数据的，均须经过主管机关批准。其二，主管机关根据有关法律和国际条约、协定，或者按照平等互惠原则，处理外国司法或者执法机构关于提供数据的请求。也就是说，如果境外法律对于中国执法机关、司法机关获取数据存在限制的，我国主管机关将基于平等互惠原则处理。

（七）数据歧视的对等措施

《数据安全法》还有一个值得关注的新制度，即针对数据歧视的对等措施。该法第26条规定："任何国家或者地区在与数据和数据开发利用技术等有关的投资、贸易等方面对中华人民共和国采取歧视性的禁止、限制或者其他类似措施的，中华人民共和国可以根据实际情况对该国家或者地区对等采取措施。"

五、企业合规建议

随着《数据安全法》的生效，可以预见的是，《个人信息保护法》以及其他与网络安全、信息安全、数据安全、数据合规、个人信息保护相关的规章、监管规则也会陆续生效。与此同时，对违反核心数据以及敏感数据管理制度的行为，也将加大违法处罚力度。例如：200万元以上1000万元以下罚款，根据情况责令暂停相关业务、停业整顿、吊销相关业务许可证或者吊销营业执照；构成犯罪的，依法追究刑事责任。

如果企业中存在大量数据，相关人员必须认真对待这些数据，因为一旦发生数据泄露事件，受处罚的不光是企业，还有直接责任人。

在国家相关法规与规则日渐完善的背景下，相应地对企业数据合规治理工作提出了更高的要求。针对《数据安全法》及相关的规则体系，企业可以从以下几个方面构建自己的合规体系：

（一）制定数据安全保护管理机制

发生数据公共安全事故时，监管机构关注的重点不是企业的数据是否足够安全，而是企业为数据保护做了什么。建立合规的数据安全保护机制能有效防止发生数据公共安全事件，也是企业发生类似事件后免责的理由。是否有健全的数据安全保护管理机制，是开展数据合规的前提和基础。

企业可从以下方面制定数据安全保护管理机制：

1. 建立数据安全保护组织框架，明确机构各层级内设部门和相关人员的职责和要求。

2. 明确法定代表人或主要负责人对数据安全负全面领导责任，包括为数据安全保护工作提供人力、财力、物力保障等。

3. 任命数据安全保护负责人和数据安全保护工作机构。数据安全保护负责人应由具有相关管理工作经历和数据安全保护专业知识的人员担任，参与有关数据处理活动的重要决策，直接向企业主要负责人报告工作。

（二）对数据实行分级分类管理

企业对数据进行分类分级保护，一是为了符合《数据安全法》的规定；二是有利于平衡用户（客户）与企业的利益，方便企业采取针对性的安全保护措施，提高企业数据管理效率。

（三）合理确定数据处理的操作权限，定期对从业人员进行安全教育和培训

企业数据合规业务是否能有效推进，很大程度依赖于相关的从业人员。企业可从以下方面对从事数据处理岗位的人员进行特殊管理：

1. 与从事数据处理岗位的相关人员签署保密协议，对大量接触个人敏感信息的人员进行背景调查，以了解其犯罪激励、诚信状况等。

2. 明确内部涉及数据处理不同岗位的安全职责，建立发生安全事件的处罚机制。

3. 要求数据处理岗位上的相关人员在调离岗位或终止劳动合同时，继续履行保密义务。

4. 明确可能访问数据的外部服务人员应遵守的个人信息安全要求，与其签署保密协议，并进行监督。

5. 建立相应的内部制度和政策对员工提出数据保护的指引和要求。

6. 定期（至少每年一次）或在数据保护政策发生重大变化时，对数据处理岗位上的相关人员开展数据安全专业化培训和考核，确保相关人员熟练掌握数据保护政策和相关规程。

（四）制定数据安全事件应急预案，并定期进行演练

数据合规体系，数据安全应急方案必不可少，企业应制定数据安全事件应急预案，并定期（至少每年一次）组织内部相关人员进行应急响应培训和应急演练，使其掌握岗位职责和应急处置策略和规程。发生数据安全事件后，企业应根据应急响应预案进行以下处置，最大程度降低事件带来的不利影响。

1. 记录事件内容，包括但不限于：发现事件的人员、时间、地点，涉及的个人信息及个人信息主体数量，发生事件的系统名称，对其他互联系统的影响，是否已联系执法机关或有关部门；

2. 评估事件可能造成的影响，并采取必要措施控制事态，消除隐患。

3. 按照《国家网络安全事件应急预案》等有关规定及时上报，报告内容包括但不限于：涉及个人信息主体的类型、数量、内容、性质等总体情况，事件可能造成的影响，已采取或将要采取的处置措施，事件处置相关人员的联系方式。

4. 数据泄露事件可能会给个人数据主体的合法权益造成严重危害的，如个人敏感信息的泄露，应及时将事件相关情况以邮件、信函、电话、推送通知等方式告知受影响的个人数据主体。难以逐一告知个人信息主体时，应采取合理、有效的方式发布与公众有关的警示信息。

拓展 学习

美国"棱镜门"事件及其引发的后果

2013年6月5日和6日，英国《卫报》和美国《华盛顿邮报》根据一名美国人爱德华·斯诺登在香港透露的信息，把美国政府"棱镜"计划公之于

世。斯诺登向这两家报纸提供了一些文件，包括41个PPT幻灯片，其中的4个已被披露在两家报纸的文章中。

《卫报》和《华盛顿邮报》的文章揭示，2007年小布什政府根据国会通过的一项临时措施——《保护美国法》——制定了一个代号为"棱镜"的计划。该计划由美国国家安全局和联邦调查局负责，对网络用户的电邮、即时消息、视频、照片、存储数据、语音聊天、文件传输、视频会议、登陆时间、网络社交进行跟踪，从这些音频、视频、图片、文档以及其他网络信息中，分析用户的联络方式和行动，借此全面监视用户的行动。斯诺登对这些监控活动评论道，如果美国国家安全局、联邦调查局、中央情报局和国防情报局对原始信号情报数据库中的数据产生怀疑，他们能够进入这些数据库，并从中获得他们所想要的任何东西。

2007年~2012年，已经有9家私人网络技术公司被要求参与"棱镜"计划，包括雅虎、谷歌、微软、苹果、脸谱等，并且"棱镜"计划已获得的分析数据有98%是来自于雅虎、谷歌和微软公司。斯诺登提供的文件表明，世界上的大部分电子通讯是通过美国的，当被跟踪的外国对象的电子数据进入或通过美国时，美国的情报分析部门就有了截获这些通讯数据的便利。

"棱镜门"事件令美国政府十分尴尬，从美国总统奥巴马，到众议院情报委员会主席、白宫发言人以及美国国家安全局局长兼美国网络司令部司令，都先后在各种公开场合为政府辩护，他们提出了三个理由：其一，奥巴马政府没有滥用权力，其监视行为得到了国会的授权，因而是合法的；其二，网络监控措施是"让国家免受恐怖主义威胁的重要手段"；其三，网络监控主要是针对外国人的。

奥巴马总统本人在6月7日公开对"棱镜"项目和国家安全局的电话跟踪项目进行辩解，他说："这两个项目最初都得到了国会的授权，并一再得到国会的授权。它们在国会中的通过获得了跨党派的支持。而且，行政部门还不断向国会报告它们的执行情况。我们有一整套防护措施，整个项目受到联邦法官的监督。"他强调："人们不可能有百分之百的安全，同时享受百分之百的个人隐私和完全的便利。作为一个社会，我们必须作出某种选择。"

在奥巴马政府的另一些声明中，政府高级官员说，自2009年奥巴马政府执政以来，行政部门已经就这些监控项目向国会做了 13 次报告。6 月 18 日，国家安全局局长基思·亚历山大在众议院情报委员会上作证时说，2011 年到 2013 年期间，国家安全局通过对通讯的监控，已经帮助阻止了 50 起潜在的世界范围内的恐怖主义袭击，其中至少有 10 起涉及在美国的恐怖主义嫌疑人或目标，而"棱镜"监控项目对其中 90% 以上的事例作出了贡献。

一、美国国内的反应

美国的外国情报监控活动最初是根据 1977 年的《外国情报监控法》而建立的，该法规定对外国情报的监控需要取得美国外国情报监控法庭的授权。然而，在"9·11"恐怖主义袭击之后，为了对抗恐怖主义，小布什政府实行了一项秘密监听计划，授权国家安全局在"有合理怀疑"的情况下可以越过外国情报监控法庭，而无须每次都得到后者的批准。这项计划直到 2005 年才被公开。

到 2007 年，小布什总统决定把该计划的内容放入《外国情报监控法案》，用修正案的形式在法律上确定下来。2007 年，在小布什政府的竭力推动下，美国国会通过了《保护美国法》，该法是一项扩大政府监听权力的临时措施，它授予美国企业部分司法豁免权，并把监听的范围扩大到外国与美国之间的网络数据传输。众议院司法委员会主席约翰·科尼尔斯说："今天我们通过的这一立法再一次涉及了政府权力和公民自由之间的平衡问题。"

《保护美国法》规定，如果企业能够证明其向政府提交用户信息符合国会立法，法庭便可拒绝受理对它的相关指控。在所认定的紧急情况下，当其中一名通讯者身处美国之外时，该法律"特别准许情报机构在没有得到授权的情况下监听电话、电子邮件和美国公民的其他通讯可持续一个星期"。政府必须在事前取得外国情报监控法庭 1 年期的授权，才能以调查嫌疑人的名义对美国公民的电话通讯和电子邮件进行监控。如果是一名美国人和外国人在进行通话，或是两名外国人之间在美国之外进行通话，那么政府无须授权就能够实行监控。

2007 年"棱镜"计划就是在这样的背景下制定的。它取代了总统的秘密监听计划，而且得到了外交情报监控法庭根据《保护美国法》和《外国情报监控法修订案》的授权。《保护美国法》于 2008 年失效。2012 年在奥巴马政府坚持下，国会再次修正了《外国情报监督法》，把其有效期延长至 2017 年。

从这个意义上讲，奥巴马政府说监控计划符合国会立法并非不实之词。

然而，奥巴马政府的辩解并不能令美国人信服，"棱镜门"事件再一次引起了美国国内关于维护国家安全和公民权利之间关系的激烈争论。根据盖洛普民调公司6月12日公布的民调结果，在受访者中有53%的人不支持美国政府以反恐为名来获取公民的电话和网络通讯记录，37%的人表示支持，其余10%的人没有表态。反对者中有30%的人认为，无论有什么样的前提条件，这类监控项目都是错误的。

在美国国内，"棱镜"项目受到了广泛的批评和挑战，被不少人认为是违法的。2013年6月11日，美国公民自由联盟对国家安全局提出了诉讼，指出"'棱镜'项目违反了美国宪法关于言论自由权和结社自由权以及隐私权的规定，违反了宪法第一和第四修正案"。这一诉讼还得到了耶鲁法学院"媒体自由和信息访问讲习班"的配合。同日，国际"自由观察"组织美国分部也对负责"棱镜"项目的政府机构和官员以及12家信息公司（包括苹果、微软、谷歌和脸谱等）及其行政主管提出了控诉，认为它们在"棱镜"项目或其他相关项目下向国家安全局提供用户的通讯记录和数据是非法的。

在美国媒体方面，《纽约时报》编辑部批评奥巴马政府"现在在这个问题上失去了一切信誉"，并且感叹："多年来，许多国会议员忽略了国内情报的收集已经超过了他们所能控制的程度的迹象，甚至现在几乎没有人对公众的通讯信息被监控而感到不安。"

事实上，并不是所有的国会议员都对此熟视无睹。例如，《爱国者法》的主要倡议者之一——共和党众议员吉姆·森森布伦纳6月9日表示，这些政府行为"超越了《爱国者法》所允许的范围"。参议员马克·尤德尔也在当天申明，"我认为美国公众并不了解他们被监视的程度，也不了解他们的数据正在被收集"。他认为，应当对国家安全局正在收集的数据数量进行某些限制。

一些美国国会议员、维护公民权利的非政府组织、部分媒体的态度以及民意调查的结果都表明，美国人愿意在多大程度上以牺牲个人权利来保障国家安全，是存在分歧的。

二、来自国际社会的抨击

世界各国在得知了美国的网络数据监控行动之后都表示了强烈的不满。一些国家的领导人发表讲话，反对美国国家安全局的做法，或质疑美国对自己国家公民网络信息的监控。一位外国部长针对美国国家安全局的项目引用美国著名政治家本杰明·富兰克林的话说："一个社会对自己公民的监控、控制和监视越多，它就越不自由。"许多人质疑，是否对恐怖主义者的追捕的代价已经超过了公民隐私权方面的损失？

美国的行动也惹恼了自己的欧洲盟友。欧盟司法委员维维亚娜·雷丁于6月10日致信美国司法部长埃里克·霍尔德，指出"'棱镜'一类的项目及其所依据的法律可能会给欧盟公民的基本权利带来严重的负面影响"，要求美国政府澄清欧洲公民是否是"棱镜"项目的实施对象，欧洲人能否发现他们的数据被截获。欧盟官员还批评美国的做法破坏了双方的信任，要求"美国政府必须按照欧盟的标准来处理欧盟公民的数据"。据悉，谷歌已成为欧盟的首个调查对象，到7月底，加入欧盟数据保护特别工作组的所有国家政府将会对谷歌采取强制行动。

6月19日奥巴马总统访问柏林并发表演讲时，遇到了许多德国人的抗议行动。抗议者表示，"德国人对奥巴马在允许收集如此多的情报方面所起的作用非常失望"。意大利的一个保护个人数据的组织的主席也批评说，这种做法在意大利是违法的，不仅"与我们的立法原则相悖，而且是严重的违法"。

三、棱镜门事件与网络安全

"棱镜门"暴露出，在国内，美国以牺牲公民隐私权为代价，来收集与恐怖主义有关的数据；在国际上，美国不仅对自己的敌对国家和竞争对手，而且对自己的盟国也实施了大规模的网络监视和入侵活动，从而严重损害了美国一贯自我标榜的尊重公民权利的形象，并极大地冲击了美国迄今为止一直占据的在全球互联网安全领域里的主导权和话语权，颠覆了美国在这个领域里主张的道德基础。

目前，网络安全已经被置于美国国家安全战略中的重要地位。在美国2013年的《情报界安全威胁评估报告》中，网络安全威胁已经超过恐怖主义和大规模杀伤性武器扩散，而被列为美国所面临的国家安全威胁的首位。同时，网络安全已经成为国际上各国共同关注的主要问题，也是中美之间的重要议题。"棱镜"计划的曝光和美国曼迪昂特网络公司的报告（该报告指责中国政府从事或支持网络窃密和网络攻击活动）的发表，使国际网络安全形势和中美网络安全关系更加复杂化。虽然"棱镜"计划的曝光使美国感到有些理屈词穷，在一定程度上减轻了美国和其他一些国家对中国的压力，但是美国政府会想方设法平息"棱镜门"事件，并采取一些措施来安抚其被激怒了的盟国。因此，中国未来面临的压力不会因"棱镜门"事件而消失。

从国际关系的视角来看，"棱镜门"事件引出了这样一个问题：美国公司是否有权将用户数据提交给美国政府？由于国际社会尚未就网络空间方面的国际规范达成共识，国际和国内相关法律也尚未建立起来，美国政府不会因"棱镜门"事件所带来的尴尬就放弃其根据美国国内法而对美国公司提出的要求。可以预料，尽管有来自国内外的反对声，美国情报部门将会继续从事针对其他国家的网络监控和情报获取活动。然而，"棱镜门"事件也使国际社会认识到，为了限制类似美国这样的行动，必须建立起网络空间方面的国际规范，虽然这一目标仍然十分遥远，但各国必须采取切实步骤来朝着这个方向努力。

思考与练习

1. 《网络安全法》的重要意义是什么？
2. 个人信息泄露有什么危害？泄露途径有哪些？
3. 为什么要实施《数据安全法》？

项目二　主机安全防护

学习目标

知识目标：掌握操作系统账号安全、口令安全，以及操作系统的授权操作和操作系统的日志配置，增加系统的安全性；操作系统的其他安全配置知识。

能力目标：具备计算机操作系统的安全防护能力和账号管理、认证授权能力。

素质目标：具有维护国家和行业网络安全的意识。

知识树

```
关闭默认共享 ┐
             ├─ 其他配置操作 ─┐              ┌─ 账号管理、认证授权 ─┬─ 账号安全
关闭自动播放 ┘              ├─ 主机安全防护实训 ─┤                    └─ 口令安全
                           └─ 日志配置操作 ─┬─ 审核登录
                                           └─ 审核对象
```

任务 1 主机安全介绍

一、影响主机安全的主要因素

（一）物理安全

计算机网络信息技术需要依靠基础的设施设备才能正常地运行，但这些设施设备不是永动机，会受到自然灾害和人为因素的影响。如果因为这些因素使计算机设备受到损害，就会导致计算机运行的不稳定，甚至不能使用的情况发生，从而致使计算机中的信息运输失败或者是遗失。

（二）系统漏洞

系统漏洞（System Vulnerabilities）是指应用软件或操作系统软件在逻辑设计上的缺陷或错误被不法者利用，不法者通过网络植入木马、病毒等方式来攻击或控制整个电脑，窃取电脑中的重要资料和信息，甚至破坏系统。在不同种类的软、硬件设备之间，同种设备的不同版本之间，由不同设备构成的不同系统之间，以及同种系统的不同的设置条件之间，都会存在各自不同的安全漏洞问题。

在对计算机网络系统进行构建时，通常会出现较多系统漏洞问题。例如，初始化、配置不合理以及服务安全性不高等，致使网络运行安全问题明显增加，导致网络系统的可靠性显著下降。相关系统漏洞问题是导致网络运行出现故障的根本原因，该问题致使安全事故的发生率越来越高，对网络服务质量造成直接的影响，对用户的运用具有不利影响。

（三）计算机病毒

计算机病毒是编制者在计算机程序中插入的破坏计算机功能或者数据的代码，是能影响计算机使用、能自我复制的一组计算机指令或者程序代码。

病毒入侵是计算机网络运行过程中经常发生的一个故障。在大数据时代下，由于计算机网络具有开放性的特点，因此，为病毒入侵计算机网络提供了良好的契机，从而造成病毒开始大肆地入侵计算机。另外，由于病毒本身的特点为隐藏性与储存性，因此，在计算机网络运行中，往往无法及时发现。加之病毒同计算机网络程序进行结合还会引发病毒传染、触发和损坏等现象，因此，一旦病毒入侵了计算机网络，就会严重地影响到其数据信息安全。在大数据背景下，计算机网络信息安全问题开始日益凸显，这不仅在一定程度上影响到了人们的工作以及生产生活，而且还较易引发严重的经济损失。

由此可见，十分有必要针对病毒入侵采用行之有效的安全防护措施。除此之外，要想推动大数据时代的快速发展，就必须提高计算机网络信息的安全性与可靠性，从而使其能够为人们提供最佳服务。

（四）黑客攻击

在计算机网络安全隐患中，黑客是指专门利用计算机网络系统出现的安全漏洞，恶意对他人的数据信息进行破坏或者窃取的人。对现在计算机网络信息安全威胁最大的因素之一就是黑客。黑客最常利用的攻击手段是拒绝服务、破解密码、入侵系统和监听网络，严重破坏他人的网络数据信息，导致他人或者单位的数据信息或者机密被泄露，甚至导致整个网络系统进入瘫痪状态，严重威胁计算机网络信息的安全。攻击也是关键问题。计算机一旦被黑客非法侵入，其对用户数据信息造成破坏或者窃取相关信息资料的行为，就会造成重要信息、敏感信息及数据的丢失，信息网络程序遭到破坏或篡改，无法正常使用。此外，黑客极有可能将隐藏的病毒程序植入到用户计算机当中，进行长期破坏性操作和控制，窃取用户个人信息。相比较病毒而言，黑客更具有威胁性，人为不可控性是解决黑客问题的主要瓶颈。

（五）使用人员安全意识淡薄

当前国内的大部分普通办公企业的计算机网络用户，实际上并不具备相应的个人网络信息与安全保护的意识，在正常地使用办公计算机进行联网操作的情况下，他们其实并不担心计算机网络信息泄露和网络安全等问题，或者说，他们可能认为互联网环境中有关网络信息泄露及网络安全的一些问题虽然偶尔也会发生，但是发生的概率很小，不会发生在网络使用者自己身上，所以说其实他们自己根本就不重视网络安全问题。

二、如何加强主机安全

1. 安装杀毒软件及时更新 Windows 系统。杀毒软件除了具有查毒、杀毒、防毒等功能外，还具有系统诊断、系统修复漏洞等功能，可以有效地防止系统漏洞的产生。时刻保证 Windows 系统处于最新版本状态，也可以有效地防止系统漏洞的产生。

很多情况下，在安装、部署生产型应用软件之前，对系统进行补丁测试工作是至关重要的，因此，安全补丁必须安装到系统中。如果很长时间没有对安全补丁进行升级，可能会导致你使用的计算机非常容易成为不道德黑客的攻击目标。因此，不要把软件安装在长期没有进行安全补丁更新的计算机上。

2. 关闭没有使用的服务。多数情况下，很多计算机用户甚至不知道他们的系统上运行着哪些可以通过网络访问的服务，这是一个非常危险的情况。

Telnet 和 FTP 是两个常见的问题服务，如果你的计算机不需要运行它们，请立即将其关闭。确保你了解每一个运行在你的计算机上的服务究竟是做什么的，并且知道它为什么要运行。

在某些情况下，这可能要求你了解有哪些服务对你是非常重要的，这样你才不会犯下诸如在一个微软 Windows 计算机上关闭 RPC 服务的错误。不过，关闭你实际不用的服务总是一个正确的想法。

3. 使用数据加密。对于那些有安全意识的计算机用户或系统管理员来说，他们有不同级别的数据加密范围可以使用，根据需要选择正确级别的加密通常是由具体情况来决定的。

数据加密的范围很广，从使用密码工具逐一对文件进行加密，到文件系统加密，最后到整个磁盘加密。通常来说，这些加密级别都不会包括对 boot 分区进行加密，因为这需要来自专门硬件的解密帮助，但是如果你的秘密足够重要而值得花费这部分钱的话，也可以进行对整个系统的加密。除了 boot 分区加密之外，还有许多种解决方案可以满足每一个加密级别的需要，这其中既包括商业化的专有系统，也包括可以在每一个主流桌面操作系统上进行整盘加密的开源系统。

4. 通过备份保护数据。备份你的数据，这是你可以保护自己在面对灾难的时候把损失降到最低的重要方法之一。数据冗余策略既包括简单、基本的定期拷贝数据到 CD 上，也包括复杂的定期自动备份到一个服务器上。

对于那些必须保持连续在线服务不宕机的系统来说，RAID 可提供自动出错冗余，以防其中一个磁盘出现故障。

5. 提升用户安全防范意识。想要使得计算机网络信息安全得到保障，首先就需要用户增强自身的安全防范意识，并且安全管理工程人员也要增强安全管理。用户在使用互联网技术时，要认识到密码的作用。用户在设置密码时，要注重密码的安全强度，以确保个人的信息安全。

下面我们将通过 3 个实训任务来加强主机的安全。

任务 2 （实训七）账号管理、认证授权

一、账号

攻击者面对 Windows 系统时会先从用户密码入手，首先是通过远程登录服务对 Administrator、Guest 等默认账户的口令爆破，如果爆破没结果的话会固定密码，对用户账号进行爆破，假如还是失败的话就用社工生成账号、密码字典，再进行破解。很多用户开启并使用 Administrator 用户，所以黑客攻击时，相当于只对密码进行破解，攻破概率很大。建议使用 Administrator 的用户更改缺省账户名称并且禁用 Guest 账户，下面是具体操作步骤。

表 3 - 1 操作系统缺省账户要求项

项目名称	操作系统缺省账户要求项
项目说明	对于管理员账号，要求更改缺省账户名称；禁用 Guest（来宾）账号。
配置方法	进入"控制面板→管理工具→计算机管理"，在"系统工具→本地用户和组"。 Administrator→属性→更改名称 Guest 账号→属性→已停用
实施风险	业务系统直接利用 Administrator 账号管理需相应修改其账号。
备注	

二、口令

普通用户日常一般需要使用 5 个以上的口令，网络管理员等高级用户经

常使用的口令达到 20 个以上。口令是进行身份验证最简单而有效的方法，是维护计算机信息安全的重要手段。全世界每年由于口令安全问题造成的网络失、泄密案件屡见不鲜。只有了解口令破解原理，才能更好地设置口令。

黑客破解口令的常用方法有：

1. 猜解简单口令。很多人使用自己或家人的生日、电话号码、房间号码、简单数字或者身份证号码中的几位；也有人使用自己、孩子、配偶或宠物的名字；还有的系统管理员甚至不设密码，直接使用"password"，这样黑客可以很容易通过猜想得到密码。

2. 字典攻击。如果猜解简单口令攻击失败后，黑客会开始试图字典攻击，即利用程序尝试字典中的单词的每种可能。字典攻击的成功率很大程度上取决于字典的优劣，一般字典为 txt 文件，里面包含常见弱口令集合。

3. 暴力破解。同字典攻击类似，暴力破解是黑客尝试所有的字符组合方式。暴力破解的成功率与目标的密码设置复杂度密切相关。

举例说明，假如客户设置的是 6 位纯数字密码，猜解简单口令，可能是 123456、654321、123123 等。而字典攻击是我们可以提供更多的猜解方案，将这些方案写到一个 txt 文档中，其中可能包含几百种方案。而暴力破解会尝试所有数字组合可能，从 000000 到 999999。就是说，如果某种情况下，目标密码为 6 位纯数字，暴力破解肯定能够破解，而字典攻击和猜解简单口令可能无法破解出来。

那么，是不是暴力破解是最好的方案呢？答案是否定的，字典攻击和暴力破解各有各的特点，在密码复杂度较高的情况下，如包含大小写字母、数字和特殊符号的 8 位密码，其可能组合为 70 万亿种（26 个大写字母，26 个小写字母，10 个数字，特殊符号设置为 10 个，密码空间为 72 的 8 次方），这样的密码空间对于一般的计算机而言是无法完成破解的。

是不是满足复杂度要求的密码就不是弱口令了呢？我们看如下几个密码：Zhangs20220215，Z15232870876，zhang@123。以上几种密码包含大小写字母、数字、特殊符号，但也不是安全的密码，因为除了暴力破解外还有字典攻击，黑客攻击时会生成各种字典，例如，手机号字典，姓名简写 + 生日字典，再利用社会工程学生成一些更有针对性的字典。所以我们在设置口令时一定要慎重。建议可以在口令中加入古诗词，或者自己喜欢的名言警句，如 Zhangbrysj@163、张-白日依山尽-@163，这样的密码，无论是暴力破解还是字典攻击都比较安全。下面是具体口令设置方案。

表 3-2 操作系统密码复杂度要求项

项目名称	操作系统密码复杂度要求项
项目说明	最短密码长度 8 个字符，启用本机组策略中密码必须符合复杂性要求的策略。 即密码至少包含以下四种类别的字符中的三种： 英语大写字母 A，B，C，…Z 英语小写字母 a，b，c，…z 西方阿拉伯数字 0，1，2，…9 非字母数字字符，如标点符号，@，#，$，%，&，*等。
配置方法	进入"控制面板→管理工具→本地安全策略"，在"账户策略→密码策略"。"密码必须符合复杂性要求"选择"已启动"设置如下策略。
实施风险	风险较小。
备注	

三、账户锁定策略

账户锁定策略，是对弱口令的有效补充，比如我们通常的银行卡一般输错 3 次密码后就会强制停止操作。因此，可以设置计算机的账户锁定策略，口令输入错误若干次后，锁定账户，这可以很好地防止暴力攻击。

表 3-3 操作系统账户锁定策略要求项

项目名称	操作系统账户锁定策略要求项
项目说明	对于采用静态口令认证技术的设备，应配置当用户连续认证失败次数超过 6 次（不含 6 次）时，锁定该用户使用的账号的功能。
配置方法	参考配置操作： 进入"控制面板→管理工具→本地安全策略"，在"账户策略→账户锁定策略"。
实施风险	安全扫描检测暴力破解口令将导致账号锁定。
备注	

四、授权

Windows 是一个支持多用户、多任务的操作系统，这是权限设置的基础。一切权限设置都是基于用户和进程而言的。不同的用户在访问这台计算机时，将会有不同的权限。

1. Administrators。Administrators，即管理员组，在默认情况下，Administrators 中的用户对计算机/域有不受限制的完全访问权。分配给该组的默认权限允许对整个系统进行完全控制。所以，只有受信任的人员才可成为该组的成员。

2. Users。Users，即普通用户组，是最安全的组，因为分配给该组的默认权限不允许成员修改操作系统的设置或用户资料。Users 组提供了一个最安全的程序运行环境。在经过 NTFS 格式化的卷上，默认安全设置旨在禁止该组的成员危及操作系统和已安装程序的完整性。用户不能修改系统注册表设置、操作系统文件或程序文件。

3. Guests。Guests，即来宾组，按默认值，来宾跟普通 Users 的成员有同等访问权，但来宾账户的限制更多。

我们平常使用计算机的过程中不会感觉到有权限在阻挠你去做某件事情，这是因为我们在使用计算机的时候都用的是 Administrators 中的用户登录。这样有利也有弊，利是你能去做你想做的任何一件事情而不会遇到权限的限制。弊是以 Administrators 组成员的身份运行计算机将使系统容易受到特洛伊木马、病毒及其他安全风险的威胁。

Administrators 中有一个在系统安装时就创建的默认用户——Administrator，Administrator 账户具有对服务器的完全控制权限。因此强烈建议将此账户设置为使用强密码。永远也不可以从 Administrators 组删除 Administrator 账户，但可以重命名或禁用该账户。Guests 用户组下，也有一个默认用户——Guest，但是在默认情况下，它是被禁用的。如果没有特别必要，无须启用此账户。

以上是 Windows 系统中我们常用的用户组，我们还可以根据需要向用户指派用户权利和访问控制权限，来更好地实现用户权限的控制。下面以指派"远程关机"和"取得文件或其他对象的所有权"为例进行权限指派。

1. 远程关机。

表3-4　操作系统远程关机策略要求项

项目名称	操作系统远程关机策略要求项
项目说明	在本地安全设置中从远端系统强制关机只指派给 Administrators 组。
配置方法	进入"控制面板→管理工具→本地安全策略"，在"本地策略→用户权利指派"。"从远端系统强制关机"设置为"只指派给 Administrators 组"。
实施风险	风险较小。
备注	

2. 用户权利指派。

表3-5　操作系统用户权力指派策略要求项

项目名称	操作系统用户权力指派策略要求项
项目说明	在本地安全设置中取得文件或其他对象的所有权仅指派给 Administrators。
配置方法	进入"控制面板→管理工具→本地安全策略"，在"本地策略→用户权利指派"。"取得文件或其他对象的所有权"设置为"只指派给 Administrators 组"。
实施风险	风险较小。
备注	

任务3　（实训八）日志配置操作

系统日志是记录系统中硬件、软件和系统问题的信息，同时还可以监视系统中发生的事件。用户可以通过它来检查错误发生的原因，或者寻找受到攻击时攻击者留下的痕迹。系统日志包括系统日志、应用程序日志和安全日志。

下面我们分别从审核登录、审核策略更改、审核对象访问、审核系统事件来对计算机进行配置，进一步增强系统的安全性与可审查性。

一、审核登录

表 3－6　操作系统审核登录策略要求项

项目名称	操作系统审核登录策略要求项
项目说明	设备应配置日志功能，对用户登录进行记录，记录内容包括用户登录使用的账号，登录是否成功，登录时间，以及远程登录时，用户使用的 IP 地址。
配置方法	参考配置操作： 开始→运行→执行"控制面板→管理工具→本地安全策略→审核策略"审核登录事件，双击，设置为成功和失败都审核。
实施风险	风险较小。
备注	

二、审核策略更改

表 3－7　操作系统审核策略更改要求项

项目名称	操作系统审核策略更改要求项
项目说明	启用组策略中对 Windows 系统的审核策略更改，成功和失败都要审核。
配置方法	参考配置操作： 开始→运行→执行"控制面板→管理工具→本地安全策略→审核策略"审核策略更改，双击，设置为成功和失败都审核。
实施风险	风险较小。
备注	

三、审核对象访问

表 3－8　操作系统审核对象访问要求项

项目名称	操作系统审核对象访问要求项
项目说明	启用组策略中对 Windows 系统的审核对象访问，成功和失败都要审核。
配置方法	参考配置操作： 开始→运行→执行"控制面板→管理工具→本地安全策略→审核策略"审核对象访问，双击，设置为成功和失败都审核。
实施风险	风险较小。
备注	

四、审核系统事件

表 3-9　操作系统审核系统事件策略要求项

项目名称	操作系统审核系统事件策略要求项
项目说明	启用组策略中对 Windows 系统的审核系统事件，成功和失败都要审核。
配置方法	参考配置操作： 开始→运行→执行"控制面板→管理工具→本地安全策略→审核策略"审核系统事件，双击，设置为成功和失败都审核。
实施风险	风险较小。
备注	

可以通过下面几个步骤查看系统日志的变化情况：首先，点击电脑左下角的微软按钮，弹出界面，下滑中间的界面，找到 Windows 系统，点击打开它，弹出界面，点击控制面板；其次，进入控制面板之后，点击管理工具；再次，弹出界面，双击事件查看器；最后，弹出界面，点击 Windows 日志，可以点击系统，这样就可以看到相应的系统日志了。

任务4　（实训九）其他配置操作

在实际操作中我们还可以关闭默认共享，关闭自动播放，开启防火墙，安装杀毒软件等。

一、关闭默认共享

表 3-10　操作系统默认共享要求项

项目名称	操作系统默认共享要求项
项目说明	非域环境中，关闭 Windows 硬盘默认共享，例如，C $、D $。
配置方法	进入"开始→运行→Regedit"，进入注册表编辑器，更改注册表键值：在 HKLM \\ System \\ CurrentControlSet \\ Services \\ LanmanServer \\ Parameters \\ 下，增加 REG_ DWORD 类型的 AutoShareServer 键，值为0。
实施风险	利用共享访问的业务系统需仔细测试。
备注	

二、关闭 Windows 自动播放功能

表 3－11　操作系统 Windows 自动播放要求项

项目名称	操作系统 Windows 自动播放要求项
项目说明	关闭 Windows 自动播放功能。
配置方法	参考配置操作： 点击开始→运行→输入 gpedit. msc，打开组策略编辑器，浏览到计算机配置→管理模板→系统，在右边窗格中双击"关闭自动播放"，对话框中选择所有驱动器，确定即可。
实施风险	风险较低。
备注	

三、打开 Windows 防火墙

表 3－12　打开 Windows 防火墙

项目名称	打开 Windows 防火墙
项目说明	打开 Windows 防火墙。
配置方法	参考配置操作： 点击开始→运行→控制面板→所有控制面板项→Windows Defender 防火墙自定义设置，在相应的网络中启动 Windows Defender 防火墙。
实施风险	打开后有些服务无法访问。
备注	

四、安装 360 杀毒软件

表 3－13　安装 360 杀毒软件

项目名称	安装 360 杀毒软件
项目说明	安装 360 杀毒软件，也可以安装其他杀毒软件。
配置方法	参考配置操作：登录 https://sd. 360. cn/，下载 360 杀毒 7. 0 正式版。
实施风险	风险较低。
备注	

从微软断供俄罗斯看国产化的必要性、紧迫性[1]

2022 年 6 月 19 日，据海外多家媒体报道，俄罗斯境内用户已经不能正常地下载 Windows 10 和 Windows 11 系统安装程序了。

目前，当俄罗斯的用户试图从微软网站下载 Windows 11 系统安装镜像时，会出现这样的提示："错误：您的请求有问题。如需帮助，请访问 Microsoft 支持联系页面"。如果尝试下载 Windows 10，则会出现错误："404 – Not Found"，而所谓 404，意味着找不到该文件或者目录。

据报道，从 6 月中旬开始，俄罗斯多个地区的用户都反映了类似的问题。但是，俄罗斯的用户却发现，可以通过 VPN 连接来正常下载。这就意味着微软已对俄罗斯的 IP 地址进行了严格的访问限制。CNEWS 确认，俄罗斯的用户在使用 VPN 时，如果是连接到欧美的 VPN，下载镜像和应用程序时不会出现问题，并且可以正常使用；但使用俄罗斯的 IP 地址时，则会得到一个错误提示。

一、微软可能会断供中国

众所周知，微软 Windows 是全球桌面操作系统市场上的领头羊。虽然在最近几年，由于 macOS 和开源操作系统的影响，从 2009 年到 2022 年，Windows 的市场占有率在不断下降，但 Windows 系统在 2022 年 5 月依然占有 75.54% 的全球市场份额。

俄罗斯事件给我们国家敲响了警钟。微软几乎垄断了国内的桌面操作系统市场，一旦微软彻底断供，并不再负责安全维护，那么，国内的 Windows 用户就处于无任何保护的状态。由于美国情报部门已掌握大量 Windows 系统的漏洞，所以国内 Windows 用户的信息安全问题不容忽视。

考虑到目前中美的关系，未来不排除西方也会像对待俄罗斯那样对待我们。"人无远虑，必有近忧。"国内机关、企业应当加速对 Windows、数据库的自主可控的国产替代。

---

[1] 摘自：广东软件行业协会订阅号。

"封杀"只有零次和无数次，微软开了俄罗斯这个先例，那么谁也无法保证自己不会是下一个。据悉，目前全球操作系统基本上都被美国微软公司垄断，而我国90%以上电脑搭载的也都是 Windows 系统，相当于被微软卡住了脖子。

微软似乎早已为断供中国做好了准备。微软于 2020 年 8 月 1 日更新了服务协议，其中责任限制条款的 b 条内容指出："对于因超出微软合理控制范围的情况（例如，劳资纠纷、不可抗力、战争或恐怖主义行为、恶意破坏、意外事故或遵守任何适用法律或政府命令）而导致微软无法履行或延迟履行其义务，微软对此不承担任何责任或义务。"

结合近年来美国对中国科技行业实施严厉打压的大背景来看，有人将这些条款解读为微软为自己"留下后路"，即将断供中国且不给予任何补偿。

二、国产操作系统与数据库走过的路

近年来，由于华为被断供，再加上国际形势的大环境因素的影响，越来越多的企业、开发者，如麒麟、统信、华为等，纷纷投身于国产操作系统的研发中，打破了操作系统领域"被动"的状态。

随着开源的兴起，替代 Windows 已经不再像过去看似那么艰难，但是，在中国的核心技术栈遍地开花的年代，如何做好国产基础软件的功能性、稳定性、兼容性、体验度、生态等维度，既是我们亟需解决的问题，也是基础软件的突破口所在。

从 2009 年以来，Windows 的市场份额在竞争中不断下降，一方面，是由于苹果 macOS 带来了强有力的竞争；另一方面，层出不穷的开源操作系统为操作系统市场带来了无限的可能性，这一趋势也就不足为奇了。

近几年，全球很多国家开始放弃 Windows 转而使用开源操作系统，例如，2003 年，德国慕尼黑市启动了 LiMux 项目（基于 Ubuntu 的"慕尼黑发行版"），打算把所有的政府办公系统和公务员的个人电脑从 Windows 迁移到开源软件平台；韩国政府扶持基于 Linux 的本土开源操作系统 Gooroom、HAMONIKR、TMAX OS 等；土耳其部分地区推行本土研发的 Linux 发行版 Pardus……

回到问题本身，如果在中国，Windows，数据库这些基础软件被断供了，将会带来哪些影响？

在国内桌面操作系统市场方面，微软占有中国 87.5% 的市场份额，而国产操作系统还处在起步阶段。但是，无论微软有没有可能对中国实施禁令，中国都必须加大自主知识产权的操作系统的市场份额，从俄乌战争期间俄罗斯被全面封杀来看，自己的命运不能被他人把控。近几年，中国的国产化产业链的发展，在 IT 领域的芯片、操作系统、数据库三大领域都有了突破性的进展，一批国产公司逐渐成长起来，例如，芯片领域的龙芯，操作系统领域的麒麟与统信，以及众多的国产数据库厂商。

根据前瞻产业研究院的统计数据，目前芯片和操作系统的国产化率仍然较低，在 2020 年分别只有 0.5% 和 1.2%，但数据库的国产化率已经达到 50%。这和多年前就兴起的"去 IOE"运动有一定的关系。Oracle 所在的数据库领域，其国产替代的进程早在十多年前就开始了。

2009 年，阿里云创始人、中国工程院院士王坚定下了一个当时看来非常激进的目标：在阿里巴巴的核心系统中，不再使用 IBM 的小型机、Oracle 的数据库、EMC 的存储，也就是常说的"去 IOE"。

2013 年，阿里巴巴最后一台小型机下线；同年 7 月，Oracle 数据库下线。至此，阿里巴巴在"去 IOE"运动上取得了里程碑式的成功。

自主可控、国产替代并不容易，"去 IOE"运动的进程也非常缓慢。在 2016 年 5 月 12 日举办的第七届中国数据库技术大会上，Oracle 公司副总裁吴承杨演讲时提到了一组数据：中国的数据库市场前三位为 Oracle、IBM、微软，其中 Oracle 占据 56% 的市场份额。在大会上，吴承杨反复强调，"去 IOE"运动不会对 Oracle 造成任何影响，但是他也承认，"去 IOE"运动教会了 Oracle 如何贴近用户。

即使在今天，Oracle 依然在中国的政府、银行等市场占据主流地位，这是一个历史遗留因素。例如，2021 年中国邮政储蓄银行就曾公示数据库采购项目，拟定 Oracle 为唯一供应商，理由是"当前我行多个核心生产系统使用 Oracle 数据库进行存储和处理，无法替代"。

从技术层面来说，国产数据库在性能方面已经能够和 Oracle 等老牌企业并驾齐驱了。例如，2019 年支付宝自主研发的数据库 OceanBase，就在素有"数据库世界杯"之称的 TPC-C 测试中，打破了 Oracle 保持了 9 年之久的世界纪录，首次超越 Oracle。

不过，技术上的国产替代并不代表一定可行，这需要更多的人、财、物等支出，才能达到国际先进水平。曾有人称："数据库就像人的心脏，谁会没事儿就去想着换个心脏？说白了是一个费力不讨好的事情。"

所以，国产数据库的突围之路采取了"农村包围城市"的战略，先从非金融客户（金融公司是数据库的主要客户）的非核心系统取代国外数据库做起，以此来彰显自身的实力。

如今，国产数据库已经在本土市场中逐渐站稳脚跟。国内企业对国产数据库的态度是应上尽上，这已经成为一种趋势。

IDC《2021 年上半年中国关系型数据库软件市场跟踪报告》显示，在传统部署模式市场中，国际厂商仍占主导地位，但份额已开始逐渐下滑，目前厂商份额占比前三分别为 Oracle、华为及微软，市场占有率分别为 26.7%、14.7%、7.6%；而在云数据库中，阿里巴巴、腾讯占据前两位，市场占有率分别为 44.7%、17.4%，国产数据库占据绝对领先的地位。

虽然 Oracle 在中国数据库市场仍然举足轻重，但技术的变革正在悄然发生，这对 Oracle 的冲击并不低于"去 IOE"运动，并且也让我们重新思考国产替代的语境与现实意义。

开源正在成为数据库领域的一大趋势。DB-Engines 的数据显示，截至2021 年底，全球 383 款数据库中开源数据库占据 51.7%，高于 8 年前的35.5%，并在 2021 年 1 月占比首次超过商业数据库；排名前十的数据库中，开源数据库占据 6 席。

同时，开源与云服务相结合，也让开源数据库找到了绝佳的商业模式。自 2018 年开始，MongoDB 发布的 Altas 数据库云业务一直在快速发展，而云原生的模式促进了开源软件的蓬勃发展，疫情后全世界数字工作的方式又加速了云服务的增长，共同推动了开源与云服务的加速融合。

但是，很多国产数据库系统并非真正的自主开源，而是在开源数据库MySQL 基础上修改的，而 MySQL 又是 Oracle 旗下，因此极端情况下，MySQL也存在被断供的可能性。

中国已经诞生了一些基于自主研发的开源数据库，并且表现亮眼。因此，在国内市场中，国产替代是必要且政治正确的。

从全球及国内来看，数据库行业正在加速洗牌，中国数据库厂商正赶上数据库产业变革的重大机遇期，借助开源和云计算，中国数据库有机会在全球市场占据一席之地。如何抓住这个机遇，是在国产替代之外，同样值得努力的事情。

三、国产化的必要性与紧迫性

今天，这样的机遇发生在数据库；明天，类似的机遇就会发生在其他"卡脖子"领域。

如果说，Windows 和数据库是对中国的警示，那么近日美国发布的针对网络安全领域的出口管制规定（要求微软、谷歌等美企向中国等 48 个国家、地区分享网络安全漏洞等信息之前，必须要先向美国相关部门申请并获得许可），很显然在利用微软、谷歌等美企变相"制裁"中国的网络安全领域。

"没有网络安全就没有国家安全。"操作系统、数据库这个最基础、最底层的系统软件是否能实现国产替代，影响着中国整个互联网生态的自主可控。目前，Windows 的优势有目共睹，巨大的前期投入与建立生态的难度，以及成功者强大的专利壁垒，都让后来者举步维艰。但也要看到，苹果和谷歌依靠"操作系统免费＋应用商店收费"等创新模式，已经在移动互联网大潮中找到了生存空间。在云计算、大数据、物联网的时代，各种智能终端、可穿戴设备乃至家电、汽车等，都将成为人们必备的终端产品，其中孕育着跨终端、全场景式操作系统崛起的机会，正等待着弄潮儿去把握。同时，"金钱买不来技术，市场换不来技术"已成为社会共识，国家网络强国战略在不断释放政策红利，"国产替代"成为投、融资市场的热门话题。可以说，在发展国产操作系统的征程上跋涉了十几年的探路者，正迎来最好的发展环境。国产操作系统需要继续坚定信心、坚持创新，力争让国人通过更多"自己的窗户"看到互联网的世界。

四、自主可控：路漫漫其修远兮

自主可控的道路，充满挑战。从"巴黎统筹委员会"到《瓦森纳协定》，再到近来美国对中兴、华为等中国企业的制裁，西方国家对中国的技术封锁一直存在。1950 年成立的"巴黎统筹委员会"，即以美国政府为首，联合西欧国家对社会主义国家实施禁运，防止和限制西方的战略产品、高新技术流向社会主义国家。随着苏联解体和东欧剧变，"巴黎统筹委员会"也随之散伙，但是西方国家的出口管制政策并没有随之结束。1996 年《瓦森纳协定》签署，从 1996 年 11 月起实施新的控制清单和信息交换规则，实际上替代了"巴黎统筹委员会"，中国同样在被禁运国家之列。《瓦森纳协定》虽不具有"巴黎统筹委员会"的强制性，然而事实上中国依然无法直接从西方世界得到先进的军用或民用技术或产品。

正因为西方国家对中国的限制和禁运，才让我们不得不走上了自主研发的道路，结果证明，效果很好。我们的北斗系统、射电望远镜、神威·太湖之光超级计算机、歼 20 等先进技术和成果都达到了世界领先水平。

在这样的背景下，中国的国产化工作，也要发扬"两弹一星"精神，筚路蓝缕，走出自主可控的道路。科技无国界，但是科技企业有国界，我们不可能把希望寄托于他人的仁慈，命运只能掌握在自己手里。惟其艰难，才更显勇毅；惟其笃行，才弥足珍贵。中国信息产业的自主可控进程，注定不会是一帆风顺的旅程，需要有志者付出更多努力。

思考与练习

1. 影响主机安全的因素有哪些？我们如何进行防范？
2. "弱口令"指的是什么？如何设置比较安全的密码？
3. 审核策略指的是什么？常见的审核策略有哪些？如何配置？

项目三　网络攻击与预防

学习目标

知识目标：了解并掌握常见的网络攻击流程和网络攻击类型；了解无线网络存在的问题以及应对方案。

能力目标：具备预防网络攻击的基本技能。

素质目标：具有预防网络攻击的意识和忠诚、敬业的职业道德。

● **知识树**

常见网络攻击
流程 —— 准备阶段
实施攻击
建立后门与清理痕迹

WiFi 介绍
无线网络存在的安全问题 —— 无线信息
安全介绍 —— 网络攻击与预防
针对无线网络安全问题的对策

常见的网络攻击
以及应对方案 —— Webshell 攻击
蠕虫攻击
勒索病毒
SQL 注入
XSS 攻击
DOS 攻击

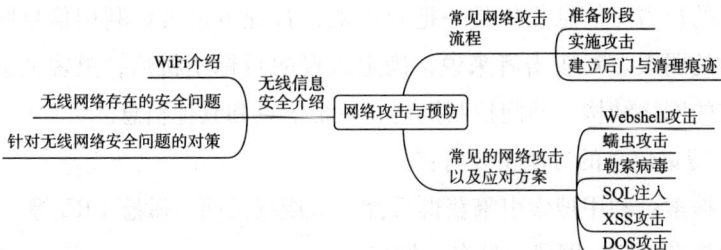

任务 1　网络攻击流程分析

简单地说，攻击就是指一切对计算机的非授权行为，攻击的全过程应该是由攻击者发起，攻击者应用一定的攻击方法和攻击策略，利用一些攻击技术或工具，对目标信息系统进行非法访问，达到一定的攻击效果，并实现攻击者的预定目标。因此，凡是试图绕过系统的安全策略或是对系统进行渗透，以获取信息、修改信息甚至破坏目标网络或系统功能的行为都可以称为黑客攻击。根据攻击的概念，黑客进行攻击时，一般都遵循如下流程。

一、准备阶段

黑客攻击之前要了解目标主机的网络结构、收集目标系统的各类信息等，其主要工作有如下几部分：

1. 保护隐藏自己。黑客攻击前一般都会利用别人的计算机来隐藏自己真实的 IP 地址信息，以达到隐藏保护自己的目的。最常见的就是 IP 欺骗，此外还有邮件欺骗、Web 欺骗、ARP 欺骗等。要实现 IP 地址欺骗，最简单的方法就是盗用 IP 地址。在 Windows 系统中，可以使用网络配置工具改变本机 IP 地址；在 UNIX 系统中，可以使用 ifconfig 命令来改变 IP 地址。

2. 确认目标主机。黑客在发起攻击前，首先要选择攻击目标。网络上有许多的主机，黑客首先要寻找他希望得到的有价值的站点，在 Internet 上能真正标识主机的是 IP 地址。黑客利用域名和 IP 地址就可以顺利找到目标主机。最常用的方法是利用 whois 数据库服务。简单来说，whois 就是一个用来查询域名是否已经被注册，以及注册域名的详细信息的数据库（如域名所有人、域名注册商、域名注册日期和过期日期等），通过 whois 来实现对域名信息的查询。

3. 搜集系统信息和相关漏洞信息。黑客在攻击之前需要收集信息，才能实施有效的攻击。信息收集是一把双刃剑，管理员也可以利用信息收集技术发现系统的弱点。对攻击者来说，确定入侵的目标主机后，黑客就会设法了解其所在的网络结构、访问控制机制、系统信息和其他信息。

（1）搜集信息的方法主要有：

开放搜索：利用搜索引擎获得后台、未授权页面、敏感 URL 等。

基础信息：IP、网段、域名、端口。

系统信息：操作系统版本。

应用信息：各端口的应用，如 Web 应用、邮件应用等。

版本信息：所有这些探测到的东西的版本。

人员信息：域名注册人员信息、Web 应用中网站发帖人的 ID、管理员姓名等。

防护信息：试着看能否探测到防护设备。

（2）漏洞探索。利用上一步中列出的各种系统、应用等，使用相应的漏洞。

方法：①漏扫、awvs、IBM appscan 等。②结合漏洞去 exploit-db 等位置找利用。

内容：

系统漏洞：系统没有及时打补丁。

Websever 漏洞：Websever 配置问题。

Web 应用漏洞：Web 应用开发问题。

其他端口服务漏洞：各种 21/8080（st2）/7001/22/3389。

通信安全：明文传输，token 在 cookie 中传送等。

将上一步中发现的有可能可以成功利用的全部漏洞都验证一遍。结合实际情况，搭建模拟环境进行试验。成功后再应用于目标中。

4. 信息分析。该步骤为下一步实施渗透做准备，主要有以下几种方法：

精准打击：准备好上一步探测到的漏洞的 EXP，用来精准打击。

绕过防御机制：是否有防火墙等设备，如何绕过。

定制攻击路径：最佳工具路径，根据薄弱入口，高内网权限位置，最终目标。

绕过检测机制：是否有检测机制、流量监控、杀毒软件、恶意代码检测等（免杀）。

攻击代码：经过试验得来的代码，包括但不限于 XSS 代码、SQL 注入语句等。

二、实施攻击

当黑客探测到足够的各类所需的攻击系统的信息，对系统的安全弱点有了充分的了解后，就会开始发动攻击了。首先是获取控制权，黑客可以使用 FTP、Telnet 等工具进入目标主机系统，获得控制权。获得控制权之后，在系统中植入木马或远程操作程序，就可以实现攻击的目的，窃取所需要的各种敏感信息，如信用卡、游戏账号、软件资料、财务报表、客户名单等。在日常生活中 QQ 号被盗就是黑客通过木马程序完成的。

三、建立后门与清理痕迹

一般入侵成功后，黑客为了达到长期控制主机的目的，会立刻在系统中建立后门，这样就可以随时登录该系统。后门是一种登录系统的方法，它不仅绕过系统已有的安全设置，而且还能挫败系统上各种增强的安全设置。日志往往会记录黑客入侵的痕迹，因此，为了避免被目标系统管理员发现犯罪证据，黑客在完成入侵后，需要清除其中的系统日志文件、应用程序日志文件以及防火墙日志文件等，或者用假的日志覆盖入侵前的系统日志。至此，一次完整的黑客攻击就完成了。

四、流程总结

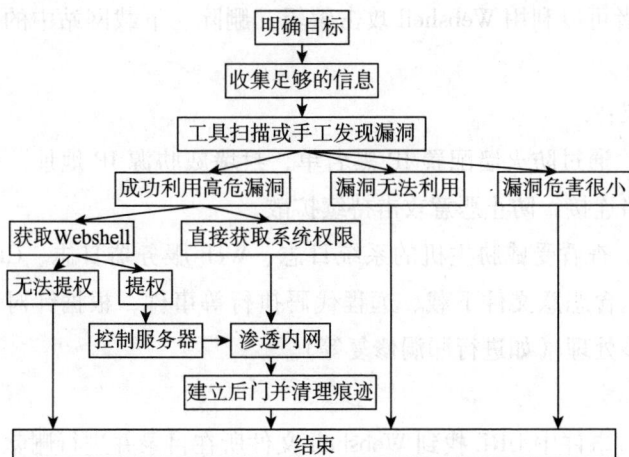

图 3-1 攻击流程

任务 2 常见网络攻击与应对方案

一、Webshell 攻击

威胁级别：高。

原理：Webshell 攻击就是以 ASP、PHP、JSP 等网页文件形式存在的一种命令执行环境，也可以将其称为一种网页后门。黑客在入侵了一个网站后，通常会将 ASP 或 PHP 后门文件与网站服务器 Web 目录下正常的网页文件混在一起，然后就可以使用浏览器来访问 ASP 或者 PHP 后门，得到一个命令执行环境，以达到控制网站服务器的目的，由于 Webshell 大多是以动态脚本的形式出现，因此，也有人称之为网站的后门工具。攻击者一般会利用中国菜刀工具上传 Webshell 到服务器。

危害：

1. Webshell 攻击具有隐蔽性，例如，隐藏在正常文件中并修改文件时间以达到隐蔽，还有利用服务器漏洞进行隐藏。

2. Webshell 攻击可以穿越服务器防火墙，由于与被控制的服务器或远程过 80 端口通信，因此不会被防火墙拦截。

3. 使用 Webshell 攻击一般不会在系统日志中留下记录，只会在网站的 Web 日志中留下一些数据提交记录。

4. 攻击者可以利用 Webshell 攻击编辑、删除、下载网站中的任意文件或执行命令。

处置建议：

1. 遏制。通过防火墙配置 IP 黑名单，封堵威胁源 IP 地址，并断开受威胁主机的网络连接，防止恶意攻击持续扩散。

2. 溯源。查看受威胁主机的系统日志、Web 服务器日志、CIS 历史攻击事件中是否包含恶意文件下载、远程代码执行等事件，根据针对该事件的处置建议进一步处理（如进行漏洞修复等）。

3. 清理。

（1）通过事件中 URL 找到 Webshell 文件所在目录并进行删除，防止恶意行为持续发生。

（2）针对上述主机，建议使用终端杀毒软件进行查杀，或通过人工方式查看主机进程等信息定位是否有通过 Webshell 植入的恶意文件，清理恶意文件后，恢复该主机的网络连接。

4. 预防。

（1）在系统中部署漏洞扫描产品，定期检查是否存在漏洞。对主机进行安全加固，及时更新补丁，防止攻击者利用漏洞进行攻击。

（2）在网络入口处配置防火墙等安全设备，减少 Webshell 植入的可能。

二、蠕虫攻击（Worm）

威胁级别：高。

原理：蠕虫是一种通过网络传播进行主动攻击的恶性计算机病毒，它利用网络进行复制和传播，传染途径是网络和电子邮件。蠕虫病毒是自包含的程序，能够传播它自身功能或拷贝它的某些部分到其他的计算机系统中。蠕虫具有病毒的一些共性，如传播性、隐蔽性、破坏性等，不过也与一般病毒有不同之处，蠕虫不需要将其自身附着到宿主程序，因此，可潜入目标系统并允许其他人远程控制计算机。

危害：

1. 蠕虫具有主动攻击、行踪隐蔽、漏洞利用、降低系统性能、产生安全隐患、反复性和破坏性等特征。

2. 控制主机实现文件传输和信息泄露。

3. 消耗内存或网络带宽，导致计算机崩溃。

4. 文件加密，达到勒索目的。

处置建议：

1. 遏制。将受威胁主机进行隔离，断开网络连接，防止恶意行为进一步扩散。

2. 溯源。查看受威胁主机的系统日志、应用日志、CIS 历史攻击事件中是否包含恶意文件下载事件，根据针对该事件的处置建议进一步处理。

3. 清理。使用终端杀毒软件进行查杀，或通过人工方式查看主机进程、注册表等信息，定位蠕虫文件，并进行清理，完成后恢复该主机的网络连接，恢复后建议持续观察一段时间，确保业务正常。

4. 预防。

（1）在系统中部署漏洞扫描产品，定期检查是否存在漏洞。对主机进行安全加固，及时更新补丁，防止攻击者利用漏洞进行攻击。

（2）在网络入口处配置防火墙等安全设备，减少恶意入侵的可能。

（3）提高员工的安全意识，对来历不明的邮件中的附件、从网络下载后未经杀毒处理的软件慎重打开。

三、勒索病毒（Extortion Virus）

威胁级别：高。

原理：病毒先把原文件拷贝出来一份，生成一个加密文件，然后删除原文件。

危害：勒索病毒通常会对受害者主机进行锁定或者系统性地加密受害者硬盘上的文件，然后要求受害者缴纳赎金以取回对电脑的控制权，或取回受害者无法自行获取的解密密钥以解密文件。

处置建议：

1. 遏制。将受威胁主机进行隔离，断开网络连接，防止恶意行为进一步扩散。

2. 溯源。查看受威胁主机的系统日志、应用日志、CIS 历史攻击事件中是否包含恶意文件下载事件，根据针对该事件的处置建议进一步处理。

3. 清理。根据勒索软件信息，搜索勒索软件是否有对应的数据解密程序，如果找不到解密程序，则需要重装系统，或者找专业的安全人员恢复系统；系统恢复后开启该主机的网络连接。

4. 预防。

（1）勒索软件加密数据后，恢复的可能性较小，所以要定期做好数据备份，把重要数据加密转移到安全的存储介质上，如云盘和移动硬盘。

（2）在系统中部署漏洞扫描产品，定期检查是否存在漏洞，对主机进行安全加固，及时更新补丁，防止攻击者利用漏洞进行攻击。

（3）在网络入口处配置防火墙等安全设备，减少恶意入侵的可能。

（4）提高员工的安全意识，对来历不明的邮件中的附件、从网络下载后未经杀毒处理的软件慎重打开。

四、SQL 注入

威胁级别：中。

原理：SQL 注入是指由于 Web 应用程序对用户输入数据的合法性没有判断，攻击者通过把 SQL 命令插入到 Web 表单递交或插入到 URL 页面请求的查询字符串中，以此来实现欺骗数据库服务器执行非授权的任意查询的目的。通过该 SQL 语句可以测试目标网站是否存在数据库安全漏洞，当测试出存在数据库漏洞时，攻击者就执行相应的 SQL 查询语句，从数据库中获得用户以及密码等重要信息。

危害：SQL 注入攻击危害较大，具体可以表现为：

1. 数据库信息泄漏。

2. 通过操作数据库对特定网页进行篡改。

3. 网站被挂马，传播恶意软件。

4. 数据库服务器被攻击，数据库的系统管理员账户被篡改。

5. 服务器被远程控制，被安装后门。经由数据库服务器提供的操作系统支持，让攻击者得以修改或控制操作系统等。

处置建议：

1. 遏制。防火墙配置 IP 黑名单，封锁攻击 IP 地址，通过关闭受威胁主机网络连接进行隔离，防止攻击持续扩散。

2. 溯源。搜索受威胁主机的历史事件，查看是否包含 Web 扫描事件，以确认事件的攻击来源。

3. 清理。排查并修改包含 SQL 注入漏洞的网页代码，修复后重启 Web 服务；为了排查攻击者是否通过注入攻击植入恶意软件，建议使用终端杀毒软件进行查杀，或通过人工方式查看主机进程等信息，定位恶意程序，并进行清理，完成后恢复该主机的网络连接。

4. 预防。

（1）在系统中部署漏洞扫描产品，定期检查是否存在漏洞，对主机进行安全加固，及时更新 Web 服务器，防止攻击者利用漏洞进行攻击。

（2）在网络入口处配置防火墙等安全设备，减少恶意入侵的可能。

五、XSS 攻击

威胁级别：中。

原理：XSS 攻击即跨站脚本攻击，XSS 是一种经常出现在 Web 应用中的计算机安全漏洞，攻击者将恶意代码植入到提供给其他用户使用的页面中（这些代码包括 HTML 代码和客户端脚本），一旦用户通过浏览器浏览了携带 XSS 的网页，就会触发 XSS 攻击。一般 XSS 攻击为反射性和存储型居多，攻击者多用"弹窗"的形式测试是否存在 XSS 漏洞。

危害：XSS 攻击的危害虽然不如 SQL 注入大，但是如果攻击者使用灵活，能导致的危害包括但不局限于：

1. 实现网络钓鱼，盗取浏览用户的账号信息。

2. 盗取用户的 cookie 信息。

3. 强制弹出广告页面。

4. 进行大量的客户端攻击，如 DDoS。

处置建议：

1. 遏制。防火墙配置 IP 黑名单，封锁 XSS 攻击 IP 地址，通过关闭受威胁主机网络连接进行隔离，防止攻击持续扩散。

2. 溯源。搜索受威胁主机的历史事件，查看是否包含 Web 扫描事件，以确认事件的攻击来源。

3. 清理。通过事件中 HTTP、URL 排查 XSS 漏洞页面，并清理存储型 XSS 在数据库中所植入的 payload，更新 Web 服务器或修改包含 XSS 漏洞的网页代码，完成上述操作后重启 Web 服务，并恢复受威胁主机网络连接。

4. 预防。

（1）在系统中部署漏洞扫描产品，定期检查是否存在漏洞，对主机进行安全加固，及时更新 Web 服务器，防止攻击者利用漏洞进行攻击。

（2）在网络入口处配置防火墙等安全设备，减少恶意入侵的可能。

六、DoS 攻击事件

威胁级别：中。

原理：DoS 攻击即拒绝服务攻击，是指故意地攻击网络协议存在的缺陷或直接通过野蛮手段残忍地耗尽被攻击对象的资源，目的是让目标计算机或网络无法提供正常的服务或资源访问，使目标计算机服务系统停止响应，侧重于通过对主机特定漏洞的利用攻击，导致网络栈失效、系统崩溃、主机死机而无法提供正常的网络服务功能，从而造成拒绝服务。而在此攻击中并不包括侵入目标服务器或目标网络设备。

危害：DoS 攻击会使受害主机或网络无法及时接收并处理外界请求，或无法及时回应外界请求。其具体表现方式有以下几种：

1. 造成通往被攻击主机的网络拥塞，使被攻击主机无法正常和外界通信。

2. 向服务器提交大量请求，使服务器超负荷。

3. 阻断某一用户访问服务器。

4. 阻断某服务与特定系统或个人的通讯。

处置建议：

1. 遏制。

（1）在不影响正常业务的前提下，通过防火墙配置 IP 黑名单，封堵恶意攻击源地址，阻断其访问。

（2）断开受威胁主机的网络连接进行隔离，防止恶意攻击持续扩散。

2. 溯源。通过情报进一步查询 DoS 攻击源 IP 的详细信息。

3. 清理。如果事件中包含漏洞 ID，则根据漏洞 ID 排查受威胁主机是否存在该漏洞，根据系统（或应用）软件的版本情况修复漏洞，修复后恢复网络连接。

4. 预防。

（1）在系统中部署漏洞扫描产品，定期检查是否存在漏洞，对主机进行安全加固，及时更新补丁，防止攻击者利用漏洞进行攻击。

（2）在网络入口处配置防火墙等安全设备，减少恶意入侵的可能。

任务 3　无线安全介绍

无线网络（wireless network）是采用无线通信技术实现的网络。它和有线网络的区别就在于传输媒介的不同，一个无线通信系统是由以下部分构成的：发射机（信源、信源编码、信道编码、调制、发射天线），接收机（接收天线、解调、信道编码、信源编码、信宿）。在信源编码、信道编码过程中可能会出现不可避免的差错，电磁波在空气中的传播也受到环境的影响，因此会产生大尺度路径损耗和多径等影响信号传播的现象，这就使得不法分子有可乘之机，他们会利用这些特性对网络中的数据进行攻击，以达到赢利的目的。随着无线网络的快速发展，这些问题也成了迫切需要解决的问题。

一、WiFi 技术

WiFi 是一个创建于 IEEE 802.11 标准的无线局域网技术，这种技术是我们现在最常用的无线网接入技术，几乎每一台移动智能设备都支持 WiFi 技术。WiFi 网络是由无线网络转化而来的，互联网通过调制解调器、无线路由器或者 AP（Access Point）将网络从有线状态转化为无线状态。利用它就可以将我们的移动设备接入到互联网中，而不需要网线等电缆。

二、无线网络存在的安全问题

1. 重传攻击。这种攻击方式的原理类似于 DoS（拒绝服务）攻击，但与 DoS 攻击不同的是，这种攻击方式造成的瘫痪是网络的瘫痪而非主机的瘫痪，黑客会将网络中大量的数据发送给被攻击者，这样在同一时间内会有大量的垃圾数据充斥网络，造成网络拥堵，反复多次就会使网络出现问题，导致用户的有用信息丢失，这时候黑客便可以窃取或者篡改用户信息。

2. 网络窃听。由于无线网络没有物理媒介这一特性，信息在传输中是以无线电波的形式传输的，原始信号经过调制和编码，以模拟信号或者数字信号的形式在空气中传播。对于 WiFi 无线技术而言，大多数上网都是采用相同的网卡和驱动模式，采用明文进行网路通信，这造成用户的无线通信信息被非法监听和破解。

3. 钓鱼攻击（假冒无线 AP）。这种攻击方法在我们的日常生活中也很常见，经常有新闻报道因连接公共 WiFi 被窃取银行账户等私密信息。黑客会事先创建一个虚假的无线网络接入点，也就是我们常说的不明公共 WiFi，一旦有用户接入这个虚假的 WiFi，用户的一些上网记录就会被攻击者记录下来，其中如果含有账户密码等敏感的信息，就会导致用户信息泄露。

AP（Access Point），即接入访问点，每一台设备想要连接互联网，就必须有一个互联网的入口，而这个入口就是 AP，日常生活中常见的 AP 就是我们的路由器，用户通过接入路由器访问互联网。

假冒 AP，攻击者在无线网络覆盖的区域设置非法或者伪装的 AP 相关设备，通过 WiFi 连接将其他用户吸引过来。如果其他的用户登录到这个 AP 所伪造的网址上，或者不慎打开此 AP 给出的风险链接，用户很可能在此界面输入自己的合法口令等信息，这就导致用户的登录信息泄密。攻击者或者通过在界面设置伪装的 DNS 或者服务器来定向将用户的通信信息备份过去，这是一种更高级别的网络攻击行为。当前许多手机等移动终端都带有破解 WiFi 无线网络密码的 App，这些软件很大程度上都存在一定的安全隐患。对于 WiFi 合法使用者来说，非法侵入者有可能获取到一些私密信息。

4. 信息篡改。涉及无线网路中的信息失真和篡改，主要是由于不法分子或者诈骗人员通过发送带有后台程序的链接或者网址，对无线网络进行攻击和入侵。针对合法的 AP 和被授权接入网络的用户进行双向欺骗，最终导致合法的 AP 被误导，也使被授权的客户接收到虚假的信息。为应对此问题，可以考虑对授权证书进行升级，采取基于应用层的加密认证或者对双方进行协调加密认证。

三、针对无线网络安全问题的对策

为了保障 WiFi 无线网络技术的安全使用，保证合法用户的信息安全，需要采取一定的措施和方案，从不同的角度来提升 WiFi 无线网络技术的安全性。

1. 访问控制。用户可以制定身份验证机制，如给家中的 WiFi 设置一个相对安全的密码，当有其他用户接入网络时判断授权是否有效，这样就可以拒绝未经授权的用户接入网络，从而达到初步的安全。还可以划分出不同的授权级别，界定拥有不同权限的用户的访问资源，实现不同安全级别的信息的分析保护。

2. 虚拟专用网络。这种网络具有虚拟性，能够对网络上的每一个节点（对于用户来说就是自家的路由器）进行加密。此时传统黑客对路由器进行控制的方法（即上文介绍的控制 AP）就不再奏效。这种技术可以用在会场等网络设置中，一般会存在一个需要严格保密的网络和一个供外界使用的网络，两者的安全系数是不同的，此时就可以用虚拟专用网技术对两个网络进行隔离，实现不同层次的不同安全系数。

3. 防火墙系统。防火墙系统主要用于检测和筛选进入网络的信息，防止一些恶意的病毒进入网络，将它们阻挡在网关之外。

4. 防止 DoS 攻击。通过对没有授权的用户限制带宽的方法，限制他们的数据传输能力，以此达到防止拒绝服务攻击的目的。

5. 定期进行站点审查。此外还可以通过监测无线局域网的非授权接入点，可以通过接收天线等设备找到未授权的非法网站，对其进行定期的清除操作，保证网络环境的安全。

随着经济的不断发展，科学技术的不断进步，越来越多的人开始依赖通信技术，人们对于网络资源的需求也日益增多，WiFi 因为它的便捷性受到人们的欢迎，并且很好地造福了人类社会。今后的发展中，WiFi 技术的应用将会更加广泛，各种新兴的 WiFi 技术的出现也是当下发展的必然趋势，但是当前 WiFi 技术中存在的安全问题也绝对不容忽视。当前的 WiFi 技术虽然已经可以满足我们的日常需求，但是只有解决其中存在的各种安全问题，互联网才可以蓬勃发展，人类社会才可以进步。

任务4 （实训十）Kali 攻击 Windows 7系统（"永恒之蓝"漏洞复现）

"永恒之蓝"（Eternal Blue）爆发于 2017 年 4 月 14 日晚，是利用 Windows 系统的 SMB 协议漏洞来获取系统的最高权限，以此来控制被入侵的计算机。2017 年 5 月 12 日，不法分子通过改造"永恒之蓝"制作了 wannacry 勒索病毒，使全世界大范围内遭受了该勒索病毒，甚至波及学校、大型企业、政府等机构，只有支付高额的赎金才能恢复文件。不过，该病毒出现不久就被微软通过打补丁修复。

SMB（Server Message Block）是一个协议服务器信息块，它是一种客户机/服务器、请求/响应协议，通过 SMB 协议可以在计算机间共享文件、打印机、命名管道等资源，电脑上的网上邻居就是靠 SMB 实现的；SMB 协议工作在应用层和会话层，可以用在 TCP/IP 协议之上，SMB 使用 TCP/139 端口和 TCP/445 端口。

一、搭建测试环境

1. Kali Linux（攻击机）IP：172. 16. 14. 124。Kali Linux 是一个基于 Debian 的 Linux 发行版，通常应用在高级渗透测试和安全审计场景当中。Kali

Linux 系统中内置了数百种工具，适用于各种信息安全任务，如渗透测试、安全研究、计算机取证和逆向工程。Kali Linux 由 Offensive Security 公司开发、资助和维护。

2. Windows 7 旗舰版（靶机）IP：172.16.16.245。攻击计算机和靶机在同一局域网下，且靶机防火墙需要关闭，否则会对实验造成影响。

二、攻击过程

1. 端口扫描。进入 Kali Linux 系统，打开终端，扫描目标计算机。

```
root@kali:~# nmap 172.16.16.245
Starting Nmap 7.80 ( https://nmap.org ) at 2022-11-06 11:35 EST
Nmap scan report for bogon (172.16.16.245)
Host is up (0.000088s latency).
Not shown: 984 closed ports
PORT      STATE SERVICE
21/tcp    open  ftp
22/tcp    open  ssh
80/tcp    open  http
135/tcp   open  msrpc
139/tcp   open  netbios-ssn
443/tcp   open  https
445/tcp   open  microsoft-ds
990/tcp   open  ftps
1025/tcp  open  NFS-or-IIS
1026/tcp  open  LSA-or-nterm
1027/tcp  open  IIS
1037/tcp  open  ams
1038/tcp  open  mtqp
1039/tcp  open  sbl
1042/tcp  open  afrog
3389/tcp  open  ms-wbt-server
MAC Address: 00:0C:29:61:99:E0 (VMware)
```

图 3-2　端口扫描

可以看到，目标计算机 445 端口开发，可以进入下一步。

2. MSF（Metasploit）工具介绍。Metasploit 就是一个漏洞框架。它的全称叫作 The Metasploit Framework，简称 MSF，是一个免费、可下载的框架，通过它可以很容易地获取、开发并对计算机软件漏洞实施攻击。它本身附带 2000 多个已知软件漏洞的专业级漏洞攻击工具。

（1）渗透攻击（Exploit）。攻击者或者渗透测试者利用系统、应用或服务中的安全漏洞，所进行的攻击行为。流行的攻击技术包括：缓冲区溢出、Web 应用程序漏洞攻击、利用配置错误等。

（2）攻击载荷（Payload）。目标系统在被渗透攻击后而执行的代码。在 MSF 框架中可以自由地选择、传送和植入。

（3）溢出代码（Shellcode）。Shellcode 是在渗透攻击时作为攻击载荷运行的一组机器指令。Shellcode 通常用汇编语言编写。在大多数情况下，目标系统执行了 Shellcode 这一组指令后，才会提供一个命令行 Shell 或者 Meterpreter Shell，这也是 Shellcode 名称的由来。

（4）模块（Module）。在 MSF 中，一个模块是指 MSF 框架中所使用的一段软件代码组件。例如，渗透攻击模块（Exploit Module），是用来发起渗透攻击的软件组件；扫描模块（Auxiliary Module），是用来扫描可以使用的攻击工具或扫描工具。

（5）监听器（Listener）。监听器是 MSF 中用来等待网络连接的组件。例如，在目标主机被渗透攻击之后，它可能会通过互联网回连到攻击者主机上，而监听器组件在攻击者主机上等待被渗透攻击的主机主动连接，并负责处理这些网络连接。

3. 攻击流程。

（1）扫描目标计算机确定是否存在 ms17_010 漏洞。打开 MSF 模块，搜索 ms17_010 模块。

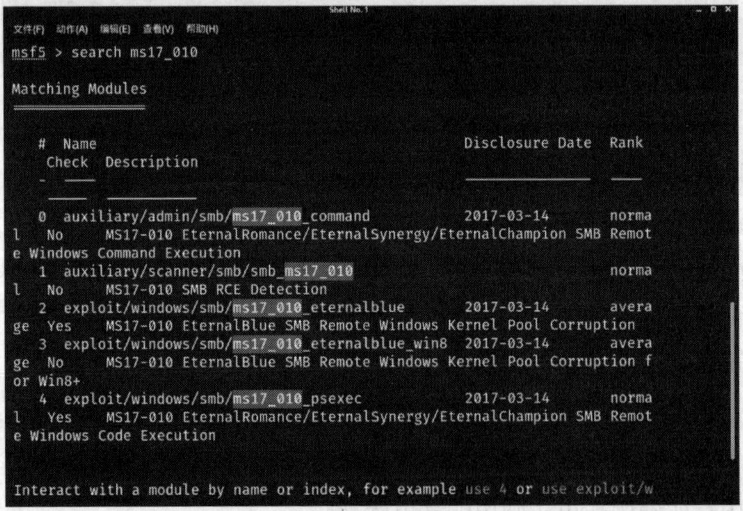

图 3-3　搜索 ms17_010 模块

用扫描模块对漏洞进行验证，选择 1，查看扫描选项。

设置被扫描计算机，扫描结果如下：

图3-4　查看扫描选项

通过结果可以看到，目标计算机存在 ms17_010 漏洞。

图3-5　扫描结果

（2）使用 MSF 下的渗透攻击模块进行攻击。

图3-6　查看配置参数

（3）选择 exploit/windows/smb/ms17_010_enternalblue 模块攻击，查看配置参数，这里只需要配置 Required 选项为 yes 的内容，可以看到我们只需要配置 RHOSTS 即可，这个选项为靶机地址，将其设置为 172.16.16.245. 操作为：set RHOSTS 172.16.16.245。

（4）设置好后，查看攻击载荷参数，命令为：show payloads，如图 3 - 7：

图 3 - 7　查看攻击载荷参数

（5）这里选择第 15 项，进行攻击，如图 3 - 8：

图 3 - 8　进行攻击

（6）攻击进行中，图3-9是攻击成功提示：

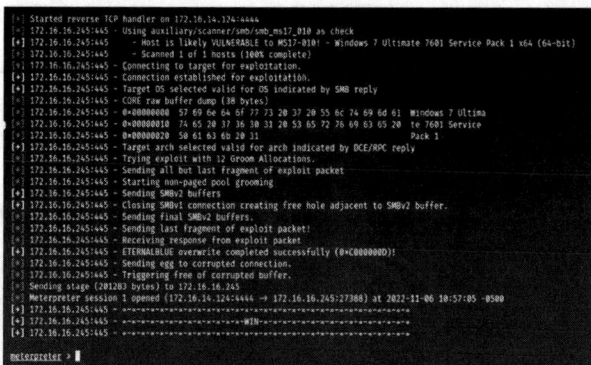

图3-9　攻击结果

4. 攻击成功后续操作。

（1）显示远程主机系统信息，命令为：sysinfo。

（2）进入 Shell，获取计算机权限，可以进行抓取桌面，建立账户并提升权限等操作。

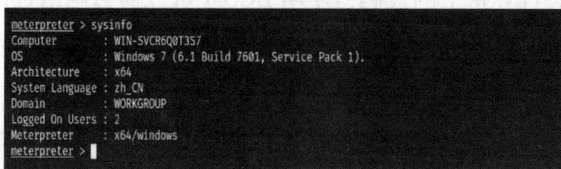

图3-10　显示远程主机系统信息

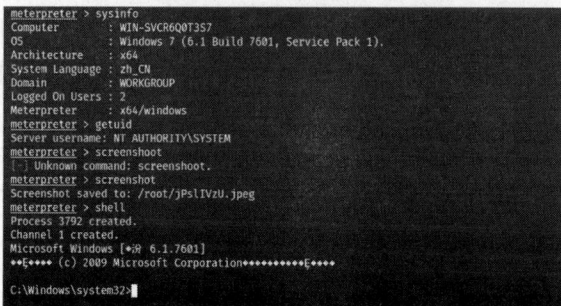

图3-11　抓取桌面并访问系统目录

此时完成了计算机的攻击过程。

此次实验基于 Kali Linux 操作系统对 Windows 7 进行渗透攻击。首先，使用 Nmap 扫描攻击机所在的网段，查看该网段下是否存在可以攻击的目标。发现可能的攻击目标之后，进入 MSF 的控制台查找 ms17_010 的相关模块。选用攻击模块并设置参数进行攻击。渗透攻击成功后，即可使用后渗透命令获取目标机的相应信息。

三、防护方案

1. 安装杀毒软件，立即给电脑打补丁。在 Windows 电脑上安装运行杀毒软件扫描，同时启用 Windows Update。针对"永恒之蓝"勒索病毒，微软发布了专门的修复补丁"MS17_010"，用以修复被该病毒攻击的系统漏洞，用户可以自行下载对应的操作系统版本的补丁进行安装。下载时应将补丁下载至本地，重要资料所在电脑采用断网打补丁形式。

2. Windows 用户可手动关闭端口和网络共享。默认状态下，Windows 的 135、139、445 端口处于开放状态，135 端口主要用于使用远程过程调用（Remote Procedure Call，RPC）协议并提供分布式组件对象模型（Microsoft Distributed Component Object Model，DCOM）服务，通过 RPC 可以保证在一台计算机上运行的程序顺利地执行远程计算机上的代码，使用 DCOM 可以通过网络直接进行通信，能够跨包括 HTTP 协议在内的多种网络传输。WannaCry 正是通过这些端口来进行大规模传播的，因此用户也可以选择手动关闭以上端口以及关闭网络共享。

3. 及时备份重要文件。养成定期的文档备份习惯是非常重要的事情。在你的电脑未感染病毒前，请将电脑中的所有重要文档进行云端备份。重要 WORD、PDF 等小文件但需要高频使用的，比如论文、科研报告、研究资料、工作资料等，可通过 WPS 或者百度云盘进行云端备份，方便你随时在 PC 端或移动端查看和编辑。

4. 加强网络安全意识。首先，应当及时更新操作系统漏洞补丁、程序软件、杀毒软件病毒库。其次，启用并打开"Windows 防火墙"，进入"高级设置"，在入站规则里禁用"文件和打印机共享"相关规则。最后，对于不明邮件和下载的文件先杀毒扫描后再使用。

任务 5　（实训十一）ARP 攻击与防范

一、ARP 攻击原理

1. 什么是 ARP 协议？ARP 协议是"Address Resolution Protocol"（地址解

析协议）的缩写。我们知道在局域网中，网络以"帧"的形式传输数据。一个主机要和另一个主机进行直接通信，必须要知道目标主机的 MAC 地址，目标主机的 MAC 地址就包含在数据帧中。显然在双方通信之初，发送方是无法知道目标 MAC 地址的，需要通过地址解析获得目标 MAC 地址。所谓"地址解析"，就是主机在发送帧前将目标 IP 地址转换成目标 MAC 地址的过程。ARP 协议的基本功能就是通过目标设备的 IP 地址，查询目标设备的 MAC 地址，以保证通信的顺利进行。

2. ARP 的工作原理。ARP 首先会发起一个请求数据包，数据包的首部包含了目标主机的 IP 地址，然后这个数据包会在链路层进行再次包装，生成以太网数据包，最终由以太网广播给子网内的所有主机，每一台主机都会接收到这个数据包，并取出标头里的 IP 地址，然后和自己的 IP 地址进行比较，如果相同就返回自己的 MAC 地址，如果不同就丢弃该数据包。

ARP 接收返回消息，以此确定目标主机的 MAC 地址；与此同时，ARP 还会将返回的 MAC 地址与对应的 IP 地址存入本机 ARP 缓存中并保留一定时间，下次请求时直接查询 ARP 缓存以节约资源。

3. ARP 的攻击过程。ARP 协议是没有身份验证机制的，局域网内任何主机都可以随意伪造 ARP 数据包，ARP 协议设计天生就存在严重缺陷。ARP 欺骗过程的基本思路是：PC03 首先向 PC02 发送了一个 ARP 数据包，作用相当于告诉 PC02，"我是 10.0.0.1，我的 MAC 地址是 03－03－03－03－03－03"，接着它也向 GateWay 发送了一个 ARP 数据包，作用相当于告诉 GateWay，"我是 10.0.0.2，我的 MAC 地址是 03－03－03－03－03－03"。欺骗成功后，主机 PC02 与 GateWay 之间的数据流向，以及它们各自的 ARP 缓存表就变成如图所示：

这时 PC02 和 GateWay 之间的所有数据都经过了 PC03，攻击者既然操控了数据流，那么直接断开通信是轻而易举的，即"断网攻击"，攻击者可以窃取任何基于明文传输的应用。例如，如果一个网站不是 HTTPS 协议，而是基于 HTTP 明文传输，那么当你登录这个网站时，你的密码就会被窃取。除了 HTTP（Web 应用），常见的还有 Telnet、FTP、POP3/SMTP/IMAP（邮箱）等应用，都很容易泄露密码。

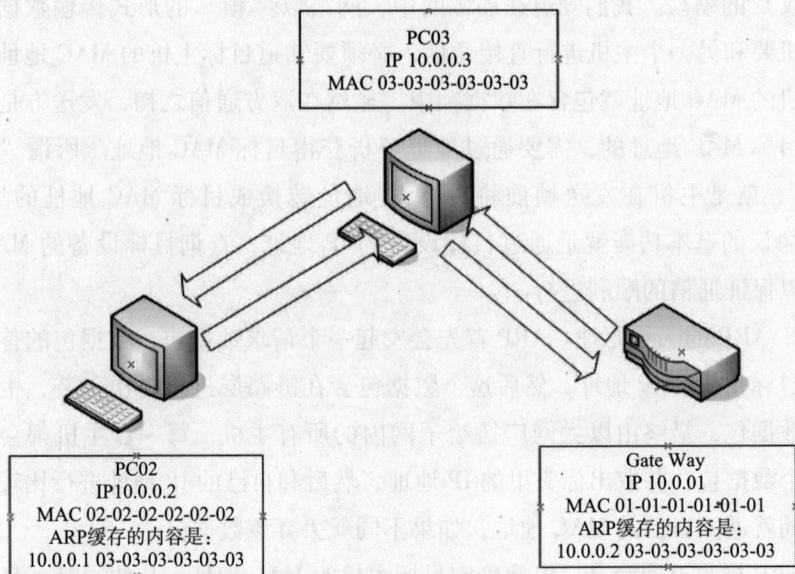

PC03
IP 10.0.0.3
MAC 03-03-03-03-03-03

PC02
IP10.0.0.2
MAC 02-02-02-02-02-02
ARP缓存的内容是：
10.0.0.1 03-03-03-03-03-03

Gate Way
IP 10.0.01
MAC 01-01-01-01-01-01
ARP缓存的内容是：
10.0.0.2 03-03-03-03-03-03

图 3 – 12　ARP 攻击

4. ARP 攻击后的表现。电脑遭到 ARP 攻击后的表现为：网速时快时慢，极其不稳定，局域网内频繁性区域或整体掉线，重启计算机或网络设备后恢复正常；网上银行、游戏及 QQ 账号的密码频繁丢失。随着加密技术的不断提高，ARP 攻击在盗取用户账号、密码时遇到了很大的难度。于是又出现了一类新的 ARP 攻击，该类 ARP 攻击保留了 ARP 攻击的基本功能，即向全网发送伪造的 ARP 欺骗广播，将自身伪装成网关。在此基础上，对用户发出的 HTTP 请求访问进行修改，在其中插入恶意网址链接，用户在不知情的情况下点击这些链接时，木马病毒就会利用系统漏洞种植到用户电脑中，从而使用户电脑感染病毒。

二、ARP 攻击步骤

1. 实验环境。

攻击方：Kali2022。

靶机方：Windows 7。

Kaili 系统与 Windows 7 系统在同一局域网中。

2. 实验目的。掌握 ARP 协议的基本概念及其缺陷。认识到 ARP 欺骗的危害。掌握 ARP 欺骗的防范策略。

3. 实验步骤。

（1）进入 Kali 系统，在终端中输入 ifconfig-a，可以查看攻击源的 IP 地址、广播地址、子网掩码等攻击源的相关网络信息。

```
root@kali:~# ifconfig -a
eth0: flags=4163<UP,BROADCAST,RUNNING,MULTICAST>  mtu 1500
        inet 172.16.14.124  netmask 255.255.0.0  broadcast 172.16.255.255
        inet6 fe80::20c:29ff:fe2d:936f  prefixlen 64  scopeid 0×20<link>
        ether 00:0c:29:2d:93:6f  txqueuelen 1000  (Ethernet)
        RX packets 10542688  bytes 669810821 (638.7 MiB)
        RX errors 0  dropped 1648  overruns 0  frame 0
        TX packets 64215  bytes 5388311 (5.1 MiB)
        TX errors 0  dropped 0 overruns 0  carrier 0  collisions 0
```

图 3－13　查看网络信息

（2）用 Nmap 扫描目标网段，确定攻击目标，为 172.16.16.245，如图 3－14：

```
root@kali:~# nmap -sP 172.16.16.1/24
Starting Nmap 7.80 ( https://nmap.org ) at 2022-11-06 17:02 EST
Nmap scan report for bogon (172.
Host is up (0.000061s latency).
MAC Address:              6 (Inspur Electronic Information Industry)
Nmap scan report for bogon (172.
Host is up (0.00021s latency).
MAC Address:              (VMware)
Nmap scan report for bogon (172.
Host is up (0.00032s latency).
MAC Address: 00:0C:29:90:9D:26 (VMware)
Nmap scan report for bogon (172.
Host is up (0.00028s latency).
MAC Address:             CC (VMware)
Nmap scan report for bogon (1
Host is up (0.00022s latency).
MAC Address:             2 (Giga-byte Technology)
Nmap scan report for bogon (17
Host is up (0.00021s latency).
MAC Address:             B (VMware)
Nmap scan report for bogon (
Host is up (0.00020s latency).
MAC Address:             (Beijing Sinead Technology)
Nmap scan report for bogon (
Host is up (0.00017s latency).
MAC Address:             2 (Compal Information (kunshan))
Nmap scan report for bogon (
Host is up (0.00026s latency).
MAC Address:             (VMware)
Nmap scan report for bogon (172.16.16.245)
Host is up (0.00010s latency).
MAC Address: 00:0C:29:61:99:E0 (VMware)
Nmap done: 256 IP addresses (10 hosts up) scanned in 4.13 seconds
root@kali:~#
```

图 3－14　Nmap 扫描

（3）对目标计算机发起 ARP 攻击。

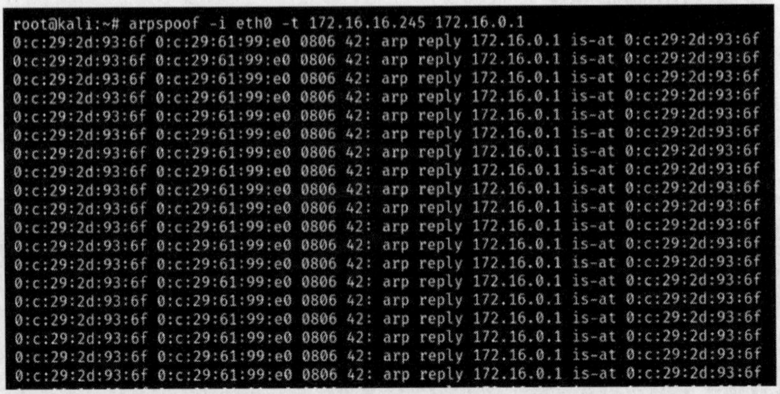

图 3－15　发起攻击

（4）目标计算机已经断网，攻击成功。

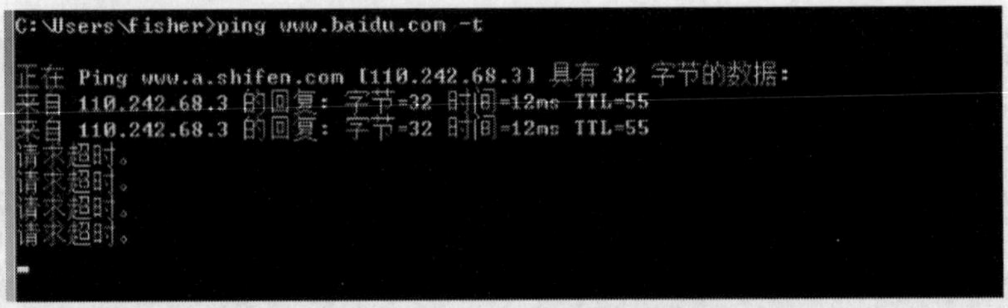

图 3－16　攻击成功

三、ARP 攻击的防范

目前，ARP 系列的攻击方式和手段多种多样，因此还没有一个绝对全面有效的防范方法。从实践经验看最为有效的防范方法即打全 Windows 的补丁、正确配置和使用网络防火墙、安装防病毒软件并及时更新病毒库。

下面介绍防范 ARP 攻击的几种常用方法：

1. 静态绑定。将 IP 和 MAC 静态绑定，在网内把主机和网关都作 IP 和 MAC 绑定。

欺骗是通过 ARP 的动态实时的规则欺骗内网机器，所以我们把 ARP 全部设置为静态可以解决对内网 PC 的欺骗，同时在网关也要进行 IP 和 MAC 的静态绑定，这样双向绑定才比较保险。缺点是每台电脑均需绑定，工作量较大，虽说绑定可以通过批量处理文件来实现，但也比较麻烦。

2. 使用防护软件。目前，关于 ARP 类的防护软件较多，常用的一款是彩影软件的 ARP 防火墙。

ARP 防火墙采用系统内核层拦截技术和主动防御技术，包含六大功能模块，可解决大部分欺骗、ARP 攻击带来的问题，从而保证通讯安全、保证网络畅通。

3. 具有 ARP 防护功能的网络设备。由于 ARP 形式的攻击而引发的网络问题是目前网络管理，特别是局域网管理中最让人头疼的攻击，它的攻击技术含量低，任何人都可以通过攻击软件来完成 ARP 欺骗攻击，但目前防范ARP 形式的攻击没有什么特别有效的方法。

拓展 学习

勒索病毒介绍

距离 2017 年 5 月 12 日，臭名昭著的 WannaCry 勒索病毒大规模爆发，已经过去了 5 年。在这短短几年时间里，勒索病毒家族的小分支"遍地开花"，新变种和新病毒不断地滋生蔓延。

各类勒索病毒不断涌现，从 2017 年 5 月至 2018 年 4 月，近 500 万台终端遭受攻击，勒索病毒俨然成为互联网空间中的一大威胁。勒索病毒的出现打开了一个潘多拉魔盒，它展示了网络武器的威力：网络武器并不是传统的病毒和恶意软件，它并不仅仅只是骚扰一下被害用户，或者让用户的电脑性能或部分功能受到影响。它实际影响到了整个社会的基础设施和基本服务，甚至影响到了社会秩序。

一、勒索病毒简介

北京时间 2017 年 5 月 12 日 22 点 30 分左右，全英国上下 16 家医院遭到突然的网络攻击，医院的内部网络被攻陷，导致这 16 家机构基本中断了与外界的联系，内部医疗系统几乎全部瘫痪。与此同时，该未知病毒也在全球范围大爆发。

在数小时内，病毒影响了近 150 个国家，一些政府机关、高校、医院的电脑屏幕都被病毒"血洗"染成了红色加密界面，其结果致使多个国家的重要信息基础设施遭受前所未有的破坏。该病毒也由此受到空前的关注。

图 3 - 17　勒索病毒

这场席卷全球的网络攻击的罪魁祸首就是这个名为 WannaCry 的勒索病毒。借助"永恒之蓝"高危漏洞（ms17_010）传播的 WannaCry，使"网络武器"一词开始进入大众视野。

然而，勒索病毒本身并不是什么新概念，勒索软件 Ransomware 最早出现于 1989 年，是由约瑟夫·波普（Joseph Popp）编写的命名为"艾滋病特洛伊木马"（AIDS Trojan）的恶意软件。它的设计十分失败，以至于受害者无需支付赎金即可解密。

在 1996 年，哥伦比亚大学和 IBM 的安全专家撰写了一个叫 Cryptovirology 的文件，明确概述了勒索软件 Ransomware 的概念：利用恶意代码干扰被攻击用户的正常使用，除非用户支付赎金才能恢复正常使用的恶意软件。

最初的勒索软件和现在流行的勒索病毒相同，都采用加密文件、收费解密的模式，只是加密方式不同。除了加密模式之外，之后也出现通过其他手段进行勒索的，比如强制显示违规图片、威胁受害者散布浏览记录、使用虚假信息要挟等形式，这类勒索病毒在近几年来一直不断出现。

二、勒索病毒的攻击原理

勒索类病毒都利用了密码学中的公钥密码算法来加密文件。有的病毒使用 RSA 加密（比如 WannaCry 病毒），有的使用椭圆曲线加密（比如 CTB Locker）。

WannaCry 病毒利用前阵子泄漏的方程式工具包中的"永恒之蓝"漏洞工具进行网络端口扫描攻击，目标机器被成功攻陷后会从攻击机下载 WannaCry 病毒进行感染，并作为攻击机再次扫描互联网和局域网其他机器，形成蠕虫感染，大范围超快速扩散。病毒母体为 mssecsvc.exe，运行后会扫描随机 IP 的互联网机器，尝试感染，也会扫描局域网相同网段的机器进行感染传播。此外，该病毒还会释放敲诈者程序 tasksche.exe，对磁盘文件进行加密勒索。病毒加密使用 AES 加密文件，并使用非对称加密算法 RSA 2048 加密随机密钥，每个文件使用一个随机密钥，理论上不可破解。

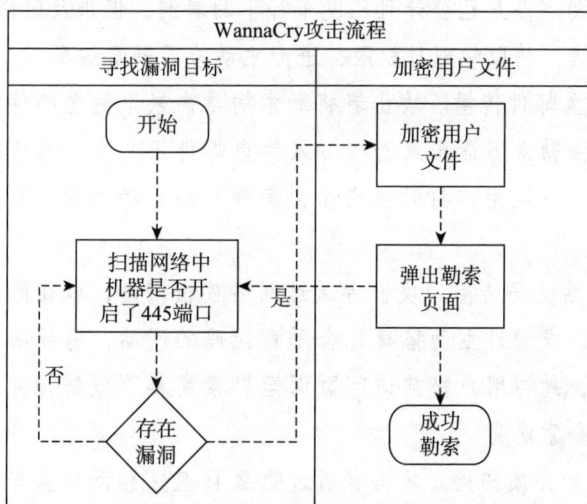

图 3-18 WannaCry 攻击原理

三、"永恒之蓝"漏洞

WannaCry 之所以能够如此迅速地传播，是因为黑客团体 Shadow Brokers 公开了由美国国家安全局（NSA）管理的黑客渗透工具之一："永恒之蓝"。它针对的是 445 文件共享端口上的 Windows 服务器消息块（SMB）的漏洞，能够获取系统的最高权限。

勒索病毒通过扫描开放 445 文件共享端口的 Windows 计算机，无需用户进行任何操作，只要计算机开机并连接上互联网，攻击者就能在电脑和服务器中植入诸如勒索软件、远程控制木马、虚拟货币挖矿机等恶意程序。

据迈克菲（McAfee，全球最大的安全技术公司）不久前的调查研究显示，WannaCry 与朝鲜黑客组织 Hidden Cobra 紧密相关，目的或与间谍活动有关联。如今，虽然"永恒之蓝"漏洞已得到修复，但事实上，当前对该漏洞的利用程度更甚从前。

卡巴斯基实验室表示，遭受与"永恒之蓝"漏洞相关攻击的受害者数量在 2018 年 4 月比 2017 年 5 月高出 10 倍，平均每月有超过 24 万用户受到攻击。

四、勒索病毒的传播途径

1. 利用安全漏洞传播。攻击者利用弱口令、远程代码执行等网络产品安全漏洞（这些漏洞多是已公开且已发布补丁的漏洞，但未及时修复），攻击入侵用户内部网络，获取管理员权限，进而主动传播勒索病毒。

2. 利用钓鱼邮件传播。攻击者将勒索病毒内嵌至钓鱼邮件的文档、图片等附件中，或将勒索病毒恶意链接写入钓鱼邮件正文中，通过网络钓鱼攻击传播勒索病毒。一旦用户打开或点击，病毒就会自动加载、安装，进而威胁整个网络安全。

3. 利用网站挂马传播。攻击者通过网络攻击网站，以在网站植入恶意代码的方式挂马，或通过主动搭建包含恶意代码的网站，诱导用户访问网站并触发恶意代码，劫持用户当前访问页面至勒索病毒下载链接并执行，进而向用户设备植入勒索病毒。

4. 利用移动介质传播。攻击者通过隐藏 U 盘、移动硬盘等移动存储介质原有文件，创建与移动存储介质盘符、图标等相同的快捷方式，一旦用户点击，将自动运行勒索病毒，或运行专门用于收集和回传设备信息的木马程序，便于未来实施针对性的勒索。

5. 利用软件供应链传播。攻击者利用软件供应商与软件用户间的信任关系，通过攻击入侵软件供应商相关服务器设备，利用软件供应链分发、更新等机制，在合法软件正常传播、升级等过程中，对合法软件进行劫持或篡改，规避用户网络安全防护机制，传播勒索病毒。

6. 利用远程桌面入侵传播。攻击者通常利用弱口令、暴力破解等方式获取攻击目标服务器远程登录用户名和密码，进而通过远程桌面协议登录服务器并植入勒索病毒。同时，攻击者一旦成功登录服务器，获得服务器控制权限，可以服务器为攻击跳板，在用户内部网络进一步传播勒索病毒。

五、勒索病毒的预防

1. 预防为主，高度重视。所有事件都是预防为主，将风险前置。企业信息安全全员参与，做好安全教育，养成良好的计算机网络使用习惯，如建立信息安全体系、制定相应的信息安全管理制度、组织企业员工进行信息安全培训等。在对发生事件的企业进行日常信息化调研时，发现领导不重视信息安全管理，对信息安全管理无任何要求，员工上网的计算机未安装杀毒软件、未设置计算机口令、网络边界无安全防护设备、计算机操作系统未开启本地防火墙等，特别是财务类管理系统，如 ERP 系统，存在未设置主管密码、服务器开启了远程桌面等情况，这都增加了病毒感染风险。

2. 加强网络层防御。现在我们离不开网络，正在经历全球互联网化的浪潮，几乎所有的商业企业都已经接入互联网。企业的边界渐渐模糊，网络逐渐成为企业的虚拟边界。有效加强企业网络层的安全防御水平，对企业防止来自网络层的恶意攻击非常有必要。接入互联网的企业都应在网络边界部署防火墙、入侵检测等安全设备，并进行相应的安全策略配置生效，定期进行安全策略检查和日志核查。在接入互联网的企业中，有的企业在接入互联网时边界无任何安全措施，使用普通的家用路由器直接接入互联网；有的虽然购买了安全设备，但接入网络中无任何安全策略配置，初始口令未更改等，应当制定安全设备策略规则，评审后实施。

3. 加强应用系统防护。目前，企业用户大量使用 ERP、CRM、OA 等管理软件，并开始将交易、管理、运营的数据迁移至信息化系统之中，所以管理和业务软件的安全至关重要。由于勒索病毒的泛滥，已经造成多起企业 ERP 系统被加密、企业业务无法正常开展的案例。不同的管理和业务系统软件，因为其开发语言、开发过程、开发环境，以及其应用场景、应用过程、应用环境的不同，会有不同的安全隐患存在。企业用户应对主要业务系统利用系统数据备份功能每天进行数据备份，并将数据通过自动化脚本备份到其他版本系统中，如 ERP 系统数据从 Windows 系统备份到 Linux 文件系统中，同时要关注厂家针对重大系统漏洞推出的系统漏洞补丁及时进行更新（强烈建议更新前做好数据备份），有的公司 ERP 系统数据库被加密后就是通过 Linux 系统中备份的数据进行了恢复。对于远程访问，建议使用 VPN 进行安全连接，避免直接将服务器暴露在互联网上。

4. 加强对服务器操作系统的加固。能够对服务器操作系统内核提供安全防御，通过内核级加固、强制访问控制、应用自保等提高操作系统对抗黑客攻击及恶意代码的能力，有效检测及拦截已知和未知安全威胁，全方位保障服务器操作系统、业务系统和数据内容的安全，如及时更新操作系统补丁，进行密码复杂设置，定期进行修改，并安装病毒软件和恶意代码查杀软件，开启操作系统病毒墙，关闭不使用的通信端口，远程访问如 3389 端口通过防火墙策略设置仅允许指定机器登录，同时定期查看防火墙日志和操作系统日志信息，如遇到日志被清除、防火墙规则增加或减少等，就要格外注意。

5. 加强终端安全防御。勒索病毒的目的很简单：控制企业核心业务系统，掌握企业重要业务数据。只有这样，企业才能快速地支付"赎金"。业务实践和统计数据显示，95% 以上针对企业用户的网络攻击，目标都是业务服务器和业务终端。但是，很多企业用户对核心业务系统基础设施（服务器和 PC）防护意识薄弱，认为安装一款免费杀毒软件就能够"万事大吉"。对于终端防御来讲，查杀病毒只是一个环节，还需要科学地对"操作系统补丁、操作系统漏洞、高可持续攻击、0day 攻击"进行系统的防御。企业用户应该进行两方面的安全防御，一方面，服务器做好主机加固、终端安全管理、防病毒管理；另一方面，有条件的企业可采购企业版本防病毒软件统一部署管理。

6. 做好数据备份。数据备份是关键，任何时候都不要忘记对数据进行备份，备份数据是企业遭受勒索病毒攻击后最后的补救措施。但是，新型勒索病毒越来越智能，会主动搜寻备份设备与备份软件，一旦发现备份系统将优先进行加密，实施勒索。在已有案例中，有企业 ERP 系统遭到勒索病毒的攻击，运行服务器、灾备服务器、备份服务器被"一锅端"，丢失长达 6 年的业务数据。因此，企业用户应当将关键数据备份工作日常化；有条件的企业，建议做好异地备份，并通过网络隔离保障备份数据安全。

思考与练习

1. 网络攻击的主要流程是什么？
2. 如何加强家庭无线 WiFi 网络安全？
3. 什么是 ARP 攻击，如何预防 ARP 攻击？

项目四　网络安全等级保护

学习目标

知识目标：掌握网络安全等级保护的相关知识；熟悉等保 1.0 与等保 2.0 的主要区别；熟悉网络安全等级保护的测评流程。

能力目标：具备配合相关部门完成等级保护测评的能力。

素质目标：具有以人民为中心的网络安全观和国家主权观；具有法治意识和信息安全等级保护意识。

知识树

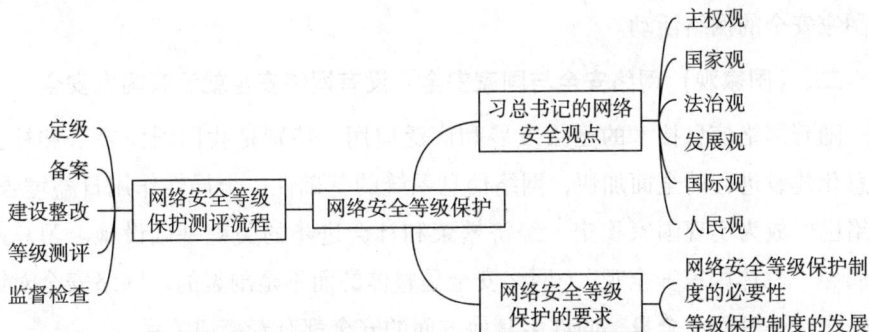

任务1　习总书记的网络安全观点及信息安全等级保护

习近平总书记在党的二十大报告中强调："推进国家安全体系和能力现代

化，坚决维护国家安全和社会稳定。"网络安全作为网络强国、数字中国的底座，将在未来的发展中承担托底的重担，是我国现代化产业体系中不可或缺的部分。当前，网络空间已经成为继陆、海、空、天之后的第五大主权领域空间。坚决贯彻网络安全等级保护相关要求是当前国际、国内的网络安全形势决定的。当前网络攻击随时都在发生，数据泄露偶尔见诸报端。党的十八大以后，习近平总书记一直强调"没有网络安全就没有国家安全"，将网络安全上升到国家安全高度。习近平总书记早在 2016 年 4 月 19 日主持召开的网络安全和信息化工作座谈会上就强调，维护网络安全"要树立正确的网络安全观"。所谓网络安全观，是人们对网络安全这一重大问题的基本观点和看法。什么是正确的网络安全观？

一、（主权观）网络安全与国家主权：承认和尊重各国网络主权是维护网络安全的前提

国家主权是国家的固有权利，是国家独立的重要标志。网络主权或网络空间主权是国家主权在网络空间的自然延伸和体现。若没有网络主权，网络安全也就失去了根基。承认和尊重各国网络主权，就应该尊重各国自主选择网络发展道路、网络管理模式、互联网公共政策和平等参与国际网络空间治理的权利；就不得利用网络技术优势搞网络霸权；就不得借口网络自由干涉他国内政；就不得为了谋求己国的所谓绝对安全而从事、纵容或支持危害他国国家安全的网络活动。

二、（国家观）网络安全与国家安全：没有网络安全就没有国家安全

随着网络信息技术的迅猛发展和广泛应用，特别是我国国民经济和社会信息化建设进程的全面加快，网络信息系统的基础性、全局性作用日益增强。网络已经成为实现国家稳定、经济繁荣和社会进步的关键基础设施。习总书记倡导"总体国家安全观"，网络安全是整体的而不是割裂的，网络安全对国家安全牵一发而动全身，同许多其他方面的安全都有着密切关系。

三、（法治观）网络安全与法治：让互联网在法治轨道上健康运行

伴随着互联网的飞速发展，利用网络实施的攻击、恐怖、淫秽、贩毒、洗钱、赌博、窃密、诈骗等犯罪活动时有发生，网络谣言、网络低俗信息等屡见不鲜，已经成为影响国家安全、社会公共利益的突出问题。习总书记指出，网络空间不是"法外之地"；要坚持依法治网、依法办网、依法上网，让互联网在法治轨道上健康运行。

四、（发展观）网络安全与信息化发展：网络安全和信息化是一体之两翼、驱动之双轮

习总书记在网络安全和信息化工作座谈会上指出，安全是发展的前提，发展是安全的保障，安全和发展要同步推进。网络安全和信息化是一体之两翼、驱动之双轮，必须统一谋划、统一部署、统一推进、统一实施。这非常经典地概括了网络安全与发展的辩证关系。目前，我国网络应用和网络产业发展很快，但网络安全意识不足，网络安全保障没有同步跟上。因此，要在加强信息化建设的同时，大力开发网络信息核心技术，培养网络安全人才队伍，加快构建关键信息基础设施安全保障体系，全天候全方位感知网络安全态势，增强网络安全防御能力和威慑能力，为国民经济和信息化建设打造一个安全、可信的网络环境。

值得注意的是，网络安全是相对的而不是绝对的。考虑到网络发展的需要，网络安全应当是一种适度安全。适度安全是指与因非法访问、信息失窃、网络破坏而造成的危险和损害相适应的安全，即安全措施要与损害后果相适应。这是因为采取安全措施是需要成本的，对于危险较小或损害较少的信息系统采取过于严格或过高标准的安全措施，有可能牺牲发展，得不偿失。

五、（国际观）网络安全与国际社会：维护网络安全是国际社会的共同责任

全球互联网是一个互联互通的网络空间，网络安全是开放的而不是封闭的，网络的开放性必然带来网络的脆弱性。各国是网络空间的命运共同体，网络空间的安全需要各国多边参与、多方参与、共同维护。正如习总书记所指出的，网络安全是全球性挑战，没有哪个国家能够置身事外、独善其身，维护网络安全是国际社会的共同责任。

六、（人民观）网络安全与人民：网络安全为人民，网络安全靠人民

当前的互联网是一个泛在网、广域网，绝大多数网络基础设施为民用设施，网络的终端延伸到千家万户的电脑上和亿万民众的手机上，网络的应用深入到人们的日常生活甚至整个生命过程中。泛在的网络需要泛在的网络安全维护机制。正如习总书记所指出的，网络安全是共同的而不是孤立的，网络安全为人民，网络安全靠人民，维护网络安全是全社会共同责任，需要政府、企业、社会组织、广大网民共同参与，共筑网络安全防线。依靠人民维护网络安全，首先要培养人民的网络安全意识，帮助公众更好地了解、感知身边的网络安全风险，提高网络安全防护技能，保障用户合法权益，共同维护国家网络安全。

习总书记从国内外网络安全形势出发，为国家安全考虑，适时地提出了网络安全观。我们在认真学习的基础上，落实到实际工作中，就是将等级保护制度落实到位。

信息安全等级保护已经成为国家信息安全保障工作的基本制度、基本策略和基本方法。开展信息安全等级保护工作不仅是实现国家对重要信息系统重点保护的重大措施，也是一项事关国家安全、社会稳定的政治任务。通过开展信息安全等级保护工作，可以有效解决我国信息安全面临的威胁和存在的主要问题，充分体现"适度安全、保护重点"的目的，可以使我们将有限的财力、物力、人力投入到重要信息系统安全保护中。

实施信息安全等级保护，有利于在信息化建设过程中同步建设信息安全设施，保障信息安全与信息化建设相协调；有利于为信息系统安全建设和管理提供系统性、针对性、可行性的指导和服务；有利于优化信息安全资源的配置，对信息系统分级实施保护，重点保障基础信息网络和关系国家安全、经济命脉、社会稳定等方面的重要信息系统的安全；有利于明确国家、法人和其他组织、公民的信息安全责任，加强信息安全管理；有利于推动信息安全产业的发展，逐步探索出一条适合社会主义市场经济发展的信息安全模式。各部门要认真学习、深刻领会中央有关精神，充分认识当前信息安全保障工作面临形势的严峻性，切实增强责任感、使命感、紧迫感，加强领导，落实责任，分工负责，密切配合，扎实工作，切实把信息安全等级保护工作抓紧、抓实、抓好。

等级保护工作的第一步就是对系统进行定级，按照信息系统受到破坏后对国家、社会、公民的危害程度可以分为五个等级。

第一级：自主保护级，信息系统受到破坏，对公民及法人的合法权益造成损害，但是不损害国家利益、社会秩序。

第二级：指导保护级，信息系统受到破坏，对公民及法人的合法权益造成严重损害，或者对社会秩序、公共利益造成损失，但不影响国家利益。

第三级：监督保护级，信息系统受到破坏，对社会造成严重损害，或者对国家利益造成损害。

第四级：强制保护级，信息系统受到破坏，对社会和国家利益造成严重损害。

第五级：专控保护级，信息系统受到破坏，对国家造成特别严重的损害。

因此，在做等保时要根据自身的信息系统受到破坏后对公民、社会、国家的危害程度来确定做哪个等级，而不是企业要做什么等级就做什么等级。

比如，聊天软件、网络游戏等软件，用户多，做等保基本上都是三级以上的要求。如果是企业自身研发的考勤系统、OA 系统，并且不存在个人隐私数据的话，基本上二级就可以了。

定级以后，就要按照等级保护相关要求，进行人员、管理、硬件、软件层面的整改，符合要求以后，聘请具有相关资质的第三方公司进行相关测评工作。

任务2　网络安全等级保护的要求

一、网络安全等级保护制度的必要性

2017 年 5 月 12 日下午，WannaCry 勒索软件蠕虫在互联网开始大范围传播，我国大量行业的企业内网被大规模传染，包括企业、医疗、电力、能源、银行、交通等多个行业均遭受不同程度的影响。

这一次的勒索病毒事件让我们看到，面对日益严峻的网络安全问题，我们的信息基础设施需要提升网络安全防护能力。多年来，等级保护的工作核心始终是关键信息基础设施保护，所以，它已经成为国家网络空间战略的重要组成部分。

建立和落实网络安全等级保护制度是形势所迫、国情所需。随着我国信息化进程的全面加快，全社会特别是重要行业、重要领域对基础信息网络和重要信息系统的依赖程度越来越高，基础信息网络和重要信息系统业已成为国家关键信息基础设施，其安全性直接关系到国家安全、公共安全、社会公众利益。

可以预见，我国关键信息基础设施如果发生安全故障，将严重影响其保障服务的顺利进行：如果遭遇网络入侵攻击，将导致有关国家重要数据或敏感信息被窃取、被篡改，或系统不能正常运行；如果网站受到攻击，将致使政府门户网站和重点新闻网站访问被中断、页面被篡改，甚至系统瘫痪，对我国社会秩序、公共利益等造成严重影响。

关键信息基础设施一旦出现大的网络安全问题，不仅影响本单位、本行业，还直接威胁国家安全、社会稳定、经济发展。因此，实施网络安全等级保护，将网络根据其重要程度和遭受破坏后的危害性进行分级，突出保护的重点，已成为各级领导、各部门及全社会的共识。

国内外形势和国情现状决定了我国必须尽快建立一个适合国情的网络安全基本制度，突出重点，保护重点，统筹监管，保障网络基础设施安全、网络运行安全和数据安全，维护国家安全。

网络安全等级保护制度是从国家层面出发的，随着《网络安全法》的出台，我国的网络空间安全也上升到了主权安全的高度，习近平总书记对网络安全方面实行网络安全等级保护制度的落实，给出了明确的指示，明确了我国强制实行网络安全等级保护制度的必然要求。

二、等级保护制度的发展

1. 什么是等保？等保，即网络安全等级保护标准。2007 年我国信息安全等级保护制度正式实施，通过十余年的发展与实践，成为我国非涉密信息系统网络安全建设的重要标准。

等保标准具有很强的实用性：它是监管部门合规执法检查的依据，是我国诸多网络信息安全标准制度的重要参考体系架构，是行业主管部门对于下级部门网络安全建设指引标准的重要依据和参考体系，由此标准衍生了诸多行业标准，如人社行业等保标准、金融行业等保标准、能源行业（电力）等保标准、教育行业等保标准等行业标准。总的来说，等保制度是网络安全从业者开展网络安全工作的重要指导体系和制度。

2. 什么是等保 1.0？2007 年和 2008 年颁布实施的《信息安全等级保护管理办法》和《信息安全技术 信息系统安全等级保护基本要求》确定的等级保护标准被称为等保 1.0。经过十余年的实践，等保 1.0 为保障我国信息安全打下了坚实的基础。

3. 什么是等保2.0? 为适应新技术的发展，满足云计算、物联网、移动互联和工控领域信息系统的等级保护工作的需要，由公安部牵头组织开展了信息技术新领域等级保护重点标准申报国家标准的工作，等级保护正式进入2.0时代。

等保2.0的发布，是对除传统信息系统之外的新型网络系统安全防护能力提升的有效补充，是贯彻落实《网络安全法》、实现国家网络安全战略目标的基础。

等保2.0相关国家标准于2019年5月10日正式发布，2019年12月1日开始实施。这是我国实行网络安全等级保护制度过程中的一件大事，具有里程碑意义。

4. 等保2.0相比等保1.0有哪些不变?

（1）五个级别不变。从第一级到第五级依次是：用户自主保护级、系统审计保护级、安全标记保护级、结构化保护级、访问验证保护级。

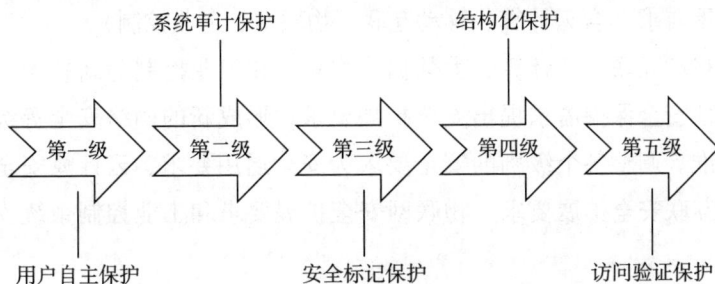

图3-19 等级保护

（2）规定动作不变。规定动作分别为：定级、备案、建设整改、等级测评、监督检查。

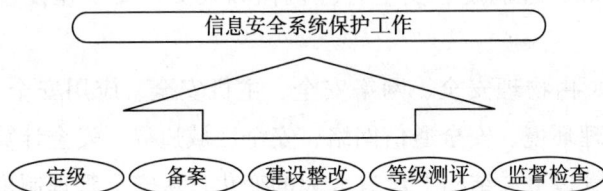

图3-20 规定动作

（3）主体职责不变。等级保护的主体职责为：网安对定级对象的备案受理及监督检查职责、第三方测评机构对定级对象的安全评估职责、上级主管单位对所属单位的安全管理职责、运营使用单位对定级对象的等级保护职责。

5. 等保2.0相比等保1.0有哪些区别？等保1.0主要强调物理主机、应用、数据、传输，而2.0版本增加了对云计算、移动互联、物联网、工业控制和大数据等新技术新应用的全覆盖。相较于等保1.0，等保2.0发生了以下主要变化：

（1）名称变化。等保2.0将原来的标准《信息安全技术　信息系统安全等级保护基本要求》改为《信息安全技术　网络安全等级保护基本要求》，与《网络安全法》保持一致。

（2）定级对象变化。等保1.0的定级对象是信息系统，现在等保2.0更为广泛，包含：信息系统、基础信息网络、云计算平台、大数据平台、物联网系统、工业控制系统、采用移动互联技术的网络等。

（3）安全要求变化。基本要求的内容，由安全要求变革为安全通用要求与安全扩展要求（含云计算、移动互联、物联网、工业控制）。

针对移动互联、云计算、大数据、物联网和工业控制等新技术、新应用领域的个性安全保护需求提出安全扩展要求，形成新的网络安全等级保护基本要求标准。调整各个级别的安全要求为安全通用要求、云计算安全扩展要求、移动互联安全扩展要求、物联网安全扩展要求和工业控制系统安全扩展要求。

（4）控制措施分类结构变化。等保2.0依旧保留技术和管理两个维度。等保2.0由旧标准的十个分类调整为八个分类，分别为：技术部分：物理和环境安全、网络和通信安全、设备和计算安全、应用和数据安全；管理部分：安全策略和管理制度、安全管理机构和人员、安全建设管理、安全运维管理。

在技术上，由物理安全、网络安全、主机安全、应用安全、数据安全，变更为安全物理环境、安全通信网络、安全区域边界、安全计算环境、安全管理中心；在管理上，结构上没有太大的变化，从安全管理制度、安全管理机构、人员安全管理、系统建设管理、系统运维管理，调整为安全管理制度、安全管理机构、安全管理人员、安全建设管理、安全运维管理。

（5）内容变化。从等保 1.0 的定级、备案、建设整改、等级测评和监督检查五个规定动作，变更为五个规定动作＋新的安全要求（风险评估、安全监测、通报预警、态势感知等）。

表 3 – 14　等保 1.0/2.0 要求对比

	等保 1.0	等保 2.0
保障体系	被动防御；一个中心三重防护（防火墙、入侵检测、防病毒），以防为主	全方面主动防御：感知预警、动态防护、安全检测、应急响应等
定级对象	信息系统	基础信息网络、工业控制系统、云计算平台、物联网、移动互联网络、其他网络、大数据等多个系统
定级流程	自主定级	必须经过专家评审和主管部门审核，才能到公安机关备案，整体定级更加严格
测评周期	三级系统每年一次，四级系统半年一次	三级以上系统每一年一次
测评及格分	60 分以上	75 分以上

等保 2.0 将进一步提升关键信息基础设施安全。根据"谁主管谁负责、谁运营谁负责、谁使用谁负责"的原则，网络运营者成为等级保护的责任主体，如何快速高效地通过等级保护测评成为企业开展业务前必须思考的问题。

等保 2.0 的发布是对除传统信息系统之外的新型网络系统安全防护能力提升的有效补充，是贯彻落实《网络安全法》、实现国家网络安全战略目标的基础。未来，将进一步贯彻网络安全等级保护工作精神，加强大数据、人工智能、物联网设备等方向的取证技术、产品、解决方案合规化研发，以先进的电子数据取证技术为手段，更高效、更合理地协助行业用户的等级保护建设工作，从点到面，为我国网络安全建设工作贡献力量。

任务3　网络安全等级保护测评流程

等保 2.0 时代，开展网络安全等级保护工作的五个规定基本动作：定级、备案、建设整改、等级测评、监督检查。

确认定级对象，参考《定级指南》等初步确认等级，组织专家评审，主管单位审核，公安机关备案审查。

持定级报告和备案表等材料到公安机关网安部门进行备案。

以《基本要求》中对应等级的要求为标准，对定级对象当前不满足要求的进行建设整改。

委托具备测评资质的测评机构对定级对象进行等级测评，形成正式的测评报告。

向当地公安机关网安部门提交测评报告，配合完成对网络安全等级保护实施情况的检查。

| 定级 | 备案 | 建设整改 | 等级测评 | 监督检查 |

图 3 - 21　等保 2.0 规定动作

一、定级阶段

网络运营者依据《信息安全技术网络安全等级保护定级指南》（GB/T 22240 - 2020），确定等级保护对象，明确定级对象，梳理等级保护对象受到破坏时所侵害的客体及对客体造成侵害的程度。根据下列矩阵表分别确定等级保护对象业务信息等级和系统服务等级：

表 3 - 15　确定登记原则

受侵害的客体	对客体的侵害程度		
	一般损害	严重损害	特别严重损害
公民、法人和其他组织的合法权益	第一级	第二级	第二级
社会秩序、公共利益	第二级	第三级	第四级
国家安全	第三级	第四级	第五级

1. 受侵害的客体。

（1）根据《中华人民共和国国家安全法》，侵害国家安全的事项主要包括以下方面：影响国家政权稳固和领土主权，海洋权益完整；影响国家统一、民族团结和社会稳定；影响国家社会主义市场经济秩序和文化实力；其他影响国家安全的事项。

（2）根据《中华人民共和国治安管理处罚法》，侵害社会秩序的事项主要包括以下方面：影响国家机关、企事业单位、社会团体的生产秩序、经营秩序、教学科研秩序、医疗卫生秩序；影响公共场所的活动秩序、公共交通秩序；影响人民群众的生活秩序；其他影响社会秩序的事项。

公共利益通常是指不特定的社会成员所享有的，受法律法规保护的长远利益，侵害公共利益的事项主要包括以下方面：影响社会成员使用公共设施；影响社会成员获取公开信息资源；影响社会成员接受公共服务等方面；其他影响公共利益的事项。

（3）公民、法人和其他组织的合法权益是指受法律保护的公民、法人和其他组织所享有的社会权利等，如财产、企业信誉和个人名誉等。

2. 侵害程度。三种侵害程度的定性描述如下，行业和地方标准可以结合实际情况进一步细化和量化：

一般损害：工作职能受到局部影响，业务能力有所降低但不影响主要功能的执行，出现较轻的法律问题、较低的财产损失、有限的社会不良影响，对其他组织和个人造成较低损害。

严重损害：工作职能受到严重影响，业务能力显著下降且严重影响主要功能执行，出现较严重的法律问题、较高的财产损失、较大范围的社会不良影响，对其他组织和个人造成较严重损害。

特别严重损害：工作职能受到特别严重影响或丧失行使能力，业务能力严重下降且功能无法执行，出现极其严重的法律问题、极高的财产损失、大范围的社会不良影响，对其他组织和个人造成非常严重损害。

在分别确定业务信息安全的安全等级和系统服务的安全等级后，由二者中较高级别确定等级保护对象的安全级别，如：业务信息安全：第二级，系统服务：第三级，最终等级保护级别为：第三级；业务信息安全：第四级，系统服务：第三级，最终等级保护级别为：第四级；业务信息安全：第三级，系统服务：第三级，最终等级保护级别为：第三级。

3. 具体的定级流程如图 3 - 22：

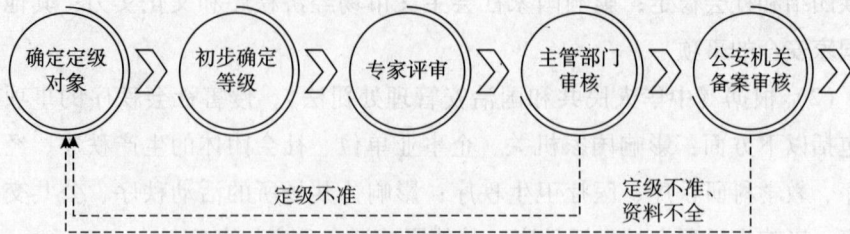

图 3 - 22   定级流程

需要说明的是：已经投入运行的网络、新建网络都要定级。新建网络应在规划设计阶段定级，按照"三同步"原则，同步设计、同步建设、同步运行网络安全设施，落实安全保护措施。网络运营者或主管部门在初步确定网络的安全保护等级后，为了保证定级合理、准确，应聘请网络安全等级保护专家进行评审，出具评审意见。

二、备案阶段

根据《网络安全法》《信息安全等级保护管理办法》规范，网络安全等级保护为第二级以上网络（信息系统）的运营者使用单位应当到公安机关网络安全保卫部门办理备案手续。

1. 备案时机。已运营（运行）或新建的第二级以上信息系统，应当在安全保护等级确定后 30 日内，由其运营、使用单位到所在地设区的市级以上公安机关办理备案手续。

2. 备案地点。隶属于省级的备案单位，其跨地（市）联网运行的信息系统，由省级公安机关网络安全保卫部门受理备案。

跨省或者全国统一联网运行的信息系统在各地运行、应用的分支系统，由所在地地市级以上公安机关网络安全保卫部门受理备案。

各部委统一定级信息系统在各地的分支系统，即使是上级主管部门定级的，也要到当地公安网络安全保卫部门备案。

3. 备案结果。备案审核通过，由公安主管部门颁发《信息系统安全等级保护备案证明》。

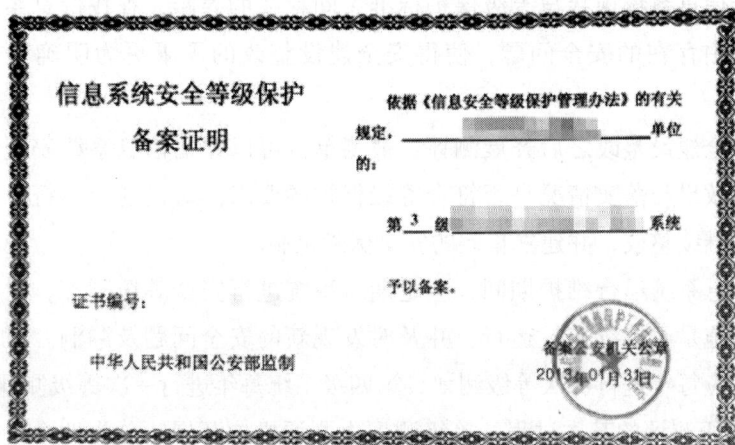

图 3 - 23　备案证明

三、建设整改阶段

安全建设整改工作分五步进行：

1. 落实安全建设整改工作部门，建设整改工作规划，进行总体部署。

2. 确定网络安全建设需求并论证。

3. 确定安全防护策略，制定网络安全建设整改方案（安全建设整改方案经专家评审论证，三级以上报公安机关审核）。

4. 根据网络安全建设整改方案，实施安全建设工程。

5. 开展安全自查和等级测评，及时发现安全风险及安全问题，进一步开展整改。

四、等级测评阶段

1. 等级测评的作用。从被测单位的角度来看，被测单位可以全面掌握信息系统的安全状况，排查安全隐患和脆弱点，确认安全保护措施是否符合等级保护的要求，明确进一步的安全整改需求。从测评机构的角度来看，测评机构可以衡量被测单位安全保护管理措施的建设情况，确认安全管理机构及人员是否到位，检测管理制度是否在管理过程中落实，查找需要解决和整改的问题。

2. 等级测评的时机。在安全建设整改之前开展测评，被测单位可以通过测评分析信息系统现状与等级保护标准之间存在的差距，查找信息系统安全保护建设中存在的安全问题，使得安全建设整改的需求更为明确和具有针对性。

在安全建设整改之后开展测评，被测单位可以评估信息系统安全保护措施的实际效果与落实情况是否符合等级保护的要求。对发现的不符合项和安全问题可继续整改，并建立长效的安全保障机制。

在信息系统运行维护期间，应定期对系统进行安全等级测评，以检查安全保护措施是否持续有效运行，并及时发现新的安全问题及漏洞。对于第三级系统，应每年进行一次等级测评，第四级系统每年进行一次等级测评。

3. 等级测评的基本过程。等级测评由测评机构开展，分为四个阶段：测评准备、方案编制、现场测评、分析与报告编制，最终向被测单位出具等级测评报告。

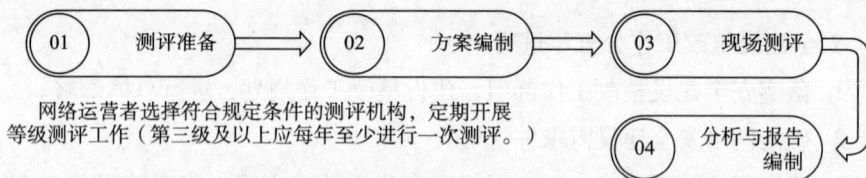

网络运营者选择符合规定条件的测评机构，定期开展
等级测评工作（第三级及以上应每年至少进行一次测评。）

图3-24 测评流程

五、监督检查阶段

1. 监督检查的意义。在信息系统完成建设整改、等级测评工作，进入运行维护阶段后，会受到内在、外在各种因素的影响，如网络架构升级调整、设备更换、应用系统升级、人员离职等。为保障等级保护工作的持续有效性，必须建立监督检查机制，开展定期的管理评审、人员考核、系统漏洞扫描、渗透测试、应急预案检查及演练等工作。

2. 监督检查形式。

（1）备案单位自查：备案单位成立专门的等级保护管理小组，定期对本单位等保工作落实情况进行自查，包括信息系统安全状况、信息系统变更情况、安全管理制度及技术保护措施落实情况，排查运维过程中带来的新的安全隐患，确认管理过程是否按照要求执行，是否持续有效地对存在于系统中的安全问题进行了整改。需要配合行业主管部门及公安机关的检查要求，提供相关资料和文档，发现安全事件时，应第一时间上报。

（2）行业主管部门督导检查：行业主管部门需根据自身行业的特点来建立督导检查制度，组织制定本行业的信息安全等级保护检查工作规范，定期开展检查工作，督促落实信息安全等级保护制度。

（3）公安机关监督检查：公安机关网络安全保卫部门，每年对第三级系统的运营使用单位进行一次工作检查，每半年对第四级系统的运营使用单位进行一次工作检查。一般采取情况询问、材料核对、记录查阅、现场查看等方式，检查其安全设施建设、安全措施落实、安全管理制度建立、安全责任制度以及应急响应措施等情况。

3. 监督检查的主要内容。

（1）等级保护工作的开展和实施情况。

（2）信息系统定级备案情况，系统是否存在变更。

（3）安全责任落实情况，安全管理人员及技术人员设置情况。

（4）信息安全管理制度建设和落实情况。

（5）安全设施建设和安全整改情况。

（6）安全产品使用情况。

（7）测评机构开展等级测评的工作情况。

（8）开展信息安全技能培训情况。

（9）应急响应措施及演练情况等。

拓 展　学习

习近平总书记指引我国网络安全工作纪实[1]

党的十八大以来，以习近平同志为核心的党中央高度重视网络安全工作，习近平总书记多次发表重要讲话，作出重要指示、批示，从党和国家事业发展全局的高度对网络安全工作作出一系列新部署、新要求，加强网络安全工

---

〔1〕　"习近平总书记指引我国网络安全工作统计纪实"，载《中国网信》2022年第6期。

作战略谋划和顶层设计，推动我国网络安全体系不断完善，网络安全保障能力持续提升，网络安全屏障日益巩固，全社会网络安全意识和防护能力明显增强，广大人民群众在网络空间的获得感、幸福感、安全感不断提升，为加快建设网络强国提供了有力支撑和坚实保障。

一、树立正确的网络安全观，一体推进网络安全和信息化工作

树立正确的网络安全观，是习近平总书记对网络安全工作提出的基本原则和要求。当前，互联网等信息网络的普及性、互联性、复杂性以及经济社会对信息网络的依赖性不断增强，给国家网络安全带来新的风险和挑战，网络安全形势日趋复杂严峻。近年来，全球范围内重大网络安全事件层出不穷，各种网络攻击活动时有发生，影响能源、金融、电信、航空、政务等多个重要行业领域，呈现愈演愈烈之势。个别国家强化进攻性网络威慑战略，大规模发展网络作战力量，网络冲突风险不断加剧。

2006 年，伊朗重启核电站计划，却屡遭挫折。数年之后才有人发现，原来是因为一种新型"网络武器"——震网病毒攻击了伊朗纳坦兹核工厂，造成大量离心机被摧毁，核研发进程受到影响。这一事件被公认为全球首个通过网络攻击对国家关键军事设施造成严重物理伤害的事件。

2013 年，斯诺登曝光了美国的"棱镜计划"。曝光显示，自 2007 年起，美国政府对全球实施电子监听，进入微软、谷歌、苹果等多家互联网巨头服务器监控用户隐私资料，其侵犯人群之广、程度之深、时间之长震惊世人。

2017 年 5 月，全球范围内爆发针对 Windows 操作系统漏洞的勒索病毒（WannaCry）感染事件。全球 100 多个国家和地区数十万用户中招，我国企业、学校、医疗、电力、能源、金融、交通等多个行业均遭受不同程度的影响。

2020 年，中国网络安全企业 360 公司发布报告，曝光网络攻击组织 APT-C-39 曾对我国航空航天、科研机构、石油行业、大型互联网公司以及政府机构等关键领域进行了长达 11 年的网络渗透攻击，严重损害了我国国家安全、经济安全、关键信息基础设施安全和广大民众的个人信息安全。

2021 年，美国最大成品油运输管道运营商科洛尼尔公司工控系统遭勒索病毒攻击，成品油运输管道运营被迫中断，美国宣布国家进入紧急状态……

网络安全日益成为全球性问题，网络空间不确定性因素增多，传统网络安全威胁与新型网络安全威胁相互交织，国内网络安全与国际网络安全高度关联，网上安全与网下安全密切互动，针对国家、企业和网民的网络攻击日渐增多，数据安全和个人信息保护问题突出，网络违法犯罪活动屡禁不止，国家安全和人民群众利益面临很大威胁。

2017年12月18日至20日，中央经济工作会议在北京举行。中共中央总书记、国家主席、中央军委主席习近平发表重要讲话。其中，"着力解决网上虚假信息诈骗、倒卖个人信息等突出问题"被列为"提高保障和改善民生水平"的一项重要内容。

习近平总书记指出："当前我国国家安全的内涵和外延比历史上任何时候都要丰富，时空领域比历史上任何时候都要宽广，内外因素比历史上任何时候都要复杂，必须坚持总体国家安全观，以人民安全为宗旨，以政治安全为根本，以经济安全为基础，以军事、文化、社会安全为保障，以促进国际安全为依托，走出一条中国特色国家安全道路。""统筹发展和安全，增强忧患意识，做到居安思危，是我们党治国理政的一个重大原则。"习近平总书记高瞻远瞩、统揽全局，亲自谋划、亲自部署，开启了新时代网络安全工作的崭新篇章。

二、进一步巩固国家网络安全屏障，全面加强网络安全保障体系和能力建设

党的十八大以来，在习近平总书记关于网络强国的重要思想指引下，我国网络安全工作取得显著成绩，网络安全和信息化一体推进、共同发展，国家网络安全屏障不断巩固，网络安全技术和产业蓬勃发展，人民群众网络权益得到有力保障，充分证明了理论创新和实践创新相结合所迸发的强大生命力，充分体现了以习近平同志为核心的党中央洞察历史大势的战略眼光和战略智慧，充分彰显了习近平总书记作为马克思主义政治家、思想家、战略家的深刻洞察力、敏锐判断力、理论创造力和坚强领导力。

1. 顶层设计和总体布局全面加强。加强党中央对网络安全工作的集中统一领导，成立中央网络安全和信息化领导小组（后改为委员会），强化网络安全工作的顶层设计、总体布局、统筹协调、整体推进和督促落实，把党管互联网落到实处。制定《党委（党组）网络安全工作责任制实施办法》，明确党委（党组）领导班子、领导干部网络安全政治责任，明确网络安全标准和保护对象、保护层级、保护措施，层层传导压力、逐级压实责任。

（1）深化网络空间法治建设。2017年6月1日，《中华人民共和国网络安全法》正式施行，这是我国网络安全领域的首部基础性、框架性、综合性法律。之后，相继颁布《中华人民共和国数据安全法》《中华人民共和国个人信息保护法》《关键信息基础设施安全保护条例》等法律法规，出台《网络安全审查办法》《云计算服务安全评估办法》等政策文件，建立关键信息基础设施安全保护、网络安全审查、云计算服务安全评估、数据安全管理、个人信息保护等一批重要制度。发布《关于加强国家网络安全标准化工作的若干意见》，制定发布300余项网络安全领域国家标准。基本构建起网络安全政策法规体系的"四梁八柱"，网络安全法律体系建设日趋完善。

（2）强化网络安全治理。对滴滴、运满满、货车帮、BOSS直聘等启动网络安全审查；开展云计算服务安全评估并对已上线运行的云平台持续进行监督，网络安全执法形成有力震慑。坚持依法管网、依法办网、依法上网，确保互联网在法治轨道上健康运行，我国互联网治理体系和治理能力的现代化水平不断提升，网络安全治理格局日臻完善，网络安全防线进一步巩固。

2. 关键信息基础设施安全保护持续强化。加强关键信息基础设施保护，一直是习近平总书记关注的重点问题。"金融、能源、电力、通信、交通等领域的关键信息基础设施是经济社会运行的神经中枢，是网络安全的重中之重。""不出问题则已，一出就可能导致交通中断、金融紊乱、电力瘫痪等问题，具有很大的破坏性和杀伤力。我们必须深入研究，采取有效措施，切实做好国家关键信息基础设施安全防护。""要落实关键信息基础设施防护责任，行业、企业作为关键信息基础设施运营者承担主体防护责任，主管部门履行好监管责任。"

3. 网络安全工作基础不断夯实。健全国家网络安全应急体系，实施《国家网络安全事件应急预案》，推动金融、能源、通信、交通等行业领域完善网络安全应急预案，安全防护体系不断健全，网络安全态势感知、事件分析、追踪溯源、应急处置能力全面提升。

《2020 年中国互联网网络安全报告》显示，我国网络安全威胁治理成效显著。2020 年，国家互联网应急中心（CNCERT）协调处置各类网络安全事件约 10.3 万起，同比减少 4.2%。抽样监测发现，被植入后门的网站数量同比减少 37.3%，境内政府网站被植入后门的数量同比减少 64.3%；被篡改的网站数量同比减少 45.9%。根据相关报告，2020 年我国境内 DDoS 攻击次数减少 16.16%，攻击总流量下降 19.67%；僵尸网络控制端数量在全球占比下降至 2.05%。

4. 数据安全管理和个人信息保护水平显著提升。如同工业时代的石油一样，数据作为新型生产要素，是信息时代国家重要的战略性、基础性资源。数据在创造巨大价值的同时，也面临着被泄露、篡改、滥用、劫持等风险，直接影响经济社会的健康发展。

2017 年 12 月，十九届中央政治局专门就实施国家大数据战略进行第二次集体学习。习近平总书记就做好数据安全工作作出重要指示，强调"要切实保障国家数据安全""要加强关键信息基础设施安全保护，强化国家关键数据资源保护能力，增强数据安全预警和溯源能力。要加强政策、监管、法律的统筹协调，加快法规制度建设"。

"安全"二字，托举着人民群众的美好期待和幸福生活。一段时间以来，"大数据杀熟"、个人信息数据泄露等现象屡见不鲜，甚至滋生出非法售卖公民个人信息的黑色产业链。

习近平总书记始终把关乎人民幸福感、安全感的个人信息保护放在心上。2017 年 5 月 23 日，中央全面深化改革领导小组第三十五次会议召开，习近平总书记强调："强化安全技术保护，推动个人信息法律保护，确保信息安全和规范应用。"

2017 年底，习近平总书记主持召开中央经济工作会议。会议围绕推动高质量发展，部署了 8 项重点工作。其中，"着力解决网上虚假信息诈骗、倒卖个人信息等突出问题"被列为"提高保障和改善民生水平"的一项重要内容。

在 2021 年 1 月 1 日正式施行的《中华人民共和国民法典》中，完善了对隐私权和民事领域个人信息的保护。2021 年 8 月 20 日，第十三届全国人大常委会第三十次会议审议通过了《中华人民共和国个人信息保护法》。这是我国第一部个人信息保护方面的专门法律，开启了我国个人信息立法保护的历史新篇章。

5. 网络安全领域国际交流合作深入开展。2022 年 6 月 22 日至 24 日，习近平主席在北京以视频方式主持金砖国家领导人第十四次会晤，宣布通过《金砖国家领导人第十四次会晤北京宣言》。

这一宣言向世界发出捍卫国际公平正义的金砖强音，展现出世界主要发展中经济体就网络安全领域一系列重大问题的共同立场。

当前，互联网把世界各国的前途命运更加紧密地联系在一起，对人类文明进步产生重大而深远的影响。同时，互联网领域发展不平衡、规则不健全、秩序不合理等问题日益凸显。世界范围内侵害个人隐私、侵犯知识产权、网络犯罪等时有发生，网络监听、网络攻击、网络恐怖主义活动等成为全球公害。

2014 年 7 月 16 日，国家主席习近平在巴西国会发表《弘扬传统友好共谱合作新篇》的演讲。在演讲中，习近平主席指出，各国都有权维护自己的信息安全，不能一个国家安全而其他国家不安全，一部分国家安全而另一部分国家不安全，更不能牺牲别国安全谋求自身所谓绝对安全。

2016 年 9 月 12 日，第 39 届国际标准化组织（ISO）大会在北京召开，习近平主席向大会致贺信，指出："中国将积极实施标准化战略，以标准助力创新发展、协调发展、绿色发展、开放发展、共享发展"。截至 2022 年 8 月，全国信息安全标准化技术委员会已研究制定网络安全国家标准 340 项，涵盖个人信息保护、关键信息基础设施安全保护、网络安全审查、网络安全等级保护等各个方面。其中，有 39 项国家标准和技术提案已被国际标准化组织吸纳，为网络安全国际标准化提供了中国方案、贡献了中国智慧。

三、建久安之势，成长治之业，为实现中华民族伟大复兴的中国梦提供坚强的网络安全保障

伴随信息技术的高速发展，网络安全领域面临的风险和挑战不断加大。从国内看，关系国计民生的关键基础设施大量联网入网，但网络安全防控能力还相对薄弱，关键信息基础设施安全防护水平不高，一些重要工控系统对外国技术依赖严重，我国互联网持续遭受境外网络攻击，不断加剧的网络安全风险和防护能力不足的矛盾日益凸显。

仅 2020 年，我国捕获恶意程序样本数量超 4200 万个，日均传播次数为482 万余次，恶意程序样本的境外来源主要是美国、印度等。按照攻击目标 IP地址统计，我国境内受恶意程序攻击的 IP 地址约 5541 万个，约占我国 IP 地址总数的 14.2%。

随着人工智能、5G 网络、物联网、区块链等技术的发展和进步，设备数量及数据量急剧增加，数据安全威胁持续放大，已成为事关国家安全与经济社会发展的重大问题。同时，一些企业、机构和个人从商业利益等出发，随意收集、违法获取、过度使用、非法买卖个人信息，进一步滋生电信网络诈骗、敲诈勒索等犯罪行为，成为危害人民群众人身和财产安全的重大隐患。

"十四五"时期是我国全面建成小康社会、实现第一个百年奋斗目标之后，乘势而上开启全面建设社会主义现代化国家新征程、向第二个百年奋斗目标进军的第一个五年。《中华人民共和国国民经济和社会发展第十四个五年规划和 2035 年远景目标纲要》明确提出，要把安全发展贯穿国家发展的各领域和全过程，其中 14 次提及网络安全，对加强网络安全保障体系和能力建设作出系统部署："健全国家网络安全法律法规和制度标准，加强重要领域数据资源、重要网络和信息系统安全保障。建立健全关键信息基础设施保护体系，提升安全防护和维护政治安全能力。加强网络安全风险评估和审查……"

2022 年 7 月 26 日，习近平总书记在省部级主要领导干部"学习习近平总书记重要讲话精神，迎接党的二十大"专题研讨班上发表重要讲话强调，"全党必须增强忧患意识，坚持底线思维，坚定斗争意志，增强斗争本领，以正确的战略策略应变局、育新机、开新局，依靠顽强斗争打开事业发展新天地，最根本的是要把我们自己的事情做好"。

面向新时代新征程，网信战线将始终坚持以习近平新时代中国特色社会主义思想特别是习近平总书记关于网络强国的重要思想为指导，全面贯彻总体国家安全观，坚持正确的网络安全观，统筹发展与安全，着力推进网络安全保障体系和能力建设，严格落实网络安全工作责任制，切实筑牢国家网络安全屏障，奋力开创新时代网络安全工作新局面，全力护航中华民族伟大复兴的中国梦！

思考与练习

1. 为何进行网络安全等级保护？
2. 网络安全等级保护具体流程是什么？

大数据和云计算在社区矫正中的应用

根据司法部相关文件要求，全国各省正在努力全面提升社区矫正工作信息化管理水平，纷纷开展"智慧矫正"试点工作。"智慧矫正"是将新的信息技术与社区矫正工作深度融合，构建综合信息化社区矫正体系，是"数字法治、智慧司法"信息化体系的重要组成部分。"智慧矫正"建设对促进社区矫正工作创新发展、全面提高社区矫正工作质量有着十分重要的意义。

项目一　大数据在社区矫正中的应用

学习目标

知识目标：了解大数据的定义与特征以及大数据的相关技术、应用领域。

能力目标：具备运用大数据为社区矫正工作的能力。

素质目标：具有一定的大数据思维方法。

知识树

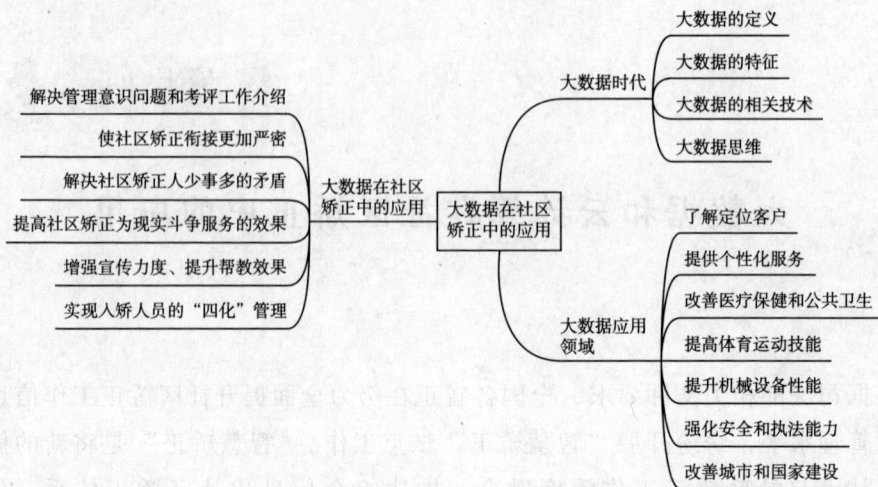

任务1 大数据时代

一、大数据的定义

大数据本身是一个比较抽象的概念，单从字面来看，它表示数据规模的庞大。但是仅仅数量上的庞大显然无法看出大数据这一概念和以往的"海量数据"（Massive Data）、"超大规模数据"（Very Large Data）等概念之间有何区别。针对大数据，目前存在多种不同的理解和定义。

麦肯锡在其报告 *Big data：The next frontier for innovation，competition and productivity* 中对"大数据"的定义是：大数据指的是大小超出常规的数据库工具获取、存储、管理和分析能力的数据集。但他同时强调，并不是说一定要超过特定 TB 值的数据集才能算是大数据。

维基百科对"大数据"的解读是："大数据"，或称巨量数据、海量数据、大资料，指的是所涉及的数据量规模巨大到无法通过人工，在合理时间内达到截取、管理、处理、并整理成为人类所能解读的信息。

百度百科对"大数据"的定义为："大数据"，或称巨量资料，指的是所涉及的资料量规模巨大到无法透过目前主流软件工具，在合理时间内达到撷取、管理、处理、并整理成为帮助企业经营决策的资讯。

大数据是一个宽泛的概念，每个人的见解都不一样。在综合各家观点的基础上，本书给出了定义：大数据是在体量和类别特别大的杂乱数据集中，深度挖掘、分析取得有价值信息的能力。

二、大数据的特征[1]

大数据的特征，由维克托迈尔－舍恩伯格和肯尼斯克耶编写的《大数据时代》中提出，大数据的 4V 特征：规模性（Volume）、多样性（Variety）、高速性（Velocity）、价值性（Value）。

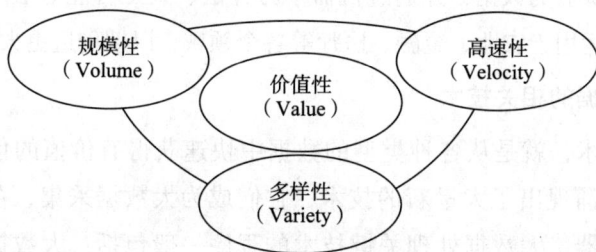

图 4 - 1　大数据特征

1. 规模性。随着信息化技术的高速发展，数据开始呈现为爆发性增长。大数据中的数据不再以几个 GB 或几个 TB 为单位来衡量，而是以 PB（1000 个 T）、EB（100 万个 T）或 ZB（10 亿个 T）为计量单位。

2. 多样性。多样性主要体现在数据来源多、数据类型多和数据之间关联性强这三个方面。

（1）数据来源多，企业所面对的传统数据主要是交易数据，而互联网和物联网的发展，带来了诸如社交网站、传感器等多种来源的数据。

（2）数据类型多，并且以非结构化数据为主。传统的企业中，数据都是以表格的形式保存。而大数据中有 70% ~ 85% 的数据是如图片、音频、视频、网络日志、链接信息等非结构化和半结构化的数据。

（3）数据之间关联性强，频繁交互，如游客在旅游途中上传的照片和日

---

〔1〕　数字经济探索"大数据及大数据的 4V 特征"，载 https://baijiahao.baidu.com/s？id = 166423 2735603215493&wfr = spider&for = pc，访问日期：2020 年 4 月 17 日。

志，与游客的位置、行程等信息有很强的关联性。

3. 高速性。这是大数据区分于传统数据挖掘最显著的特征。大数据与海量数据的重要区别在于两方面：一方面，大数据的数据规模更大；另一方面，大数据对处理数据的响应速度有更严格的要求。数据的增长速度和处理速度是大数据高速性的重要体现。

4. 价值性。尽管企业拥有大量数据，但是发挥价值的仅是其中非常小的部分。大数据背后潜藏的价值巨大。大数据中有价值的数据所占比例很小，其真正的价值体现在从大量与其不相关的各种类型的数据中挖掘出对未来趋势与模式预测分析有价值的数据，并通过机器学习方法、人工智能方法或数据挖掘方法深度分析，运用于农业、金融、医疗等各个领域，以期创造更大的价值。

三、大数据的相关技术

大数据技术，就是从各种类型的数据中快速获得有价值的信息技术。大数据领域已经涌现出了大量新的技术，它们成为大数据采集、存储、处理和呈现的有力武器。大数据处理关键技术的程序一般包括：大数据采集、大数据预处理、大数据存储及管理、大数据分析及挖掘、大数据展现和应用（大数据检索、大数据可视化、大数据应用、大数据安全等）。

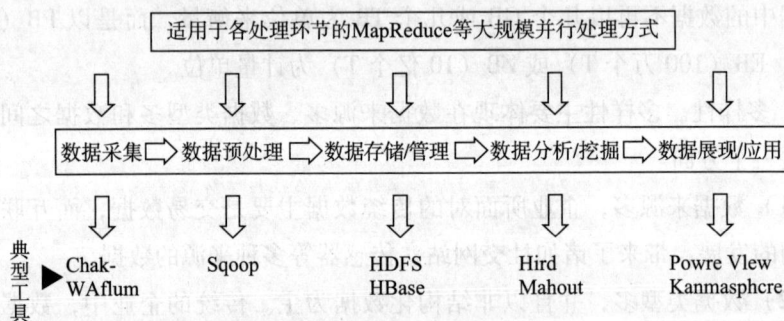

图 4 - 2　大数据涉及的关键技术

1. 大数据采集技术。数据采集是指通过 RFID 射频数据、传感器数据、社交网络交互数据及移动互联网数据等方式获得的各种类型的结构化、半结构化（或称为弱结构化）及非结构化的海量数据，是大数据知识服务模型的根本。大数据采集重点要突破分布式高速高可靠数据爬取或采集、高速数据全映像等大数据收集技术；突破高速数据解析、转换与装载等大数据整合技术；设计质量评估模型，开发数据质量技术。

2. 大数据预处理技术。主要完成对已接收数据的辨析、抽取、清洗等操作。

（1）抽取：因获取的数据可能具有多种结构和类型，数据抽取过程可以帮助我们将这些复杂的数据转化为单一的或者便于处理的构型，以达到快速分析处理的目的。

（2）清洗：对于大数据，并不全是有价值的，有些数据并不是我们所关心的内容，而另一些数据则是完全错误的干扰项，因此要通过对数据过滤"去噪"提取出有效数据。

3. 大数据存储及管理技术。大数据存储与管理要用存储器把采集到的数据存储起来，建立相应的数据库，并进行管理和调用。大数据存储重点解决复杂结构化、半结构化和非结构化大数据管理与处理技术。开发可靠的分布式文件系统（DFS）、能效优化的存储、计算融入存储、大数据的去冗余及高效低成本的大数据存储技术；突破分布式非关系型大数据管理与处理技术、异构数据的数据融合技术、数据组织技术、研究大数据建模技术；突破大数据索引技术；突破大数据移动、备份、复制等技术；开发大数据可视化技术。

4. 大数据分析及挖掘技术。大数据分析技术包括改进已有数据挖掘和机器学习技术；开发数据网络挖掘、特异群组挖掘、图挖掘等新型数据挖掘技术；突破基于对象的数据连接、相似性连接等大数据融合技术；突破用户兴趣分析、网络行为分析、情感语义分析等大数据挖掘技术。

数据挖掘就是从大量的、不完全的、有噪声的、模糊的、随机的实际应用数据中，提取隐含在其中的、人们事先不知道的、但又是潜在有用的信息和知识的过程。数据挖掘涉及的技术方法很多，有多种分类法。

5. 大数据展现与应用技术。大数据技术能够将隐藏于海量数据中的信息和知识挖掘出来，为人类的社会经济活动提供依据，从而提高各个领域的运行效率，大大提高整个社会经济的集约化程度。

在我国，大数据将重点应用于以下三大领域：商业智能、政府决策、公共服务。例如：商业智能技术，政府决策技术，电信数据信息处理与挖掘技术，电网数据信息处理与挖掘技术，气象信息分析技术，环境监测技术，警务云应用系统（道路监控、视频监控、网络监控、智能交通、反电信诈骗、指挥调度等公安信息系统），大规模基因序列分析比对技术，Web 信息挖掘技术，多媒体数据并行化处理技术，影视制作渲染技术，其他各种行业的云计算和海量数据处理应用技术等。

四、大数据思维

1. 大数据时代要转变的思维。要分析所有数据，而不是少量的数据样本。至今为止，人们搜集数据的能力有限，因此采用的是"随机采样分析"。例如，要想知道中国顾客对联想笔记本的满意度，不可能对所有买了联想笔记本的人做问卷调查。通常的做法是随机找 1000 个人，用这 1000 个人的满意度来代表所有人的满意度。为了使结果尽可能准确，我们会设计尽可能精确的问卷，并使样本足够随机。这就是"小数据时代"的做法，在不可能搜集全部数据的情况下，随机采样分析在各领域取得了巨大的成功。

但是，随机采样有两个问题：其一，依赖随机性，而随机性很难做到。例如，使用固定电话随机打给 1000 户人家，这样也是缺乏随机性的，因为没有考虑到年轻人都使用手机的情况。其二，采样的结果只能回答你事先设计好的问题，不能回答你突然意识到的问题。

在"大数据时代"，样本 = 总体。如今，我们已经有能力搜集到全面而完整的数据。大数据是建立在掌握所有数据、至少是尽可能多的数据的基础上的。

2. 追求混杂性，而非精确性。在"小数据"时代，最重要的就是减少测量的错误，因为收集的信息较少，所以必须保证记录尽可能精确，否则细微的错误会被放大。为了精确，科学家必须优化测量的工具。现代科学就是这么发展过来的，物理学家开尔文说："测量就是认知。"所以很多优秀的科学工作者必须要能准确收集和管理数据。

在"大数据"时代，使用所有数据变为可能，且通常是上万亿个数据，要保证每一个数据的精确性是不可想象的，混杂性不可避免。但是，当数据量足够大时，混乱不一定会带来不好的结果。并且，由于放松了容错的标准，能搜集的数据多了起来，还可以利用这些数据来做更多的事。例如，要测一个葡萄园的温度，如果只有一个温度计，那必须保证这个测量仪精确且能一直工作。但是如果每 100 棵葡萄树就有一个测量仪，虽然有些测量数据是错误的，但是所有数据合起来却能得到一个更准确的结果。

因此，"大数据"通常用概率说话，而不是板着"确凿无疑"的面孔。大数据时代要求我们重新审视精确性的优劣。由于数据量太大，我们不再期待精确性，也无法实现精确性。

3. 关注相关关系，而非因果关系。知道"是什么"就够了，没有必要知道"为什么"，要让数据自己"发声"。来看一个例子：沃尔玛是世界上最大的零售商，掌握了大量的零售数据。通过分析，沃尔玛发现，每当季节性飓风来临之前，不仅手电筒销售量增加了，而且蛋挞的销量也增加了。因此，当季节性飓风来临时，沃尔玛会把库存的蛋挞放在靠近飓风用品的位置，以方便顾客购买。看到这里，应该马上有人问"为什么飓风一来，人们都要买蛋挞？"你问"为什么"，说明你注重的是因果关系。而这个"因"，可能是极难分析且复杂的，而且即便研究出来，意义真的很大吗？对沃尔玛来说，只要知道"飓风来了，快摆蛋挞，准备大赚一笔"就行了，这就是注重相关关系。知道飓风与蛋挞有关就行了，还能赚钱，太好了。至于为什么？不管，反正有关。

这也是大数据时代需要转变的思维，即关注相关关系，而非因果关系。

任务2　大数据的应用领域

一、了解和定位客户

这是大数据目前最广为人知的应用领域。很多企业热衷于社交媒体数据、浏览器日志、文本挖掘等各类数据集，通过大数据技术创建预测模型，从而更全面地了解客户以及他们的行为、喜好。

通过利用大数据，美国零售商 Target 公司甚至能推测出客户何时会有 Baby；电信公司可以更好地预测客户流失；沃尔玛可以更准确地预测产品销售情况；汽车保险公司能更真实地了解客户实际驾驶情况。

滑雪场利用大数据来追踪和锁定客户。如果你是一名狂热的滑雪者，想象一下，你会收到最喜欢的度假胜地的邀请；或者收到定制化的短信提醒服务；或者告知你最合适的滑行线路……同时提供互动平台（网站、手机 App）记录每天的数据——多少次滑坡，多少次翻越等，通过在社交媒体上分享这些信息，与家人和朋友相互评比和竞争。

大数据也越来越多地应用于优化业务流程，比如供应链或配送路径优化。通过定位和识别系统来跟踪货物或运输车辆，并根据实时交通路况数据优化运输路线。

人力资源业务流程也在使用大数据进行优化。Sociometric Solutions 公司通过在员工工牌里植入传感器，检测其工作场所及社交活动——员工在哪些工作场所走动，与谁交谈，甚至交流时的语气如何。美国银行在使用大数据中发现呼叫中心表现最好的员工——他们制定了小组轮流休息制度，平均业绩提高了 23%。

如果在手机、钥匙、眼镜等随身物品上粘贴 RFID 标签，万一不小心丢失就能迅速定位它们。假设未来可能创造出贴在任何东西上的智能标签。它们能告诉你的不仅是物体在哪里，还可以反馈温度、湿度、运动状态等。这将打开一个全新的大数据时代，"大数据"领域寻求共性的信息和模式，而孕育于其中的"小数据"则着重关注单个产品。

二、提供个性化服务

大数据不仅适用于公司和政府，也适用于我们每个人，比如从智能手表或智能手环等可穿戴设备所采集的数据中获益。Jawbone 的智能手环可以分析人们的卡路里消耗、活动量和睡眠质量等。Jawbone 公司已经能够收集长达 60 年的睡眠数据，并从中分析出一些独到的见解反馈给每个用户。从中受益的还有网络平台"寻找真爱"，大多数婚恋网站都使用大数据分析工具和算法为用户匹配最合适的对象。

三、改善医疗保健和公共卫生

大数据分析的能力可以在几分钟内解码整个 DNA 序列，有助于我们找到新的治疗方法，更好地理解和预测疾病模式。试想一下，当来自所有智能手表等可穿戴设备的数据，都可以应用于数百万人及各种疾病时，未来的临床试验将不再局限于小样本，而是包括所有人。

更重要的是，大数据分析有助于我们监测和预测流行性或传染性疾病的暴发时期，可以将医疗记录的数据与一些社交媒体的数据结合起来分析。例如，谷歌基于搜索流量预测流感爆发，尽管该预测模型在 2014 年并未奏效——因为搜索"流感症状"并不意味着真正生病了，但是这种大数据分析的影响力越来越为人所知。

四、提高体育运动技能

如今大多数顶尖的体育赛事都采用了大数据分析技术。用于网球比赛的 IBM SlamTracker 工具，通过视频分析跟踪网球落点或者比赛中每个球员的表现。许多优秀的运动队也在训练之外跟踪运动员的营养和睡眠情况。NFL 开发了专门的应用平台，帮助所有球队根据球场上的草地状况、天气状况，以及学习期间球员的个人表现作出最佳决策，以减少球员不必要的受伤。

还有一件非常酷的事情是智能瑜伽垫：嵌入在瑜伽垫中的传感器能对使用者的姿势进行反馈，为使用者的练习打分，甚至指导其在家如何练习。

五、提升科学研究

大数据带来的无限可能性正在改变科学研究。欧洲核子研究中心（CERN）在全球拥有 150 个数据中心，有 65 000 个处理器，能同时分析 30pb 的数据量，这样的计算能力影响着很多领域的科学研究。比如，政府需要的人口普查数据、自然灾害数据等，变得更容易获取和分析，从而为我们的健康和社会发展创造更多的价值。

六、提升机械设备性能

大数据使机械设备更加智能化、自动化。例如，丰田普锐斯配备了摄像头、全球定位系统以及强大的计算机和传感器，在无人干预的条件下实现自动驾驶。Xcel Energy 公司在科罗拉多州启动了"智能电网"的首批测试，在用户家中安装智能电表，然后登录网站就可实时查看用电情况。"智能电网"还能够预测使用情况，以便电力公司为未来的基础设施需求进行规划，并防止出现电力耗尽的情况。在爱尔兰，杂货连锁店 Tescos 的仓库员工佩戴专用臂带，追踪货架上的商品分配，甚至预测一项任务的完成时间。

七、强化安全和执法能力

大数据在改善安全和执法方面得到了广泛应用。美国国家安全局（NSA）利用大数据技术检测和防止网络攻击（粉碎恐怖分子的阴谋）；警察运用大数据来抓捕罪犯、预测犯罪活动；信用卡公司使用大数据来检测欺诈交易；等等。

2014年2月，芝加哥警察局对大数据生成的"名单"（有可能犯罪的人员）——进行通告和探访，目的是提前预防犯罪。

八、改善城市和国家建设

大数据被用于改善我们城市和国家的方方面面。目前，很多大城市致力于构建智慧交通。车辆、行人、道路基础设施、公共服务场所都被整合在智慧交通网络中，以提升资源运用的效率，优化城市管理和服务。

九、金融交易

大数据在金融交易领域应用也比较广泛。大多数股票交易都是通过一定的算法模型进行决策的，如今这些算法的输入会考虑来自社交媒体、新闻网络的数据，以便更全面地作出买卖决策。同时，根据客户的需求和愿望，这些算法模型也会随着市场的变化而变化。

这里列出的9个类别代表了大数据应用最多的领域。随着大数据分析工具成本的降低和人们可接受度的提高，大数据在日常生活中会更加普及，未来将会出现哪些新的应用领域，值得我们期待。

任务3　大数据技术在社区矫正中的应用分析

结合信息采集传输、生物特征识别、物联网、互联网、移动通信等现代信息技术，并以大数据技术及人工智能技术作为情报分析、辅助决策及具体实施手段，构建集业务管理、移动办公、指挥调度、辅助决策、应急处置功能于一体的社区矫正全智能化体系，以数据一体化、管理智能化、互联移动化、指挥可视化为目标，实现现代信息技术与社区矫正业务深度融合的全流程智能化。

一、大数据技术在社区矫正中的技术优势[1]

1. 解决管理意识问题和考评工作。利用现代计算机、信息技术等科学技术手段，减少社区矫正工作投入精力、缩短管理投入时间，同时利用大数据技术对管理成效进行定性和定量的评估和衡量，利用现代报表技术，将管理工作内容、进度、工作量、基本效果和结果进行填报和上传，通过人工智能技术处理相关数据，辅助决策，自动考评，在落实具体管控措施方面加强实实在在的工作。

2. 使社区矫正衔接更加严密。通过移动 App，利用协同管理、下发预警、异常上报等功能，上报内容包括但不限于文字、音频、图像、视频、GPS 数据等，将负责社区矫正、社区帮教、社区监控等具体任务的社区干部、单位保卫人员等有机结合到社区矫正工作中来，使公安派出所、社区组织、管理民警和参与干部多方形成管理的合力。

3. 解决社区矫正人少事多的矛盾。面对各项考核指标、各项工作的现实要求，社区矫正工作普遍存在着人少事多的矛盾，导致工作人员接触入矫人员的时间不多，对入矫人员缺乏全面了解，管理工作的针对性不强。通过引入现代信息、大数据、人工智能技术等现代化的科技手段，提高管理工作的效率，降低管理工作的工作量，增加管理容量，解决人少事多的矛盾。

4. 提高社区矫正为现实工作服务的效果。结合人员轨迹数据，有效提高社区矫正工作为现实工作服务的效果，在事前预防、事中控制、事后打击等几方面，为其他部门、警种、专业提供更多的支持。通过对入矫人员进行轨迹记录、签到记录、突发随机签到等方式，自动对相关案件涉及入矫人员的线索进行碰撞排查分析，缩小侦查范围，降低工作量，加快侦查速度。结合轨迹记录，对入矫人员的异常聚集、异常分布进行统计分析，实时预警，并提示聚集人员类型、数量、可能正在从事的事务、事态可能发展趋势等。重大社会活动期间，对入矫人员进行加密签到、划定区域签到、轨迹跟踪等特殊管理方式，确保社会活动的正常有序进行。同时可结合 PGIS 技术，针对入矫人员进行防区布控和撤控，以确保特殊区域不受侵扰，确保人民群众的生命财产安全和社会

---

〔1〕 赵晓林："人工智能与社会公共安全的融合"，2019 贵州社会公共安全高端论坛。

生活的有序开展。针对重点区域（如机关、学校、人员密集区），结合第三方数据，同时为公安人员和现场保卫力量提供预警，预防和控制恶性事件发生。

5. 增强宣传力度、提升帮教效果。随着当前的 IT 技术发展，已经有了成熟可靠、功能齐全的即时通信系统，如 QQ、TM、微信、UC、Skype、钉钉等，但利用这些即时通信软件进行宣传教育、帮扶管理，存在将标签打入日常生活的缺陷，增加入矫人员的抵触情绪，降低帮教效果，限制敏感宣传、帮教、管理的内容和手段的实施等问题。同时，也有可能在当今大数据分析技术下，使本应内部掌握的入矫人员相关数据流入公众体系。现代信息技术可利用移动 App 解决上述问题，同时以大数据分析和人工智能技术为核心，针对每一名入矫人员的具体情况和矫正成效，结合入矫人员心理状态和生活现状，由人工智能专家系统进行分析和帮教方案匹配，做到宣传内容有的放矢，帮教方案有效合理，一人一教，有效加大宣传力度，提升帮教效果。

6. 实现入矫人员的"四化"管理。现代信息技术、大数据技术、人工智能技术的引入，可有效提升社区矫正的全面化、科学化、常态化、共享化效果，为入矫人员的管理减轻工作量，加大工作力度，提升工作效果，扩大管理服务内容，将社区矫正工作推上一个更高的台阶。

二、利用大数据优化社区矫正平台

社区矫正离不开一个综合程度高、操作简便的矫正工作平台，这个平台不仅仅是连接各项矫正设备的"指挥中心"，还是采集数据进行分析研判的"智慧中心"，更是使辅助工作得以更好开展的"实践中心"，大数据对信息管理的优势为优化社区矫正平台提供了思路：

（一）矫正前的适用性评估

在社区矫正实践初期，大量的误判错判导致社会效果大打折扣，民众对此更是多有不满，通过矫正适用性评估对民众最关心的"罪犯的社会危害性"进行了严格把控，对罪犯的分析评估可以极大地降低社区矫正的滥用和误用。在我国，此项工作主要是由法院和监狱委托司法机关来进行，现有的评估都是结合相关案情、判罚情况和监狱报告等综合开展，也就是通过大量的书面文字信息来进行评判，这些内容虽然客观，但是很难准确反映出复杂的人性。

如今通过大数据手段，依托社区矫正平台，可以事先对矫正对象开展深入、细致、全方位的分析，从而得出一个综合性和真实性的评价，这样的评判比书面更加精准、生动，完善了调查的内容和方式，增加了研判的密度和深度，从源头上能够有效降低矫正对象再犯可能性，帮助筛选出符合矫正条件的对象开展矫正工作，防止错判漏判的发生。

（二）矫正中的阶段性评价

矫正的过程最能展示平台的功效，特别是矫正过程中通过 GPS 定位、周界报警等智能化设备提高管理水平的同时，产生的数据又成为新的采集对象，用于矫正设施设备的改进升级。

社区矫正是一个动态的、全流程的监管过程，在具体执行中需要时时刻刻予以跟踪调适，仅仅通过固定时间的面谈或者书面思想汇报很难准确把握矫正对象的思想和行为变化，对矫正效果的掌握也会严重滞后，矫正措施的调适也就很难体现预判性。如果还是纯粹依靠人力，只能使得工作人员疲于奔命、难以招架，特别是在数据分析方面，难以做到全程、全时段的分析研判，现在利用矫正工作平台，可以在矫正的过程中随时抓取任何时段的数据开展研判，这些数据不仅准确可靠，而且可以任意设定分析时段，这极大地便利了矫正过程中对矫正对象的阶段性分析，使得工作人员可以随时随地掌握矫正对象的心理和行为变化并及时作出措施调整。

通过矫正工作平台内的信息录入和技术模块分析，矫正人员可以清晰地获得矫正对象的心理变化趋势和矫正效果评估，从而有针对性地开展矫正措施调整，在进一步降低矫正对象再犯可能性的同时，为最终帮助其顺利回归社会打下基础。

（三）矫正后的成效性巩固

社区矫正归根结底还是一种刑罚手段，具有一定的时效性，我国目前社区矫正的截止时间都是以缓刑或者假释的终止日期为准，在矫正时间结束后就没有后续的措施来跟进，矫正对象是否已经顺利回归社会正常生活和彻底消除了社会危害性也无法掌握，这种矫正后的跟进并不是给矫正对象打上标签，而是巩固之前开展的矫正措施的成效。在原来的工作模式下，囿于无法做到全流程监管、各地矫正工作没有打通、彼此间信息不能共享等问题，使得矫正工作的跟踪、巩固难以开展。

现在得益于矫正平台的开发和大数据的应用，在矫正工作的整个过程中都可以随时采集数据，各地之间的数据能够实现实时共享，在矫正对象结束矫正后，矫正期间的相关数据可以得到很好的延续。特别是在矫正结束后，其他地区通过平台信息调取可以及时掌握矫正对象的有关情况并开展后续工作。在一定时间内，通过对矫正对象上网信息、人际交往、出行轨迹等多种数据进行分析，达到对其矫正结束后再犯可能性进行评估的目的，对在矫正结束后依然难以回归社会生活或者个人、家庭遇到困难的，也可以通过这样的评估方式进行掌握，然后由有关政府部门和社会组织予以关心帮助，尽力避免矫正对象再犯的可能。

拓展 学习

大数据时代的三个"变革"[1]

当前，一个大规模生产、分享和应用数据的时代已经开启。庞大的人群和应用市场，复杂性高、充满变化，使中国成为世界上最复杂的大数据国家之一。

1. 大数据时代的思维变革。大数据与三个重大的思维转变有关：首先，要分析与某事物相关的所有数据，而不是分析少量的数据样本；其次，我们乐于接受数据的纷繁复杂，而不再追求精确性；最后，我们的思想发生了转变，不再探求难以捉摸的因果关系，转而关注事物的相关关系。很长一段时间以来，准确分析大量数据对我们而言都是一种挑战。为了让分析变得简单，我们会把数据缩减到最少，加上通过运用统计学的采样分析，可以得出能够帮助我们决策的结论。小数据时代，样本选择的随机性比样本数量更重要，采样分析的精确性随着采样随机性的增加而大幅提高。但是，采样分析的成功依赖于采样的绝对随机性，而实现随机性是非常困难的。一旦采样过程中存在任何偏见，分析结果就会相差很大。另外，当人们想了解更深层次的细分领域时，随机采样的方法就不可取了。大数据是指不用随机分析法这样的捷径，而采用分析所有数据的方法分析问题。

---

〔1〕 摘自：数邦客－大数据价值构建师。

在越来越多的情况下，使用所有可获取的数据变得更为现实，但为此也要付出一定的代价，那就是数据中的错误信息。大数据时代要求我们重新审视精确性的优劣，大数据不仅让我们不再期待精确性，也让我们无法实现精确性。确切地说，在很多社会和技术领域，我们获得的数据更倾向于纷繁混杂。大数据要求我们有所改变，我们必须能够接受混乱和不确定性，通过接受不精确性，我们开启了一个从未涉足的世界。

我们在理解和解释世界上各种现象时，使用两种基本方法：一种是通过快速、虚幻的因果关系，还有一种是通过缓慢、有条不紊的因果关系。小数据时代，人们偏向用因果联系来看待周围的一切，即使这种关系并不存在。在大数据时代需要转变思维，即关注相关关系，而非因果关系，通过去探求"是什么"而不是"为什么"，即了解相关关系能帮助我们更好地了解了这个世界。例如，2009年，互联网巨头谷歌公司用相关关系分析法准确判断出了甲型 H1N1 流感是从哪里传播出来的，路径是什么，这一预测与官方数据的相关性高达97%。大数据的核心是预测，通过找到一个关联物并监控它，我们就能预测未来。

2. 大数据时代的商业变革。大数据成为许多公司竞争力的来源，从而使整个行业结构都改变了。大公司和小公司最有可能成为赢家，而大多数中等规模的公司无法在行业调整中受益。掌握着大量数据的大公司通过分析收集到的数据，成功实现了商业模式的转型，如航空发动机制造商劳斯莱斯。苹果公司进军移动手机行业也是个很好的例子，它在与运营商签订的合约中规定运营商要提供给它大部分的有用数据。通过多个运营商提供的大量数据，苹果公司得到的用户体验数据比任何一个运营商都多。苹果公司的规模收益体现在了数据上，而不是固有资产上。大数据也为小公司带来了机遇，聪明而灵活的小公司能享受到非固定资产规模带来的好处。重要的是，因为最好的大数据服务都是以创新思维为基础的，所以它们不一定需要大量的原始资本投入。

3. 大数据时代的管理变革。我们在生产和信息交流方式上的变革必然会引起自我管理所用规范的变革。这种变革不仅止于规范，在更深层次上也体现了价值观的转变。在大数据时代，我们需要建立一个不一样的隐私保护模式，这个模式应该着眼于数据使用者为其行为承担责任，而不是将重心放在收集数据之初取得个人同意上。将责任从民众转移到数据使用者很有意义，也存在充分的理由，因为数据使用者比任何人都明白想要如何利用数据，所以他们理所当然应对自己的行为负责。

在大数据时代，关于公正的概念需要重新定义以维护个人动因的想法：人们选择自我行为的自由意志。简单地说，就是个人可以而且应该为他们的行为而非倾向负责。身处大数据时代，我们必须拓宽对公正的理解，必须把个人动因的保护纳入进来，就像目前我们为程序公正所做的努力一样。如若不然，公正的信念就可能被完全破坏。另外，大数据的运作是在一个超出我们正常理解的范围之上运行的。例如，谷歌所确定的 45 个与流感相关的检索词条是通过测试了 4.5 亿个数学模型而得出的。

思考与练习

1. 什么是大数据，大数据的特征有哪些？
2. 大数据技术的主要应用领域有哪些？

项目二　云计算在社区矫正中的应用

学习目标

知识目标：掌握云计算的定义与特点；了解云计算的服务形式、云计算的应用场景；了解私有云办公、医疗云、教育云的知识；熟悉云计算的部署方式。

能力目标：具备运用云计算开展社区矫正工作的能力。

素质目标：具有先进的数学思维和运用云计算开展社区矫正工作的意识。

知识树

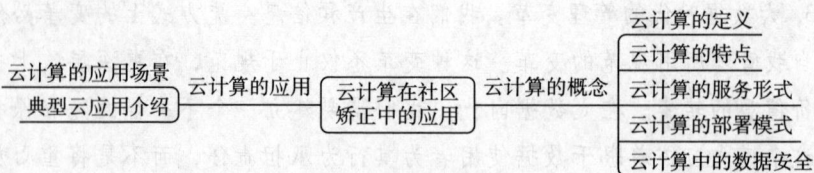

任务 1　云计算概述

一、云计算的定义

2006 年，亚马逊把基于分布式操作系统聚集起来的强大计算能力，通过互联网的方式输送给千千万万的普通用户，人们称这种计算的在线服务为云计算。

通俗解释就是：使分布式操作系统的这种强大的计算能力像水电煤气一样，成为大众的必需品，输送给千家万户，让每个人都能高效利用这种计算资源。就如同水龙头一样，我们什么时候需要水，就可以打开水龙头使用。曾经有人高度概括云计算带给人们生活的巨变：在云计算时代，人们使用计算资源如同使用水电一样方便，打开水龙头，就有自来水可用，打开开关，就有电可用。

现阶段被广为接受的定义是美国国家标准与技术研究院（NIST）的定义，该定义如下：云计算是一种按使用量付费的模式，这种模式提供可用的、便捷的、按需的网络访问，进入可配置的计算资源共享池（资源包括网络，服务器，存储，应用软件，服务），只需投入很少的管理工作，或与服务供应商进行很少的交互，就可以让这些资源能够快速被提供。

二、云计算的特点

1. 基于互联网络。云计算是通过把一台台的服务器连接起来，使服务器之间可以相互进行数据传输，数据就像网络上的"云"一样在不同服务器之间"飘"。同时通过网络向用户提供服务。

2. 按需服务。"云"的规模是可以动态伸缩的。在使用云计算服务的时候，用户所获得的计算机资源是按用户个性化需求增加或减少的，并在此基础上对自己使用的服务进行付费。

3. 资源池化。资源池是对各种资源（如存储资源、网络资源）进行统一配置的一种配置机制。从用户角度看，无需关心设备型号、内部的复杂结构、实现的方法和地理位置，只需关心自己需要什么服务即可。从资源的管理者角度来看，最大的好处是资源池可以近乎无限地增减和更换设备，并且管理、调度资源十分便捷。

4. 安全可靠。云计算必须要保证服务的可持续性、安全性、高效性和灵活性。故对于提供商来说，必须采用各种冗余机制、备份机制、足够安全的管理机制和保证存取海量数据的灵活机制等，从而保证用户的数据和服务安全可靠。对于用户来说，其只要支付一笔费用，即可得到供应商提供的专业级安全防护，节省了大量时间与精力。

5. 资源可控。云计算提出的初衷是让人们可以像使用水电一样便捷地使用云计算服务，极大地方便人们获取计算服务资源，并大幅度提高计算资源的使用率，有效节约成本，使资源在一定程度上属于"控制范畴"。但如何对云计算服务进行合理的、有效的计费，仍是一项值得业界关注的课题。

三、云计算的服务形式

云计算分为三层，分别是 Infrastructure（基础设施）as a Service，Platform（平台）as a Service，Software（软件）as a Service。基础设施在最下端，平台在中间，软件在顶端。别的一些"软"的层可以在这些层上面添加。

（一）IaaS：Infrastructure as a Service（基础设施即服务）

云基础架构服务称为基础设施即服务（IaaS），IaaS 是云服务的最底层，主要提供一些基础资源，由高度可扩展和自动化的计算资源组成。IaaS 是完全自助服务，消费者不管理或控制任何云计算基础设施，提供给消费者的服务是对所有计算基础设施的利用，包括处理 CPU、内存、存储、网络和其他基本的计算资源，用户能够部署和运行任意软件，包括操作系统和应用程序，它允许企业按需购买资源，而不必购买全部硬件。

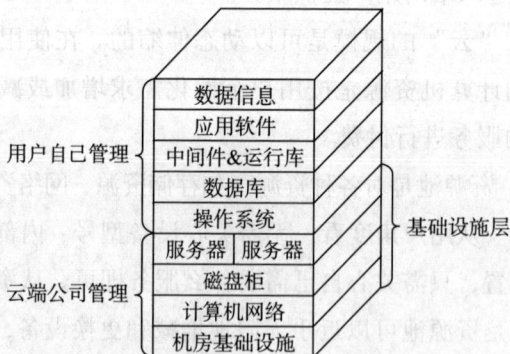

图 4-3　IaaS 云服务

1. IaaS 的特点：资源可作为服务提供；费用因消费而异；服务高度可扩展；通常在单个硬件上包括多个用户；为组织提供对基础架构的完全控制；动态灵活。

2. IaaS 的优势：是最灵活的云计算模型；轻松实现存储、网络，服务器和处理能力的自动部署；可以根据消耗量购买硬件；使客户能够完全控制其基础架构；可以根据需要购买资源；高度可扩展。

3. IaaS 的劣势：最常见的问题是一开始租用的服务器性能或是存储空间无法满足后期成长过程中爆炸式增加的数据，继而需要花费更高的费用去升级服务器或是扩容存储空间，且这类成本会一直存在下去，不断地增加而无法降低。此外，还有一个劣势即存在安全漏洞。

（二）PaaS：Platform as a Service（平台即服务）

PaaS 为某些软件提供云组件，这些组件主要用于应用程序。PaaS 为开发人员提供了一个框架，把客户采用提供的开发语言和工具（如 Java、python、Net 等）开发或收购的应用程序部署到供应商的云计算基础设施上。

客户不需要管理或控制底层的云基础设施，包括网络、服务器、操作系统、存储等，但客户能控制部署其开发或收购的应用程序，也能控制运行应用程序的托管环境配置。

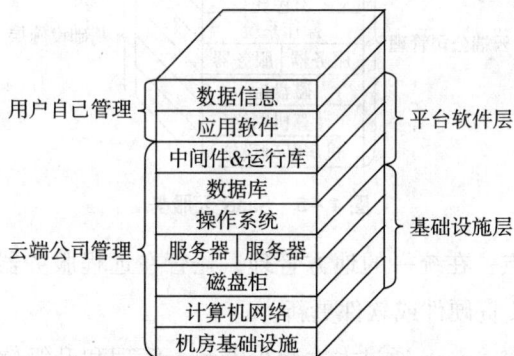

图 4-4　PaaS 云服务

1. PaaS 的特点：它基于虚拟化技术，这意味着随着业务的变化，资源可以轻松扩展或缩小；提供各种服务以协助开发、测试和部署应用程序；许多用户可以访问相同的开发应用程序；Web 服务和数据库是集成的。

2. PaaS 的优势：使应用程序的开发和部署变得简单且经济高效；可扩展；高度可用；使开发人员能够创建自定义应用程序，而无需维护软件；大大减少了编码量；自动化业务策略；允许轻松迁移到混合模型。

3. PaaS 的劣势：要求技术支持人员有较高的技术水平，否则无法轻松解决多系统的整合，解决不好的话，原本设想的高效协同处理不能实现，还会花费大量的精力在基础的应用迁移以及接口开发上，甚至简单的已有应用都无法迁移到 PaaS 平台上。

（三）SaaS：Software as a Service（软件即服务）

SaaS 代表了云市场中企业最常用的选项。SaaS 利用互联网向其用户提供应用程序，这些应用程序由第三方供应商管理。用户可以在各种设备上通过客户端界面访问，并且不需要管理或控制任何云计算基础设施，包括网络、服务器、操作系统、存储等。

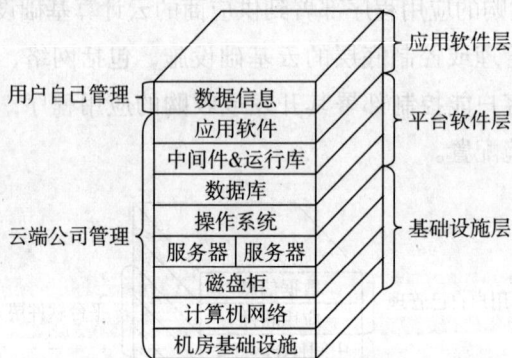

图 4-5　SaaS 云服务

1. SaaS 的特点：在统一的地方管理；托管在远程服务器上；可通过互联网访问；用户不负责硬件或软件更新。

2. SaaS 的优势：SaaS 通过大大减少安装、管理和升级软件等繁琐任务所花费的时间和金钱，为员工和公司提供了许多好处。这让技术人员可以有更多时间来处理组织内更紧迫的事情和问题。

3. SaaS 的劣势：首先，常年累积的诸如软件许可证费、软件维护费以及技术支持费等隐性成本不断增加的问题不可避免；其次，数据安全的问题，部分企业不愿将自己的核心数据交给第三方来负责。

（四）IaaS、PaaS、SaaS 三种服务的关系

从用户体验角度来看，三者之间的关系是独立的，因为它们面对的是不同类型的用户。

从技术角度来看，三者并不是简单的继承关系，其一，SaaS 可以是基于 PaaS 或者直接部署于 IaaS 之上；其二，PaaS 可以构建于 IaaS 之上，也可以直接构建在物理资源之上。

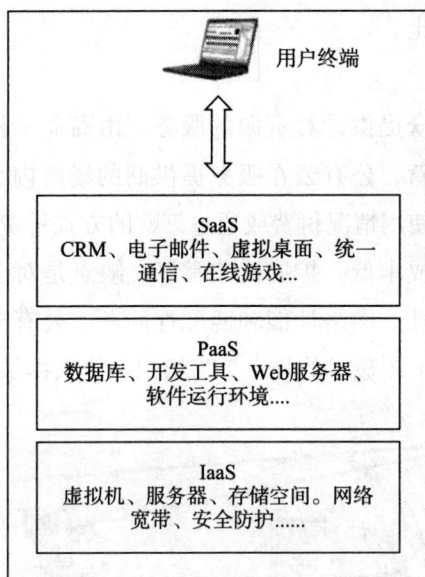

图4-6　三种云计算模式的关系

根据研究公司 Gartner 调查显示，SaaS 市场是迄今为止最大的市场，IaaS 是增长最快的市场，预计未来 3 年 ~ 4 年的复合年增长率为 20%。这是因为 IaaS 提供了使用云计算的所有重要优势，如可扩展性、灵活性、位置独立性和潜在的低成本。

与 PaaS 和 SaaS 相比，IaaS 的最大优势在于其灵活性和定制化。业界领先的云提供商提供各种基础架构选项，允许客户选择最能满足其需求的性能特征。

此外，在三种云交付模型中，IaaS 最不可能导致供应商锁定。使用 SaaS

和 PaaS 可能很难迁移到其他选项，或者只在将服务集成到操作中后停止使用该服务。IaaS 仅向客户收取资源的实际使用费用，如果从战略角度使用，可能会降低成本。虽然大部分增长来自现有客户，但也因为更多组织使用 IaaS 而不是任何其他云服务模型产生增长。

四、云计算的部署模式

随着云计算的发展，如今几乎每个企业都计划或正在使用云计算，但不是每个企业都使用相同类型的云模式。实际上有三种不同的云模式，其中包括公有云、私有云和混合云。为了确定哪种云模式最适合企业的需求，以下对这三种模式进行对比。

（一）公有云

公有云是面向大众提供计算资源的服务。由商业机构、学术机构或政府机构拥有、管理和运营，公有云在服务提供商的场所内部署。用户通过互联网使用云服务，根据使用情况付费或通过订购的方式付费。

公有云的优点是成本低，扩展性非常好。缺点是对于云端的资源缺乏控制、保密数据的安全性、网络性能和匹配性问题。公有云服务提供商有亚马逊、谷歌和微软等。下图显示的是一个为组织和个人提供云服务的公有云。

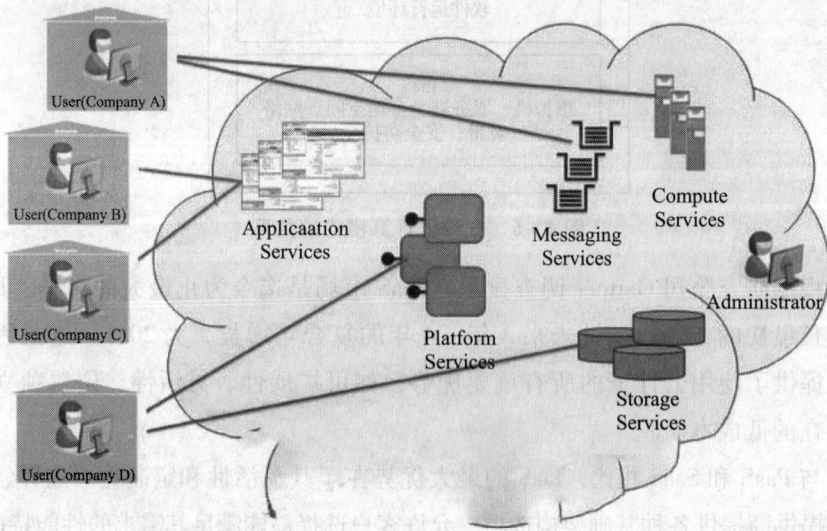

图 4 - 7　公有云模型

（二）私有云

在私有云模式中，云平台的资源为包含多个用户的单一组织专用。私有云可由该组织、第三方或两者联合拥有、管理和运营。私有云的部署场所可以是在机构内部，也可以在外部。下面是私有云的两种实现形式：

内部（on-premise）私有云：也称内部云，由组织在自己的数据中心内构建，如图4－8所示。该形式在规模和资源可扩展性上有局限，但是却有利于标准化云服务管理流程和安全性。组织依然要为物理资源承担资金成本和维护成本。这种方式适合那些需要对应用、平台配置和安全机制完全控制的机构。

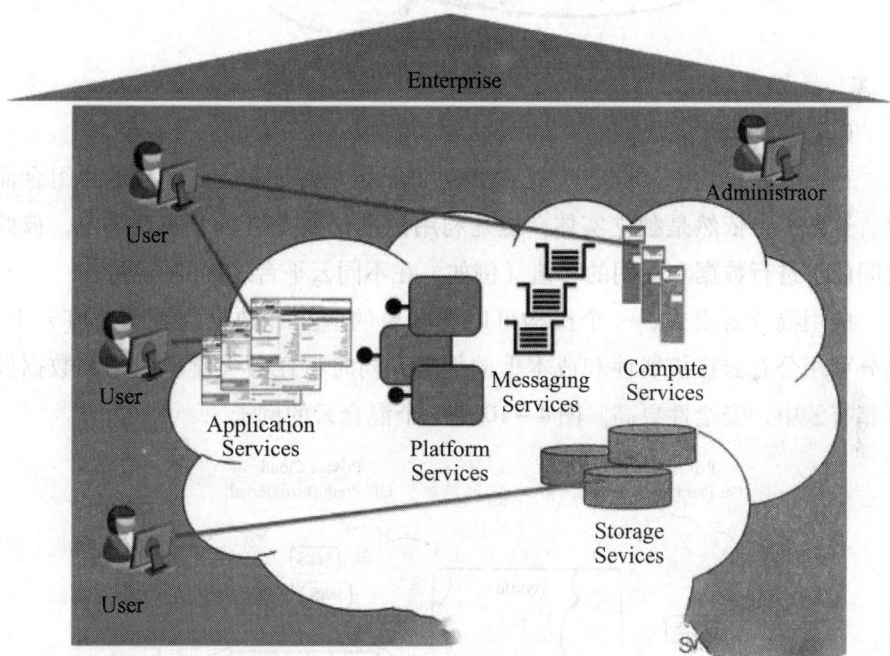

图4－8　内部私有云模型

外部（off-premise）私有云：这种私有云部署在组织外部，由第三方机构负责管理。第三方为该组织提供专用的云环境，并保证隐私和机密性。该方案相对内部私有云成本更低，也更便于扩展业务规模。图4－9是一个典型的外部私有云结构图。

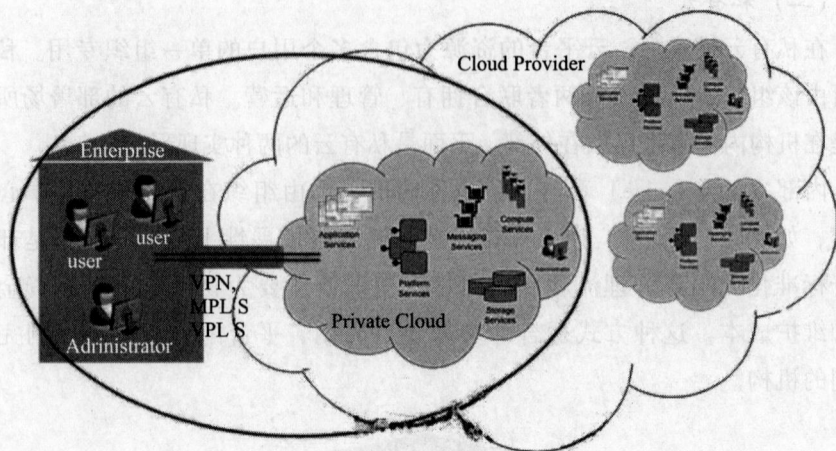

图 4 - 9　外部私有云模型

（三）混合云

在混合云模式中，云平台由两种不同模式（私有或公有）云平台组合而成。这些平台依然是独立实体，但是利用标准化或专有技术实现绑定，彼此之间能够进行数据和应用的移植（例如，在不同云平台之间的均衡）。

应用混合云模式，一个机构可以将次要的应用和数据部署到公有云上，充分利用公有云在扩展性和成本上的优势，同时将任务关键型应用和数据放在私有云中，安全性更高。图 4 - 10 是一个混合云的例子。

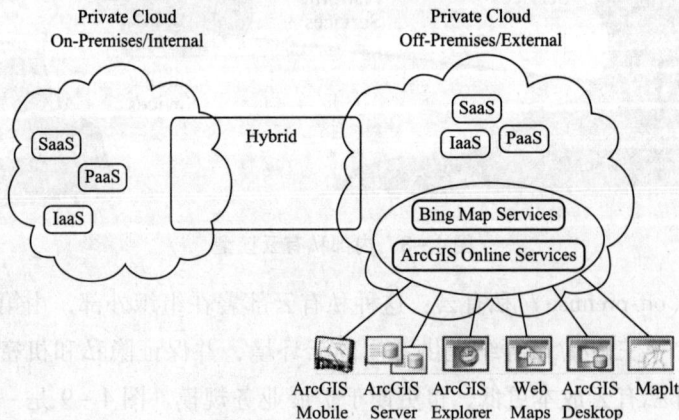

图 4 - 10　混合云模型

五、云计算中的数据安全

越来越多的企业将业务迁移到云计算平台，这意味着其对数据安全的责任显著增加。具有各种敏感度的数据正在超出企业防火墙的范围。企业将不再拥有控制权，其数据可能位于世界任何地方，并可能取决于其合作的云计算供应商。

1. 隐私保护。无论企业的云计算策略如何，都应保护其数据免受未经授权的访问，其中包括数据加密，以及控制可以访问和查看内容的人员。

采用云计算的一些用户急于把他们所有的数据转移到那里，最终却意识到需要将数据保存在私有云中。

还有一些自动化工具可帮助发现和识别组织的敏感数据及其所在的位置。AWS 公司推出了 Macie，而 Microsoft Azure 推出了 Azure 信息保护（AIP），可通过应用标签对数据进行分类。第三方工具包括 Tableau、Fivetran、LogikCull 和 Looker。

2. 保持数据完整性。数据完整性可以被定义为保护数据不受未经授权的修改或删除。在单个数据库中很容易，因为只有一种方法可以控制数据库的进出。但在云中，尤其是在多云环境中，这变得很棘手。

由于有大量的数据源和访问方法，授权对于确保只有授权实体才能与数据交互变得至关重要。

3. 数据可用性。停机是企业运营业务不可避免的事件，其所能做的就是尽量减少影响。这对云计算存储提供商来说非常重要，因为用户的数据位于提供商的服务器上。例如，微软公司为主要的 Azure 存储选项提供 99.9% 的可用性，而 AWS 公司为存储对象提供 99.99% 的可用性。这种差异并非微不足道。

4. 数据隐私。无论是国内还是国外都实施了一些隐私法规，因为一些企业的业务可能会受到这些法规的影响，所以迫使其拒绝采用云计算。

许多云计算提供商可能将数据存储在其物理服务器上而不在某个云区域中，因为数据所有者和法律规定可能有所不同。这对于严格遵守数据驻留法规的用户而言是一个问题，更不用说云计算服务提供商可能会免除服务水平协议（SLA）中的任何责任，如果发生违规，用户将承担全部责任。

5. 攻击威胁。人们上网很容易受到攻击威胁，例如，DDoS 攻击、SQL 注入和跨站点脚本。云计算服务提供商已经制定了各种安全工具和策略，但问题仍然存在，且通常源于人为错误。

（1）数据泄露：这可以由多种方式导致，从通常的方式——黑客账户或丢失密码/笔记本电脑，再到云计算独有的方式。例如，一个虚拟机上的用户可以监听加密密钥已到达同一主机上的另一个虚拟机上的信号，这意味着受害者的安全证书掌握在其他人手中。

（2）数据丢失：尽管数据丢失的可能性很小，但有可能被他人登录并删除所有内容。用户可以通过确保应用程序和数据分布在多个区域，并通过非现场存储备份数据来缓解这种情况。

（3）被劫持的账户：如果有人丢失笔记本电脑，就有可能让他人进入其云计算提供商的平台。通过采用严格安全的密码和双因素身份验证可以防止这种情况。它还有助于制定策略来查找异常活动并对其发出警报，如复制大量数据或删除数据。

（4）密码窃取：密码窃取是一种秘密地接管计算机以种植加密货币的行为，这是一个计算非常密集的过程。密码窃取在 2017 年和 2018 年激增，因为有更多的计算资源可用，云平台是一个受欢迎的目标。监控异常的计算活动是停止这种情况的关键方法。

6. 数据安全和员工。大多数数据安全与员工相关的事件并不是恶意的。根据波洛蒙研究所 2016 年关于威胁成本的调查研究，2016 年 874 起内部安全相关事件中有 598 起是由粗心的员工或承包商造成的。然而，调查还发现 85 起因冒名顶替者窃取证件而发生的事件，191 起是恶意员工和罪犯造成的。换句话说，企业最大的威胁就在公司内部，企业的管理者应该对员工有着足够的了解。

任务 2　云计算的应用

由于云计算平台的特殊性，其可能存在涉及国家秘密、工作秘密的业务，是不可以采用社会化云计算服务的。网信部门将会同相关部门建立严格的云计算服务安全审查机制，对为党政部门提供云计算服务的服务商，参照有关网络安全国家标准，组织第三方机构进行网络安全审查，重点审查云计算服务的安全性、可控性。虽然服务可以外包，但是以下方面不变：

1. 安全管理责任不变。网络安全管理责任不随服务外包而外包，无论党政部门数据和业务是位于内部信息系统还是服务商云计算平台上，党政部门始终是网络安全的最终责任人，应加强安全管理，通过签订合同、持续监督等方式要求服务商严格履行安全责任和义务，确保党政部门数据和业务的机密性、完整性、可用性，以及可操作性、可移植性。

2. 数据归属关系不变。党政部门提供给服务商的数据、设备等资源，以及云计算平台上党政业务系统运行过程中收集、产生、存储的数据和文档等资源属党政部门所有。服务商应保障党政部门对这些资源的访问、利用、支配，未经党政部门授权，不得访问、修改、披露、利用、转让、销毁党政部门数据；在服务合同终止时，应按要求做好数据、文档等资源的移交和清除工作。

3. 安全管理标准不变。承载党政部门数据和业务的云计算平台要参照党政信息系统进行网络安全管理，服务商应遵守党政信息系统的网络安全政策规定、信息安全等级保护要求、技术标准，落实安全管理和防护措施，接受党政部门和网络安全主管部门的网络安全监管。

4. 敏感信息不出境。为党政部门提供服务的云计算服务平台、数据中心等要设在境内。敏感信息未经批准不得在境外传输、处理、存储。

在了解了云计算之后，司法云云计算、大数据、人工智能是当前最火爆的三大技术领域。近年来，我国政府高度重视云计算产业发展，其产业规模增长迅速，应用领域也在不断扩展，从政府应用到民生应用，从金融、交通、医疗、教育领域到人员和创新制造等全行业延伸拓展。

一、云计算的应用场景

云计算将在 IT 产业各个方面都有其用武之地，以下是云计算十个比较典型的应用场景。

1. IDC 云。IDC 云是在 IDC 原有数据中心的基础上，加入更多云的基因，比如系统虚拟化技术、自动化管理技术和智慧的能源监控技术等。通过 IDC 的云平台，用户能够使用到虚拟机和存储等资源。此外，IDC 可通过引入新的云技术来提供许多新的具有一定附加值的服务，如 PaaS 等。现在已成型的 IDC 云有 Linode、Rackspace 等。

2. 企业云。企业云对于那些需要提升内部数据中心的运维水平和希望能使整个 IT 服务更围绕业务展开的大中型企业来说非常适合。相关的产品和解决方案有 IBM 的 WebSphere CloudBurst Appliance、Cisco 的 UCS 和 VMware 的 vSphere 等。

3. 云存储系统。云存储系统可以解决本地存储在管理上的缺失，降低数据的丢失率，它通过整合网络中多种存储设备来对外提供云存储服务，并能管理数据的存储、备份、复制和存档。云存储系统非常适合那些需要管理和存储海量数据的企业。

4. 虚拟桌面云。虚拟桌面云可以解决传统桌面系统高成本的问题，其利用了现在成熟的桌面虚拟化技术，更加稳定和灵活，而且系统管理员可以统一地管理用户在服务器端的桌面环境。该技术比较适合那些需要使用大量桌面系统的企业。

5. 开发测试云。开发测试云可以解决开发测试过程中的棘手问题，其通过友好的 Web 界面，可以预约、部署、管理和回收整个开发测试的环境、通过预先配置好（包括操作系统、中间件和开发测试软件）的虚拟镜像来快速地构建一个个异构的开发测试环境，通过快速备份、恢复等虚拟化技术来重现问题，并利用云强大的计算能力来对应用进行压力测试。开发测试云比较适合那些需要开发和测试多种应用的组织和企业。

6. 大规模数据处理云。大规模数据处理云能对海量的数据进行大规模的处理，可以帮助企业快速进行数据分析，发现可能存在的商机和存在的问题，从而作出更好、更快和更全面的决策。其工作过程是大规模数据处理云通过将数据处理软件和服务运行在云计算平台上，利用云计算的计算能力和存储能力对海量的数据进行大规模的处理。

7. 协作云。协作云是云供应商在 IDC 云的基础上或者直接构建一个专属的云，并在这个云搭建整套的协作软件，并将这些软件共享给用户。该技术非常适合那些需要一定的协作工具，但不希望维护相关的软硬件和支付高昂的软件许可证费用的企业与个人。

8. 游戏云。游戏云是将游戏部署至云中的技术，目前主要有两种应用模式：一种是基于 Web 游戏模式，比如使用 JavaScript、Flash 和 Silverlight 等技术，并将这些游戏部署到云中，这种解决方案比较适合休闲游戏；另一种是为大容量和高画质的专业游戏设计的，整个游戏都将在云中运行，但会将最新生成的画面传至客户端，比较适合专业玩家。

9. HPC 云。HPC 云能够为用户提供可以完全定制的高性能计算环境，用户可以根据自己的需求来改变计算环境的操作系统、软件版本和节点规模，从而避免与其他用户的冲突，并可以成为网格计算的支撑平台，以提升计算的灵活性和便捷性。HPC 云特别适合需要使用高性能计算，但缺乏巨资投入的普通企业和学校。

10. 云杀毒。云杀毒技术可以在云中安装附带庞大的病毒特征库的杀毒软件，当发现有嫌疑的数据时，杀毒软件可以将有嫌疑的数据上传至云中，并通过云中庞大的特征库和强大的处理能力来分析这个数据是否含有病毒。这非常适合那些需要使用杀毒软件来捍卫其电脑安全的用户。

以上是云计算的十大应用场景，随着云计算的发展，其应用范围不断拓展，相信在不久的将来会有更多的应用形式的出现。

二、典型的云应用介绍

（一）云应用之企业私有办公云

与传统的以计算机为主的办公环境相比，私有办公云具备更多的优势，比如：建设成本和使用成本低；维护更容易；云终端是纯硬件产品，可靠、稳定且折旧周期长；由于数据集中存放在云端，从而更容易保全企业的知识资产；能实现移动办公，员工能在任何一台云终端上使用自己的账号登录云端办公。比如，一个小企业（员工数少于 100 人）采用两台服务器做云端，办公软件安装在服务器上，数据资料也存放在服务器上，通过有线或无线网络连接到办公终端，每个员工分配一个账号即可，员工随便在哪台终端都可以用自己的账号登录云端办公。示意图如图 4 - 11 所示。

在外出差的员工，可以通过 VPN 登录到公司内部的云端。

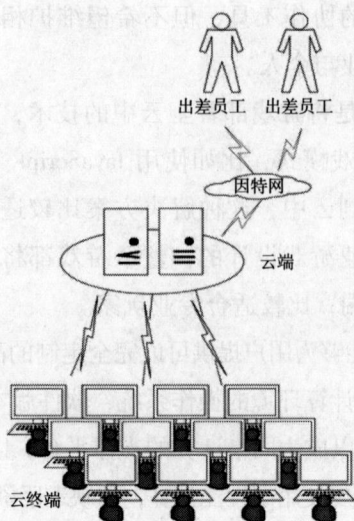

图 4 – 11　企业私有办公云

（二）医疗云

医疗云的核心是以全民电子健康档案为基础，建立覆盖医疗卫生体系的信息共享平台，打破各个医疗机构的信息孤岛现象，同时围绕居民的健康关怀提供统一的健康业务部署，建立远程医疗系统，尤其使很多缺医少药的农村受惠。如图 4 – 12 所示：

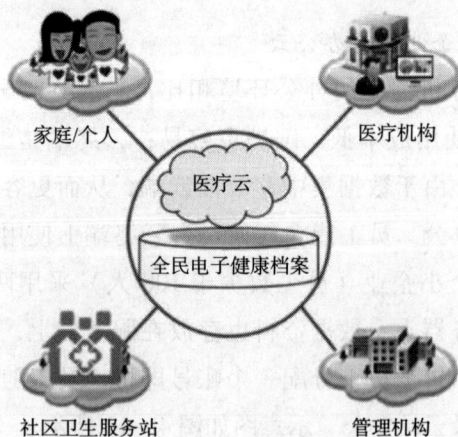

图 4 – 12　医疗云

依托医疗云，可以在人口密集居住区增设各种体检自助终端，甚至可以使自助终端进入家庭。建立医疗云利国利民，其重大意义归纳如下：

1. 对于国家公共卫生服务管理部门。有利于公共卫生业务联动工作；有利于处理疾病预防与控制管理；有利于处理突发公共卫生事件；便于开展公共卫生服务；有利于资源整合、减少重复投资，甚至可以把检查检验功能独立开来，专门成立第三方机构；便于实现跨业务、跨系统的数据共享利用。

2. 对于医疗卫生服务机构。有利于提高医疗服务的质量；有利于节省患者支出，缓解群众看病贵的问题；便于争抢生命绿色通道的"黄金时间"；有利于充分共享医疗资源；有利于开展远程医疗业务。

3. 对于社区卫生服务站。有利于开展"六位一体"业务；有利于开展健康干预跟踪服务。

4. 对于个人。能减少重复的检查检验开支；便于"移动"（如转院、跨地区等）治病；通过远程医疗系统便于享受优质的医疗服务；医疗云结合大数据能预测个人疾病，所以一定程度上能提前预防重大疾病的发生。

（三）教育云

构建教育云是一个庞大的系统工程，它由一个国家层面的公共教育云和成千上万的学校私有教育云组成，而且私有教育云建设要先行启动，教育管理部门制定标准，由各个学校自己主导建设。

公共教育云应该由中央政府牵头完成，承载共性教育资源和标杆教育资源，同时作为连接各个私有教育云的纽带，各个学校的私有教育云承载各种特色资源，履行"教"与"学"的具体任务。

每个学校运营自己的私有云端，云终端发放到每个老师和学生的手上，形态上可以是固定云终端（放置在老师办公室、机房、多媒体教室、图书馆的多媒体阅览室等）、移动云终端（给老师和学生）、移动固定两用云终端及多屏云终端。云端和云终端通过校园高速光纤互联在一起，如图 4 - 13所示：

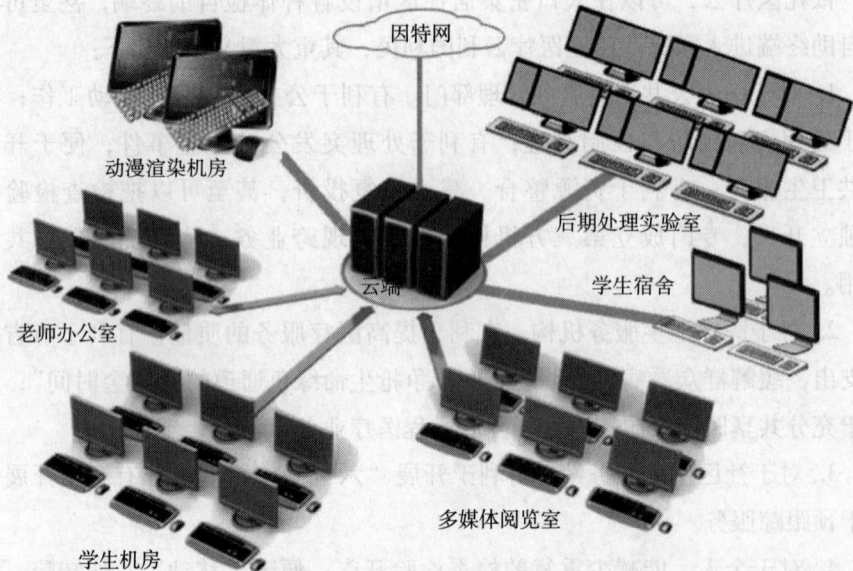

图 4-13 教育云

新生注册时，为每个学生分配一个云端账号和一台手持云终端，一个账号对应一个虚拟云桌面，学生毕业后回收其云端资源。在机房、宿舍、图书馆等场所，只要坐下来，就可以把手持设备插入固定云终端，然后就可以使用大键盘和大屏幕了。手持设备也可以单独接入云端。与传统的非教育云相比，学校采用私有教育云有如下好处：

1. 移动教学。无论师生在哪里，都能登录自己的云端桌面。

2. 延续实验。由于每个学生都有自己独有的虚拟机，所以跨节次的实验不会被中断。

3. 远程教学。老师能选择云端的任何学生的云桌面并广播课件。

4. 规范学生用机行为。能轻松控制学生可以安装和使用的软件，杜绝学生沉迷游戏。

5. 便于资源共享。

6. 便于学生积淀学习笔记和素材。

7. 便于计算机学生云中开发。

8. 轻松实现高性能计算，如科学研究、动漫渲染、游戏开发、虚拟现实模拟等。

9. 便于因材施教。在掌握一定的基础知识后因材施教，最大限度地发挥每个学生的特长，这是最理想的教育方法。利用虚拟现实技术产生学生喜爱的"老师"，利用大数据分析为每个学生制订教学计划，然后给每个学生分配一个"老师"，按照制订的计划来一对一教学。

在私有教育云的基础上再抽取共性资源，形成全国性的公共教育云，同时引入虚拟现实技术，实现远程教育，使得偏远的广大农村受益。

三、云计算在社区矫正中的应用

云计算技术也可用于社区矫正信息系统中罪犯行为与心理分析。不同于传统监狱监禁，社区矫正的惩罚力度较小，罪犯在经过惩罚教育后即可取消其社区监管，但查阅相关资料发现社区矫正人员发生二次犯罪行为的事件常有发生。为加大对罪犯的监管与教育力度，在矫正期间分析预测罪犯的心理及行为尤为重要。

通过云计算技术，社区监管人员可全面了解罪犯的悔过心理，并通过大数据与云计算技术预测罪犯解禁之后的社会行为，以此判断其对社会治安稳定是否存在威胁，从而合理调整其矫正管理方案。

云计算技术除了在社区矫正工作中的应用外，其应用方向仍有诸多可供探索的路径。在社区矫正信息系统的构建中，利用云计算技术搭建信息管理平台，可以实现服刑人员档案管理，并检测服刑人员的劳动行为、思想汇报以及其他社会活动行为，借助信息系统的数据分析处理能力，司法部门可查验服刑人员的矫正行为，判定是否可以解除监禁，同时，关于矫正人员解除监禁后的社会行为，也可通过此系统进行跟踪记录，判断其是否能够融入社会、是否会有二次犯罪妨碍社会稳定的消极倾向。

总之，在信息技术发达的时代，社区矫正工作的积极开展需要云计算、大数据等科学技术的深度参与，社区矫正的信息化建设对社会治安的稳定具有重要、积极的影响。

拓展 学习

如何理解虚拟化

一、概述

虚拟化是一种技术，可以利用以往局限于硬件的资源来创建有用的 IT 服务。它让使用者能够将物理计算机的工作能力分配给多个用户或环境，从而充分利用计算机的所有能力。举一个实际例子，假设使用者有 3 台物理服务器，分别用于不同的特定用途，其中一台是邮件服务器，一台是 Web 服务器，最后一台则用于运行企业内部的传统应用。每台服务器只使用了大约 30% 的计算容量，这仅是运行潜能的一小部分。但是，由于传统应用对内部运营非常重要，使用者必须将其连同所运行的第三台服务器予以保留。

图 4-14 服务器使用率

1. 服务器使用情况。过去确实如此。相对简单和可靠的做法是在单独的服务器上运行单独的任务：1 台服务器，1 个运行操作系统，1 个处理任务。我们很难让 1 台服务器有多个大脑，但是借助虚拟化技术，使用者可以将邮件服务器分为 2 个能够处理独立任务的特殊服务器，从而实现传统应用的迁移。使用者仍然使用相同的硬件，但可以更加高效地利用这些资源。

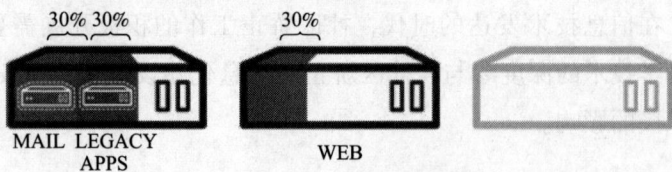

图 4-15 服务器提高利用率

2. 服务器使用：虚拟化。考虑到安全问题，使用者可以再次划分第一台服务器，从而可以处理另一项任务，将其使用率从30%提高到60%，甚至提高到90%。这样，现在空闲的服务器可以用于其他任务或停用，以降低散热和维护成本。

二、虚拟化的原理是什么

一款名为虚拟机监控程序（Hypervisor）的软件可有效分隔物理资源，并将这些资源分配给不同虚拟环境（也就是需要这些资源的任务）使用。虚拟机监控程序可能位于操作系统的顶层（如在便携式计算机上），或者直接安装在硬件上（如服务器），这是大多数企业使用虚拟化的方式。虚拟机监控程序接管物理资源，并对它们进行划分，以便虚拟环境能够对其进行使用。

来自物理环境的资源根据需要进行分区后，会分配给很多虚拟环境使用。用户在虚拟环境（通常称为虚拟客户机或虚拟机）内部，能够与计算任务交互，并运行计算。虚拟机作为单个数据文件运行。就像任何数字文件，虚拟机可以从一台计算机迁移至另一台，可以在不同的计算机上打开，而且功能不受影响。

当虚拟环境正在运行时，如果用户或程序发出一条指令，请求来自物理环境的更多资源，虚拟机监控程序就会将请求传递到物理系统并缓存更改，所有这些步骤都接近本机速度（特别是如果该请求来自基于KVM，即基于内核的虚拟机的开源虚拟机监控程序）。

三、虚拟化有哪些类型

1. 数据虚拟化。分散在各处的数据可以整合为单个来源。实现数据虚拟化后，企业可将数据视为一个动态供应源，进而获得相应的处理能力，可以汇总多个来源的数据、轻松容纳新的数据源，并按用户所需转换数据。数据虚拟化工具处于多个数据源的前端，可将多个数据源视为单一来源，从而在正确的时间按照所需格式向应用或用户提供所需数据。

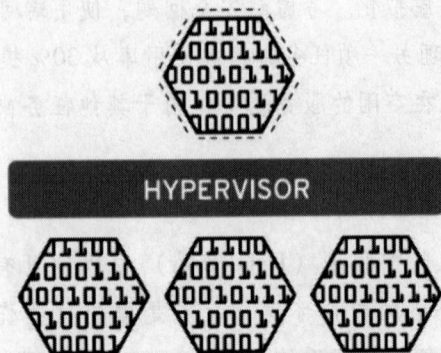

图 4-16   数据虚拟化

2. 桌面虚拟化。人们常把桌面虚拟化与操作系统虚拟化混淆，实际上，后者允许使用者在单台机器上部署多个操作系统，而桌面虚拟化则允许中央管理员（或自动化管理工具）一次向数百台物理机部署模拟桌面环境。不同于需要在每台机器上进行物理安装、配置和更新的传统桌面环境，桌面虚拟化可让管理员在所有虚拟桌面上执行大规模的配置、更新和安全检查。

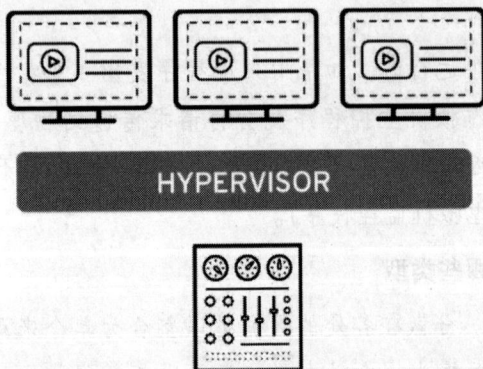

图 4-17   桌面虚拟化

3. 服务器虚拟化。服务器是用于处理大量特定任务的计算机，这样可让其他计算机（如便携式计算机和台式机）能够执行其他各种任务。对服务器虚拟化，可以让它们执行更多特定功能，并且需要进行分区，以便使用各个组件来运行多种功能。

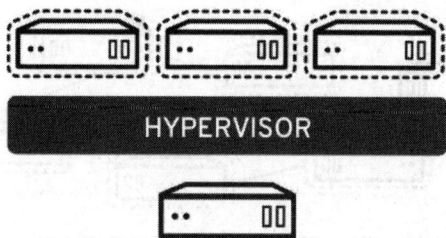

图4-18　服务器虚拟化

4. 操作系统虚拟化。操作系统虚拟化在内核中进行，内核则是操作系统的中央任务管理器。这是并行运行 Linux 和 Windows 环境的实用方式。此外，企业还可将虚拟操作系统应用于多台计算机，以实现以下功能：

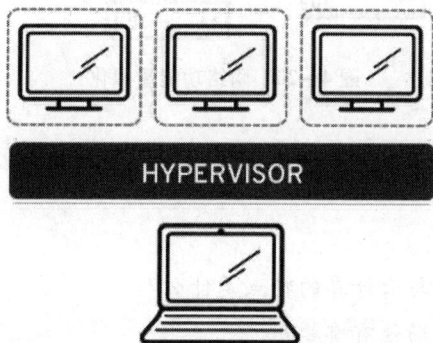

图4-19　操作系统虚拟化

（1）降低批量硬件成本，因为计算机不需要具备很强的开箱即用能力。

（2）提高安全性，因为所有虚拟实例都被监控和隔离。

（3）节省花费在 IT 服务（如软件更新）上的时间。

5. 网络功能虚拟化。网络功能虚拟化（NFV）可以隔离网络的关键功能（如目录服务、文件共享和 IP 配置），并将它们分到各个不同的环境中。一旦软件功能从原先赖以存在的物理计算机上独立出来，特定功能便可以组合成为新的网络，并分配给环境。虚拟化网络可以减少物理组件的数量（如交换机、路由器、服务器、线缆和集线器），而这些往往是创建多个独立网络所必需的资源，所以这种虚拟化方式在电信行业中使用尤其广泛。

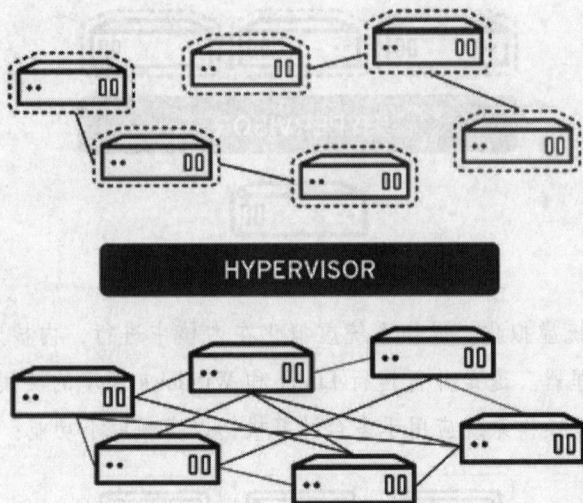

图4-20　网络功能虚拟化

思考与练习

1. 云计算的定义与云计算的特点是什么?

2. 云计算的应用场景有哪些?

物联网技术在社区矫正中的应用

项目一 物联网技术介绍

知识目标：了解物联网的概念和主要技术；熟悉物联网的组成以及物联网的运作、应用领域。

能力目标：具备运用物联网技术开展社区矫正工作的能力。

素质目标：培养运用物联网的思维，具有"互联网＋"的意识。

知识树

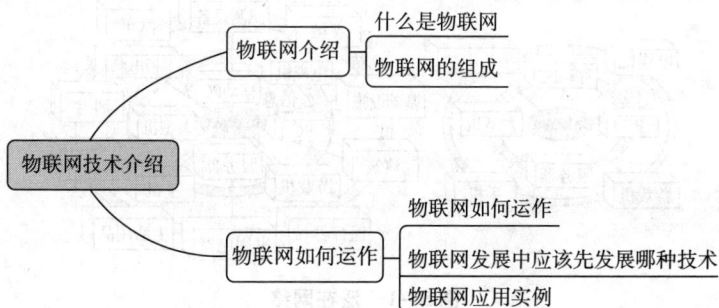

任务1　物联网介绍

一、物联网的概述[1]

大家在听到物联网时，脑海中会出现一个什么样的印象呢？物联网的英文名称是 Internet of Things，缩写为 IoT，这里的"物"指的是我们身边一切能与网络相连的物品。例如，您身上穿着的衣服、戴着的手表、家里的家用电器和汽车，或者是房屋本身，甚至正在读的这本书，只要能与网络相连，就都是物联网说的"物"。就像我们用互联网在彼此之间传递信息一样，物联网就是"物"之间通过连接互联网来共享信息并产生有用的信息，而且无需人为管理就能运行的机制。这样一来，就创造出了一直未能实现的魔法般的世界。

"物联网"本身的定义还是集中于 Internet，是一种物与物之间的连接方式。不过，就目前物联网的发展趋势而言，其已经不是一个单纯的 Internet，而进一步成为一种抽象意义的系统，或者说生态，我们目前关注更多的不是其网络的连接，而是利用物联网构成了一种什么样的系统。我们借用一些《图解物联网》里面的概念：21 世纪初，一个名为"泛在网络"的概念开始受到人们的关注，"泛在网络"的理念在于使人们能够通过"随时随地"连接互联网等网络来利用多种多样的服务。近年来，通过智能手机和平板电脑，甚至游戏机、电视机等一些过去无法连接到网络的"物"，就可以随时随地访问互联网。

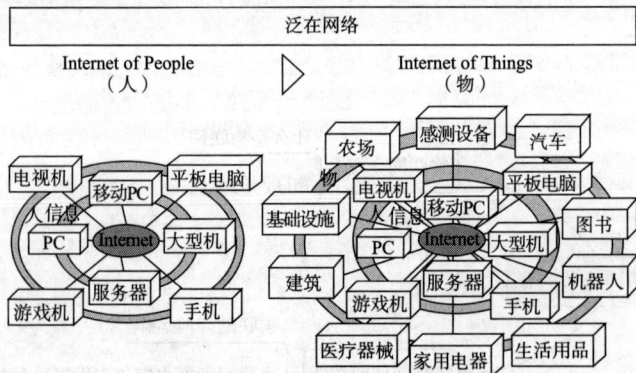

图 5-1　泛在网络

---

〔1〕　〔日〕**NTT DATA** 集团著，丁灵译：《图解物联网》，人民邮电出版社 2017 年版，第 21~23 页。

随着宽带的普及，泛在网络社会逐步得到实现。此外，能搭载在机器上的超低功耗传感器投入市场、无线通信技术进步等，都促使除了电脑、服务器和智能手机等传统连接互联网的 IT 相关设备以外，各种各样的"物"也可以连接互联网。以汽车、家用电器以及房屋为开端，近来，眼镜和手表、饰品这些戴在身上的"物"也连接上了互联网并开始得到应用，如 Google Glass 和 Apple Watch。

传统的 Internet 是关于人的连接网络，主要是人与人之间传递信息，而发展到物联网之后，就不仅仅是人与人之间的连接了，更多的是人与物、物与物之间的连接关系，形形色色的"物"都可以通过 Internet 相连。

物联网必须和智能化连接在一起，下图是描述的一个场景：

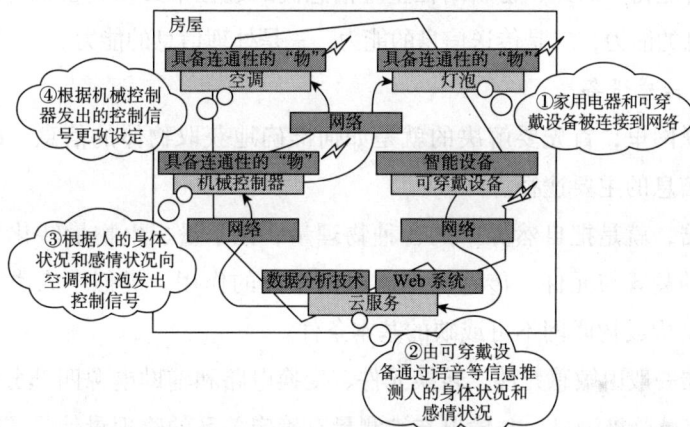

图 5-2 物联网与智能化

智能控制的物联网场景大致是四个步骤：

1. 连接：家用电器和可穿戴设备要连接到网络。

2. 传感：所有的设备要采集信息，反馈到云服务器，反馈的内容包含人的身体情况、传感器数据等。

3. 分析：云服务器采用数据分析技术（也就是 AI 技术），分析人的身体情况等，接着向空调或者灯泡发出控制信号，调节温度等。

4. 控制：根据这些控制信息，对电器进行具体的控制。

以上实际上就是一种具有智能控制的物联网场景。在现实中，也已经有一些方案在具体实施，比如说办公室的灯光会根据室外的光照进行动态调节，空调温度会根据室内外环境调节等，而且还能根据每一个用户的特点进行一些个性化设置，让用户可以直接享受到智能化的感觉。

二、物联网的组成

从实现流程上讲，物联网分成了三个部分：第一个部分是传感设备部分，也就是利用射频识别、二维码、传感器等感知设备，感知和获取物体的各类信息；第二部分是通信技术部分，是通过对互联网、无线网络的融合，将物体的信息实时、准确地传送，以便信息交流、分享；最后一部分是智能处理部分，即使用各种智能技术，对感知和传送到的数据、信息进行分析处理，实现监测与控制的智能化。因此，物联网在整个信息流的过程中必须具备三种能力：一是获取信息的能力，二是传送信息的能力，三是处理信息的能力。

（一）传感设备

在物联网里，首先要解决的就是如何准确地获取物体的信息，而传感器便是获取信息的主要途径。

传感器，就是把自然界中的各种物理量、化学量、生物量转化为可测量的电信号的装置与元件。传感器在物联网里面的作用，类似于人类身体的神经末梢，是构成物联网不可或缺的基本条件。

传感器一般由敏感元件、转换元件、变换电路和辅助电源四部分组成。敏感元件直接感受被测量，并输出与被测量有确定关系的物理量信号；转换元件将敏感元件输出的物理量信号转换为电信号；变换电路负责对转换元件输出的电信号进行放大调制；辅助电源则负责为转换元件和变换电路进行供电。

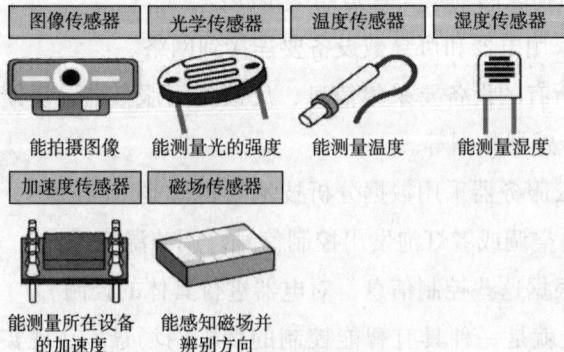

图 5-3 传感器

在传感器里，MEMS（微机电系统）技术是制造微型、低成本、低功耗传感器节点的关键技术。这种技术是建立在制造微米级机械加工技术基础上，微电路和微机械按功能要求在芯片上的集成，尺寸通常在毫米或微米级，通过采用高度集成工序，制造出各种机电部件和复杂的 MEMS 传感器。MEMS 传感器的优点，包括体积小、重量轻、功耗低、耐用性好、价格低廉、性能稳定等。

（二）通信技术

过去，我们所说的物联网都是基于 WLAN（无线局域网）技术的物联网。在物联网的终端，设备接入的是无线路由器或专门的网关设备，如摄像头、门窗传感器、智能灯，都是只能连接 WiFi，通过 WiFi 进行控制。因此，传感器收集到的信息也是通过 WLAN 来进行传输。

物联网通过 WLAN 传递信息虽然方便，但是对于设备来说太耗电了，因此，慢慢便有了 Bluetooth（蓝牙）、Zigbee（紫蜂）等新兴的短距离无线通信技术。然而，由于 Bluetooth、Zigbee 等通信技术可传送信息的距离过短，即使是家庭物联网都无法应用，更不用说应用到工业物联网上了，所以，通过 WLAN 来传输信息的物联网一直没办法大批量推广使用。

随着以 NB-IoT、eMTC 和 Lora 为代表的 LPWAN（低功耗广域网）的无线通信解决技术的崛起，我们逐步地解决了物联网所遇到的网络应用问题。

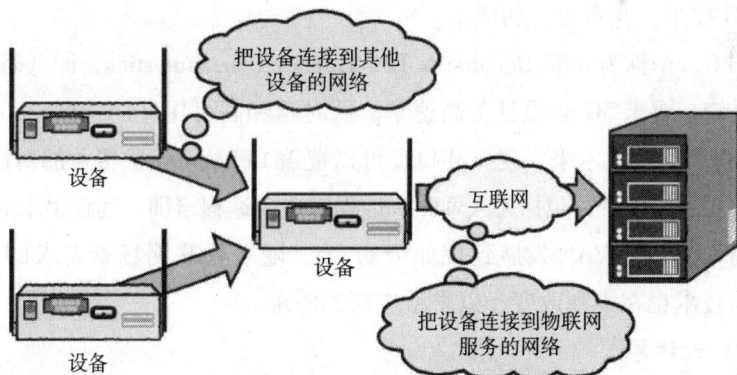

图 5-4　用于物联网的两种网络

LPWAN，全称为 Low-Power Wide-Area Network，比起 WLAN，它有着低功耗、覆盖面积大、建设成本低的优势。

LPWAN 技术使物联网设备之间的通信距离可以达到 3 公里 ~20 公里，让数据可以进行长距离传输。另外，LPWAN 低功耗的特点，让物联网设备的电池成本、维护成本得到了大幅度降低，从而进一步降低了基础设施成本。

不过，LPWAN 的速率较低，只能应用于低速率的物联网领域，如农业环境、物流仓储、制造行业等，对于自动驾驶、医疗等有高速率要求的场景来说，LPWAN 就显得不适用了。

于是，第五代移动通信技术 5G 就登场了。

ITU 定义了 5G 的三大应用场景，把它们作为 5G 指标的参考目标，也就是说，5G 必须具备这些场景的应对能力。

这三大场景分别是 eMBB、mMTC 和 uRLLC。

eMBB，全称为 enhanced Mobile Broadband，即增强型移动宽带，就是在 4G MBB 的基础上，对带宽和速率进一步升级，满足我们日常生活的需求，为我们带来更好的体验。

mMTC，全称为 massive Machine Type Communication，即海量机器类型通信，要求 5G 可以满足低功耗、多连接、低时延、低成本的物联网场景。然而，随着 LPWAN 中 NB-IoT、eMTC 和 Lora 技术标准广泛覆盖主要场景，完全符合了 ITU 提出的 5G 物联网的需求。因此，现在也没必要研发一个全新的 mMTC 5G 技术，花费更多的成本。

uRLLC，全称为 ultra Reliable & Low Latency Communication，即低时延和高可靠型通信，要求 5G 必须具备高速率、低时延和高可用性的特点，必须通过 5G NR，配合切片技术来实现。uRLLC 可以覆盖 LPWAN 无法覆盖的对高速率、低时延有要求的场景，包括无人驾驶、远程制造、远程培训、远程手术等。

从 WLAN、LPWAN 发展到现如今的 5G，随着物联网场景需求的不断发展，通信技术也在不断改变，以求适应新的需求。

（三）云计算

既然有了传感器收集信息，那么肯定要有接收信息的另一端，将这些信息进行处理并展示。

对于一些场景来讲，如果一台服务器的运算能力无法满足数据运算需求，那么就需要多个服务器来协助运算。在物联网场景下，一台服务器的运算能力显然是不够的，需要一个具有多台服务器的数据处理中心，这就是我们熟知的云计算平台。

任务2 物联网如何运作

一、物联网如何运作

物联网设备犹如我们的眼睛和耳朵，可以触达我们身不可至的地方。一旦将设备装上传感器，这些设备就能够捕获我们可能看到、听到或感知到的数据。然后，设备按指示共享这些数据，我们再对数据进行分析，获取所需洞察结果，自动触发后续的行动或决策。这个过程包含四个关键步骤：

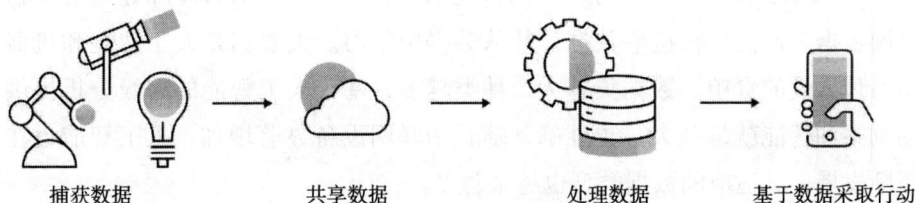

| 捕获数据 | 共享数据 | 处理数据 | 基于数据采取行动 |

图5-5 物联网运作方式

1. 捕获数据。物联网设备通过传感器捕获环境中的数据，可以是简单的温度数据，也可以是复杂的实时视频流。

2. 共享数据。物联网设备利用可用的网络连接，按照指示将数据发布到公有云或私有云环境中。

3. 处理数据。在数据处理阶段，软件按照程序设计，基于以上数据执行操作，比如打开风扇或发送警告。

4. 基于数据采取行动。分析所有物联网设备采集的数据，获取深入的洞察结果，助力企业自信地制定业务决策和采取行动。

二、物联网发展中应该先发展哪种技术

1. 连接性：物联网数据激增，只有足够强大的互联网和云连接才能满足数据收发需求。目前，许多物联网设备都依赖本地无线网络，来传输大规模的复杂数据。然而，5G和其他蜂窝网络正在不断完善。美国麦肯锡公司（Mckinsey & Company）最近发表了一篇文章，介绍这些网络技术可能产生的

影响，及其如何让物联网设备告别本地无线网络。

2. 传感器技术：随着人们对物联网传感器创新的需求稳步增长，传感器市场从只有少数供应商参与的高价利基市场发展成为高度全球化且价格极具竞争力的传感器制造行业。自 2004 年以来，物联网传感器的平均价格下降了 70% 以上，与此同时，这些产品的功能和多样性正在不断提高。

3. 计算能力：物联网设备目前每年生成约 40 ZB 数据，而这一数字预计将在未来 5 年内增加近 1 倍，之后更是将呈指数级增长。为了充分利用所有这些数据，现代企业需要不断提高内存计算和数据处理能力。这个领域的发展速度非常快，且竞争激烈，同时也让物联网技术的相关性和适用性不断提高。

4. 人工智能和机器学习：这两种技术让企业不仅能够管理和处理大量物联网数据，还能分析这些数据，并从数据中学习。大数据是人工智能和机器学习最喜爱的食粮。数据集越大，种类越多，基于人工智能的高级分析提供的洞察和智能就越强大、越准确。随着物联网设备显著增加，人工智能也在不断发展，其适应的数据类型也越来越多。

5. 云计算：连接性是物联网发展不可或缺的技术，同样，云计算的兴起也与其发展密切相关。由于能够按需提供处理能力和大容量存储，物联网云服务为物联网设备采集和传输日益庞大且复杂的数据集铺平了道路。私有云解决方案还能帮助企业管理更大规模、更多类型的物联网数据，同时维护封闭系统的安全性。

6. 边缘计算：物联网中的设备通常广泛分布在各个地区，但它们都能将数据传输到统一的中央系统。随着物联网数据量日益增长，它们开始垄断公司的带宽和云存储空间。此外，数据的捕获、传输、处理以及在最终目的地的接收都需要时间。这种滞后（常被称为"延迟"）会进一步拉低效率，尤其是对数据处理时间高度敏感的企业来说，更是如此。边缘计算解决方案可以让系统更加接近数据源，分散系统的处理能力。这些解决方案将集成本地化的计算系统，并把处理能力融入物联网设备中。处理后的数据将即时在原地触发行动，之后再以更加结构化和更有条理的格式定期发送到中央系统，进行高级分析和处理。

三、物联网应用实例

1. 智慧家居：很多人都已经非常熟悉自己家中的物联网网络。利用通过

Z-Wave 或 Zigbee 等协议进行通信的智能开关、传感器和设备，家居自动化系统可以监控和控制照明、室温、安全系统以及电器设备等，甚至可以远程操控。如果出门前忘记关灯或关闭烤箱，你可以在手机上通过物联网设备进行关闭。

2. 智慧电网：智慧电网结合人工智能和高级分析技术，利用物联网解决方案集成技术，帮助消费者更好地了解用电情况并合理用电，甚至通过太阳能板等方式自己发电。覆盖整个电网的物联网传感器可以提前发现潜在风险，并根据需要重新分配供电，从而防止或尽可能减少停电等问题。这些传感器还可以检测机械问题，并根据需要提醒技术人员进行维修，这一切都有助于能源消费者深化洞察，提高控制力。

3. 智慧城市："智慧城市指数（SCI）"调查报告中对智慧城市的定义是"一种能利用技术来增强城市化带来的益处并消除其弊端的城市环境"。物联网能够帮助人们解决人口增加、交通拥堵和基础设施老化等诸多问题。城市规划人员可以利用传感器、仪表等物联网设备监控和收集数据，主动解决问题，防患于未然。例如，雨水排放管道中安放的传感器可以检测水位，并自动采取措施，防止水位过高导致洪水泛滥。

4. 互联汽车：如今，几乎所有新车都搭载了物联网和智能功能，预计未来 5 年及更长时间内，5G 汽车的普及率将持续上升。依托物联网技术的高级驾驶员辅助系统（ADAS）能帮助驾驶员避免碰撞、规划路线、停入狭窄车位等。随着汽车物联网的发展，汽车与信号灯等外部设备、行人、新闻和天气信息源、流媒体娱乐提供商的连接将越来越紧密。

5. 零售业物联网：越来越多面向客户的物联网解决方案开始应用于提升实体店购物体验。借助动态感应式智能摄像头、智能货架、信标和 RFID（射频识别）技术，顾客能够通过移动应用找到商品，零售商则能轻松共享库存信息，甚至当客户在店内浏览产品时就为其发送基于情境的促销信息。随着线上线下购物体验的界限日渐模糊，物联网解决方案能够帮助零售商跟踪配送和运输车辆，支持客户制定更完善的购物计划，从而提升客户体验。

6. 远程医疗：物联网驱动的消费型医疗设备（如智能手表和药物分配装置）日益普及，这些设备可以帮助医生远程监控患者情况。不过，远程医疗领域最引人注目的进步还要归功于智能手术工具。对于偏远或欠发达地区的患者来说，这些工具尤为重要。利用这些工具，远程医生可以与世界上最优秀的外科医生建立联系，进行远程会诊，在他们的指导下完成手术，甚至在手术的关键阶段远程监控被麻醉的患者。

7. 交通管理：基于传感器、摄像头及其他设备组成的网络，物联网技术可以有效缓解交通拥堵，并帮助提供可行的路线调整方案。例如，实时数据流可以用于调整信号定时，在动态条件下确保车辆顺畅通行；光传感器可以检测并调整照明亮度，确保最佳能见度；道路传感器则可以发现事故并自动报告问题。

拓展 学习

人脸识别在 App 应用中的隐私安全问题[1]

"刷脸解锁手机""刷脸购物""刷脸验证身份办理银行卡"……我们与生俱来的"脸"除了与颜值形象挂钩以外，也在逐渐演变成识别我们身份的唯一标识，逐渐深入我们的日常生活，为我们提供了极大的便利。

但当人脸识别遇上现实时，隐私问题依旧是不可跨越的现实问题。所以，当人脸识别应用到更多场景中时，我们的隐私还安全吗？

近日，中国信息通信研究院安全研究所与北京百度网讯科技有限公司联合发布了《人脸识别技术在 App 应用中的隐私安全研究报告》（以下简称《报告》）。

一、人脸识别技术概述

人脸识别是基于人的脸部特征信息进行身份识别的一种生物识别技术。具体而言，就是计算机通过视频采集设备获取识别对象的面部图像，再利用核心算法对其脸部的五官位置、脸型和角度等特征信息进行计算分析，进而和自身数据库里已有的范本进行对比，最后判断出用户的真实身份。

1. 人脸识别技术。从采集人脸到辨识人脸的整个过程中来看，人脸识别

---

[1] 安全研究所与北京百度网讯科技有限公司联合发布的《人脸识别在 App 应用中的隐私安全问题》。

技术一般包括：人脸图像采集及检测、人脸特征提取、人脸规整和人脸识别对比等。

（1）人脸图像采集及检测。不同的人脸图像都能通过摄像头采集下来，比如静态图像、动态图像、不同的位置、不同的表情等都可以得到很好的采集。当用户在采集设备的拍摄范围内时，采集设备会自动搜索并拍摄用户的人脸图像。人脸检测在实际应用中主要用于人脸识别的预处理，即在图像中准确标定出人脸的位置和大小。

（2）人脸特征提取。人脸识别系统可使用的特征通常分为视觉特征、像素统计特征、人脸图像变化系数特征、人脸图像代数特征等。人脸特征提取就是针对人脸的某些特征进行的。人脸特征提取，也称人脸表征，它是对人脸进行特征建模的过程。人脸特征提取的方法归纳起来分为两大类：一类是基于知识的表征方法，另一类是基于代数特征或统计学习的表征方法。

（3）人脸规整。对于人脸图像的预处理是基于人脸检测结果对图像进行处理并最终服务于特征提取的过程。系统获取的原始图像由于受到各种条件的限制和随机干扰往往不能直接使用，必须在图像处理的早期阶段对它进行灰度校正、噪声过滤等图像预处理。对于人脸图像而言，其预处理过程主要包括人脸图像的光线补偿、灰度变换、直方图均衡化、归一化、几何校正、滤波及锐化等。

（4）人脸识别比对。将提取的人脸图像特征数据与数据库中存储的特征模板进行搜索匹配，设定一个阈值，当相似度超过这一阈值时，则把匹配得到的结果输出。人脸识别就是将待识别的人脸特征与已得到的人脸特征模板进行比较，根据相似程度对人脸的身份信息进行判断。可分为1:1、1:N、属性识别。其中，1:1是将2张人脸对应的特征值向量进行对比，1:N是将1张人脸照片的特征值向量和另外N张人脸对应的特征值向量进行对比，输出相似度最高或者相似度排名前X的人脸。

2. 身份验证中的人脸识别技术应用。人脸识别在App中的身份验证过程如下：用户拍摄自己的身份证信息并上传App，App通过公民身份信息查询获取用户信息及身份证系统证件照片，建立用户档案并关联用户人脸，当App扫描用户人像时，经活体检测、人脸质量检测、人脸图像等处理后与先前获取的用户人像照片进行人脸对比，完成身份验证。

3. 特点。

（1）自然性。自然性是指该识别方式同人类进行个体识别时所利用的生物特征相同。例如，在人脸识别中，人类也是通过观察比较人脸区分和确认身份的。另外，具有自然性的识别还有语音识别、体形识别等。而指纹识别、虹膜识别等不具有自然性。

（2）非接触性。人脸识别完全利用可见光获取人脸图像信息，不同于指纹识别需要利用手指接触传感器采集指纹，用户不需使人脸与设备直接进行接触。该技术可以同时满足多人连续进行人脸图像信息的识别和分拣，可应用于医院测温、小区门禁等一些应用场景下。

4. 难点。

（1）相似性。不同个体之间的区别不大，所有的人脸结构都相似，甚至人脸器官的结构外形都很相似。这样的特点对于利用人脸进行定位是有利的，但是对于利用人脸区分人类个体是不利的。例如，双胞胎在全世界的平均出生率为1∶89，有些双胞胎面部存在差异，有些双胞胎甚至从面部特征来看相似度极高，对于人脸识别系统来说是一大挑战。

（2）易变性。人脸的面部特征具有不稳定性，人可以通过脸部的变化产生很多表情，而在不同的观察角度，人脸的视觉图像也相差很大。另外，人脸识别还受光照条件、人脸遮盖物（口罩、墨镜、胡须、头发）、年龄等多方面的影响。

（3）易攻击性。随着数字拍照、视频合成技术等发展，获得某个特定人的人脸信息或者合成人脸信息越来越容易。随着对抗训练的深度学习技术的发展，计算机可以合成高精度的任何人的人脸信息。

二、人脸识别技术主要应用场景

1. 金融类 App 中的应用场景。金融类 App 接入人脸识别功能主要是为了保障用户在使用过程中的资金交易安全性。以支付宝为例，用户在利用"借呗"借钱时，除了输入密码之外，一般还需要进行人脸检测来确认此时的 App 操作者是本人，通过人脸识别可以有效防止支付宝账号被盗造成用户财产损失的情况出现。除此之外，金融类 App 还可以通过人脸识别技术提供远程开户、绑卡核身、账户登录、分期购物、人脸考勤、人脸支付等服务。

在人脸识别落地金融行业的过程中，各大银行也纷纷尝试将人脸识别引入刷脸支付、即时开卡等金融场景中，但从技术角度来看，技术不是万能的。虽然现在人脸识别技术已经非常成熟，但是光线条件、天气、用户整容等仍然会影响人脸识别结果。

2. 在线教育类 App 中的应用场景。在线教育类 App 接入人脸识别功能的用途之一是查验学员身份，避免一个账号多个人使用的情况。通过人脸识别可以很大程度减少账号共用的问题，通过一定频率的触发人脸识别机制，校验当前使用网校账号的面孔是否为同一人。

除此之外，人脸识别的另一大用途是帮助老师了解学生学习状态，在线课堂与线下课堂不同，老师无法通过观察学生的表情来识别学生对于课程的接收程度。通过面部表情识别，可以让教师更加理解学生的需求。

3. 电信类 App 的应用场景。电信类 App 接入人脸识别功能的主要目的是实现 SIM 卡激活过程中的实人认证。以"中国移动 App"为例，用户在中国移动 App 上购买 SIM 卡之后，需要在 App 的"卡号激活"业务功能中完成实人认证，在激活的过程中上传身份证信息后进行人像视频认证，视频认证过程中需要用户录制一段 6 秒的视频，录制的内容为朗读屏幕上随机产生的 4 位验证码。视频审核通过后 SIM 卡才可激活成功。

4. 出行类 App 的应用场景。出行类 App 接入人脸识别功能能够最大限度地保障司机的安全、乘客的安全以及载运货物的安全。

以"滴滴出行"这一款人脸识别 App 为例，司机在 App 中填写完各种基础资料之后，还需要完成人脸图像的认证这最后一步操作后才能进行接单。它一方面可以保障司机的身份信息和财产安全，防止出现盗号的情况；另一方面也可以保障乘客的人身安全，防止遇到不良司机。

2018 年 9 月 11 日，交通运输部、中央网信办、公安部等多部门组成的专项工作检查组陆续进驻网约车和顺风车平台公司，开展安全专项检查，并且规定相关 App 在派单前应用人脸识别等技术，对车辆和驾驶员一致性进行审查。同时，人脸识别技术应用到出行类 App 中可以有效保障司机、乘客的财产和人身安全。

5. 美图娱乐类 App 的应用场景。美图娱乐类 App 接入人脸识别功能除了保障账号安全性之外，还可以利用人脸识别功能实现各种极具创意的互动营销活动。

6. 电商类 App 的应用场景。电商类 App 接入人脸识别功能的主要用途之一是保障用户账号的安全。通常做法是在登录账号时进行人脸识别实现实人认证，防止不法分子通过破解密码登录用户账号。

电商类 App 为了提升用户服务体验，还利用人脸识别功能提供在线换装、试戴等服务。除此之外，电商类 App 的人脸识别应用场景还包括后台图像数据管理，即对违禁图片和广告图片、直播、短视频的管理等。

三、人脸识别 App 面临的安全风险

1. 网络和数据安全保障机制欠缺易造成人脸数据泄漏。当前关于人脸识别技术的安全技术标准和使用规范不够完善，对人脸数据控制者的责任和义务，人脸数据主体的权利以及人脸数据在收集、存储、处理等各环节应采取的安全措施缺少相关规定。

因此，人脸识别技术的大部分开发企业和应用服务提供商已采取的安全措施可能难以应对人脸识别技术面临的安全威胁，容易发生人脸数据泄露等安全事件。

除此之外，网络安全生态环境持续恶化，系统的安全漏洞几乎不可避免，人脸数据库泄漏事件屡见不鲜。更为可怕的是，由于生物识别信息是唯一的、不可再生的，因此，一旦丢失或者泄露，则是永久丢失或者泄露，将贻害无穷。

2. 人脸识别技术应用不规范为人脸数据滥用提供可能。随着人脸识别技术越来越普遍地被应用到人们的生活中，人脸特征也逐渐成为人们的身份证件之一，但是人脸识别技术的应用存在一些不规范的问题。首先，大部分 App 在采集人脸数据时并未依据规范单独明确告知并征得用户同意，甚至未在隐私政策中说明使用人脸识别技术的目的、范围和方式，使得人脸数据被动收集、使用成为常态。其次，部分社交娱乐类 App、在线教育类 App 未按照相关法律法规要求收集、使用人脸数据，导致人脸识别技术滥用事件时有

发生。

3. 人脸的深度伪造技术严重威胁用户财产甚至人身安全。由于人脸识别技术具有非接触性、成本低、检测快、自动学习等特点，人脸识别已经成为身份识别中的重要手段。但是，与人脸识别技术共同发展的还有借助机器学习系统、图像视频更改人脸的深度伪造技术。自 2017 年以来，深度伪造技术开始活跃在网络中。随着这一技术算法的日趋成熟，无论是人像还是声音、视频都可以被伪造或合成，并可达到几乎不能辨别真伪的程度，身份欺骗成功率高达 99.5%，甚至成为许多人脸识别系统的克星。

鉴于此，借助深度伪造技术破解人脸识别等验证系统，非法盗刷他人支付账户、获取他人个人信息或从事其他冒名的违法活动已成为可能，严重威胁到公民财产安全和人身安全，甚至会使国家安全和公共安全受到威胁，引发社会忧虑和信任危机。

四、人脸识别 App 的个人信息保护相关建议

1. 加快人脸识别相关法律法规立法进程。目前，我国对于公民生物信息等个人信息保护的相关法律法规散见于《民法典》《网络安全法》《中华人民共和国消费者权益保护法》以及最高人民法院、最高人民检察院、国务院颁布的相关司法解释和规定中，内容上也都仅是对个人信息收集、使用、存储、传输等进行了一些原则性规定。因此，我国须尽快完善包括人脸识别在内的个人生物信息使用的法律法规，明确法律要保护的公民个人生物信息的范围、公民个人生物信息保护的义务主体，强化责任追究，保障个人生物信息的安全、规范使用，加大对侵害公民个人隐私行为，特别是对个人生物信息泄露、滥用的处罚力度。

2. 加快构建人脸识别技术应用监管体系。建立人脸识别技术应用必要性评估制度。企业或组织在采用人脸识别技术前，需要根据技术实现方式、业务场景、数据收集使用情况，开展技术应用必要性评估；同时，相关监管部门可以预先建立人脸识别技术应用"负面清单"或"白名单"，以"清单 + 评估"的监管方式强化事前监管。

此外，健全完善人脸识别技术应用事中评估和事后问责制度。一方面，督促使用人脸识别技术的企业或组织依据相关安全规范，配套人脸识别技术

安全防控措施，定期开展安全评估；另一方面，对发生人脸数据泄露等安全事件的涉事企业或组织严肃问责，并在 3 到 5 年内不定期对涉事企业进行回访持续监督。

3. 加快推进人脸识别技术的安全系列标准研制。人脸识别技术逐渐走向成熟，应用人脸识别技术的 App 越来越多，人脸识别技术的各类安全标准，包括保护个人生物信息的相关标准应尽快出台。建议围绕人脸识别技术的自身安全性、在 App 应用中的个人生物识别信息保护等方面的问题，加快研制人脸识别技术的安全技术要求和管理要求、个人生物信息保护要求、安全应用规范等一系列标准，指导行业依据标准规范人脸识别技术在 App 中的使用行为，提升人脸识别技术的自身安全保护水平，降低 App 应用人脸识别技术的安全风险，从而保障用户个人生物信息的安全性。

4. 鼓励行业协会或社会组织开展行业自律。当今，以人脸识别技术为代表的人工智能技术发展日新月异，但是由于人脸识别技术较为复杂，存在保障人脸数据安全难的问题。因此，建立人脸识别技术企业联盟类组织，鼓励相关行业协会或社会组织主动发挥行业自律平台作用，推动各利益相关方共同制定收集使用人脸数据的行为准则，推广宣传相关最佳实践，带动提升个人生物信息保护整体水平，有利于人脸识别行业良性发展。

除此之外，App 运营者应自觉规范人脸识别技术在 App 中的应用，定期进行自评估或第三方评估。在采集人脸数据前须告知用途和可能风险，以保障用户知情权与选择权。同时，当用户不想再继续授权使用其人脸数据时，App 运营者必须提供"退出"或"删除"渠道，以确保用户的删除权。

我们可以换手机，也可以在身份证、驾照上作假，但以目前的医疗技术，我们还没法"换脸"。人脸识别技术有广阔的前景，也潜藏着安全隐患。这项技术会是一场全新人机交互革命的开端，还是一场个人隐私的沦陷？我们拭目以待。

思考与练习

1. 物联网的组成有哪些？

2. 物联网是如何运作的？

项目二　定位技术及装备

学习目标

　知识目标：熟悉常见的定位设备及其功能作用。

　能力目标：具备使用定位设备的技术技能。

　素质目标：具备认真负责、精益求精的工匠精神和以人为本的职业态度。

知识树

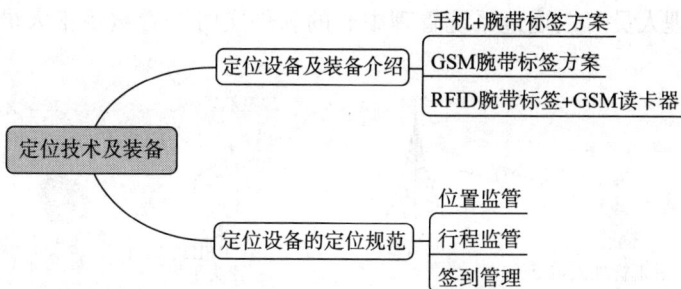

任务1　定位设备及装备介绍

一、手机+腕带标签方案

1. 被矫正人员的手机加装 RFID 读头。手机作为人们必不可少的通信工具经常被随身携带，即便不在身上，也离身体不远。因此，可以作为优质的信息传输载体，应用于被矫正人员的管理。创羿科技运用自己的先进技术将 RFID 读写器加装到手机上，将 RFID 读头和手机结合起来，RFID 读头读取的数据通过手机的电信网络传给远端的系统管理中心。

2. 被矫正人员佩戴防拆卸腕带式电子标签。被矫正人员将防拆卸腕带式电子标签佩戴在自己的手腕上，此腕带电子标签为有源电子标签，无时无刻不在向外发送信号，信号被人员佩戴的手机读头读取并发送到远端的系统管理中心。腕带式电子标签采用特殊材质，设计简洁，整个腕带没有金属制品，更好地贴合人员皮肤。人员拆卸时系统会发出警报信号。该产品具有超低功耗，电池可拆卸可充电，使用寿命长，平均成本低，免维护，并且对人体安全、健康，无电磁辐射污染，使用更安全等突出特点。

3. 手机 RFID 读头实时读取腕带电子标签数据。手机加装的 RFID 读头作为电子标签的读写设备，实时读取电子标签的信息。当读头读取到腕带电子标签的信息时，会将信息上传，系统中心会得知被矫正人员状态正常，并可通过手机 GPS 获知人员的位置；当读头读取不到电子标签的信号时，将会发出异常报警信号：标签或手机有可能远离被矫正人员。RFID 读头性能稳定，工作可靠，信号传输能力强，防水、防雷、防冲击，能够满足工业环境要求。

4. 手机 RFID 读头将读取的信息通过手机电信网络上传给系统管理中心。

5. 管理人员可以通过系统管理中心的软件实时查看被矫正人员的位置等信息。

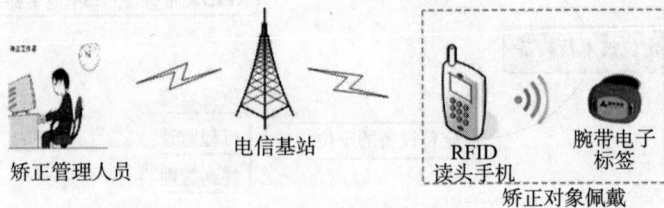

矫正管理人员　　　电信基站　　　RFID读头手机　腕带电子标签

矫正对象佩戴

图 5 - 6　腕带标签定位

二、GSM 腕带标签方案

1. 被矫正人员佩戴创羿 GSM 防拆卸腕带式电子标签。标签采用特殊材质，设计简洁，整个腕带没有金属制品，更好地贴合人员皮肤。

2. 腕带标签内置 GSM 模块，可以将标签信息和位置信息上传给系统管理中心。腕带内置 GPS，可以实时获取人员的位置信息，内置的 GSM 模块可以将人员的位置信息和状态信息通过电信网络实时上传给系统管理中心。

3. 当标签被非法拆下时，会触发报警信号。腕带标签采用导电硅胶原理，人员非法拆卸时系统会发出警报信号，并通过 GSM 模块上传给系统管理中心，提醒管理人员采取措施。管理人员可以通过系统管理中心的软件实时查看被矫正人员的位置、报警等信息。

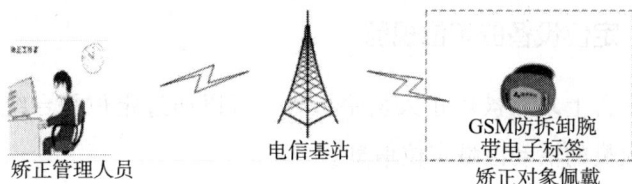

图 5 - 7　GSM 电子标签定位

三、RFID 腕带标签 + GSM 读卡器

1. 在被矫正人员住所安装内置 GSM 模块的创羿 RFID 读卡器。内置新导 GSM 模块的 RFID 读卡器可对室内人员进行更精确的定位。其定位精度可到 1.5 米 ~ 3 米，能够同时稳定读取 200 张以上的有源电子标签，识别准确率达 99.999%；在极短的时间内可以确保全部识别不漏读。利用衰减值可推测被标识物离某一读写器的距离。

2. 被矫正人员佩戴 RFID 腕带标签。标签采用特殊材质，设计简洁，整个腕带没有金属制品，更好地贴合人员皮肤。

3. 读卡器实时读取腕带标签信息，并通过 GSM 模块上传到系统管理中心。读卡器内置有 GSM 模块，可以将读取到的标签信息通过移动电信网络实时上传给系统管理中心。

4. 离开/拆卸报警。当佩戴标签的被矫正人员离开自己的住所，读卡器读取不到标签的信号时，将会触发报警信号，并且当被矫正人员非法取下腕带电子标签时，也会触发报警信号。

5. 管理人员可以通过系统管理中心的软件实时查看被矫正人员的位置、报警等信息。

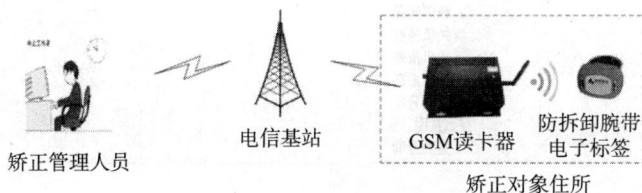

图 5 - 8　RFID 腕带标签定位

任务2 定位设备的定位规范

在系统平台上录入被矫正人员手机号，可以通过定位平台统计手机开关机状态以及人员的活动区域定位信息。

一、位置监管

位置监管主要由位置查询、分布查询、轨迹回放三个模块组成，主要对被矫正人员的位置信息进行查询。

1. 位置查询。位置查询是指查询被矫正人员具体位置信息。登录系统后，点击【定位管理】，在右边菜单中选择"位置监管""位置查询"，在左侧菜单选择对应司法所中的被矫正人员名单，点击【立即定位】，定位完成后左侧对应被矫正人员名单后面显示"定位成功"或者"定位失败"。一般定位失败的原因有手机关机、不在服务区等情况。

之后点击【定位详情】，可以查看选择人员定位情况详细信息，如表5-1。

2. 分布查询。分布查询与位置查询类似，显示被矫正人员具体位置信息。

3. 轨迹回放。轨迹回放可以对某些被矫正人员的活动轨迹进行回放，前提条件是需要对查看轨迹人员进行定位，有多个定位点后，会显示矫正人员的活动轨迹。

图5-9 社区矫正管理信息系统位置查询

表 5-1　人员定位信息表

行号	个人联系电话	姓名	所属司法所	定位时间	定位位置	成功与否
1	152 ××××××××	赵××	××司法所	2021 年 7 月 19 日 10∶45∶25	河北省××市××区××街道	是

二、行程监管

1. 脱区预警。当被矫正人员超出社区矫正所在地域范围时，系统会提示预警信息。

选择"行程监管"，点击【脱区预警】，选择"时间范围"，之后点击【确定】，显示脱区预警信息，如表 5-2：

表 5-2　脱区预警信息表

行号	矫正人员	手机号	所属机构	预警次数
1	赵××	158 ××××××	××司法所	3

点击【预警次数】，可以显示具体什么时间脱离矫正区域，如表 5-3：

表 5-3　预警时间表

出区时间	入区时间	时长	操作
2021.07.16 11∶25		50	

2. 关机预警。显示被矫正人员，手机开关机状态信息。

点击【行程监管】，【关机预警】，选定时间范围，点击【确定】。显示指定时间范围内所有手机关机人员信息，如表 5-4 所示：

表 5-4　关机人员信息表

行号	矫正人员	手机号	所属机构	预警次数
1	赵××	158 ××	××司法所	3

点击【预警次数】可以查看详细信息，如表 5-5 所示：

表 5-5　详细预警信息表

行号	矫正人员	手机号码	预警时间	预警信息	是否查看	查看时间
1	赵××	158 ××××××	2021 年 7 月 19 日 8：45：32	手机关机	否	

3. 关机报表。统计关机时间，在表格上方可以选择"开始日期""结束日期"和"被矫正人员"，如图 5-10 所示，具体表格如表 5-6：

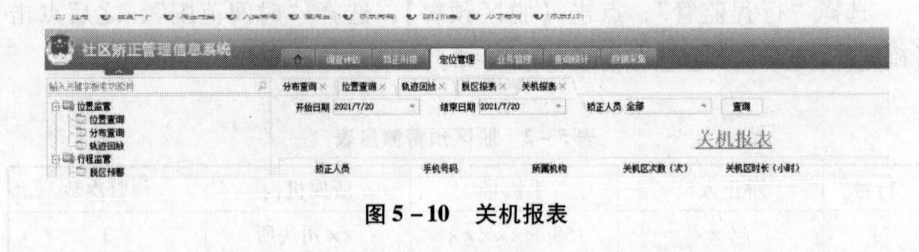

图 5-10　关机报表

表 5-6　关机报表

矫正人员	手机号码	所属机构	关机次数	关机时长（小时）
赵××	158××	××司法所	3	45

点击【详细信息】，可以看到被矫正人员关机记录表，如图 5-11 所示：

图 5-11　矫正人员关机记录

4. 脱区报表。和关机报表类似，可以查看被矫正人员脱离矫正区域的时间及次数，如图 5-12 所示：

图 5 – 12　脱区报表

5. 人员分布。输入被矫正人员姓名或者手机号，查询被矫正人员的详细位置信息与手机开关机等情况，如图 5 – 13 所示：

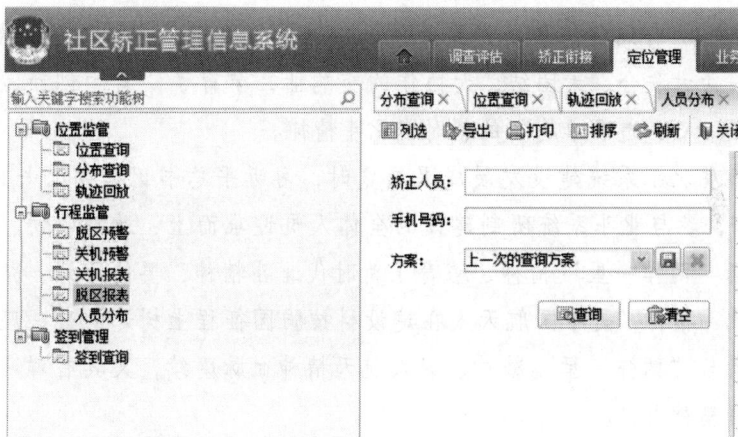

图 5 – 13　人员分布

三、签到管理

查询被矫正人员一定时期内签到情况。

拓展 学习

新时代北斗精神：为时空定位、为梦想导航

2020 年 6 月 23 日 9 时 43 分，西昌卫星发射中心，长征三号乙运载火箭成功发射北斗三号最后一颗全球组网卫星，约 30 分钟后卫星顺利进入预定轨道，从而在太空搭建起由 3 颗地球静止轨道卫星、3 颗倾斜地球同步轨道卫星和 24 颗中圆轨道卫星组成的北斗三号全球卫星导航系统星座。至此，北斗三号全球卫星导航系统星座部署比原计划提前半年全面完成。

2020年7月31日，北斗三号全球卫星导航系统建成暨开通仪式在北京举行。习近平总书记出席仪式，宣布北斗三号全球卫星导航系统正式开通。这标志着我国建成独立自主、开放兼容的全球卫星导航系统，成为世界上第三个独立拥有全球卫星导航系统的国家。

从1994年立项到2000年完成北斗一号系统建设，从2012年完成北斗二号系统建设，再到2020年北斗三号全球卫星导航系统全面建成并开通服务，26年间，中国北斗人始终秉承航天报国、科技强国的使命情怀，探索出一条从无到有、从有到优、从有源到无源、从区域到全球的中国特色发展道路，奏响了一曲大联合、大团结、大协作的交响曲，孕育了"自主创新、开放融合、万众一心、追求卓越"的新时代北斗精神。

在参观北斗系统建设发展成果展览时，习近平总书记语重心长地指出："26年来，参与北斗系统研制建设的全体人员迎难而上、敢打硬仗、接续奋斗，发扬'两弹一星'精神，培育了新时代北斗精神，要传承好、弘扬好。"新时代北斗精神，是中国航天人在建设科技强国征程上树起的又一座精神丰碑，是既与"两弹一星"精神、载人航天精神血脉赓续，又具有鲜明时代特质的宝贵精神财富。

"永远不能把登山的保险绳交到别人手里。"从北斗一号系统开始，自力更生、自主创新就是中国北斗的核心价值。原子钟高精度的时间基准技术直接决定着系统导航的定位精度。北斗人给自己定下了一个目标：原子钟的误差只允许3乘10的负13次方，也就是约100万年才差1秒。上百名科研人员孜孜以求，仅用两年时间就实现了这一目标。不仅如此，现在用在北斗系统上的原子钟，已提升到每300万年才会出现1秒误差的精度，完全满足了我国的定位精度要求和卫星的使用寿命。抱着核心关键技术必须要突破，不能受制于人的信念，广大科技人员自力更生，攻克160余项关键核心技术，实现核心器部件百分之百国产化，首创全星座星间链路支持自主运行，创造出两年半时间高密度发射18箭30星的世界导航卫星组网奇迹，展现出矢志自主创新的志气骨气。

北斗系统已成为我国迄今为止规模最大、覆盖范围最广、服务性能最高、与人民生活关联最紧密的巨型复杂航天系统。北斗系统工程技术卓越、运行服务卓越、工程实施管理卓越，体现了北斗人对"一流的北斗"的不懈追求。有问题就绝不忽视，1 纳秒再短也不放过，北斗团队的精益求精、严慎细实，为北斗三号任务的全面成功加了一道"保险杠"。全球范围定位精度优于 10 米、测速精度优于 0.2 米/秒、授时精度优于 20 纳秒，不断提升的精度，映照着北斗人追求卓越的不懈努力。

2022 年 11 月 4 日上午，《新时代的中国北斗》白皮书发布会在国务院新闻办公室新闻发布厅召开。白皮书全面回顾了中国北斗的发展历程，全面展示了北斗系统进入新时代以来，形成了服务新能力，实现了产业新发展，构建了开放新格局，开启了未来新征程。

第一，新时代的中国北斗是世界一流的北斗。中国始终坚持立足国情、自主创新建设北斗系统。核心技术自主研发、系统组成创新引领、系统服务优质多样。北斗三号开通以来，系统运行连续稳定可靠，服务性能世界一流。

北斗三号在轨 30 颗卫星运行状态良好，星上 300 余类、数百万个器部件全部国产，性能优异。实测表明，全球定位精度优于 5 米，亚太地区性能更好，服务性能全面优于设计指标。

独具特色的国际搜救、全球短报文通信、区域短报文通信、星基增强、地基增强、精密单点定位等六大特色服务，性能优越，真正实现了"人有我优，人无我有"。

系统实现智能运维、在轨卫星软件重构升级，实时全球监测评估，及时发布系统动态。系统开通以来分秒不断，连续稳定运行，性能稳步提升。中国北斗走出了一条高质量、高效益、低成本、可持续的建设发展道路。

第二，新时代的中国北斗进入规模应用发展快车道。北斗应用产业实现可持续发展。制定产业发展战略，将产业发展纳入国家"十四五"规划。北斗深度融入基础设施、赋能各行各业、走进千家万户，产生了显著的经济社会效益。2021 年，中国卫星导航与位置服务产业总体产值达到约 4700 亿元人民币，年均复合增长率超过 20%。

产业链供应链安全稳健，基础持续夯实。形成芯片、模块、天线、板卡等完整型谱，软件、算法等完全自主研制，构建国家检测认证体系。国产芯片出货量超亿级规模，国外同类芯片支持北斗系统，形成良性发展态势。

行业领域全面覆盖，应用深度持续增强。截至今年 6 月，北斗终端数量在交通运输营运车辆超过 800 万台，农林牧渔业达到 130 余万台，公安达到 180 余万台。通信授时、气象监测、应急减灾、城市管理等领域正在加速推进北斗规模化应用。

大众应用融入百姓生活，特色服务触手可及。北斗正在成为智能手机、可穿戴设备等大众消费产品的标准配置。2022 年上半年，在中国境内申请入网的智能手机中，128 款支持北斗定位，出货量超 1.3 亿部，占上半年总出货量的 98% 以上。手机地图导航中，北斗定位服务日均使用量突破千亿次。特别是，北斗高精度定位服务已进入大众手机，在深圳、重庆、天津等 8 个城市开通车道级导航应用。全球首款支持北斗三号区域短报文通信服务的手机已正式发布，用户不换卡不换号不增加外设，就能通过北斗卫星发送短信。

第三，新时代的中国北斗助力人类命运共同体建设。中国始终坚持开放融合理念，推进北斗国际化进程。倡导卫星导航系统间兼容与互操作，推进北斗系统进入国际标准体系，拓展北斗国际应用，服务全球，造福人类。

与 GPS、格洛纳斯系统等签署信号兼容与互操作声明，与伽利略系统开展合作会谈。在联合国框架下，推动实现多系统兼容共用，真正实现北斗好用，多个系统共用，共同为全球用户提供更加优质多样、安全可靠的服务。

拓展深化双边合作。与亚非拉地区多个区域组织和国家建立合作机制，自 2016 年以来签署卫星导航合作协定、谅解备忘录、合作路线图等 50 余份成果文件。

巩固加强多边合作。创设中国—东盟、中国—阿拉伯国家、中国—非洲等北斗合作论坛，实施卫星导航合作行动计划。每年举办中国卫星导航年会、中国卫星导航与位置服务年会，创办北斗规模应用国际峰会，近 20 国百余名留学生在华获得专业硕士和博士学位，50 余国逾千人参加卫星导航的专题培训。

持续推动北斗系统进入民航、海事、移动通信、搜救等领域国际标准。北斗产品已在全球半数以上国家和地区得到应用，出口产品种类更加丰富，应用领域不断拓展。

此外，本版白皮书还首次规划了 2035 年前北斗发展蓝图。中国将建设技术更先进、功能更强大、服务更优质的新一代北斗系统，建成更加泛在、更加融合、更加智能的国家综合定位导航授时体系，为实现中国式现代化奠定更加坚实的时空设施基础。

探索浩瀚宇宙，是中华民族的千年梦想。从夜观"北斗"到建用"北斗"，从仰望星空到经纬时空，新时代的北斗将继续书写人类时空文明，为实现中华民族伟大复兴，为构建人类命运共同体、建设更加美好的世界作出新的更大贡献。

思考与练习

1. 社区矫正人员定位的重要意义？
2. 常见的社矫人员定位设备有哪些？

社区矫正信息系统的应用

项目一 河北省司法行政系统综合信息平台

学习目标

知识目标：了解并熟悉河北省司法行政系统综合信息平台——社区矫正系统的配置与使用。

能力目标：具备解决实际操作中出现的各类问题的能力。

素质目标：具有信息技术的专业素养和履职尽责的职业道德。

知识树

```
分析研判                              综合服务
                                    调查评估
系统管理        河北省社区            执法管理
              矫正管理系统
工作警示                            监督管理
工作提醒                            教育矫正
```

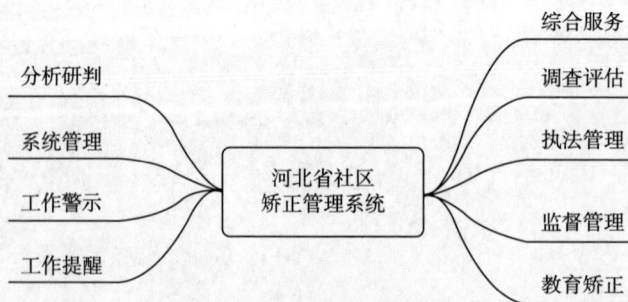

河北省社区矫正管理系统，由综合服务、调查评估、执法管理、监督管

理等 12 个模块组成，下面将对系统使用前的配置以及各个模块进行详细讲解。

任务 1　客户端的配置

本系统采用 B/S 结构，每一个安装谷歌 Chrome 浏览器的客户端（也可以是其他浏览器，建议使用 Chrome 浏览器），可以使用本系统的功能，谷歌浏览器只需设置 flash 允许即可。

一、谷歌浏览器的配置

为了使系统能够正常使用，需要安装 flash 插件，具体安装步骤如下：

1. 安装 flash 插件，flash 插件安装包可在系统上方"下载工具"中选择下载。

2. 安装完成后进行设置，再次打开系统，在地址栏左侧有个感叹号按钮

C　① 不安全 | 121.28.252.41:8010/sqjz/MainPage/Login.htm|，点击此按钮，在打开的设置页面找到 flash 这一栏需设置为"允许"即可，如图 6-1：

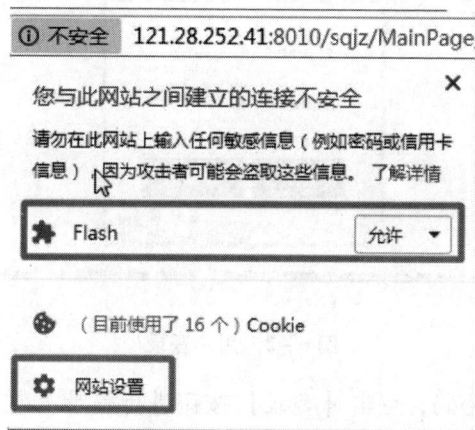

图 6-1　浏览器设置

二、角色说明

新版系统进行了角色的调整，如表 6-1：

表 6 – 1　角色说明

省级管理员	省级用户
市级管理岗	市级社区矫正机构的管理人员，主要是部分流程的审批
区县管理岗	区县社区矫正机构管理人员，主要是流程的审批
区县工作岗	区县社区矫正机构工作人员，主要是流程的发起和审批
司法所管理岗	司法所管理人员，主要是日常工作的登记、流程的发起和流程的审批
司法所工作岗	司法所工作人员，主要是部分流程的审批

三、系统桌面

1. 用户登录。用户在浏览器地址栏中输入访问地址，进入本系统的登录界面，如图 6 – 2：

图 6 – 2　用户登录

输入用户名、密码，点击【登录】按钮进行登录，进入下面的系统办公桌面。

2. 系统桌面。图 6 – 3 是工作人员进入系统后的界面。页面的左边栏是该登录用户权限范围内的菜单栏，用户点击具体的菜单项即可进入该菜单项或者二级菜单页面。

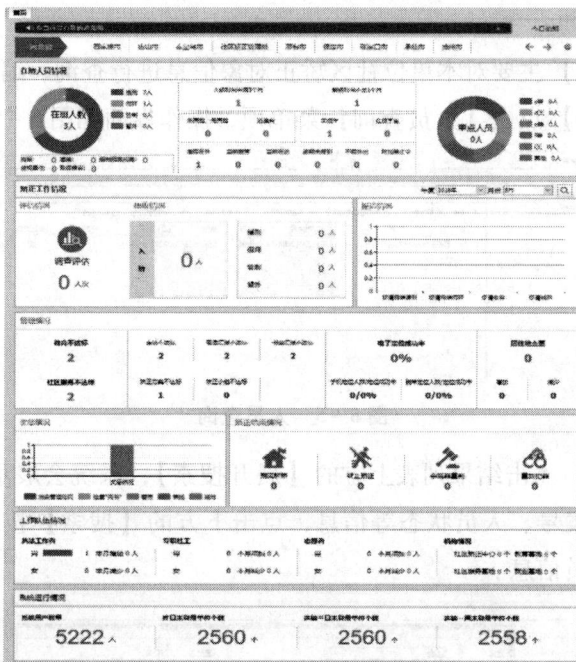

图 6 - 3　系统桌面

任务 2　系统功能介绍

一、系统管理

机构人员模块包括人员查询、机构管理、基地管理、社会组织、工作队伍几个模块。

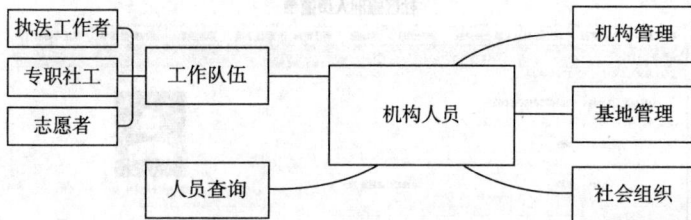

图 6 - 4　机构人员模块

下面以人员查询、机构管理、用户管理模块为例进行讲解，其他模块与之类似。

1. 人员查询。

【功能说明】 主要对本单位社区矫正对象信息进行查询、编辑等操作。

【操作说明】 点击【人员查询】菜单项，操作界面如图6-5所示：

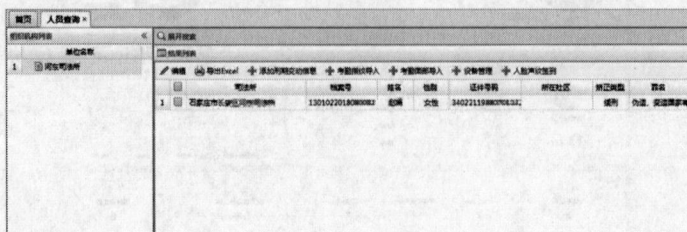

图6-5　人员查询

（1）搜索：点击结果列表上方的【展开搜索】，系统会展示搜索条件栏，输入姓名、档案号、人员状态等信息，点击下方的【搜索】按钮即可查询到对应的服刑人员信息。

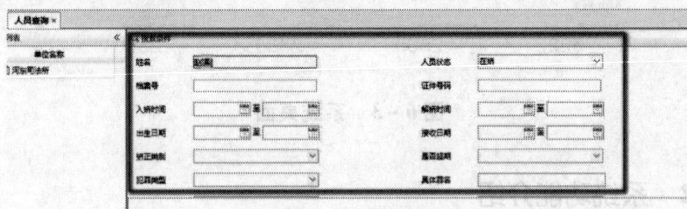

图6-6　人员搜索

（2）编辑：勾选服刑人员，点击列表上方的【编辑】按钮，在打开的社区矫正对象信息表中，可对相关的信息进行修改，如图6-7：

图6-7　人员信息

2. 机构管理。

【功能说明】主要对本单位机构信息进行维护。

【操作说明】点击【机构管理】菜单项，填写相关的机构信息后，点击【保存】按钮即可，操作界面如图6-8所示：

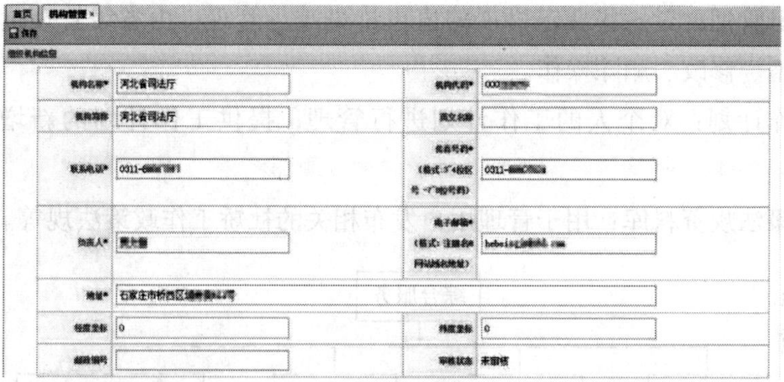

图6-8　机构管理

3. 用户管理。

【功能说明】主要对 PC 端登录账号信息进行维护。

【操作说明】点击【PC 端用户】菜单项，操作界面如图6-9所示：

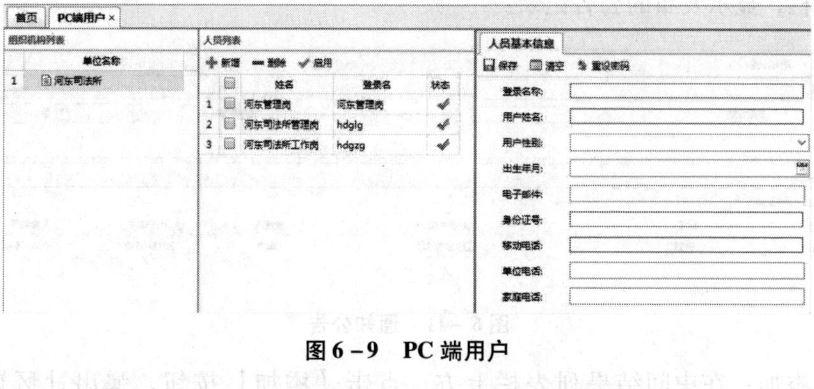

图6-9　PC 端用户

（1）新增：选中左侧单位名称，点击中间的【新增】按钮，在打开的右侧界面填写人员登录名称、角色等信息后，点击【保存】按钮即可。

（2）启用：勾选人员列表中需要启用的人员，点击【启用】按钮即可，账号启用后可以登录系统。

（3）删除：勾选列表中需要删除的人员，点击【删除】按钮即可。

二、综合服务

【功能说明】综合服务主要包括以下几个模块：

通知公告：对通知公告进行管理，包括添加、删除操作。

值班管理：对一些特定事项的值班排班进行管理，由省级管理员进行事件的新增、修改、删除操作。

工作计划：对个人的工作计划进行管理，提供工作计划的新增、删除操作。

政策法规资料库：用于管理用户发布相关的社矫工作政策法规等。

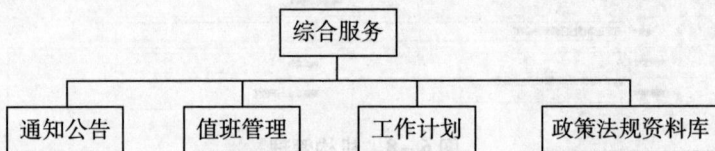

图 6 – 10　综合服务

下面以通知公告操作过程为例进行讲解，其他操作与之类似。

【操作说明】点击【通知公告】菜单项，操作界面如图 6 – 11 所示，中间列表栏，显示发布的公告记录：

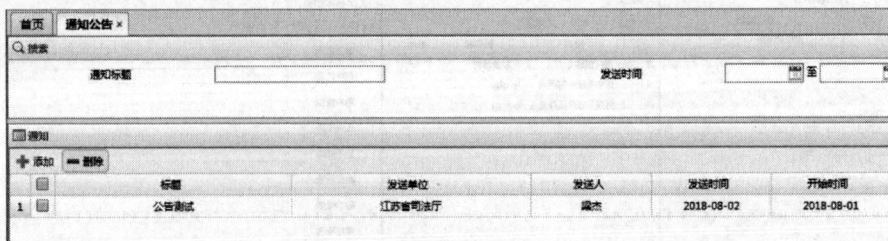

图 6 – 11　通知公告

添加：在中间结果列表栏上方，点击【添加】按钮，弹出社区矫正通知公告登记表窗口，填写"通知标题""开始时间""结束时间""接收单位""通知内容"及相关附件，填写完成后点击【保存】按钮，呈现如图 6 – 12 所示：

社区矫正通知公告登记表

通知标题:	公告测试			
开始时间:	2018-08-01		结束时间:	2018-08-31

接收单位:
省级管理员,潘玉,管理员

通知内容:
公告测试内容0802

附件列表

上传附件

附件名称	大小	上传日期	下载	删除

图 6-12　通知公告登记

删除：选中需要删除的通知公告记录，点击结果列表上方的【删除】按钮，可以删除记录。

三、调查评估

1. 待评估。

待评估：录入服刑人员的基本信息

司法局工作岗 ⇒ 待评估

新增调查评估人员 → 录入信息 → 保存

人员的基本信息、相关调查小组、同案犯、家庭成员及主要社会关系

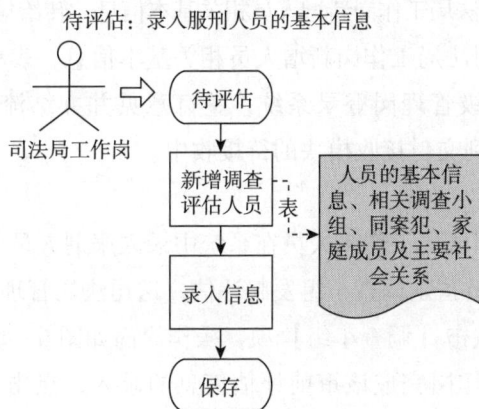

图 6-13　录入基本信息

【功能说明】司法局工作岗在系统中录入服刑人员的基本信息并对该录入的服刑人员发起指定评估或指派评估。

【操作说明】司法局工作岗点击【待评估】菜单项，点击列表上的【新增调查评估人员】按钮，在服刑人员信息的表单中录入该人员的基本信息、相关调查小组、同案犯、家庭成员及主要社会关系，点击【保存】按钮，该新增服刑人员信息将显示在待评估人员列表中。

2. 发起指定。

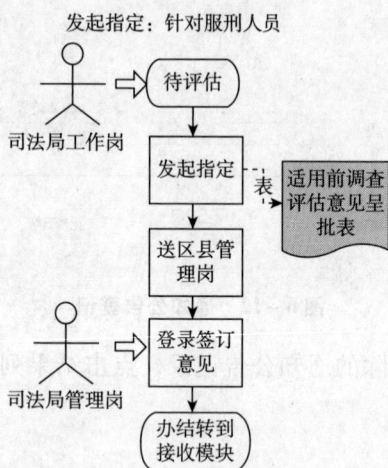

图 6 – 14　发起指定

【功能说明】司法局工作岗新增人员相关基本信息，转给司法局管理岗审核。

【操作说明】司法局工作岗新增人员相关基本信息，表单流转到接收人员的待办首页中，县级管理岗登录系统，签订意见并办结流程，流程办结后，服刑人员信息自动到交付接收模块的待接收中。

3. 发起指派。

【功能说明】司法局工作岗人员在系统中录入服刑人员的基本信息，同时对该录入的服刑人员指定调查小组发起评估，送司法局管理岗审批。

【操作说明】点击【调查小组】项，操作界面如图 6 – 16 所示。

（1）司法局工作岗完成该审前评估信息的录入，点击【送区县管理岗】按钮，将该事项送至相关单位办理，表单流转到接收人员的待办首页中，如图 6 – 17 所示。

发起指派：对指定调查小组发起评估

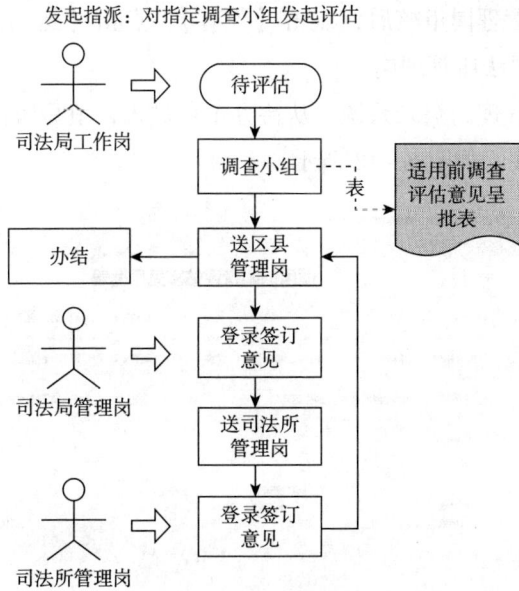

图 6-15 发起指派

图 6-16 待评估人员

图 6-17 表单流转

357

（2）司法局管理岗审核后，点击【保存】，点击【送司法所管理岗】按钮，流程流转至司法所管理岗。

（3）司法所管理岗登录系统，从待办事项进入，填写居住地司法所意见，送区县管理岗审核，如图 6 - 18 所示。

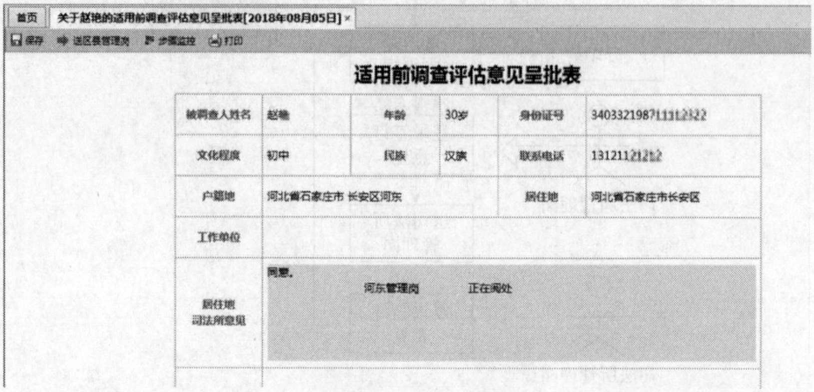

图 6 - 18　意见呈批表

县级管理岗签订意见并办结流程，点击【办结】按钮，流程办结后，服刑人员信息自动到交付接收模块的待接收中。

四、执法管理

执法管理模块主要包括，交付接收、等级管理、禁止令执行、居住地变更、免于事项审批、提请表扬、提请减刑等内容，下面将对各个模块进行详细讲解。

1. 交付接收。

【功能说明】用于完成审前调查评估后的社区矫正对象的衔接接收，由县级工作岗发起流程。

【操作说明】县级工作岗，勾选"服刑人员"，点击【衔接接收】按钮，打开交付接收审批表，签订意见后，点击【保存】后即可显示发送司法所。司法所管理岗登录系统后，填入司法所意见后点击【保存】【办结】按钮，完成交付接收流程，流程办结。

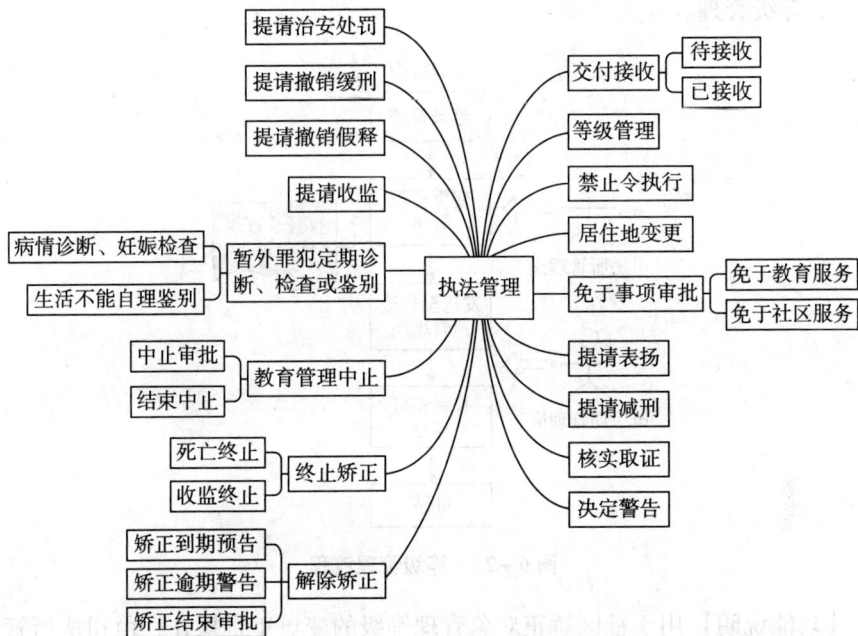

图 6 – 19 执法管理模块

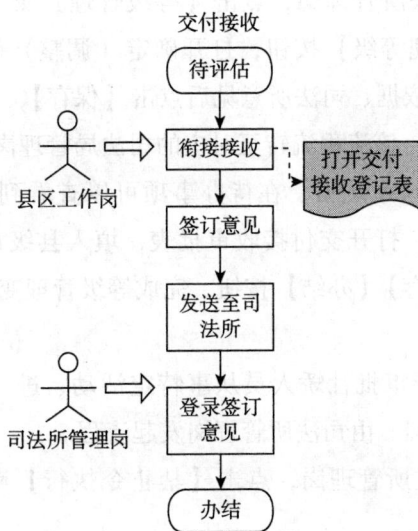

图 6 – 20 交付接收

2. 等级管理。

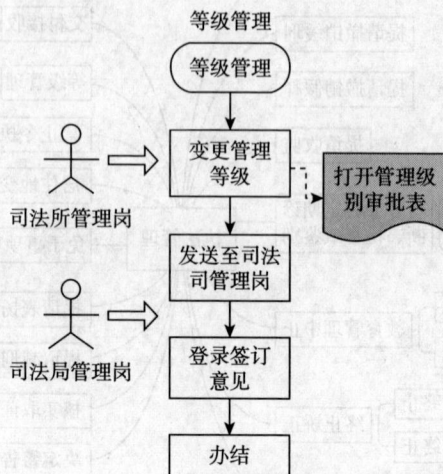

图 6-21 等级管理流程

【功能说明】用于社区矫正对象管理等级的变更审批操作，由司法所管理岗发起流程，司法局管理岗办结。

【操作说明】司法所管理岗，点击【等级管理】菜单项，勾选"服刑人员"，点击【变更管理等级】按钮，打开确定（调整）管理级别审批表，在审批表中填入事实及依据、司法所意见后点击【保存】，点击申请表上方【送司法局管理岗】按钮，该流程流转至对应的司法局管理岗。

司法局管理岗登录系统后，在待办事项可以查看到等级变更审批流程，单击对应的待办流程，打开交付接收审批表，填入县级司法行政机关意见和审批结果，点击【保存】【办结】按钮，完成等级管理变更流程。

3. 禁止令执行。

【功能说明】用于审批社矫人员从事特定活动、进入特定区域（场所）、接触特定的人员的流程。由司法所管理岗发起流程。

【操作说明】司法所管理岗，点击【禁止令执行】菜单项，操作界面如图 6-23 所示。

4. 禁止令登记。点击列表上方的【新增】按钮，在打开的禁止令审批登记表中填写相关的申请信息后点击【保存】，如图 6-24。

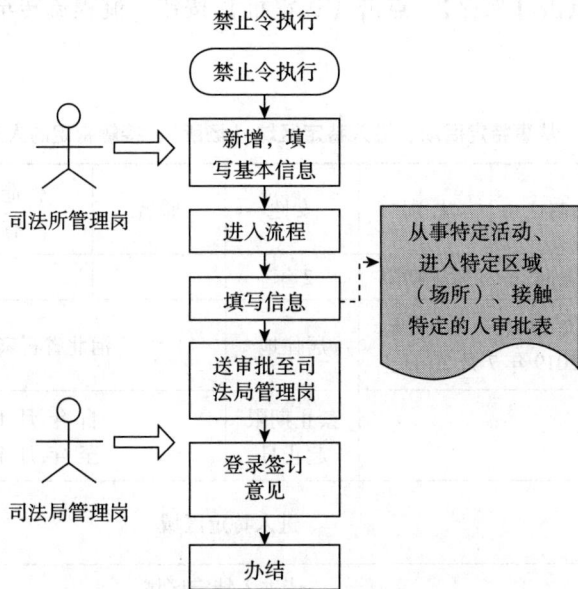

图 6 – 22　禁止令执行流程

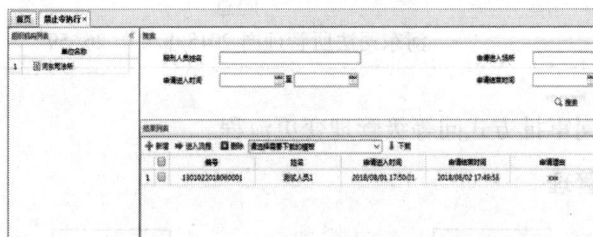

图 6 – 23　禁止令执行

图 6 – 24　禁止令登记

　　5. 进入流程。司法所管理岗点击列表上方的【进入流程】按钮，在打开的"从事特定活动、进入特定区域（场所）、接触特定的人审批表"中填写司法所意见后点击【保存】，点击【送审批】按钮，流程流转至县级管理岗，如表6－2：

表6－2　从事特定活动、进入特定区域（场所）、接触特定的人审批表

姓名	赵	性别	女性	罪名	伪造、变造国家有价证券罪
矫正类别	缓刑	矫正期限	2年		
起止日	自2018年4月2日起 至2019年7月20日止	居住地		河北省石家庄市	
禁止令内容		禁止期限 起止日		自 年 月 日起 至 年 月 日止	
申请事项	进入特定区域				
申请理由 时间起止	申请进入特定区域。 申请时间：自2018年8月6日起 至2018年8月10日止				
司法所意见	同意 河东司法所管理岗 2018/8/4 9：26：59				

县级管理岗审批方式同等级管理变更流程。

五、监督管理

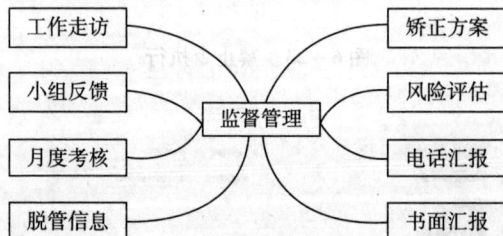

图6－25　监督管理

监督管理主要包括矫正方案、风险评估、电话汇报、书面汇报、工作走访、小组反馈、月度考核、脱管信息几个模块，下面将挑选几个具有代表性的模块进行讲解。

1. 矫正方案。

矫正方案流程图

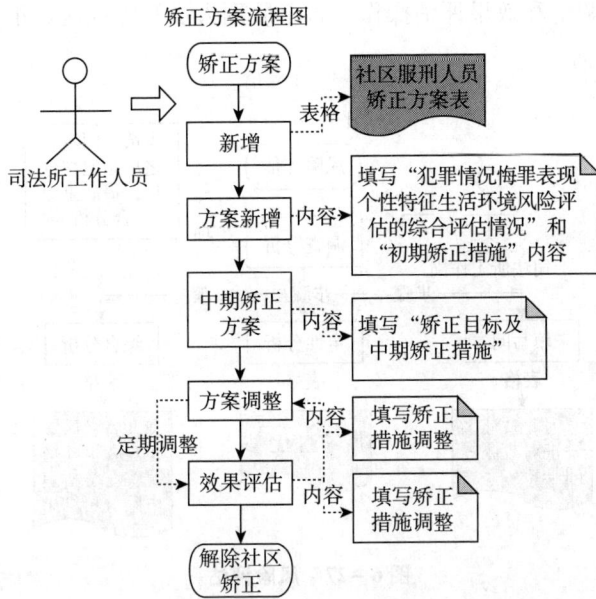

图6-26 矫正方案流程图

【功能说明】主要对管辖范围内社区矫正对象的矫正方案进行维护操作，包括方案新增、修改和效果评估等功能。

【操作说明】点击【矫正方案】菜单项：

（1）方案新增：点击列表上方的【新增】按钮，在服刑人员选择窗口勾选相应的服刑人员，点击【确定】。在社区矫正对象入矫后首先进行"犯罪情况悔罪表现个性特征生活环境风险评估的综合评估情况"和"初期矫正措施"内容的填写并进行方案暂存。

（2）中期矫正方案：入矫一段时间后同初期方案制订时一样，点击列表【新增】按钮，选择服刑人员，进入服刑人员矫正方案表中填写"矫正目标及中期矫正措施"并进行方案保存。

（3）方案调整：后期定期对服刑人员的矫正方案进行方案调整和效果评估操作，矫正方案调整同初期方案制订时一样，点击列表【新增】按钮，选择服刑人员，打开社区矫正对象矫正方案表，进行矫正措施调整内容的填写。

（4）效果评估：服刑人员矫正方案调整并执行一段时间后，可以对调整的矫正方案实施效果评估，后期根据省厅要求，定期对服刑人员的矫正方案进行矫正措施调整和效果评估操作，直至服刑人员解除社区矫正为止。

2. 风险评估。

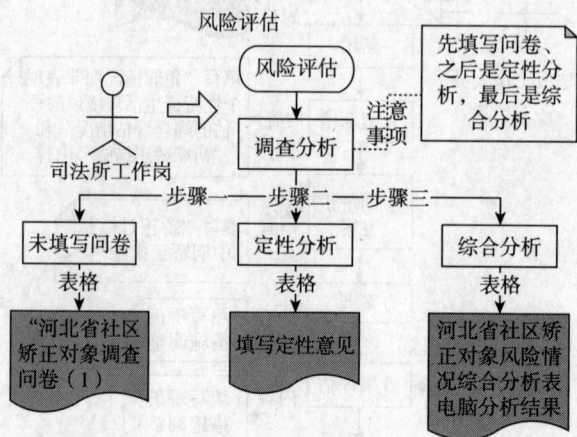

图 6-27 风险评估

【功能说明】主要对管辖范围内社区矫正服刑人员进行风险等级的调查分析操作。

【操作说明】点击【风险评估】。

（1）调查分析：点击服刑人员列表调查分析列下方的【调查分析】按钮，弹出风险评估调查评估界面，点击【未填写问卷】按钮，系统打开"河北省社区矫正对象调查问卷（I）"，服刑人员对所列问卷问题进行解答并点击【提交审核】按钮。

（2）定性分析：调查问题提交审核后，点击【定性分析】按钮，工作人员对服刑人员的基本信息、家庭、人际关系情况等信息进行选择并填写定性意见。

（3）综合分析：调查分析和定性分析完成之后，下一步是对服刑人员进行综合分析，点击列表中调查分析，点击【未完成综合分析】按钮，打开"河北省社区矫正对象风险情况综合分析表"，系统会根据之前的调查分析和定性分析的得分情况自动进行电脑判级，辅助工作人员对该服刑人员的管理等级进行判断。工作人员填写综合分析内容、勾选管理等级点击【提交】即可。

3. 电话汇报。

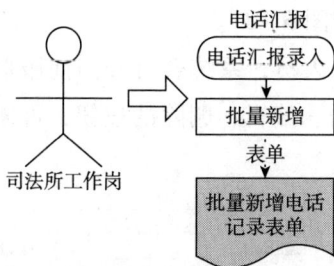

图 6 - 28　电话汇报

【功能说明】主要对管辖范围内社区矫正对象进行电话汇报内容的录入操作。

【操作说明】点击【电话汇报录入】菜单项，操作界面如图 6 - 29 所示：

图 6 - 29　电话汇报录入

点击社区矫正对象列表上方的【批量新增】按钮，弹出批量新增电话报告记录窗口，下拉选择社区矫正对象，填写报告内容后点击【保存】即可，如图 6 - 30 所示：

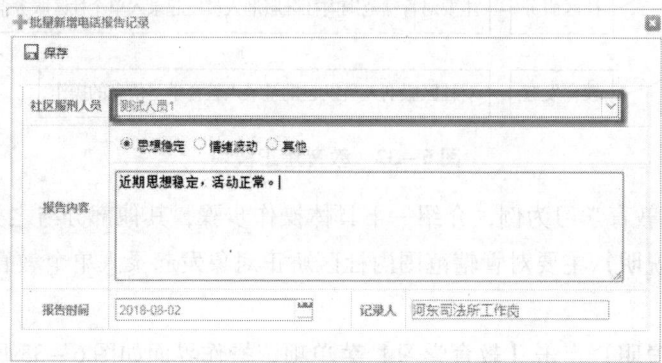

图 6 - 30　批量新增电话报告记录

电话汇报录入保存后，列表中就可以显示服刑人员对应月份的电话汇报次数和全年累计次数，如图6-31。

列表中双击某个服刑人员，系统会打开当前服刑人员的所有电话汇报记录列表，列表提供了新增、编辑、删除的按钮，可以单个新增、编辑或删除具体的一条记录。

图6-31 电话汇报列表

下面的书面汇报、工作走访、小组反馈、月度考核、脱管信息几个模块和电话汇报具体操作流程类似，这里就不再介绍了。

六、教育矫正

教育矫正主要包含教育学习、服务发起、社区服务、教育发起几个部分。

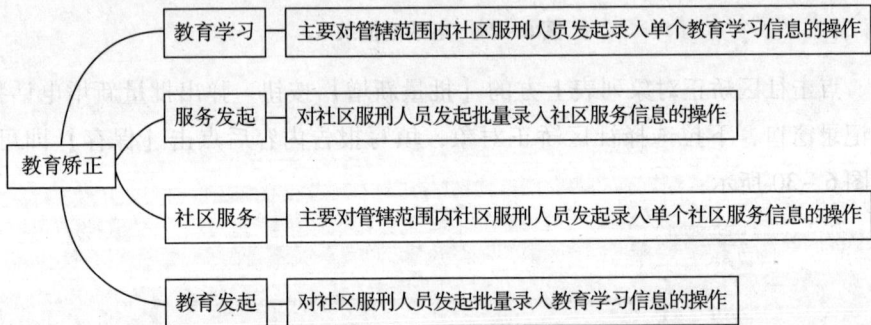

图6-32 教育矫正模块

下面以教育学习为例，介绍一下具体操作步骤，其他部分与之类似。

【功能说明】主要对管辖范围内社区矫正对象发起录入单个教育学习信息的操作。

【操作说明】点击【教育学习】菜单项，操作界面如图6-33所示：

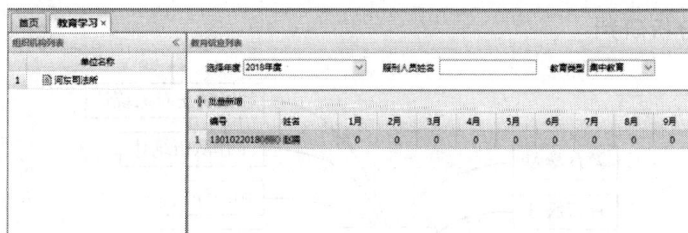

图 6 - 33 教育学习

点击列表上方的【批量新增】按钮，弹出批量新增教育信息窗口，填写矫正人员、授课时间、授课内容等信息后点击【保存】即可，如图 6 - 34：

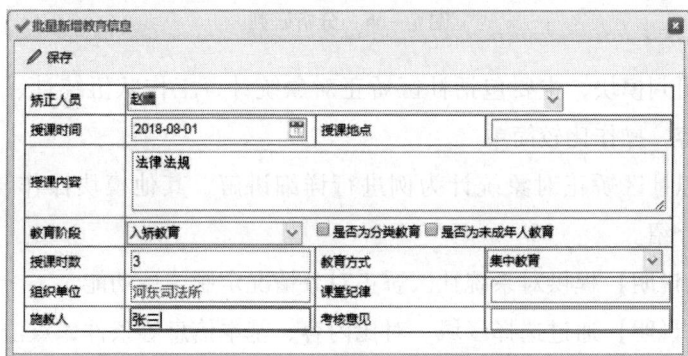

图 6 - 34 批量新增教育信息

教育信息记录保存后，列表中就可以显示服刑人员对应月份的教育学习时长和全年累计时长，如图 6 - 35：

图 6 - 35 教育信息记录

列表中双击某个服刑人员，系统会打开当前服刑人员的所有教育学习记录列表，列表提供了新增、编辑、删除的按钮，可以单个新增、编辑或删除具体的一条记录。

七、分析研判

图 6 - 36　分析研判

分析研判模块，主要包括社区矫正对象统计、工作队伍统计、调查评估等统计内容，操作比较简单。

下面以社区矫正对象统计为例进行详细讲解，其他模块操作与之类似，不再单独介绍。

【功能说明】提供对系统社区矫正对象情况定制统计功能。

【操作说明】通过选择区域、对比内容、基本信息等条件，点击【执行统计】按钮，系统将展现所选区域符合所选条件的矫正情况对比柱形图，点击右侧的数据视图系统弹出展示列表，可支持 execl 导出，点击【折线图】【柱形图】按钮可以进行展示的切换。点击【保存为图片】可进行图片保存。

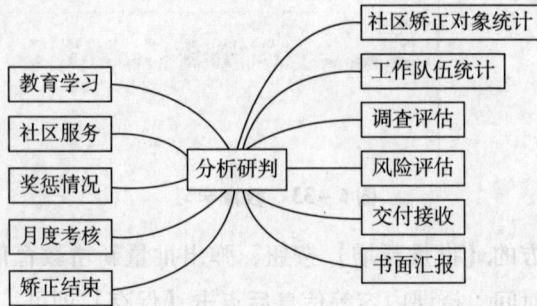

图 6 - 37　人员统计

以柱状图显示：

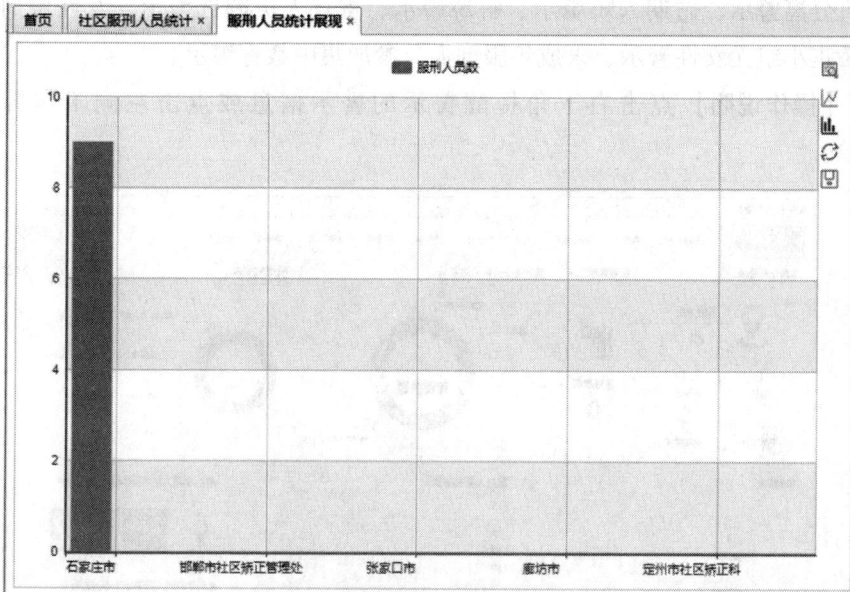

图 6 − 38 柱状统计图

以列表显示：

	合计	石家庄市	唐山市	秦皇岛市	邯郸市社区矫正管理处	邢台市	保定市	张家口市	承德市	沧州市	廊坊市	衡水市	测试	定州市社区矫正科	辛集市	测试
服刑人员数	9	9	0	0	0	0	0	0	0	0	0	0	0	0	0	0
合计	9	9	0	0	0	0	0	0	0	0	0	0	0	0	0	0

图 6 − 39 列表统计图

八、工作警示

【功能说明】 系统根据日常输入的数据结合外围数据及管理规范标准，每天自动计算需要警示的内容，包含不假外出警示、违规准假警示、定位失联人机分离警示、逾期入矫警示、解矫警示、重点人员圈选警示、女性服刑人员矫正小组无女性警示、未成年服刑人员参加集中教育警示。

【操作说明】点击右下角提醒警示的警示信息或点击左侧工作警示菜单。

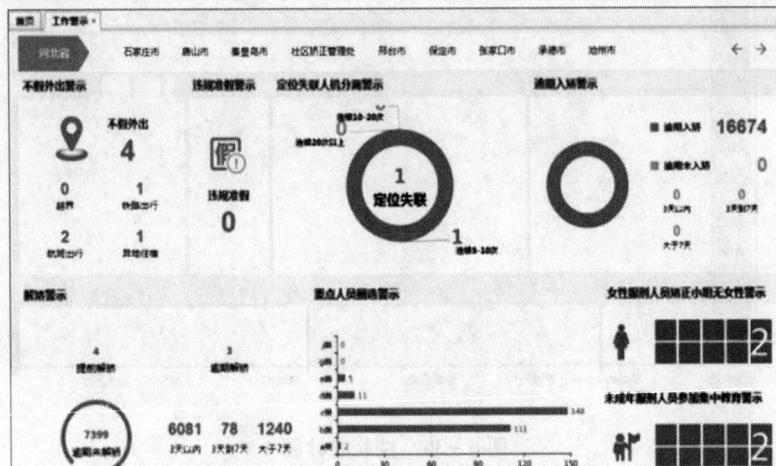

图6-40　工作警示桌面

每一个警示数据都可以点击数字查看详情，除重点人员圈选警示外，其他警示均需要工作人员去处理，填写处理理由。

九、工作提醒

【功能说明】系统会根据日常输入的数据，结合外围数据及管理规范标准，每天自动计算进行工作提醒，包含调查提醒、衔接提醒、帮扶救助提醒、监督提醒（请假到期、月度考核、未回听电话、期满预告、未进行风险评估、走访提醒、矫正方案未制定、矫正方案未及时变更提醒、暂外罪犯定期诊断、检查或鉴别提醒）。

【操作说明】点击右下角提醒警示的预警信息或点击左侧工作提醒菜单。

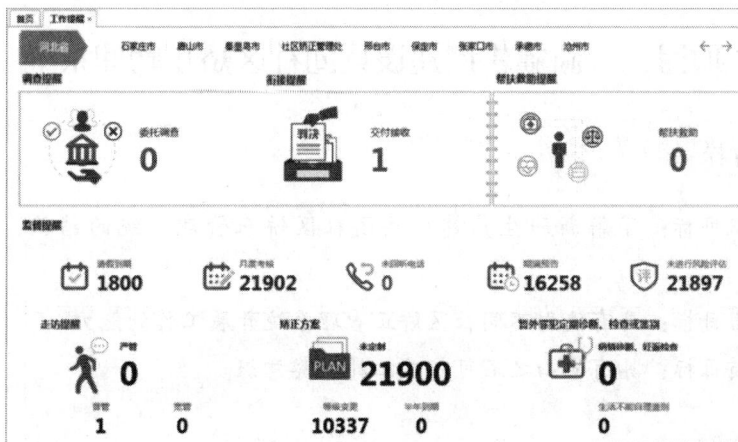

图6-41 工作提醒

右下角工作提醒：

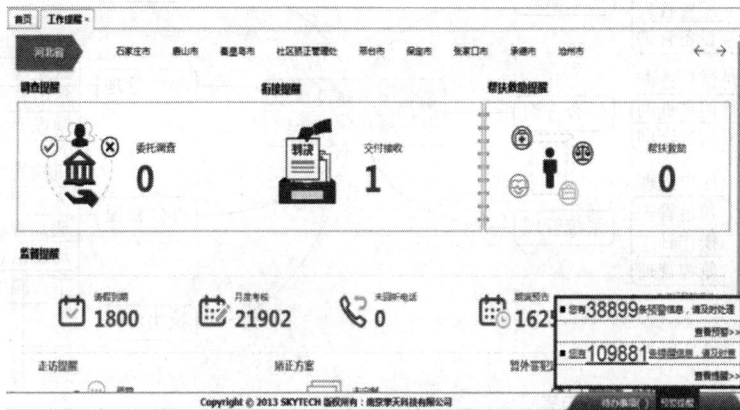

图6-42 工作提醒弹窗

思考与练习

1. 配置客户端时，如果遇到浏览器不兼容情况要如何解决？

2. 熟悉各个模块的功能与操作方法，能够解决出现的常规问题。

项目二　新疆生产建设兵团社区矫正管理系统

学习目标

知识目标：了解新疆生产建设兵团社区矫正管理系统的结构、功能与作用。

能力目标：具有使用不同社区矫正管理系统开展工作的能力。

素质目标：具有他山之石可以攻玉的借鉴意识。

知识树

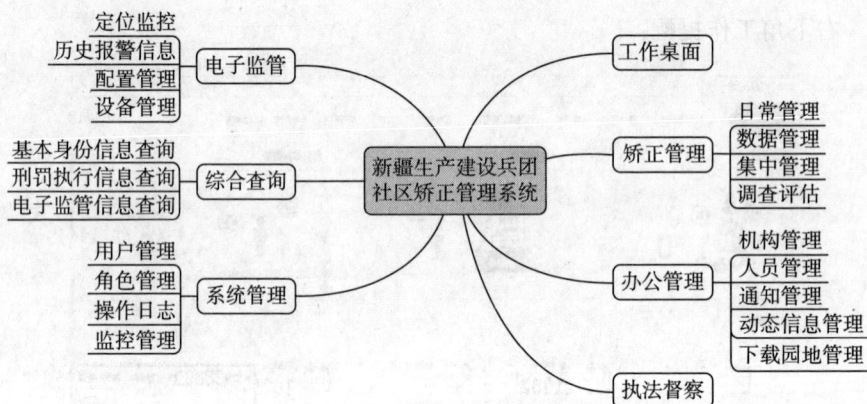

任务1　客户端配置

市司法局用户登录社区矫正综合管理平台，在机构中添加工作人员，为工作人员添加用户账号。具体准备工作如下：

一、添加机构

社区矫正综合管理平台安装过程中会自动导入机构信息，如果当前登录用户需要操作的机构不存在，可以手动添加机构。市司法局用户登录社区矫正综合管理平台，点击【办公管理】→【机构管理】，进入机构管理界面，

如图 6-43 所示:

在图 6-43 所示的机构管理界面中,点击机构列表上方的【新增】按钮,进入新增矫正机构界面,如图 6-44 所示。输入新增机构相关信息,点击【确定】按钮,完成机构的添加操作。在图 6-43 所示的机构列表中显示新添加的机构。

在图 6-43 所示的机构管理界面中,点击机构列表上方的【导入】按钮,选择导入的机构文件,可以批量添加机构。

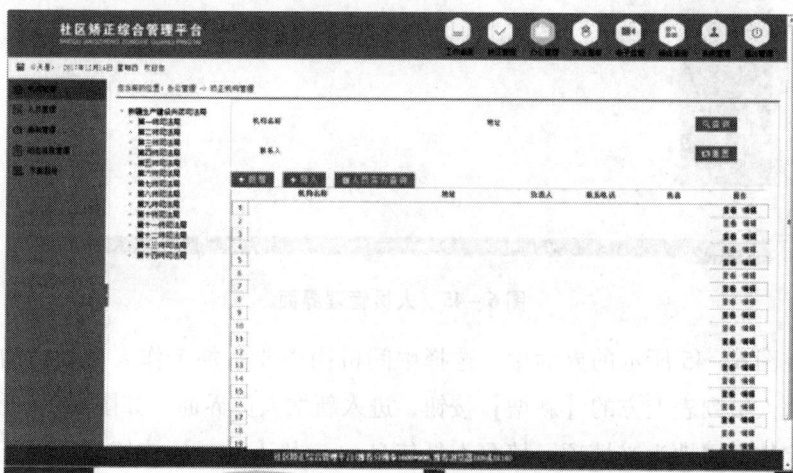

图 6-43 机构管理界面

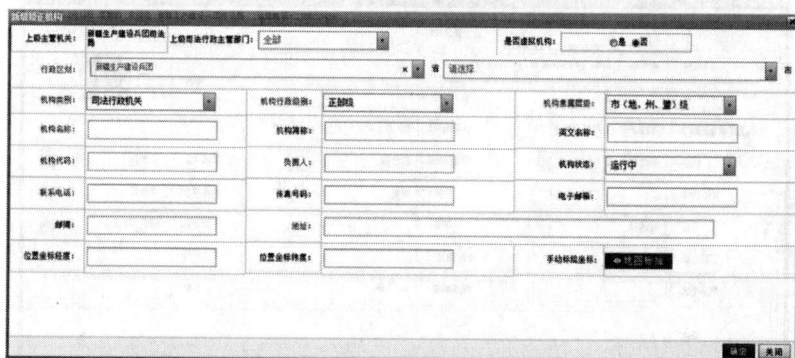

图 6-44 新增矫正机构界面

二、添加人员

市司法局用户登录社区矫正综合管理平台，点击【办公管理】→【人员管理】，进入人员管理界面，如图 6－45 所示。

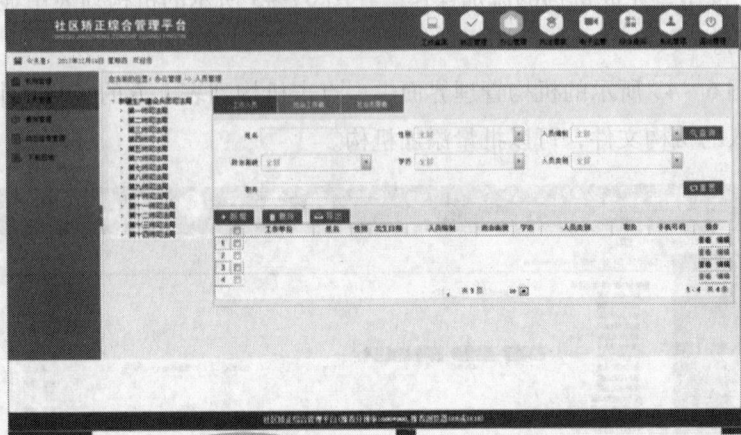

图 6－45　人员管理界面

在图 6－45 所示的界面中，选择中间机构中要添加工作人员的机构，点击右边人员列表上方的【新增】按钮，进入新增人员界面，如图 6－46 所示。红色字体的属性为必填项，填写人员信息，点击【保存】按钮，完成新增人员操作，在图 6－45 所示的人员列表中，显示新添加的人员。

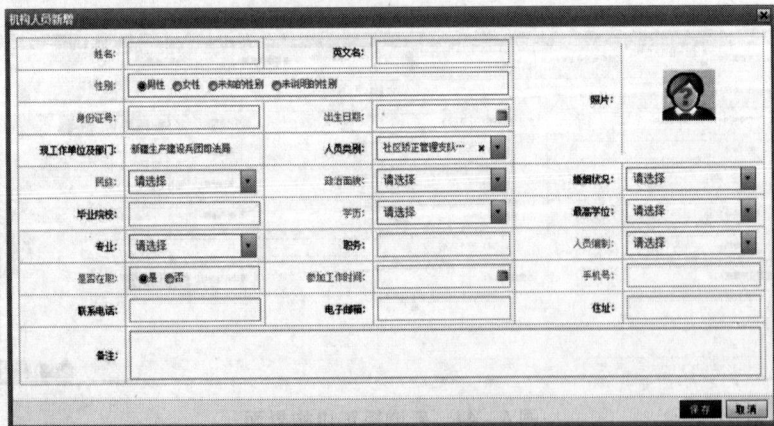

图 6－46　新增人员界面

在图 6-45 所示的人员管理界面中，点击人员列表操作列中的【查看】链接，可以查看人员的详细信息；点击操作列中的【编辑】链接，可以编辑人员信息。

三、添加用户账号

市司法局用户登录社区矫正综合管理平台，点击【系统管理】→【用户管理】，进入用户管理界面，如图 6-47 所示：

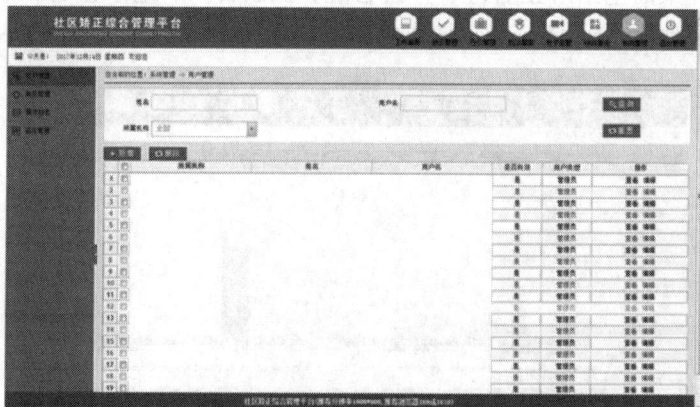

图 6-47　用户管理界面

在图 6-47 所示的界面中，点击用户列表上方的【新增】按钮，进入新增用户界面，如图 6-48 所示。红色字体的属性为必填项，填写用户信息，在姓名属性中选择用户对应的工作人员，点击【保存】按钮，完成新增用户操作。在图 6-47 所示的用户列表中，显示新添加的用户。

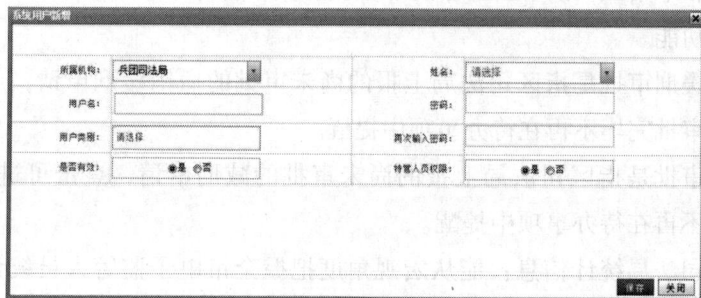

图 6-48　新增用户界面

在图 6 - 47 所示的用户管理界面中，点击用户列表操作列中的【查看】链接，可以查看用户的详细信息；点击操作列中的【编辑】链接，可以编辑用户信息。

任务 2　系统功能介绍

市司法局用户登录社区矫正综合管理平台，如图 6 - 49 所示。市司法局用户功能工作桌面包括矫正管理、办公管理、执法督察、电子监管、综合查询、系统管理等功能。

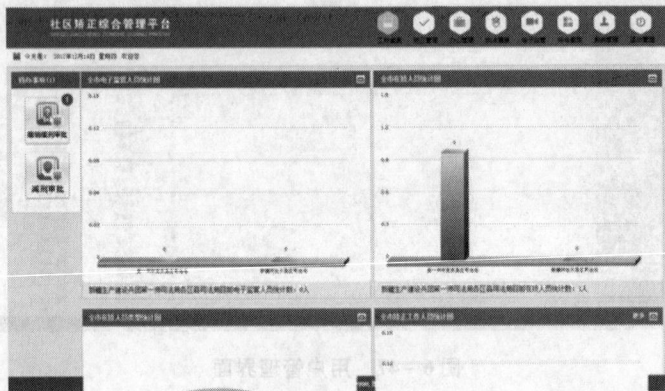

图 6 - 49　工作桌面

一、工作桌面

市司法局工作人员登录社区矫正综合管理平台后，在工作桌面可以看到待办事项和本辖区社区矫正对象统计数据。其中待办事项包括撤销缓刑审批、减刑审批功能。

撤销缓刑审批是指区司法局上报的尚未审批的撤销缓刑申请，点击可进行审批，审批完毕不再在待办事项中提醒。

减刑审批是指区司法局上报的尚未审批的减刑申请，点击可进行审批，审批完毕不再在待办事项中提醒。

各市司法局统计信息：能从宏观角度把握全市电子监管人员统计、全市在矫人员统计、全市在矫人员类型统计、全市矫正工作人员统计等信息。点击【更多】按钮，可以查看更多的统计信息。

二、矫正管理

市司法局矫正管理功能包括日常管理、数据统计、集中教育、调查评估功能。

1. 日常管理。市司法局工作人员在日常管理功能模块能按在矫人员、脱管人员、解矫人员、奖惩信息、违法信息分类查看对应社区矫正对象信息，并且可根据姓名、人员编号、身份证号码、性别、矫正负责单位、是否电子监管等条件查询社区矫正对象的信息。如图 6-50 所示：

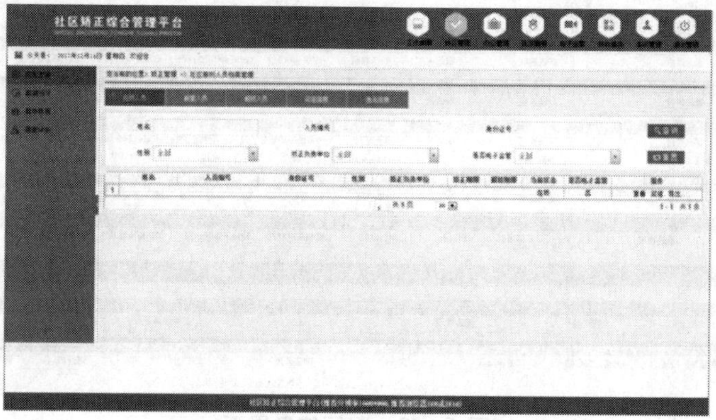

图 6-50　日常管理界面

（1）查看在矫人员信息：在图 6-50 所示的在矫人员列表中，点击操作列中的【查看】链接，进入在矫人员详细信息查看界面。如图 6-51 所示：

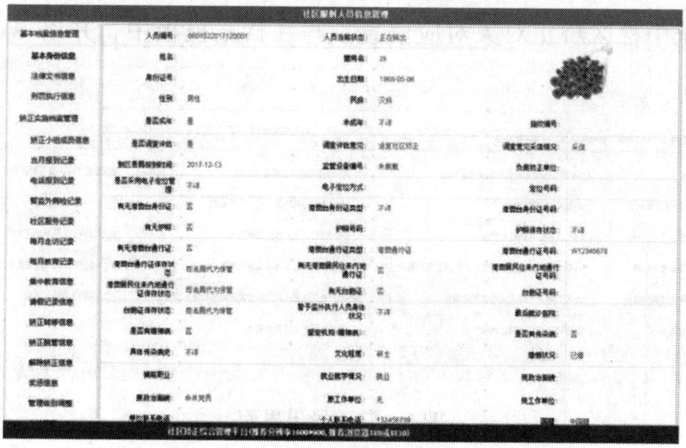

图 6-51　查看在矫人员信息界面

（2）奖惩信息：区司法局工作人员对社区矫正对象奖惩信息进行查看审批。包括违规信息、警告信息、治安处罚信息、提请收监执行信息、违法信息和涉嫌再犯罪等信息的查看和撤销缓刑信息、提请减刑信息的审批。在图6-50所示的在矫人员列表中，点击操作列中的【奖惩】链接，进入奖惩列表界面，如图6-52所示：

图6-52　奖惩信息界面

（3）导出：可以根据需要导出社区矫正对象对应的文书信息。在图6-50所示的在矫人员列表中，点击操作列中的【导出】链接，进入信息导出操作界面，如图6-53所示。选择对应的档案模板，点击【导出】按钮，即可把系统中社区矫正对象对应信息填写在档案模板中，并以Word文档模式导出。

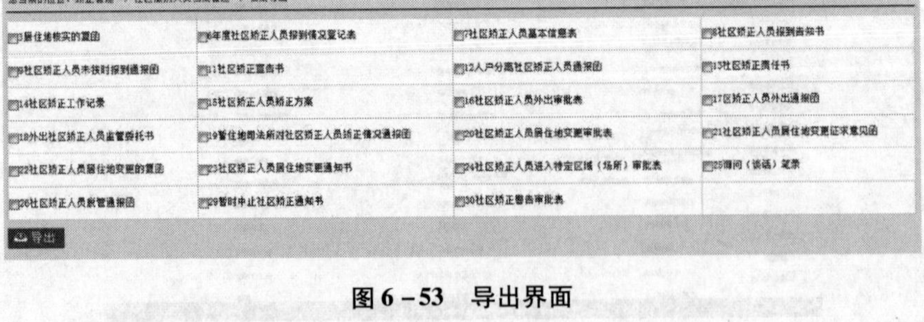

图6-53　导出界面

2. 数据统计。市司法局工作人员可以对在矫人员从犯罪类型、就业就学、文化程度、年龄段、户籍性质、矫正类型、人员数量趋势等多角度进行统计。点击【矫正管理】→【统计分析】，进入统计分析界面，如图6 – 54所示：

图6 – 54 数据统计界面

3. 集中教育。市司法局工作人员对本辖区内的在矫人员集中初始教育情况进行统计。点击【矫正管理】→【集中教育】，进入集中教育统计界面，如图6 – 55所示：

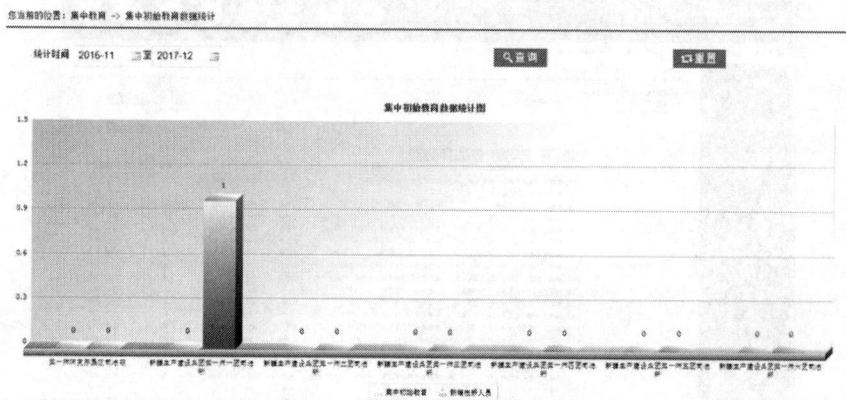

图6 – 55 集中教育统计界面

4. 调查评估。市司法局工作人员根据委托机关的委托对辖区内的某些服刑人员进行调查评估。点击【矫正管理】→【调查评估】，进入调查评估界面，如图 6-56 所示：

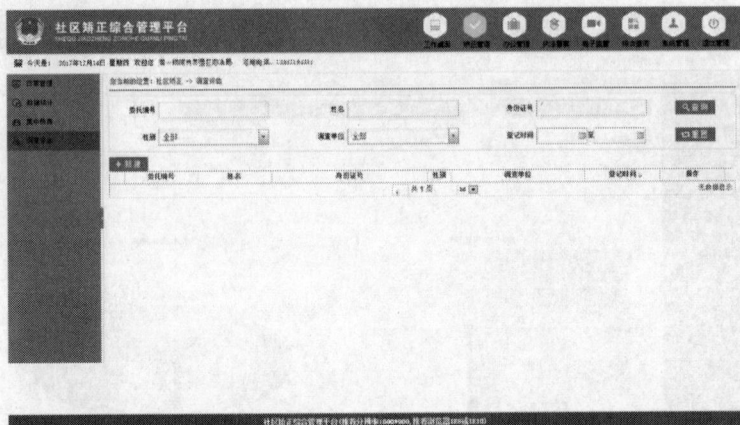

图 6-56 调查评估界面

三、办公管理

办公管理包括机构管理、人员管理、通知管理、动态信息管理、下载园地管理五部分功能。如图 6-57 所示：

图 6-57 办公管理

1. 机构管理。机构管理可以对矫正机构进行查看和修改。矫正机构编辑如图 6-58 所示：

图 6-58　机构基本信息

2. 人员管理。人员管理可以对矫正工作人员信息进行新增、编辑、删除。如图 6-59 所示：

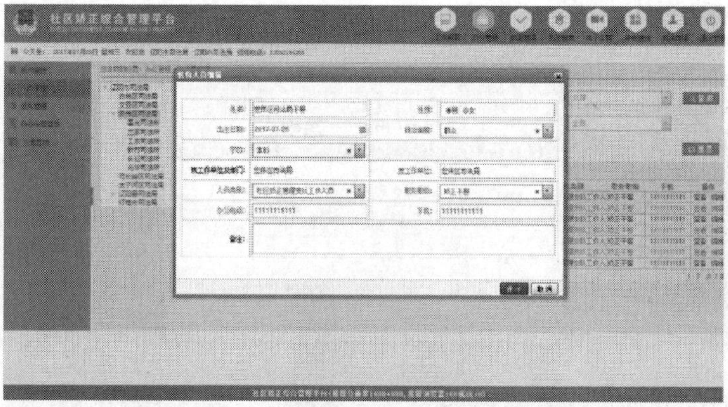

图 6-59　人员管理

3. 通知管理。通知管理包括通知拟制和通知查看两个功能。

（1）通知拟制：市司法局工作人员可以利用通知拟制功能向区司法局发送对应的通知，并查看区司法局的签收情况，通知拟制如下图所示。拟制完通知后，点击【下发】按钮把通知下发到对应区司法局，点击【签收情况】

查看区司法局是否签收，在通知下发前可以编辑和删除，下发后通知不可以编辑和删除。如图 6 - 60 所示：

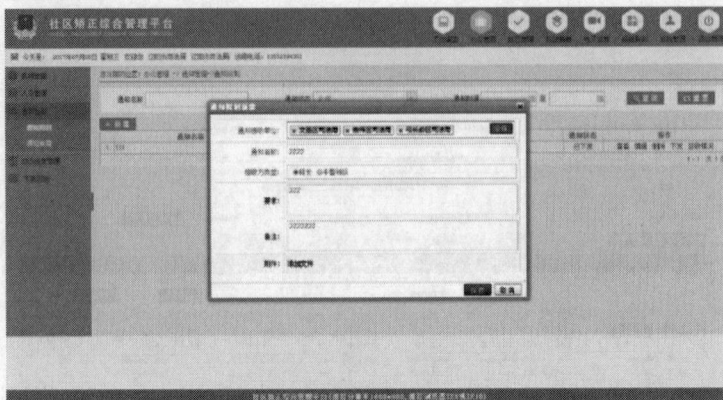

图 6 - 60   通知拟制

（2）通知查看：通知查看功能能查看司法厅下发的通知信息，并进行签收（查看即签收）。如图 6 - 61 所示：

图 6 - 61   通知查看

4. 动态信息管理。动态信息管理包括动态信息上报和动态信息查看两个功能。

市司法局动态信息上报：可以把本市社区矫正动态信息上报至司法厅，动态信息上报如图 6 - 62 所示：

图 6 – 62　动态信息上报

市司法局动态信息查看：可以查看区司法局上报的社区矫正动态信息，并进行签收，动态信息查看如图 6 –63 所示：

图 6 –63　动态信息查看

5. 下载园地管理。下载园地管理包括资料上传和资料下载两个功能。

资料上传：市司法局资料上传功能可以把市司法局规定的文书模板、使用说明、法律文书等资料上传至系统，供区司法局、司法所工作人员下载进行使用。如图 6 –64 所示：

图 6-64 文件上传

资料下载：资料下载功能可以把上传的文件下载到本地进行使用。

四、执法督察

市司法局在执法督察中可以查看各区、各司法所对人员报到、当月报告、电话报告、社区服务、初始教育、请假逾期、脱管、涉嫌再犯罪、解除矫正、暂监外病检十项工作情况进行监督检查。如图 6-65 所示：

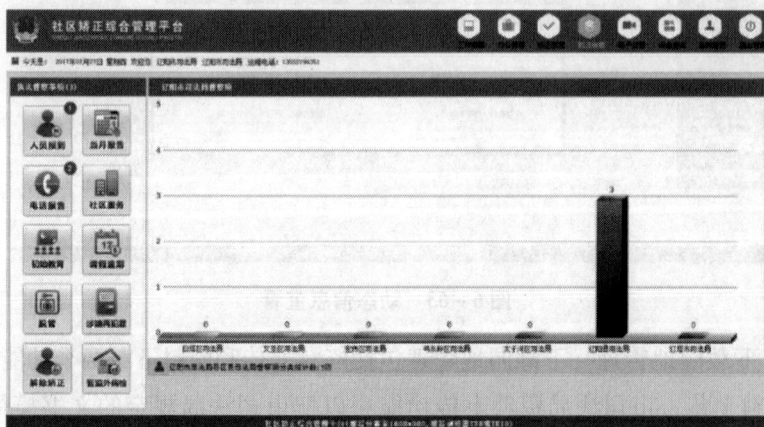

图 6-65 督察项

人员报到督察项：社区矫正对象第一次到区县司法局报到后，3 天之内（或以区县司法局在系统中实际填写的到司法所报到日期为准）未到司法所报到或司法所工作人员 3 天内（或以区县司法局实际填写的到司法所报到日期为准）未把社区矫正对象法律文书、刑罚执行信息等信息录入至系统中，则人员报到督察项加 1。如果之后司法所人员在系统中把社区矫正对象的基本身份信息、法律文书、刑罚执行信息填写完毕，则人员报到督察项减 1。

当月报告督察项：如果社区矫正对象当月未到司法所进行指纹报到（当面报告），到下月时系统中会显示上月未当面报告的社区矫正对象的总数。本月显示上月未当面报告的数字（数字在当月中不会发生变化）。

电话报告督察项：如果社区矫正对象上周未进行电话报告，在本周系统中显示上周未电话报告的社区矫正对象总数。本周显示上周未电话报告的数字（数字本周不会发生变化）。

社区服务督察项：社区矫正对象当月未参加公益劳动，到下月时系统中会显示上月未参加社区服务的社区矫正对象的总数。本月显示上月未参加公益劳动的数字（数字在当月不会发生变化）。

初始教育督察项：社区矫正对象到司法所报告后，如 2 个月内（按社区矫正对象矫正起始日算起）未参加初始集中教育（或由于身体原因不能参加初始教育而未说明原因的），2 个月后系统中未参加初始教育督察项数字加 1。如果社区矫正对象在 2 个月后参加了初始教育，并在系统中进行了记录，在初始教育督察项中数字减 1。

请假逾期督察项：社区矫正对象请假后如未按时销假，则在请假截止日的第二天显示请假逾期的社区矫正对象总数。如果在请假截止日以后进行了销假，则在销假日 7 天后不再在督察项中显示（数字减 1）。

脱管督察项：如果社区矫正对象在矫正过程中发生了脱管，工作人员在系统中进行了脱管登记，则在脱管督察项中进行显示。如果工作人员对社区矫正对象取消了脱管，则在督察项中不再进行显示（数字减 1）。

涉嫌再犯罪督察项：如果社区矫正对象在矫正过程中涉嫌再犯罪，工作人员在系统中进行了涉嫌再犯罪记录（填写了采取强制措施的日期），则在涉嫌再犯罪督察项中进行显示。如果工作人员在涉嫌再犯罪记录中登记了社区矫正对象"取消采取强制措施"的日期，则督察项数字减 1。

解除矫正督察项：社区矫正对象在矫正截止日后，工作人员未在系统中对社区矫正对象进行解除矫正，则在解除矫正督察项中数字加1。如果工作人员在系统中对社区矫正对象进行了解除矫正操作，督察项中不再显示（数字减1）。

暂监外病检督察项：如果暂予监外执行的社区矫正对象未在3个月之内（从矫正开始日期算起，如矫正开始日期是8月5号，即11月5号前必须提交病假报告）重新提交病检报告或工作人员未在系统中记录，则在暂监外病检督察项中进行显示（数字加1）。针对此社区矫正对象暂监外病检督察项在下一个3个月周期内会一直存在，不会减少。

五、电子监管

市司法局用户在电子监管界面能查看本市有多少社区矫正对象佩戴电子监管设备，各区、各司法所佩戴电子监管设备的统计信息，所有社区矫正对象的最新位置、报警信息及某时间段的历史轨迹信息。

1. 定位监控。定位监控，可以查看本市各区县司法局电子监管人员统计，如图6－66所示：

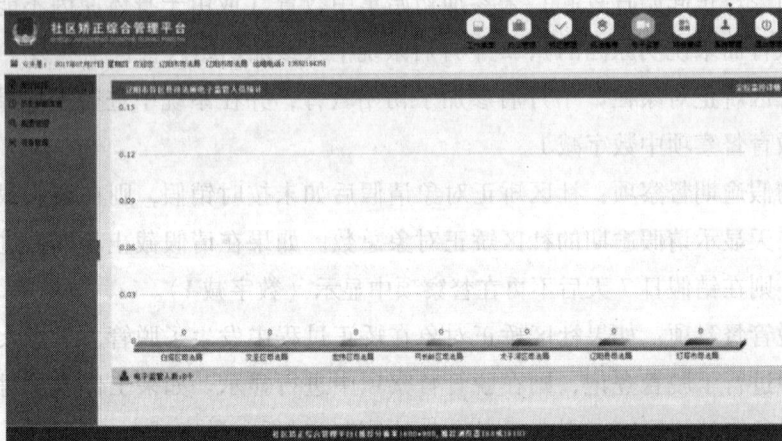

图6－66　监管人员统计

（1）点击定位监控详情，可以查看本市社区矫正对象的最新位置、报警信息及某时间段的历史轨迹信息。点击区司法局柱状图也可以查看该区司法局服刑人员的如上信息。如图6－67所示：

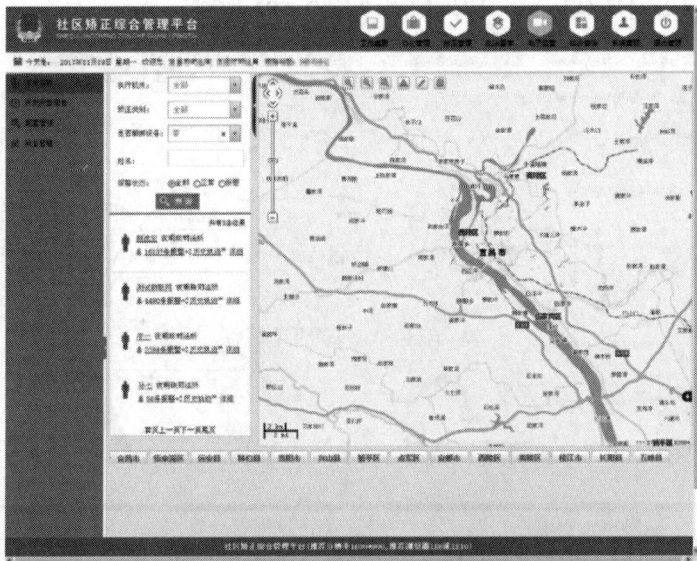

图 6 - 67　定位监控详情

（2）用户可以通过矫正单位、矫正类别、是否解绑设备、姓名、报警状态条件搜索社区矫正对象。最下面一栏，有区司法局快速搜索按钮，点击按钮显示对应司法局佩戴电子监管设备的社区矫正对象，同时地图跳转到对应区域。

（3）查看社区矫正对象位置：点击社区矫正对象姓名，就会在地图上显示当前社区矫正对象位置以及相关社区矫正对象手机号、矫正机关、定位时间等信息。

（4）查看未处理报警信息：点击××条报警，可以查看报警类型统计信息、报警信息列表。处理报警信息，在操作一栏中点击处理，填写记录内容，保存即可。

（5）查看详细信息：点击【详情】，可以查看社区矫正对象的基本信息、报警信息、历史轨迹的详细情况。

（6）查看历史轨迹：点击【历史轨迹】，可以查看该社区矫正对象的历史轨迹信息。可以以天和时间段查询，地图最下面是一天24小时，拉选哪段时间就显示搜索时间内的轨迹信息。点击【轨迹回放】图标，显示对应时间内社区矫正对象的活动路线动态图，点击【活动热点】显示该社区矫正对象对应时间内主要活动区域。历史轨迹如图6－68所示：

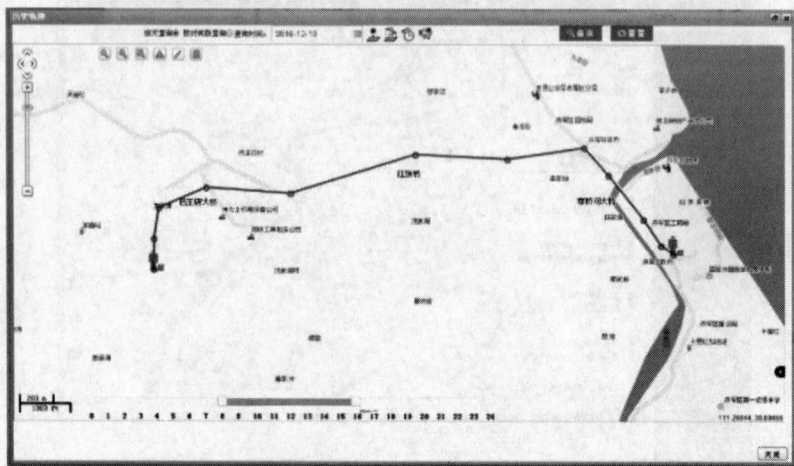

图6－68 查看历史轨迹

（7）活动热点如图6－69所示：

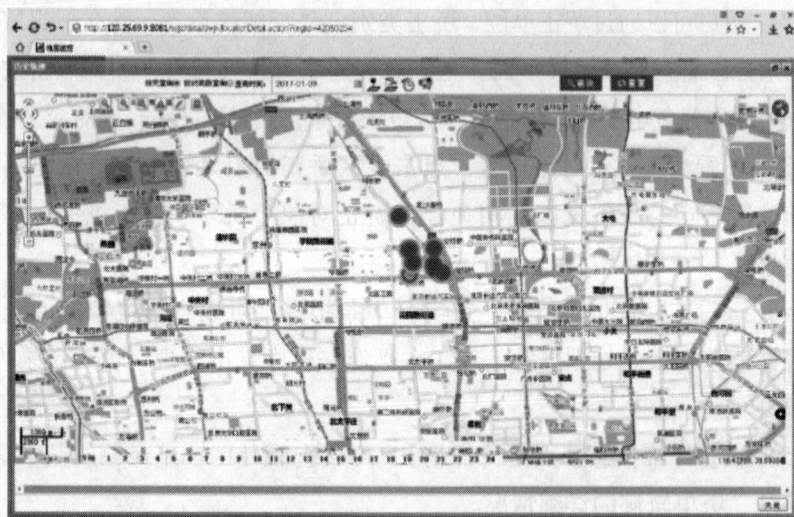

图6－69 活动热点

2. 历史报警信息。用户可以查看、查询、处理报警信息。处理报警信息，在操作一栏中点击【处理】，填写记录内容，保存即可。如图6－70所示：

图 6 – 70 报警信息记录

3. 配置管理。

（1）系统默认设置：对全市电子监管设备定位采集周期和电子围栏进行设置，设置完成后点击保存按钮。市司法局的设置默认对全市所有电子监管都生效，如果区县司法局根据实际情况同样进行了设置，则对应区县司法局的电子监管定位采集周期和电子围栏以区县司法局设置的为准。司法所可以针对某社区矫正对象设置定位采集周期和电子围栏，如果司法所进行了设置，则对应社区矫正对象的定位采集周期和电子围栏以司法所设置的为准。如图 6 – 71 所示：

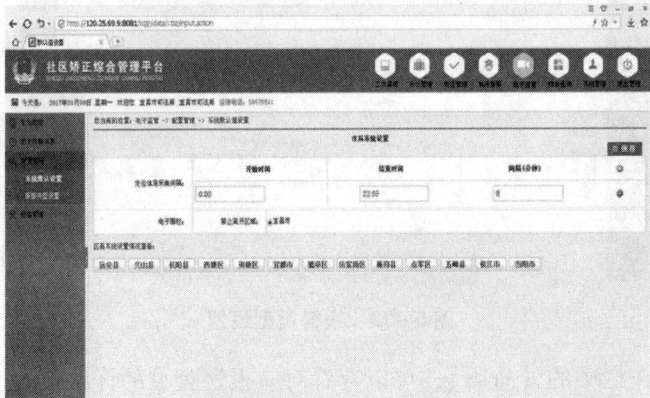

图 6 – 71 系统默认设置

查看区县司法局默认设置，如图 6-72 所示：

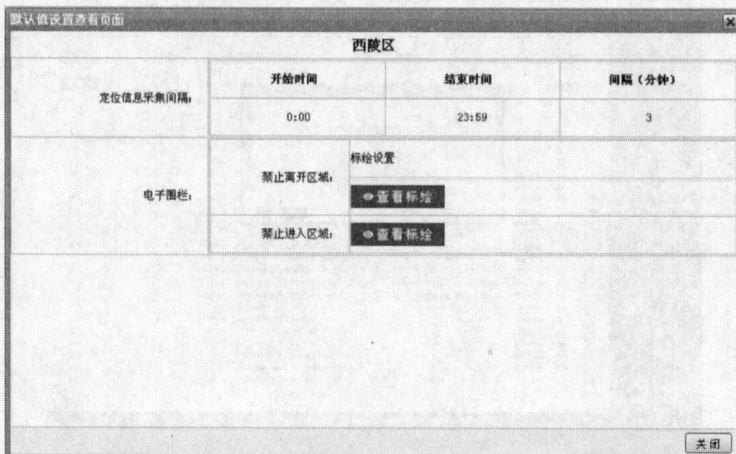

图 6-72 区县司法局默认设置

（2）报警类型设置，电子监管设备的报警类型查看和设置，包括越界报警、静默报警、破拆报警、设备不在线、低电报警五类设置。五类报警设置只能由市司法局进行设置，设置后对全市所有电子监管设备生效。

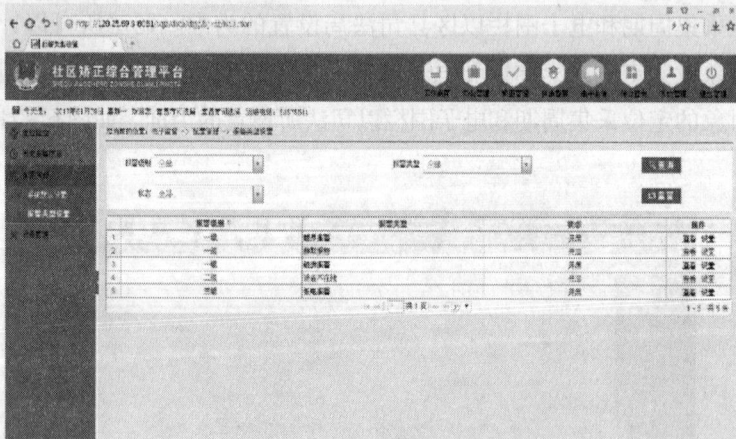

图 6-73 报警类型设置

点击操作栏中的【查看】，可以查看对应报警类型的详细设置。

第一，越界报警是在报警状态开启的情况下，佩戴电子监管设备的社区矫正对象离开禁止离开区域超过 5 公里，时间超过 5 分钟，则发送越界报警，如图 6 - 74 所示：

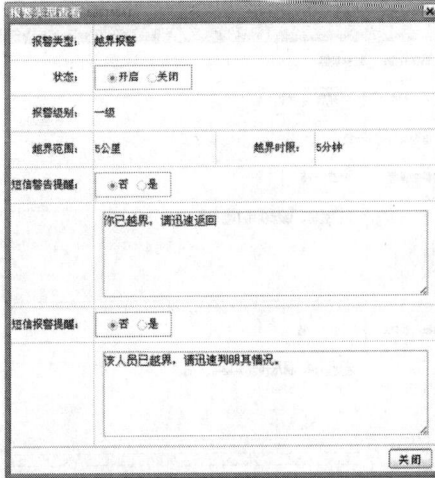

图 6 - 74　越界报警

第二，静默报警是在报警状态开启的情况下，佩戴电子监管设备的社区矫正对象定位信息在 4 个小时未发生变化，则发送静默报警，如图 6 - 75 所示：

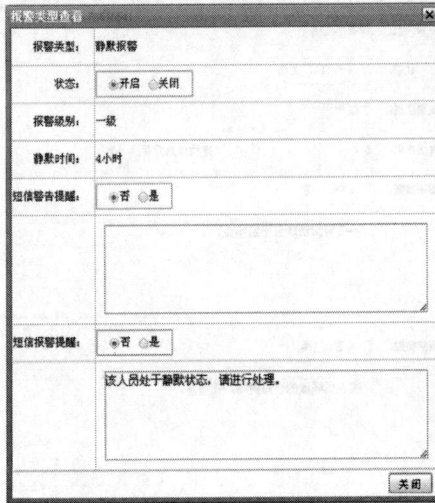

图 6 - 75　静默报警

第三，破拆报警是在报警状态开启的情况下，电子腕表表带被剪断，发送破拆报警，如图 6-76 所示：

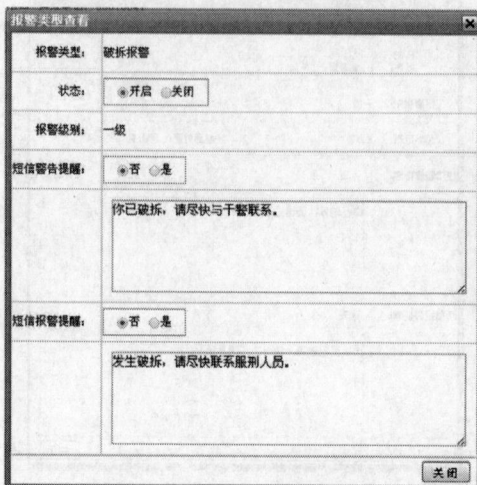

图 6-76　破拆报警

第四，设备不在线是在报警状态开启的情况下，系统与电子监管设备 5 次通信失败，则进行设备不在线报警，如图 6-77 所示：

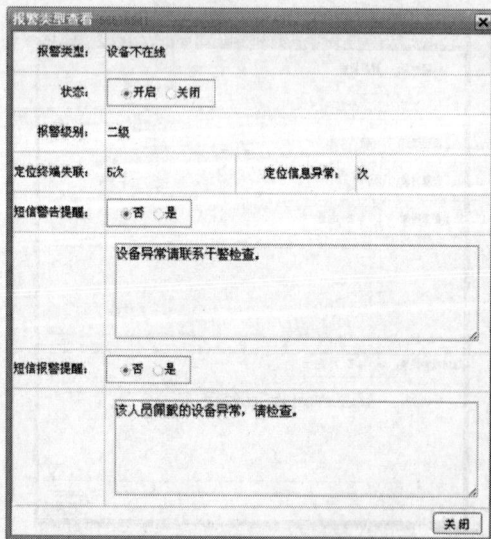

图 6-77　设备不在线报警

　　第五，低电报警是在报警状态开启的情况下，电子监管设备电量低于20%，则进行低电报警，如图 6 - 78 所示：

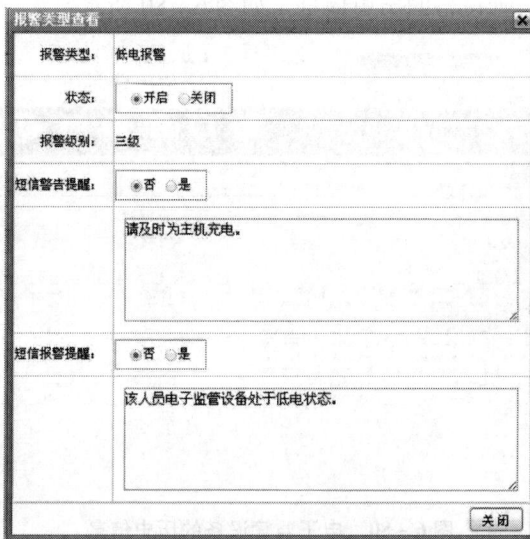

图 6 - 78　低电报警

　　点击操作栏中的【设置】，可以对 5 种报警类型的具体报警条件进行设置（短信警告提醒和短信报警提醒选择否），设置完成后点击【保存】按钮，如图 6 - 79 所示：

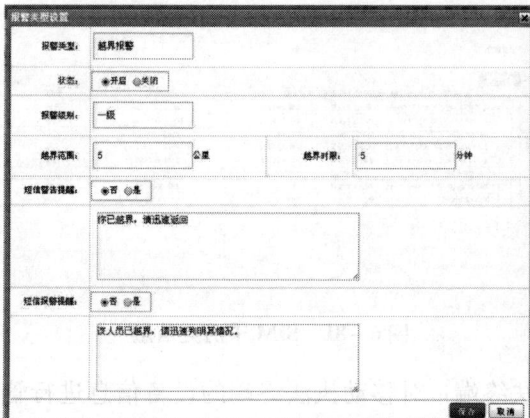

图 6 - 79　越界报警

4. 设备管理。

（1）电子监管设备：用户可以查询、导出电子监管设备信息。操作选项中可以查看电子监管设备的历史信息，如图 6－80 所示：

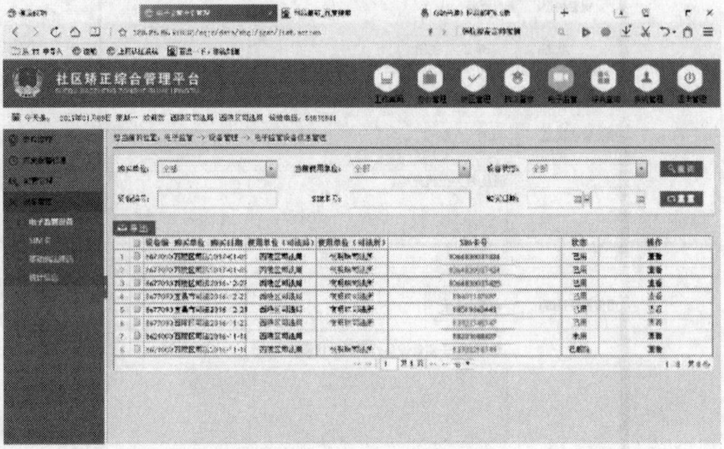

图 6－80　电子监管设备的历史信息

（2）SIM 卡：用户可以查询、导出 SIM 卡信息。操作选项中可以查看 SIM 卡的历史信息，如图 6－81 所示：

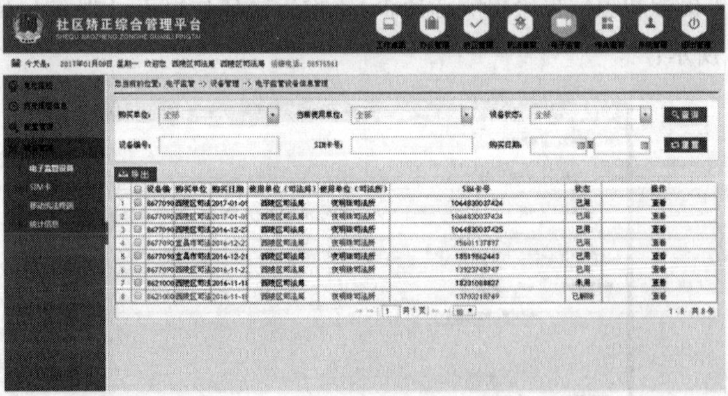

图 6－81　SIM 卡历史信息

（3）移动执法终端：对移动执法终端的设备信息进行管理，如图 6－82 所示：

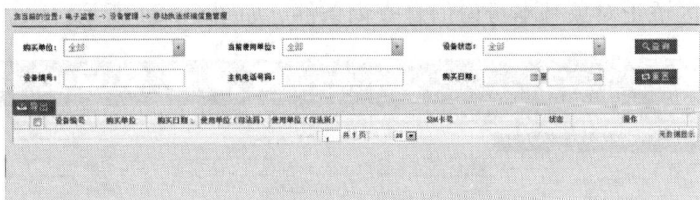

图6-82　移动终端设备管理

（4）统计信息：用户可以查看监管设备数量、状态，以及佩戴人员统计信息和SIM卡数量、状态、类型统计信息，如图6-83所示：

图6-83　监管设备统计

统计信息分类：①全市社区矫正对象佩戴电子监管设备统计信息；②各区司法局、司法所佩戴电子监管设备统计信息；③佩戴电子监管设备社区矫正对象的定位信息和报警信息；④社区矫正对象的历史轨迹信息。

六、综合查询

市司法局工作人员通过综合查询功能可以对本市所有的社区矫正对象信息进行查询统计，包括对在矫人员、解除矫正的社区矫正对象进行查询统计。可以根据需要，把社区矫正对象的基本身份信息、刑罚执行信息、解除矫正信息、电子监管信息的所有字段灵活组合成查询条件，对符合条件的社区矫正对象信息进行查询统计。

1. 社区矫正对象基本身份信息查询条件。如图 6 – 84 所示：

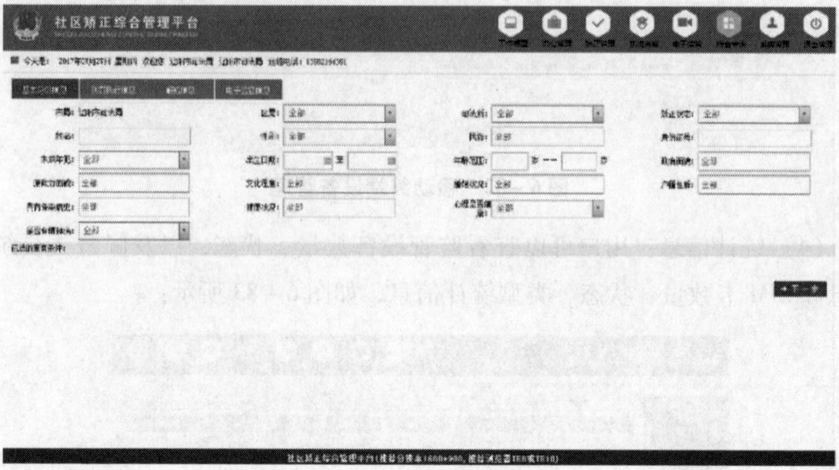

图 6 – 84 身份信息查询

2. 社区矫正对象刑罚执行信息查询条件。如图 6 – 85 所示：

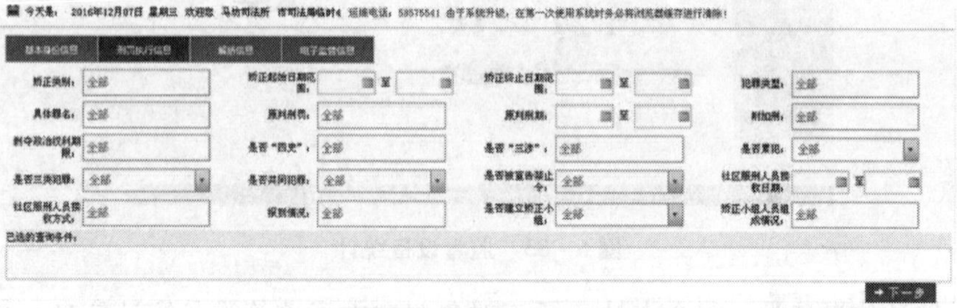

图 6 – 85 身份信息查询条件

3. 社区矫正对象解除矫正信息查询条件。如图 6 – 86 所示：

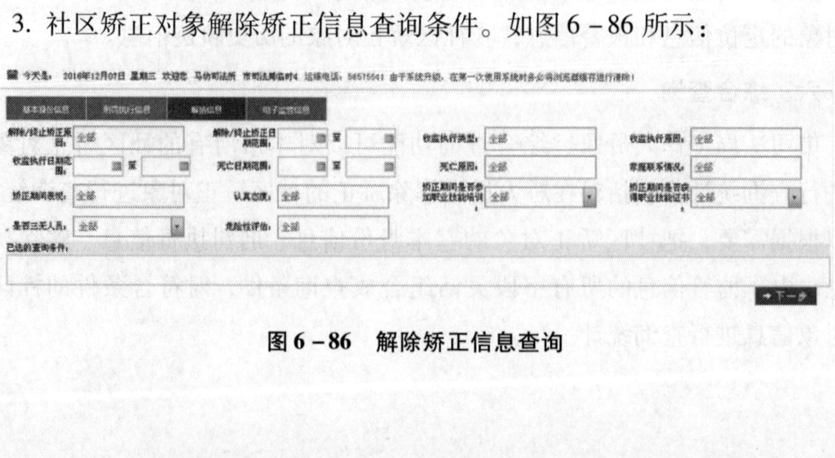

图 6 – 86 解除矫正信息查询

4. 社区矫正对象电子监管信息查询条件。如图 6 − 87 所示：

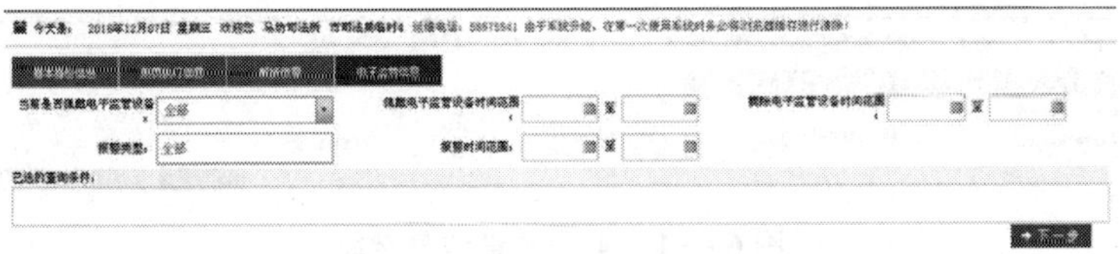

图 6 − 87　电子监管信息查询

5. 社区矫正对象基本身份信息查询结果展示项，可以根据实际需要去勾选查询结果中显示哪些字段。如图 6 − 88 所示：

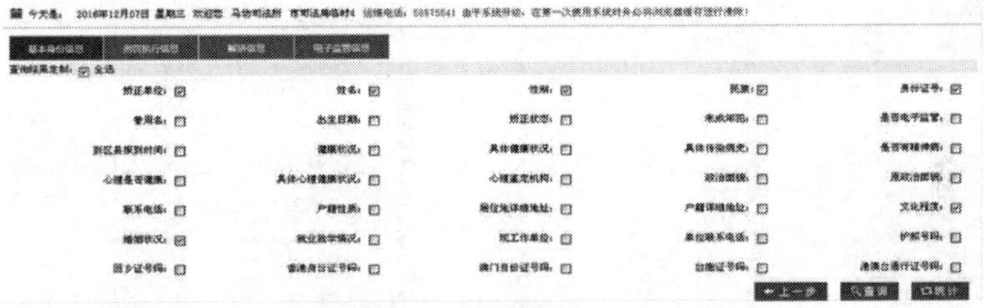

图 6 − 88　查询字段选择

6. 社区矫正对象刑罚执行信息展示字段。如图 6 − 89 所示：

图 6 − 89　刑罚执行信息展示字段

7. 社区矫正对象解矫信息展示字段。如图 6 − 90 所示：

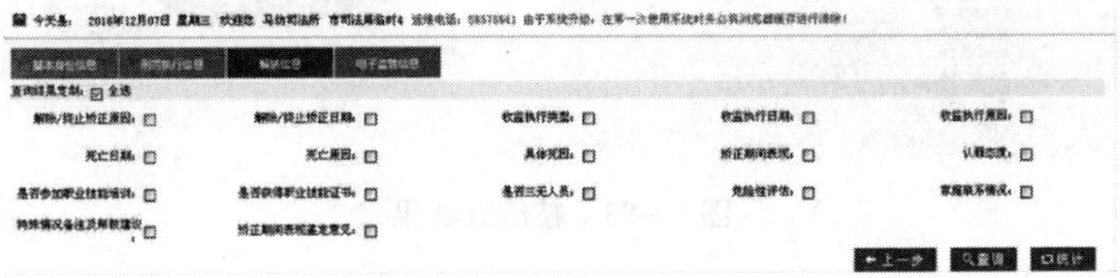

图 6 − 90　解矫信息展示字段

8. 社区矫正对象电子监管信息展示字段。如图 6-91 所示:

图 6-91　电子监管信息字段

9. 查询结果展示,并可以对查询结果进行导出。如图 6-92 所示:

图 6-92　查询结果

10. 按条件进行统计展示结果。如图 6-93 所示:

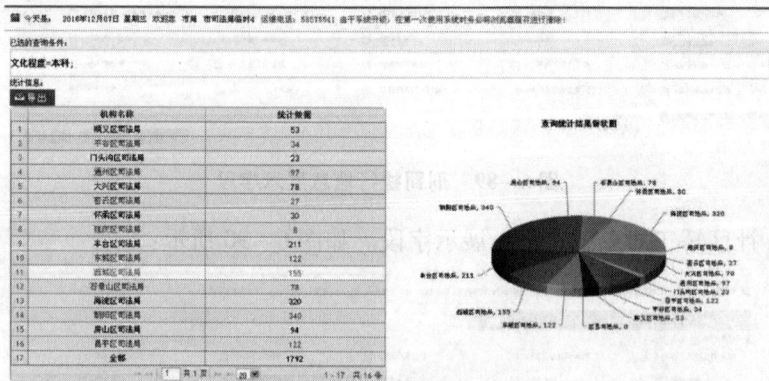

图 6-93　按统计结果

七、系统管理

系统管理包括用户管理、角色管理、日志管理和监控管理四部分功能。

1. 用户管理。用户管理可以对使用本系统的用户账号信息进行新增、编辑、删除。如图6-94所示：

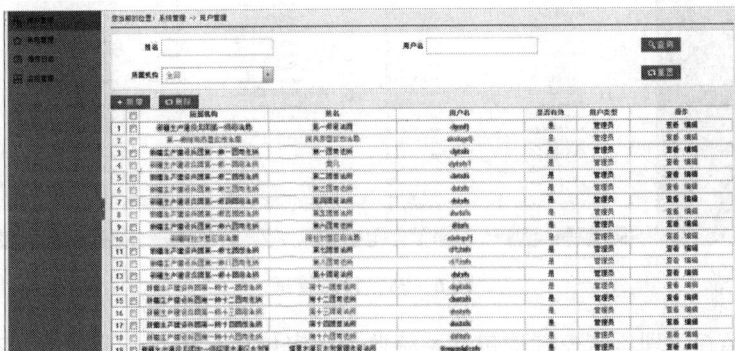

图6-94 用户管理

2. 角色管理。角色管理可以对使用本系统的角色信息进行新增、编辑、删除。如图6-95所示：

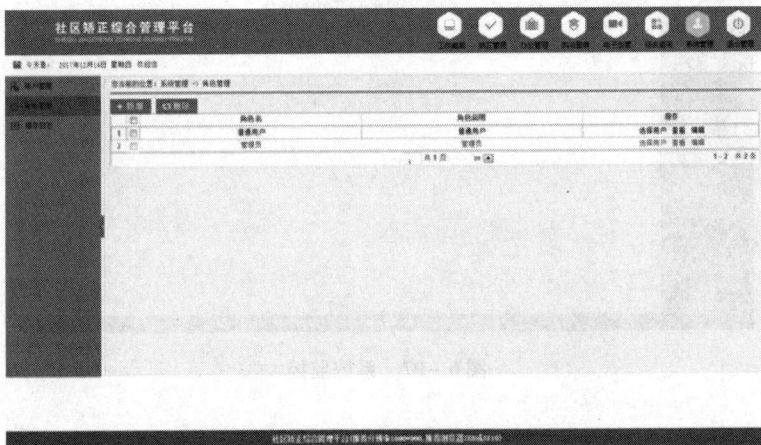

图6-95 角色管理

3. 日志管理。日志管理可以查看操作本系统的日志信息。如图6-96所示：

图 6 – 96　日志管理

4. 监控管理。监控管理包括系统监控、定位数量统计、服务器状态监控、系统网络状态监控、数据库状态监控、LBS 服务状态的监控。如图 6 – 97 所示：

图 6 – 97　系统监控

思考与练习

1. 使用新疆生产建设兵团社区矫正管理系统有哪些需要注意的地方?

2. 如何保证使用过程中的数据安全?

参考文献

一、著作类

1. 张建明、吴艳华主编：《社区矫正实务》，中国政法大学出版社 2021 年版。

2. 刘伟主编：《计算机组装与维护》，东北大学出版社 2017 年版。

3. 段欣、谢夫娜主编：《计算机组装与维护》，电子工业出版社 2022 年版。

4.［美］詹姆斯·F. 库罗斯等著，陈鸣译：《计算机网络：自顶向下方法》，机械工业出版社 2018 年版。

5. 杨文虎、刘志杰主编：《网络安全技术与实训》，人民邮电出版社 2018 年版。

6. 王叶、李瑞华、孟繁华主编：《黑客攻防从入门到精通》，机械工业出版社 2020 年版。

7. 李亚伟主编：《Kali Linux 无线网络渗透测试详解》，清华大学出版社 2016 年版。

8.［日］NTT DATA 集团著，丁灵译：《图解物联网》，人民邮电出版社 2017 年版。

9. 夏冰主编：《网络安全法和网络安全等级保护 2.0》，电子工业出版社 2017 年版。

10. 吴军主编：《智能时代》，中信出版社 2020 年版。

11. 徐小龙主编：《云计算与大数据》，电子工业出版社 2021 年版。

二、期刊类

1. 司法部："'数字法治、智慧司法'信息化体系建设指导意见"，载《中国司法》2018 年第 11 期。

2. 周文莉、李娟："河北省司法行政系统'智慧司法'建设现状的探析"，载《法制博览》2021 年第 23 期。

3. 李旭霞、郭文高："社区矫正信息化建设发展的研究"，载《通信与信息技术》2022 年第 5 期。

4. 王迪："大数据时代下社区矫正的运用和完善"，甘肃政法学院 2019 年硕士学位论文。

5. 史建海："大数据背景下的社区矫正研究——以 S 市 W 区为例"，苏州大学 2020 年硕士学位论文。

6. 王淑华："大数据在社区矫正中的运用思考"，载《罪犯与改造研究》2017 年第 9 期。

7. 倪斌："大数据时代'智慧司法云'社区矫正综合管理平台设计与应用"，载《智能城市》2016 年第 9 期。

8. 汪友海："大数据视野下智慧社区矫正体系的构建"，载《法制博览》2019 年第 9 期。